高等学校旅游管理类专业系列教材

客房管理

（第三版）

刘　伟　编著

高等教育出版社·北京

内容简介

与第二版相比，本书进一步丰富了教材内容，调整了内容结构，补充和更新了酒店客房管理案例，完善了每章末尾“补充与提高”的内容，并在每章开始增加了开章导图，使得教材更加科学、先进、实用、鲜活，紧跟酒店业发展的潮流，引入酒店业新的管理理念和方法，而且进行了大胆创新。本书以“经理的困惑”的形式，在章首提出酒店经理所关心的与本章内容相契合的问题，并在章后附上从国内高星级酒店及国际酒店集团房务经理或总经理处征集到的答案。

本书既可以作为酒店管理本科生教材，也可作为行业培训使用。

图书在版编目(CIP)数据

客房管理/刘伟编著.--3版.--北京：高等教育出版社，2019.8

ISBN 978-7-04-050175-9

Ⅰ.①客… Ⅱ.①刘… Ⅲ.①客房-商业管理-高等学校-教材 Ⅳ.①F719.2

中国版本图书馆CIP数据核字(2018)第168464号

客房管理

Kefang Guanli

策划编辑 张 欣　　责任编辑 张 欣　　封面设计 张 志　　版式设计 马 云

插图绘制 于 博　　责任校对 胡美萍　　责任印制 田 甜

出版发行	高等教育出版社	网　　址	http://www.hep.edu.cn
社　　址	北京市西城区德外大街4号		http://www.hep.com.cn
邮政编码	100120	网上订购	http://www.hepmall.com.cn
印　　刷	北京天宇星印刷厂		http://www.hepmall.com
开　　本	787mm×1092mm 1/16		http://www.hepmall.cn
印　　张	23	版　　次	2006年11月第1版
字　　数	530千字		2019年8月第3版
购书热线	010-58581118	印　　次	2019年8月第1次印刷
咨询电话	400-810-0598	定　　价	59.50元

本书如有缺页、倒页、脱页等质量问题，请到所购图书销售部门联系调换

物 料 号 50175-00

作者简介

刘伟，广州市优秀专家，教育部旅游管理类专业教学指导委员会饭店管理组特聘委员，教育部工商管理学科教学指导委员会、《中国饭店》杂志社等单位联合授予的“全国旅游院校最具影响力十大名师”，广东金融学院教学名师，国际旅游与休闲管理研究院院长，广东省饭店星评委星评员，西北大学、华南理工大学、华南师范大学等客座教授和兼职教授。

学术成就：出版专著、译著、教材等 40 余部（其中，自己主编、专著、译著 30 多部）。 在国内、外刊物、报纸上发表论文 100 余篇。

序言一

《前厅管理》暨《客房管理》是两部（一套）难得的酒店管理佳作，书中所体现出来的先进的国际化酒店管理理念、方法尤其值得称道。作为业内专家，刘伟教授熟悉现代化国际酒店管理的理念和方法，巧妙地将管理理论融入酒店管理实践之中，能够准确地把握未来酒店经营管理的发展趋势，并以通俗易懂的语言表达出来。

为了适应酒店业的飞速发展，刘伟教授在其著作中增加了“主题客房”、“新概念客房”等特色客房设计、智能技术与酒店客房装修的发展趋势等与时俱进、大胆创新的内容，而这些是其他同类型书籍所不多见的。每个章节后的案例分析，借鉴了许多国内外先进酒店及国际著名酒店集团包括希尔顿、凯悦、假日等的管理方法，让读者能接触到世界顶级的酒店管理理念。

本套教材具有很强的实用性。书中的每一章节都有具体的案例介绍和分析。此外，在每一章节的开头都有“经理的困境”，并就此问题向全国著名酒店的房务经理人征集答案。答复者均来自知名酒店的前厅经理、行政管家、房务总监和总经理，他们根据酒店运营经验总结而做出的答案可谓管理秘籍。用这种方法编写教材在中国是一大创举，使旅游院校的学生能够更为深切地感受酒店管理的实际问题，增强了教科书的鲜活性和实用性。

为了更好地研究酒店管理问题，使大学生们能够更好地理解书中的专业内容，作者还特地创建了一个专业酒店管理网站，这个网站为酒店管理类的学生和老师提供了一个很好的平台，使他们不仅可以在网站上搜获优质教学资源，还能够与真正的酒店管理者交流、学习，可以向作者以及拥有丰富管理经验的酒店总经理们提问，拓展第二课堂，弥补院校教育的不足。

作为一个在中国工作多年的外国高级酒店管理人员，我十分看好中国的酒店业，这个行业的发展和壮大需要更多专业的人才来支持，也期待中国的酒店业能涌现出更多的管理精英！

深信这套汇集了众多知名酒店品牌运营智慧，凝聚了各岗位服务和管理技能的优秀教材能够为您所钟爱的事业铺就锦绣之路。 祝愿有更多的中国酒店学子们热爱这一古老而又现代的产业，并终身致力于酒店管理事业当中！

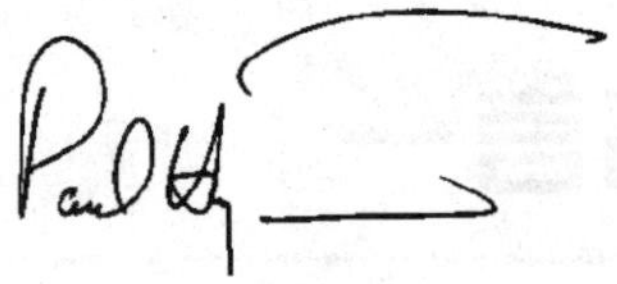

General Manager
InterContinental Shenzhen
Area General Manager-Shenzhen
South China, Greater China
InterContinental Hotels Group
姚俊博
总经理
深圳洲际大酒店
洲际酒店集团大中华区南中国区域总经理

INTERCONTINENTAL®
HOTELS & RESORTS

序言二

酒店业可以说是当今社会发展最快的产业之一，是个充满笑声、充满热情、涌动许多感人故事的行业，也是时时可以感受时尚生活变化和谐人际关系、最新商务科技氛围的天地。本人从事酒店业25年，都时常为之欢欣鼓舞。为此有机会认识刘教授，并成为挚友，深为其人品、深厚学识钦佩。

作为刘教授多年的老朋友，有幸先睹了刘教授的著作《前厅管理》及《客房管理》，连夜翻阅，掩卷深思，感受匪浅。我感到这是一套融合多年思考、理论与实践交融结晶，把握酒店业发展时尚品质内涵、前瞻发展动向、引导变革潮流的著作，可以说是同类书籍中的精品之作，我感觉它不仅仅是广大热爱旅游业、投身酒店业的广大大学生的优秀教材，而且应该是广大职业经理人的案头书、常备书，常翻常受益，必将成为造就新一代酒店房务系统职业经理人以至未来总经理的摇篮地。事实上酒店业许多职业经理人在多年的实践中，面对诸多的挑战和困难，都渴望着能够总结成功实践经验、又能有前瞻性引导，不要花费太多时间，能够吸收到尽可能多的新思想、新启迪的著作，以帮助他们实现快速提升的目的。刘教授的新书可以说是其中的代表，是部切时的精品佳作。

本人感觉刘教授的著作有几个特点：

首先，他有着宽广的视角，打开了读者的大视野，犹如呼吸到新鲜空气一样感悟到酒店业的新思维；他以整体酒店运作为基础，以现代网络时代特征为平台，立足培养中高层职业经理人为目标，围绕如何实现高层次的经营与服务，理论紧密结合实践，超大广角地为我们展示了一幅酒店房务系统经营与服务运作的画卷。

其次，他吸纳了酒店行业发展的最新理念，总结了实践中的最新成果、成功规律，阐释了许多实践中的疑惑，比如：主题客房、人性化服务设计、网络营销、收益管理、电脑管理系统、智能化、员工激励、预算与控制等，提升了人才教学培训的层次。

再次，紧密地把握了理论与实践的有机结合，浑然一体，给我的感觉特别深刻，书中安排了大量的实践案例、附加材料，让我们在阅读中时时联想到酒店房务系统实践中的具体运作，进行对比思考，提炼如何改进的思路和方式方法，起到立竿见影的实效。

最后，整个教材借鉴了国际化最新模式，体例层次清晰，编排结构新颖，教学方式务实有效，不仅仅提供了丰富的教学资源，而且组织了大量实业界、教学界专家顾问团，直接答疑解惑，网上互动，可以自然地将教学和自修紧密结合，加快读者领悟、体验实践的步伐。

酒店业是一个充满挑战的行业，为了更好地发挥教材的作用，我感觉刘教授的著作中是否可以结合酒店经营效益最大化与服务满意最大化的核心，增加关于酒店客房产品组合策划、房务职业经理人成长道路、新酒店开业筹划等内容，甚至可以连续追踪房务职业经理人的成长道路，揭示更多成功规律，以便增强学生成才信心，弘扬产业成功人士榜样引导的示范效应，实现锦上添花。

作为一名酒店实业界人士，同时也是专家顾问团成员，愿意与广大同仁共同探讨交流，同时期盼着刘教授有更多佳作出现。

仅以此为序！

徐桂生

第三版前言

《客房管理》是在《前厅与客房管理》(北京，高等教育出版社，2018)一书的基础上编写而成的。《前厅与客房管理》作为《"十五"、"十一五"和"十二五"国家级规划教材》暨教育部"面向21世纪课程教材"，以其丰富的内容、通俗的语言、前沿的理论、现代化的管理方法、实用的管理案例，得到大家很高的评价和厚爱。与此同时，也遇到一些实际的问题，大家普遍认为，前厅部与客房部是酒店两个重要的核心部门，再加上《前厅与客房管理》内容丰富，要以有限的课时，在一个学期之内完成这门课程的教学任务，难度十分之大(只能以牺牲教学质量为代价：要么舍弃部分内容；要么蜻蜓点水式教学)。

2005年11月，笔者应浙江大学旅游学院的邀请，赴杭州参加"全国高校饭店管理教学研讨会"，并为来自全国近200名旅游院校的骨干教师做了有关《酒店房务管理》课程教学的讲座。在这次研讨会上，发放的近200份调查问卷表明：绝大多数院校和老师都希望将《前台与客房管理》分为《前厅管理》和《客房管理》两门独立的课程，以方便教学，同时提高教学质量。

根据这种情况，我们决定在保留原《前台与客房管理》(即第二版的《前厅与客房管理》)的同时，编写《前厅管理》和《客房管理》两本教材，以满足旅游院校的教学需要。《客房管理》就是在这种背景下编写出版的。

该书出版后，旅游院校老师给予高度评价，普遍认为这套"教材编写内容详尽，理论功底扎实，作为教材使用十分得心应手，是一本很好的教材"，不仅国内旅游院校将其选用作本科生教材，还有不少高职院校也将本书用作其专业课教材。而且北京、上海等国内众多的星级酒店及酒店管理知名培训机构也纷纷将其用作对酒店经理人员的培训教材。对于如此高的评价，本人感到诚惶诚恐，只有加倍的努力，才能对得起大家的厚爱。

在其第二版出版之际，教育部对学科目录进行了重新调整，在"旅游管理"一级学科下面，除原有的"旅游管理"专业以外，又增加了"酒店管理"专业，使"酒店管理"成为与旅游管理平级的二级学科，从而进一步突出了酒店管理的地位和重要性。以此为背景，我们建议旅游院校，特别是开设酒店管理专业的旅游院校应将酒店前厅管理与酒店客房管理作为两门课程独立开设，以满足旅游院校人才培养目标以及行业对专业化人才的需求。

一、本次修订的指导思想

(1) 突出中国特色。教材中选取大量中国案例，突出中国特色，使中国酒店业管理理念和管理模式走向世界。

（2） 使教材内容更加丰富和完善。

（3） 在内容和形式方面，与时俱进，大胆创新，更适合旅游院校的教学需要。

（4） 把握酒店客房管理的发展趋势，增加酒店客房管理的前沿知识和理论。

（5） 从语言的组织、案例的编排等方面，进一步增强教材的可读性。

（6） 参照发达国家教材编写的成功经验，在编写体例上，与国际接轨。

二、本教材的特点

本次修订继承前几版的特点。 与已出版的同类著作和教材相比，本书具有以下特点：

1. 突出中国酒店业的管理特色

中国酒店业经过近 40 年的高速发展以及对于国际酒店业的学习、消化、吸收等几个阶段，现在已经进入创新发展和弯道超越阶段。 在借鉴美国的制度化管理、欧洲酒店业的文化特色的基础上，逐步形成了自身以亲情化为特色、以广州从化碧水湾度假村为代表的“中国服务”和中国式管理理念和管理模式，并取得了巨大成功。

2. 内容先进

本书在编写过程中参考了国内外最新研究成果，以及国际酒店集团先进的管理经验，充分体现了其先进性。 教材的先进性还体现在计算机管理方面，教材自始至终基于计算机管理平台，这是它区别于其他同类教材的亮点之一。

3. 案例丰富

本书使用了大量案例，有很多案例分析和案例点评，以求理论联系实际，增强可读性和实用性。

4. 侧重管理

近年来，虽然也出版了一些有关前厅部及客房部运作的书籍，但大多偏重于服务，有关客房管理的内容论述较少。 本书作为酒店管理专业本科教材，力图突出管理的内容，以体现大学本科教育的特点。 当然，这并不意味着本书不涉及服务和操作的相关内容。 因为其一，酒店管理本身就是一门实操性很强的科学，操作程序和标准本身就体现着管理者的管理思想；其二，管理的对象是服务行业，没有服务，管理就无从谈起，就会成为空中楼阁；其三，旅游专业的本科生来自高中生，没有学过这方面的课程，对酒店服务工作缺乏感性认识，如果在大学酒店管理的教科书中不涉及服务的内容，就会脱离实际，使他们难以理解酒店管理的“理论”。基于此，本书力图在管理与服务之间找到一个最佳结合点。

5. 实用性强

实用性一直是本套教材编写所追求的目标，而且从实际使用来看，效果也很显著。教材不仅得到了旅游院校师生的喜爱，同时也得到酒店业界经理人员对教材的先进性与实用性方面的高度赞赏。 很多酒店经理人员来信来电反映，通过学习本套教材，使自己的经营管理水平得到提高；还有经理人员反映，通过学习这套教材，使自己晋升了酒店房务部经理；也有不少经理更对本教材厚爱有加，不仅自己购买了本书，还为其部下购买，供他们学习、培训之用，这令作者十分感动！

三、本次修订的主要内容

1. 拍摄了二维码教学视频

为了更加“接地气”，更加直观地了解行业的动态和酒店经理人面临的问题与困惑，找出解决方案，我们组织和邀请国内具有先进管理理念和管理水平的标杆酒店和度假村企业，合作录制酒店管理视频，解决课堂教学与实践脱节的问题。使学生能够“面对面”聆听和观看这些酒店经理人对酒店经营和管理中各种困惑和问题的答复。这种做法无疑将使本书更加贴近读者，大大增强著作的鲜活性、可读性和实用性。

2. 引入国际先进的酒店管理软件

本版教材中，首次引入国际最先进的、也是为全球酒店和酒店集团所广泛采用的酒店管理软件“Opera”酒店管理系统，使得教学直通未来酒店管理实践。

3. 增加了手机移动端技术在酒店前厅与客房管理中的应用

技术的发展日新月异，互联网技术在酒店营销与管理中开始广泛应用，特别是以手机为代表的互联网移动技术已迅速应用于酒店管理中。本次修订引入了这方面的内容，使得教材与时俱进，始终保持先进性。

4. 每章都增加了案例

思考题中增加了案例分析，以培养学生分析问题、解决问题的能力。

本次修订还对部分章节的内容进行了调整，使教材从结构上和逻辑上更加合理。同时，增加了部分章、节内容，并对几乎所有章节的内容做了进一步的补充和完善。

四、本教材的创新之处

与国内其他教材相比，本次修订引入酒店业新的管理理念和方法，不仅进一步丰富了教材内容，使其更加完善、先进、科学，紧跟酒店业发展的潮流，而且在以下方面进行了大胆创新。

（一）以“经理困惑”的形式，邀请酒店职业经理人参与教材编写

为了增强教材的鲜活性，提高学生的学习兴趣，我们在每章开头部分针对本章的主要内容，以“经理的困惑”的形式，提出酒店经理们所关心的与本章内容相关的问题，然后向全国高星级酒店的房务经理征集答案，最后，将答案及答复提供者的真实姓名、所在单位及其数码工作照，一并附在该章的末尾。据了解，这种做法在国内尚无前例，是一种创举，无疑将使本书更加亲近读者，大大增强教材的鲜活性、可读性和实用性，对于管理类丛书而言，尤其值得称道。读者会从这些国内外高星级酒店及酒店集团的职业经理人对“经理的困惑”的答复中得到很多有益的启发。在此，要特别感谢这些来自洲际酒店集团、香格里拉酒店集团、华美达酒店集团、假日酒店、粤海酒店集团等酒店集团以及北京饭店、广州东方宾馆等国内酒店精英们，他们将自己的知识和经验无私地奉献给各位读者。

（二）聘请国内著名酒店管理专家及职业经理人做顾问，建立酒店《前厅与客房管理》的学习网站

为了在旅游院校与饭店业界搭建平台，为前厅与客房管理课程提供立体化的教学资源，我们特别开通了专业的酒店管理网站：“刘伟酒店网”（www.LiuweiHotel.com）。网站设有行业资讯、酒店大论坛（经理的困惑 案例讨论 经验交流 你问我答）、房务新观察（前沿理论 新技术 新方法 房务新产品 特色客房 客房设计与装修 总统间巡礼）、房务经理人之家（成功人士追踪 房务经理人的成长道路 经理简介 权威数据发布 开业筹划指南）、招聘与培训、院校教学资源与服务（教学课件 教学案例 教学图库 房务管理试题 房务管理视频）等栏目，这些栏目的丰富内容构成本套教材强大的教学支持系统。旅游

院校的学生也可以将其实习案例上传，并通过讨论与业界经理人员实现互动。老师们也可在上面布置作业（如，可要求学生上传实习案例，并对案例进行分析，根据上传案例及案例分析的优劣进行打分），从而实现电子化教学，改变传统的教学模式，提高教学的效率和效果。

（三）在教材中加入二维码

学生通过扫描书中的二维码，就可以了解酒店经营管理更多的信息以及补充教学资源，可直接观看由酒店经理人专门针对本教材制作的酒店管理热点难点问题视频。丰富了教材的表现形式，提高了学生的学习兴趣。

（四）增加了手机移动端技术在酒店客房管理中应用方面的内容

移动端技术是未来互联网技术的发展趋势，当代最新酒店管理实践中已经将手机移动端技术引入酒店管理中，本教材增加了这一最新技术在酒店前厅与客房管理中应用方面的内容。

五、特别鸣谢

为了给《客房管理》提供教学资源，办好教学网站（《刘伟酒店网》），我们特别聘请了多位国内著名酒店管理专家、国际酒店集团和国内高星级酒店的职业经理人担任网站顾问。他们将与本书主编一起，负责解答旅游院校老师和同学们在《前厅管理》、《客房管理》等教学中遇到的各种问题以及其他酒店管理问题。他们是：

Paul D. Hugentobler：General Manager，Intercontinental，Shenzhen，深圳华侨城洲际大酒店总经理。

Benoit Amado：General Manager，Grand Mercure Hongqiao Shanghai，法国雅高集团上海虹桥美爵大酒店总经理。

高天明：南开大学客座教授，原海航国际酒店管理有限公司总裁、中国饭店协会副会长。

徐桂生：温州天豪君澜大酒店总经理。

张谦：广西南宁邕州酒店管理公司法人代表、总经理。

夏国跃：原5星级杭州皇冠大酒店总经理，龙禧大酒店总经理，中国远洲酒店管理公司CEO。

陈浩：香港金麒麟国际酒店管理公司 副总经理，海德华美达大酒店 总经理（5星级），原桂林假日宾馆总经理、香格里拉沈阳商贸饭店中方总经理。

张楠：金陵酒店集团高级顾问，原广州瑞银数码港酒店有限公司总经理兼广州日航酒店/Hotel Nikko Guangzhou（筹/国际五星级）业主代表。

Leon Shi：美国饭店协会教育学院（AHLEI）大中华区经理 （AHLEI Country Manager，Greater China）。

彭建军：恒大集团副总裁，原恒大酒店集团董事长。

唐伟良：全国旅游饭店星级评定委员会国家级星评员、恒大酒店集团副总裁、中国旅游饭店协会常务理事、国际金钥匙组织中国区副秘书长、美国饭店协会教育学院高级顾问、粤港澳酒店总经理联谊会副秘书长。

魏文斌：深圳市旅游饭店业协会副会长、美国饭店协会教育学院广东区客座教授、香港理工大学酒店及旅游管理学院客座教授、2014年中国酒店业杰出总经理、2015年中国酒店业最佳总经理“五星钻石奖”获得者。

赵焕焱：华美顾问机构首席知识官、中国智慧酒店联盟理事长、世界酒店总经理联盟荣誉顾问、维也纳酒店集团高级战略顾问、星程酒店集团首席咨询顾问、美国科尔曼研究集团顾问团成员、《酒店职业经理人》等杂志编委。

罗旭东：湖南共和酒店管理有限公司运营总裁、常德共和酒店有限责任公司总经理。

赵金林：美国佛罗里达州国际大学终身教授，酒店、餐饮、旅游管理学院研究生部主任，国际酒店与餐饮协会研究员，北京第二外语学院、天津商业大学、暨南大学、香港理工大学酒店管理学院、东北财经大学酒店管理学院、澳门城市大学等客座教授。

梁春香：日本东洋大学终身教授，博士生导师，酒店管理专家。

白秀成：美国内华达大学拉斯维加斯分校威廉 F.哈拉酒店管理学院（William F. Harrah College of Hotel Administration，University of Nevada Las Vegas）教授，博士生导师，副院长。

除了以上业内专家以外，我们还聘请并组织了由国内五星级酒店总经理、酒店管理公司 CEO、旅游院校教授及骨干教师组成的庞大的专业团队帮助读者一起学习酒店管理课程，他们为本教材的编写提出了很好的意见和建议，他们是：

余昌国：国家旅游局人事司副司长（国家级饭店星评员）

周玲强：浙江大学旅游学院教授、院长

王婉飞：浙江大学旅游学院教授、副院长

傅慧：中山大学旅游与酒店管理系教授、主任

杨云：中山大学旅游学院副教授

魏卫：华南理工大学旅游与酒店管理学院教授

曲波：华南理工大学旅游与酒店管理学院副教授

皮平凡：广东财经大学旅游与环境学院教授，院长

李晓莉：广州大学中法旅游学院酒店会展系系主任

郭淑梅：湖州师范学院旅游系教授

张瑛：中央民族大学管理学院教授

傅晶：东北林业大学旅游系教授

颜丽：济南大学旅游学院教授

周晓梅：济南大学旅游学院副教授

冯郑凭：广东外语外贸大学南国商学院副教授

黄慧玲：南阳师范学院旅游与环境规划学院副教授

冯艳芳：南阳师范学院旅游与环境规划学院副教授

周秋巧：浙江省台州学院讲师

王宏伟：大庆波斯特酒店房务总监

谷玉芬：渤海大学旅游学院教授

对于上述职业经理人和酒店管理专家担任本网站顾问，我们表示由衷的高兴和真诚的感谢，感谢他们对中国旅游教育事业的无私奉献。

本书在编写过程中，还曾得到国家旅游局副局长（原北京第二外国语学院院长）杜江教授、教育部旅游管理类专业指导委员会主任田里教授、教育部旅游管理类专业指导委员

会副主任马勇教授以及相关编辑和专家学者的指点、鼓励和支持，在此深表谢意。

在此，还要特别感谢我的学生钟治强同学，他为本书制作了课件，方便读者参考使用。

最后，我们再次真诚地期待教材能够继续得到广大读者的厚爱，并期望广大读者特别是旅游院校师生对本书提出建设性的意见和建议，使本书再次修订时，能够在内容和体系上更加完善，以便更好地满足旅游院校的教学需要。

2018 年 1 月 10 日于广东金融学院

（Email：weiliuw@ 163.com）

编者的话

客房部被喻为酒店的“心脏”，是酒店的核心部门，而《客房管理》则是饭店管理专业的专业核心课程之一，所以，学好这门课对于旅游和饭店管理专业的学生而言，具有重要的意义。

针对广大读者特别是旅游院校师生在教学中遇到的问题，在本书出版之际，有几点说明想与大家共享。

一、关于使用对象

本书主要针对开设酒店管理专业（方向）的本科类和高职高专类院校生使用。同时，也可用作星级酒店培训及酒店员工自学用书。

二、关于学习目标

学习《客房管理》，重点要掌握饭店客房部工作的运作程序和操作规范，并在此基础上学习和掌握必要的管理方法和管理技术。

酒店行业是一个古老而又年轻的行业，最能体现与时俱进的特点，很多高科技产品、现代化的管理理念、管理技术、方法、手段都最先在酒店得到运用，因此，必须了解行业发展的现状和趋势，即要了解国内外著名酒店集团的管理理念和管理方法，又要有创新意识和创新精神。

三、关于课时安排

考虑到专业教学的实际需要和旅游管理专业的培养目标，同时考虑到学校的教学计划和学时数的总量控制，我们建议使用《前厅与客房管理》教材的非酒店管理专业（方向）周课时数为 3 个课时（总计 54 课时）；而酒店管理专业的《前厅管理》和《客房管理》每门课至少为周 2 个课时（总计 36 课时）。

四、关于教学方法

本科类院校的培养目标是酒店的中、高层管理人员，教学时要在学生掌握客房部组织机构、工作程序和标准的基础上，强调管理理念、管理原理和客房部经营管理的发展趋势。高职高专类院校的培养目标是酒店的基层管理人员和中层管理者，因此，要重点讲授客房部的工作程序、标准和管理方法。另外，无论是本科院校还是高职高专院校，都要着重培养学生分析问题、解决问题的能力。

1. 实践教学法

《客房管理》是一门实操性很强的课程，对于这门课的学习，我们特别强调理论联系实际的学习方法。学习之前，学生最好已经具有一定的实践经验（或者由老师带队先去当地的高级酒店参观一次），对现代化酒店以及酒店的客房部有个感性的认识，为学好这门课创造良好的氛围和条件。另外，根据专业的性质和特点，在学习期间，还应安排适当的实习时间（可以安排在学期内，也可以安排在假期），去酒店实习，实际了解酒店的运作与管理，并将所学知识运用于实践中，对实习酒店客房管理问题进行诊断，并能对酒店提供管理咨询。

2. 实验教学法

现代化酒店的管理基本上都已采用计算机管理，因此，《客房管理》必须增加实验教学的内容，利用国内先进的酒店管理软件，使学生能够在课堂上（或实验室）亲自模拟操作酒店客房房态控制、酒水管理、信息沟通、失物招领、成本控制等工作的过程，了解和掌握其基本内容和管理方法。

3. 案例教学法

客房管理是一门实践性很强的课程，教师在教学过程中要多采用案例教学法，以激发学生的学习兴趣，同时，通过课堂案例讨论、课后案例分析，培养学生分析问题和解决问题的能力。

五、教学支持系统

本书开发、使用、推荐以下教学资源作为本教材的教学支持系统。

（一）刘伟酒店网：www.Liuweihotel.com

为了丰富教学资源，更好地为广大师生教学服务，我们开办了酒店管理网站——刘伟酒店网。聘请众多五星级酒店总经理、旅游高等院校的教授和骨干教师为大家提供教学案例、案例分析、问题讨论、网上互动答疑。采用全方位、动态化、立体化教学模式，为广大师生提供丰富的教学资源和问题解决方案。另外，我们还特别设置了“院校资源”栏目，为使用本教材的旅游院校师生提供教学课件、检测试卷、酒店图片、前沿论文、参考资源、学科研究报告等。

除了设置顾问答疑栏目，聘请业内专家为大家答疑解惑以外，网站还设立了酒店管理“论坛”。欢迎广大学生和其他读者上传自己在酒店工作和实习案例，参与互动讨论。

（二） 微信公众号:《旅游饭店内参》(Tourism-hotel)

【旅游饭店内参】
旅游酒店人“手”选

（三） 酒店管理（PMS）系统

OPERA 酒店管理系统

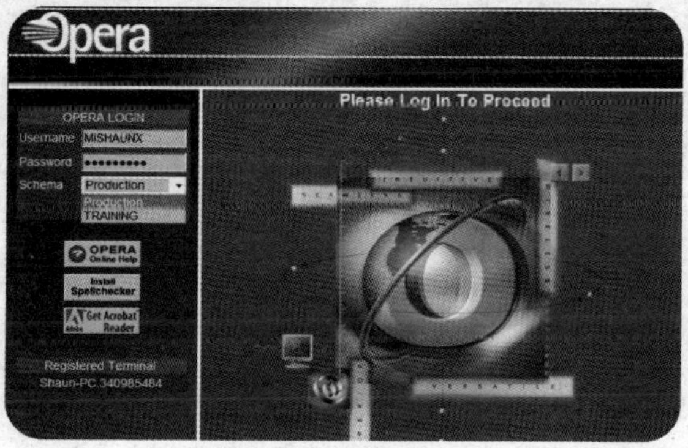

2018 年 12 月 10 日于广东金融学院

（Email：weiliuw@ 163.com）

作者与瑞士洛桑酒店管理学院董事长 Marco Torriani 先生在一起(日内瓦)
(背景为 Torriani 先生亲自管理的欧洲最著名的商务酒店之一日内瓦东方文华大酒店)

作者(右一)与美国休斯敦大学
康拉德 N. 希尔顿酒店管理学院前院长 Alan T. Stutts 教授(中)在一起

目录

第一章　客房部概述

客房部的主要任务是“生产”干净、整洁的客房，为客人提供热情周到的服务。本章重点介绍客房部的地位作用及主要任务、客房组织架构。

本章学习目的：

- 了解客房部在酒店经营中的地位、作用及客房部的主要任务。
- 了解客房的类型和客房的主要设备。
- 了解客房组织机构及其设置的原则。

关键术语：客房类型　客房设备　组织架构

Key Terms：Room Types，Equipment，Organization Chart

经理的困惑

——客房部配备多少人才算合理？

我刚应聘到一家酒店担任客房部经理，上任的第一周，HR 就找我谈话，说是客房部编制太多，要裁员，压缩编制。我已经感到了压力，对于现有员工而言，裁员意味着工作量的增加，势必遇到客房部员工的抵触。不知道客房部配备多少人才算合理？

第一节 客房部的地位作用及主要任务

一、客房部的地位与作用

首先，客房部是酒店为客人提供服务的主要部门。酒店是以建筑物为凭借，通过为顾客提供住宿和饮食等服务而取得经营收入的旅游企业，其中客房部所提供的住宿服务是酒店服务的一个重要组成部分。由于客人在酒店的大部分时间是在客房度过的，因此，客房服务质量的高低（设施是否完善；房间是否清洁；服务是否热情、周到、快捷）在很大程度上就反映了整个酒店的服务质量。客人对酒店的投诉与表扬也大多集中在这一部门。

其次，客房部还是酒店取得营业收入的主要部门。酒店通过为客人提供住宿、饮食、娱乐、交通、洗衣和购物等项服务而取得经济收入。其中，客房租金收入是酒店营业收入的主要组成部分。我国酒店业客房收入占营业收入的比例接近 50%（参见图 1-1），而美国这一比例则在 70%左右，反映了客房部在整个酒店经营中的重要地位。

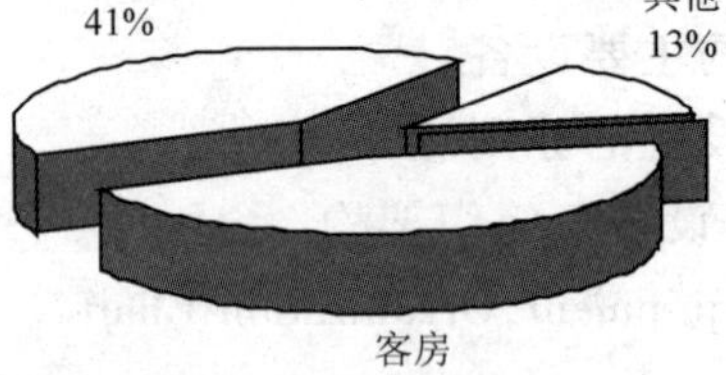

图 1-1 中国五星级酒店客房收入在饭店总收入中的比重①

① 资料来源：《2016 年全国星级饭店统计公报》（原国家旅游局）

二、客房部的主要任务

简单地说,客房部的主要任务就是“生产”干净、整洁的客房,为客人提供热情周到的服务。具体而言,有以下五点:

1. 保持房间干净、整洁、舒适

客房是客人休息的地方,也是客人在酒店停留时间最长的场所,因此,必须经常保持干净整洁的状态。这就要求客房服务员每天检查、清扫和整理客房,为客人创造良好的住宿环境。

由于客房员工具有清洁卫生的专业知识和技能,因此,客房部除了保持客房的清洁以外,通常还要负责酒店公共场所的清洁卫生工作。

2. 提供热情、周到而有礼貌的服务

除了保持客房及酒店公共区域的清洁卫生以外,客房部还要为客人提供洗衣、缝纫、房餐、接待来访客人、为客人端茶送水等热情周到的服务。在提供这些服务时,服务员必须要有礼貌、迅速、情愿、真心诚意。

3. 确保客房设施设备时刻处于良好的工作状态

为此,必须做好客房设施设备的日常保养工作,一旦设施设备出现故障,应立即通知酒店工程部维修,尽快恢复其使用价值,以便提高客房出租率,同时确保客人的权益。

4. 保障酒店及客人生命和财产的安全

安全需要是客人最基本的需求之一,也是客人投宿酒店的前提条件。酒店的不安全事故大都发生在客房。因此,客房员工必须具有强烈的安全意识,平常应保管好客房钥匙,做好钥匙的交接记录。一旦发现走廊或客房有可疑的人或事,或有异样的声音,应立即向上级报告,及时处理,消除安全隐患。

5. 负责酒店所有布草及员工制服的保管和洗涤工作

除了负责客房床单、各类毛巾等的洗涤工作以外,客房部通常还要负责客衣以及餐厅台布、餐巾等的洗涤工作,此外,酒店所有员工制服的保管和洗涤工作也由客房部统一负责。

第二节　客房与客房设备

一、客房类型及表示

(一) 客房类型

酒店客房有三种基本类型,即:单人房(Single Room),双人房(Double Room)和套房(Suite)。除此而外,大型酒店还有其他类型的房间。

1. 单人房(Single Room)

(1) 单人房,单人床(Single Room,Single Bed)

(2) 单人房,大床(Single Room,Double Bed)

（3）单人房，沙发床（Single Room，Sofa Bed）。即在房内放一张沙发，白天可将房间用作会客室或办公室，晚上可将沙发拉开当床使用。

2. 双人房（Double Room）

（1）双人房，大床（Double Room，Double Bed）。这种房间在一些酒店又称为“鸳鸯房”或“夫妻房”，参见图 1-2。

图 1-2 “鸳鸯房”（“夫妻房”）

（2）双人房，单人床两张（Double Room，Twin Beds）。即在双人房里设两张单人床。这种房间通常被称为酒店的“标准间”（Standard Room），我国酒店的大部分客房属于这种类型，参见图 1-3。

图 1-3 客房标准间

3. 三人房（Triple Room）

这种房间在一些低档酒店较为常见。

4. 套房（Suite）

（1）普通套房（Suite）。除了卧室和卫生间以外，还有会客室。

（2）豪华套房（Deluxe Suite）。与普通套房相似，只是面积比普通套房大，房内设施设备较普通客房先进，参见图 1-4。

图 1-4　海南博鳌金海岸温泉大酒店:豪华套房

(3) 复式套房(Duplex)。这是一种两层楼套房,由楼上、楼下两层组成。楼上一般为卧室,楼下为会客厅,参见图 1-5。

图 1-5　复式套房

5. 连通房(Connecting room)、相邻房(Adjoining room)、邻近房(Adjacent room)

(1) 连通房(Connecting room)。客房除了分别有单独房门外,客房之间有门连通,宾客可以不经外走廊到达另一房间。酒店可以将相邻房间通过连接门转换为单人房、双人房、套房等,以满足客人的不同需要,提高客房利用率(参见图 1-6)。

图 1-6　连通房

(2) 相邻房(Adjoining room)。客房之间有公共墙,但无连通门。

(3) 邻近房(Adjacent room)。客房与客房靠得很近,也可能隔着走廊。

6. 多功能房(Studio Room)

还有一种房间,可通过在房间设置嵌入式加床,根据需要和客人人数变换房间类型和功能,参见图 1-7。

7. 无障碍房(Handycapped Room)

指酒店专为残障人士设计的客房,该种客房配有残障人士生活起居用的特殊设备和用品(参见图 1-8),如适合轮椅使用的卫生间设施、增设过道扶手、盲文服务指南、不易破碎的客用品、家具和卫生洁具下降高度、衣橱内的升降设施、直通房务中心的报警器等,充分体现对残障人士的关照和人性化的设计。无障碍房一般安排在较低的楼层,且靠近电梯。

图 1-7 多功能房间

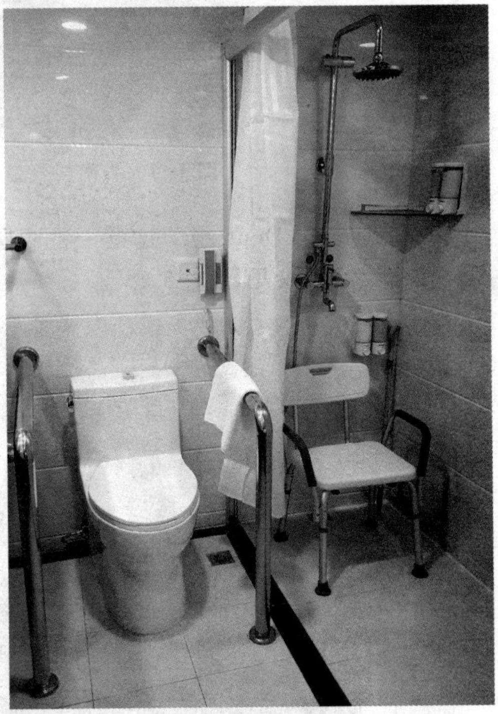

图 1-8 无障碍房

8. 无烟客房(Non-smoking Room)

酒店专为非吸烟客人提供的一种客房,房内不配备烟灰缸和火柴,一般房门上有禁烟标志,不接待吸烟客人入住。

9. 蜜月房(Honeymoon Room)

专为新婚夫妇准备的度蜜月的客房。房内所有装饰布置都符合传统婚房的要求,如床上用品换上喜庆的花样和颜色,房间布置符合私密的要求,一般还会有对新人祝福的卡片和礼物等。

10. 总统套房(Presidential Suite)

通常由 5 个以上房间组成;总统和夫人卧室分开,卫生间分用;卧室内分别设有帝王床(King Size)和皇后床(Queen Size)。除此而外,总统套房内还设有客厅、书房、会议室、随员室、警卫室、餐厅、厨房等。一些中、高档旅游宾馆均设有这类“总统套房”,其主要用意在于提高酒店的档次和知名度,便于推销。这类房间除了用于接待“总统”等国内外党政要人以外,平时也对普通客人开放。位于阿联酋迪拜的阿拉伯塔酒店(BurjAl-Arab,burj 音译伯瓷),被誉为世界上唯一一家“七星级”酒店,其总统套房面积达 780 平方米,房价 18 000 美元/晚,家具是镀金的,设有一个电影院,两间卧室,两间起居室,一个餐厅,出入有专用电梯

（参见图 1-9）。

图 1-9 伯瓷酒店总统套房

除过上述房间类型以外，很多酒店还根据客房的朝向将房间分为向内房（Inside Room）和向外房（Outside Room）两种。前者一般位于阴面，光线不好，视野不开阔；后者则处于阳面，采光良好，视野开阔，是一种较为理想的客房。划分向内房和向外房的意义在于可以使酒店对于这两种房间收取不同的房价，尤其是在旅游旺季，当客房供给比较紧张的情况下，可适当提高向外房的价格。

另外，酒店的客房还可以按其是否带浴室或淋浴来划分。

（二）客房类型的表示

按照客房是否带浴缸或淋浴设施，酒店用下列缩略语来表示不同的房间类型。

- SW/OB：单人房，无盆浴（Single Without Bath）
- SW/Shower：单人房，只有淋浴（Single Room With Shower）
- SWB：单人房，有盆浴（Single Room With Bath）
- DW/OB：双人房，无盆浴（Double Room Without Bath）
- DW/Shower：双人房，只有淋浴（Double Room With Shower）
- DWB：双人房，有盆浴（Double Room With Bath）。

二、客房设备

酒店客房通常分为 5 个功能区域：睡眠空间、盥洗空间、起居空间、书写空间和贮存空间，每个空间由不同的设施设备组成（参见图 1-10 及表 1-1）。

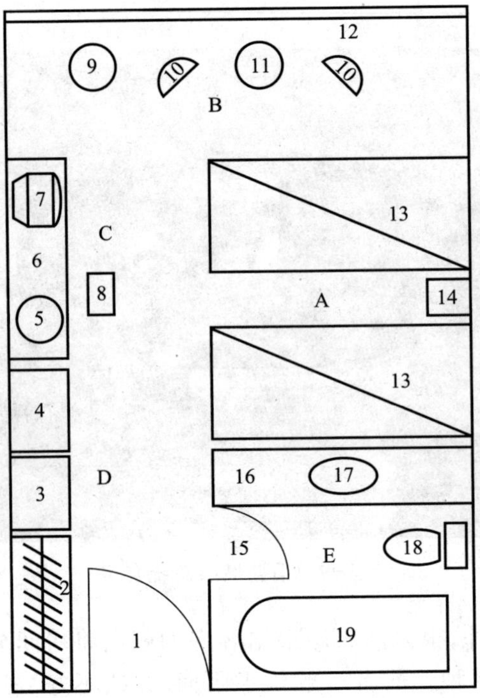

图 1-10 客房设备及布局

1. 房门 2. 衣柜 3. 小酒吧与小冰箱 4. 行李架 5. 台灯 6. 写字台 7. 电视机 8. 软座椅 9. 落地灯 10. 扶手椅 11. 小圆桌 12. 窗帘 13. 单人床 14. 床头柜 15. 卫生间门 16. 云石台 17. 洗脸盆 18. 马桶 19. 浴缸

表 1-1 客房 5 大功能区域

功能区域	设备
睡眠空间	床(Bed) 床头柜(Night Table) 床头灯(Wall Lamp)
盥洗空间	浴缸(Bath Tub) 淋浴器(Shower) 淋浴帘(Shower Curtain) 毛巾架(Towel Rack) 马桶(Toilet) 电话(Telephone) 洗脸盆(Sink) 镜子(Mirror) 电源插座(Socket)
起居空间	茶几(Tea Table) 座椅(Chair) 落地灯(Standing Lamp)

续表

功能区域	设备
书写空间	写字台(Writing Desk) 椅子(Chair) 台灯(Desk Lamp) 电视机(T. V. Set) 电冰箱(Fridge) 梳妆镜(Mirror) 电话(Telephone)
储存空间	壁橱(Closet) 行李架(Luggage Rack)

(一) 睡眠空间

睡眠空间是客房最基本的空间。这一空间主要有下列家具和设备:

1. 床(Bed)

床是睡眠空间也是客房最主要、最基本的设备。分为单人床(Twin-size Bed)、双人床(Double-size Bed)、大号双人床(Queen-size Bed)、特大号双人床(King-size Bed)、加床(Rollaway Bed)和婴儿床(Cot)等,其大小尺寸参见表1-2。

表1-2 床的种类及尺寸

类型	长度(米)	宽度(米)
单人床(Twin-size Bed)	2.0	1.1~1.35
双人床(Double-size Bed)	2.0	1.4
大号双人床(皇后床)(Queen size Bed)	2.0	1.5~1.6
特大号双人床(帝王床)(King-size Bed)	2.0	1.9~2.0
加床(Rollaway Bed)	2.0	1.0~1.35
婴儿床(Cot)		

通常,床越宽,越舒适,档次也就越高。另外,关于床的高度,考虑到美观、协调及便于服务员操作等因素,一般在40 cm~60 cm。

2. 床头柜(Night Table)

酒店使用的床头柜是一种多功能床头柜,通常都配有音响设备,供客人收听有关节目及欣赏音乐。此外还带有多种控制开关,如:电视机、床头灯、夜灯、走廊灯、房门外请勿打扰灯等的开关以及时钟和呼唤服务员的按钮等,这样,客人不用下床,便可以完成他所要做的许多事情,从而极大地方便了客人。但面对如此繁多的控制开关,一些客人反映在夜间识别起来比较困难,常常影响客人休息。

除了安装有音响设备和各种控制开关以外,床头柜上通常还放有一部电话,以及便条纸和一支削好的铅笔,为客人通讯联络提供方便,有的酒店还在床头柜上放上晚安卡和常用电话号码卡。

3. 床头灯(Wall Lamp)

可根据需要调节灯光亮度。近年来,床头灯逐渐由原来的壁灯改为更加明亮、方便,也更加美观的射灯。

(二) 盥洗空间

盥洗空间指客房卫生间(参见图 1-11),主要包括:浴缸(Bath Tub)、淋浴器(Shower)、淋浴帘(Shower Curtain)、毛巾架(Towel Rack)、马桶(Toilet)、电话机(Telephone)、洗脸盆(Sink)、镜子(Mirror)和电源插座(Socket。供客人在卫生间使用电动剃须刀或电吹风时使用)。

图 1-11 可同时供 2 位客人使用的酒店盥洗空间

(三) 起居空间

除了套房以外,标准客房的起居空间基本上都位于窗前区,供客人休息、会客、饮食时使用。主要设备有:茶几(Tea Table)、坐椅(Chair)、落地灯(Standing Lamp)。

(四) 书写空间

标准房的书写空间大多安排在床的对面,主要包括:写字台(Writing Desk)、椅子(Chair)、台灯(Desk Lamp)、电视机(T.V.Set)、电冰箱(Fridge)、梳妆镜(Mirror)、电话(Telephone)(参见图 1-12)。

(五) 贮存空间

1. 壁橱(Closet)

贮存空间的主要设备是壁橱,通常位于客房卫生间的某一侧,供客人存放衣物使用,里面配有衣架(每床不少于 2 个西服衣架、2 个裙架、2 个裤架,即双人间需配备 12 个衣架)。此外,壁橱还可供酒店存放客房备用的被子、毛毯、枕头等。壁橱内应有照明灯,以方便客人存取物品(参见图 1-13)。

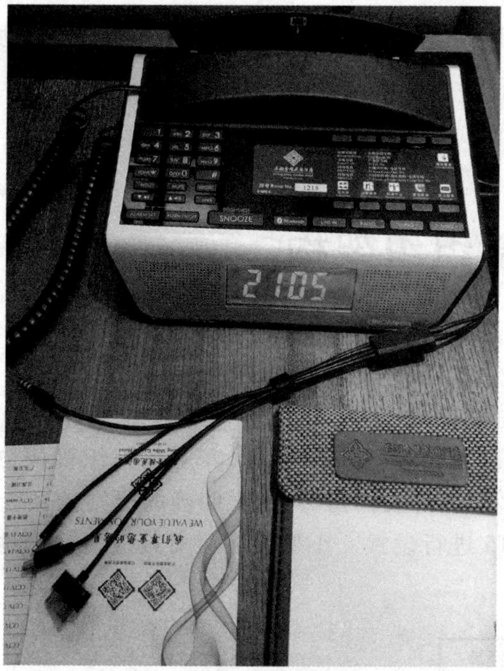

图 1-12 多功能电话机

图 1-13 贮存空间(刘伟 摄)

2. 行李架(Luggage Rack)

位于壁橱附近,通常在写字台靠近房门口的一端(参见图 1-14)。

除了以上设施设备以外,客房的设施设备还包括:

(1) 窗帘(Window Curtain)。酒店客房的窗帘通常有两层:一层为厚窗帘,另一层为纱窗帘。厚窗帘主要起遮蔽、隔音、挡光、装饰和调温作用。选用厚窗帘时,必须注意要经久耐用,不褪色,可以洗涤。纱窗帘的作用是在挡景的同时,使室内保持一定的光线。

(2) 地毯(Carpet)。地毯的作用是减少噪声,美化环境。色彩丰富,弹性好的地毯可以使客房显得更加华贵。地毯的质地有很多种,如羊毛的、合成纤维的等。一般情况下,地毯的颜色应该深一些,这样能使室内色彩表现上轻下重,给人以稳定感。并使地毯更加有效地衬托人物和设施。

图 1-14 客房行李架和高级衣架

(3) 空调(Air-conditioner)。空调不仅有调温功能,而且还能通风换气,保持空气的新鲜、清洁,起到净化室内空气的作用。

(4) 烟感报警器(Smoke-detector)。当房内烟雾达到一定程度时,“烟感报警器”会自动报警,酒店防灾中心的指示灯自动闪亮,机器驱动下述“自动喷淋器”自动喷水灭火。

(5) 自动喷淋器(Auto-spray Head)。

第三节 客房部组织架构

一、客房部组织机构设置

饭店规模大小不同、性质不同、特点不同及管理者的管理意图不同,客房部组织机构也会有所不同。客房部组织机构的设置要从实际出发,贯彻机构精简、分工明确的原则。

大、中型饭店客房部的组织机构可参照图 1-15 进行设置。小型饭店可对其进行适当地压缩、合并,去掉主管等中间管理层。

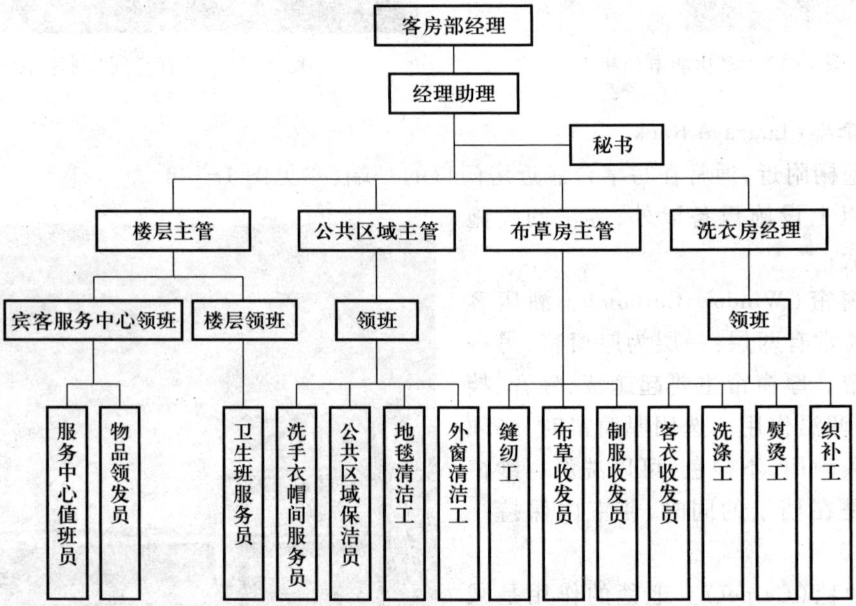

图 1-15 大、中型饭店客房部的组织机构图

二、客房部各班组的职能

(一) 房务中心

房务中心(Guest Service Center)既是客房部的信息中心,又是对客服务中心,负责统一调度对客服务工作,掌握和控制客房状况,同时负责失物招领,发放客房用品,管理楼层钥匙,并与其他部门进行联络、协调等。

（二） 客房楼面

客房楼面（Floor）由各种类型的客房组成，是客人休息的场所。每一层楼都设有供服务员使用的工作间。楼面人员负责全部客房及楼层走廊的清洁卫生，同时还负责客房内用品的替换、设备的简易维修和保养，并为住客和来访客人提供必要的服务。

（三） 公共区域

负责酒店各部门办公室、餐厅（不包括厨房）、公共洗手间、衣帽间、大堂、电梯厅、通道、楼梯、花园和门窗等公共区域（Public Area）的清洁卫生工作。

（四） 制服与布草房

制服和布草房（Linen Room）的负责酒店所有工作人员的制服，以及餐厅和客房所有布草的收发、分类和保管。对损坏的制服和布草及时进行修补，并储备足够的制服和布草以供周转使用。

（五） 洗衣房

负责收洗客衣，洗涤员工制服和对客服务的所有布草、布件。

洗衣房（Laundry Room）的归属，在不同的酒店有不同的管理模式。大部分酒店都归客房部管理，但有的大酒店，洗衣房则独立成为一个部门，而且对外服务。而小酒店则可不设洗衣房，酒店的洗涤业务委托社会上的洗涤公司负责。

三、客房部部分重要岗位的职责

（一） 楼层服务员的岗位职责

早、中、夜班楼层服务员的岗位职责分别参见表 1-3、表 1-4、表 1-5。

表 1-3 楼层服务员的岗位职责（早班）

（1）整理工作间、服务车。 （2）开楼层例会，记录所交代的事项。 （3）查客衣、统计房态。 （4）清洁客房卫生。 （5）记录棉织品使用情况。 （6）报告客房内维修项目。 （7）清洁、保养清洁工具、设备。 （8）做计划卫生。 （9）随时清除客房内地毯、墙纸污迹。 （10）负责所管客房及客人的安全。 （11）NB、SO、DND 房记录。 （12）检查客房“MINI-BAR”酒水。 （13）清洁楼层公共区域卫生。

表 1-4 中班楼层服务员的岗位职责(中班)

主要负责楼层、客房的清洁及开床服务。 (1) 根据中班程序标准,清洁楼层公共区域的卫生。 (2) 做定期计划卫生。 (3) 收楼层垃圾。 (4) 维护楼层的清洁。 (5) 准时参加晚例会,领取物品,记录有关事项。 (6) 开床服务。 (7) 检查白班报修房间。 (8) VIP 房间按 VIP 标准开床。 (9) 记录 DND 房间。 (10) 做走客房。 (11) 整理服务车,为早班做准备。 (12) 维护楼层公共区域、角间及职工电梯厅的卫生。 (13) 检查楼层安全。 (14) 收取楼层的餐具,通知服务中心。 (15) 为客人提供其他服务。 (16) 检查客房内的迷你吧。 (17) 负责报告楼层维修项目。

表 1-5 夜班楼层服务员的岗位职责(夜班)

(1) 阅读服务员通知本。 (2) 根据领班要求工作。 (3) 收取挂于门外的客衣。 (4) 夜间楼层安全检查(每 30 分钟一次)。 (5) 检查走客房酒水。

(二) 工服收发员及缝纫工的岗位职责

工服收发员及缝纫工(参见图 1-16)主要负责向酒店员工提供干净、整齐的工服。其岗位职责参见表 1-6。

图 1-16 酒店工服收发员及缝纫工

表 1-6 工服收发员及缝纫工的岗位职责

(1) 严格按照工作程序和标准发放、更换和保管工服(更换制服须征得经理同意)。 (2) 确保所有工服在洗衣房取回后,整齐地依次摆放在衣架上。 (3) 确保离店的员工离职前如数交回工服,并做好记录。 (4) 做好缝纫机的保养工作,保证机器正常使用。 (5) 及时并高质量地修补工服、缝纫、钉扣子。 (6) 保证工服房的清洁,搞好环境卫生。 (7) 服从并完成上级分派的其他工作任务。

(三) 布草收发员的岗位职责

布草收发员主要负责回收、发放并检查各部门使用的布巾。其岗位职责参见表 1-7。

表 1-7 布草收发员岗位职责

(1) 向布草房领班报告从各部门送回的布巾中严重损坏或沾污的情况。 (2) 检查从洗衣房送回的干净布巾,把需要重新洗涤或熨烫的布巾捡出,向布草房领班报告上述情况。 (3) 保持布草的整洁卫生。 (4) 完成主管和领班分配的其他工作。

以上是客房部部分岗位的职责。客房其他岗位的职责见以后各相关章节。

本章小结

- 客房被比喻为酒店的心脏,是酒店为客人提供服务的核心部门,也是酒店收入的主要来源,因此,客房部在酒店具有特殊重要的地位。
- 客房部的主要任务是保持房间干净、整洁、舒适;为客人提供热情、周到而有礼貌的服务;保障酒店及客人生命和财产的安全以及确保客房设施设备时刻处于良好的工作状态、负责酒店所有布草及员工制服的保管和洗涤工作等。
- 客房组织机构的设计,应该根据酒店规模的大小等因素加以确定,通常包括客房服务中心、楼层、公共区域、布草房、洗衣房等。出于安全的考虑,国内很多城市的公安部门都要求酒店设置楼层服务台,这也是我国酒店、招待所传统的服务和管理模式,但这不符合酒店的经营规律,不仅浪费了大量的人力,大大增加了客房经营成本,而且常常引起客人的不满,从发展的趋势看,楼层服务台将逐渐被高效率的客房服务中心所取代。

复习思考题

1. 试述客房部的地位、作用及主要任务。
2. 试画一张大型酒店的客房部组织机构图。

3. 客房部各班组的主要职能有哪些?

案例分析

客房自动售卖机:能够取代客房小冰箱吗?

某公司开发了酒店客房自动售卖机(参见图 1-17),声称可以取代客房小冰箱,还可以使酒店免查房,同时,还可为酒店带来可观的收入。你认为可行吗? 如果你是酒店客房部经理或总经理,你会让自动售卖机进客房而撤掉客房小冰箱吗?

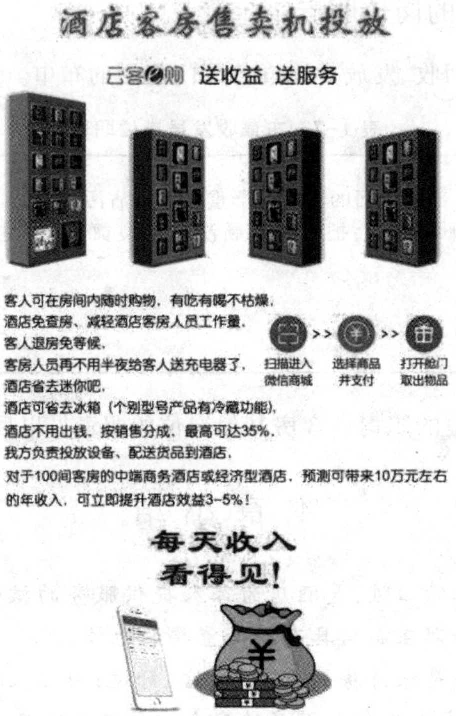

图 1-17 客房售卖机

补充与提高

总统套房的"妙用"

很多酒店都有自己的"总统套房"。总统套房是一种门面,就像有的高级餐馆门前停着一辆高级轿车一样,体现着这个酒店的形象和档次。

但总统套房太过豪华和过于昂贵,大部分酒店的"总统套房"都长年闲置不用,造成了极大的浪费。对此杭州文华酒店将其拿出来做促销用。"客人累计在酒店住宿 30 天,就可以按标准价格送一晚这个总统套房。像作秀那样摆在那里还不如把它用起来",该酒店的总经理如是说。还有一些酒店则将总统套房分解出租,"客人可以整体租用,也可以租用一部分，从而提高了出租率”。

酒店经理人对“经理的困惑”的答复：

Re:客房部配备多少人才算合理？

区雪娇：广州南沙大酒店客房部经理

扫码看答案：

合理的人员配置的定义包含两个方面的意思：

（1）人员足够支撑日常工作量；

（2）人力成本在可接受范围内，即不能无限增添人员。

第一点，足够支撑日常工作量的人力，必然是基于客房部的主要工作内容和工作量来定的，大致上可按以下两类来分析：

（1）固定的、可量化的工作。如客房清洁，其所需人力与开房率和平均清洁效率相关联。

（2）临时、难量化的工作。如对客服务任务、计划卫生清洁，这部分任务与开房率、客人类型有一定关联性，如开房率高时对客服务任务多，必然占据服务员较多工作时间，且通常较难量化统计。可通过软件系统记录员工这部分的工作量和工作效率，以统计在不同开房率下这部分的工作占比。

第二点，控制人力成本，避免人力资源的浪费。员工每天的工作量是否饱和必须能够可视化，否则难以明确人力资源是否存在浪费的现象。在第一点的基础上，明确每一个员工的固定和临时工作量，在不饱和的情况下，再另外分配其他任务，如计划卫生任务。另外，还有利用软件系统简化工作流程或代替人工操作、旺季利用外包人员补充临时人力需求等方法。

合理的人员配置一般都是根据酒店的情况动态变化的，要想时刻维持在合理水平，就要定期评估当下的工作量和人力配置的变化情况，有条件的话，可利用软件系统自动生成的工作量报表数据，如我们南沙大酒店使用蓝豆云报表等来进行随时评估以便及时调整。

即测即评

第二章　客房设计与装修

本章重点介绍客房设计与装修的理念、原则和发展趋势，并介绍较为流行的几种特色客房。

本章学习目的：

- 掌握客房及卫生间设计的一般原则。
- 了解特色客房。
- 了解21世纪客房设计与装修发展趋势。

关键术语：客房设计　客房装修　特色客房

Key Terms：Interior Designing，Rooms Decoration，Special Rooms

经理的困惑

——女性客房应该怎样设计？

现在酒店业市场竞争十分激烈，特色客房成了很多酒店吸引客人的抓手。我们酒店已经经营了10年时间，准备拿出一层楼来做女性客房，以期吸引更多的女性客人，不知如何装修才能受到女性客人的青睐？

第一节 客房设计与装修的原则

新概念客房

全球饭店业经营的难度越来越大，设计师、业主和管理者都绞尽脑汁，既追求标新立异，又讲究舒适实惠，种种新概念客房层出不穷。健身客房、天堂之床、"睡得香"客房、精神放松客房、绿色客房等一系列名目繁多的客房应运而生，特色纷呈。

喜达屋(Starwood)集团下的威斯汀(Westin)酒店品牌经过近两年的努力，已把"天堂之床"(Heavenly Beds)的客房打出名气。而希尔顿集团在美国洛杉矶富豪区的比华利山的酒店推出自己的特色概念"睡得香客房"(Sleep Tight)。这一客房中用加厚的床垫，高雅而又不透光的艺术窗帘，闹钟铃响时台灯自动开启，按各人生活习惯设置的生物钟可调灯箱等，博得高级商务客的青睐。

不久前，希尔顿又推出两种新概念客房，即"健身客房"(Health-fit Room)和"精神放松客房"(Stressless Room)。客房内增设一系列设施，如按摩椅毯、放松泉池，瑜伽术教学录像等。他们先在全美8家酒店推出一间样板房，观察市场反应。客人的反馈意见是，新奇、舒适、印象深刻，有益于身心健康，睡眠效果确实好，为此支付稍高一点的房价也值得。市场的认可使希尔顿集团信心倍增。

著名的雅高集团在巴黎的Sofitel这一高档品牌的酒店中，率先尝试"高科技好客房"的创新，这是雅高集团的第一间新概念客房。客房中，床比King Size还宽，卫生间更大，照明也更好，采用可旋转的液晶显示电视屏幕，遥控芳香治疗系统，环绕音响系统，独具创新的三角形陈设。目的只有一个，那就是让客人感受到非同一般的舒适、安全和快乐。值得一提的是芳香系统，这是在全球酒店业中首先推出"嗅觉识别"的新概念。客房有床头电脑显示屏告知客人多种香型任意选择，只要一按键，客房里就释放出客人偏爱的香味飘弥全室，客人在这些特殊配方的香味"熏陶"中，既得到一种保健的治疗，又因香味投其所好而睡得香甜。

一、客房设计与装修的原则

为了保障客人及酒店的利益，客房设计应遵循以下原则：

（一）安全性

安全性首先表现在对火灾的预防上。为此，客房设计时应考虑以下防火措施。

（1）设置火灾报警系统。烟感报警、温感报警与自动喷洒报警是当前常用的早期报警系统。其中，烟感报警对烟雾反应最为灵敏，温感报警的误报率最低，自动喷洒报警除报警外还能发挥早期防止火灾蔓延的作用。

（2）减少火荷载。火荷载是指酒店内可燃烧的建筑材料、家具、陈设、布草等的总和。客房设计时应尽量采用阻燃或不燃的建筑、装修材料。

除了对火灾的预防以外，酒店客房设计时还应注意保护客人的隐私。客房是客人休息的场所，要求安静、不受干扰。有些酒店楼层走廊两侧，客房门对着门，容易引起互相干扰。因此，建筑设计时可考虑将走廊两侧客房门错开。

（二）健康性

环境直接影响人的健康。噪声公害威胁人的听觉健康；照度不足影响人的视觉健康；生活在全空调环境内，如新风不足，温湿度不当会损害人的身体健康。因此，在客房设计时，必须重视隔声、照度和空调设计，控制视觉、听觉和热感觉等环境刺激。

1. 隔音

客房噪声的来源主要有以下方面：

• 窗外。城市环境噪声。

• 相邻客房。如来自隔壁房间的电视机、音响设备、空调机、电话、门铃、旅客的谈话、壁橱取物、床的嘎吱、门扇开关及扯动窗帘等的声音。

• 客房内部。上下水管流水、马桶盖碰撞、扯动浴帘、淋浴、空调器及冰箱等。

• 走廊外。如客房门的开关，走廊里客人及服务员谈话、服务小车的推动、吸尘器的声响等。

• 其他。如空调机房、排风机房及其他公众活动用房。

对于上述可能出现的噪声，在客房设计时都应考虑加以控制。

2. 照明

室内照明的主要作用是为人提供良好的光照条件，获得最佳的视觉效果，使室内环境具有某种气氛和意境，增强室内环境的美感与舒适感。现代酒店室内照明除了提供视觉所需要的光线外，还有以下几方面的作用：组织空间，改善空间感，渲染气氛，体现特色。

（1）客房室内照明设计的基本原则。

• 舒适性。室内照明应有利于客人在客房内进行活动、阅读、会客和从事其他活动，即在生理上能保护人的视觉，在心理上能鼓舞或安定人的情绪。

• 艺术性。即有助于丰富空间的深度和层次，有利于强调空间的特色，能与空间的大小、形状、用途和性质相一致。

• 安全性。电源的线路、开关、灯具的设置都要有可靠的安全措施。

(2) 照明设计的主要内容。

• 投光范围。可分为整体照明、局部照明。

• 灯具位置。应按照客人的活动范围和家具的位置来安排。

• 灯具的选择。灯具可分为吸顶灯、镶灯、吊灯、壁灯、立灯和活动灯等。每种灯具都用于特定的情况之下,灯具的选择,如造型、色彩是整体的一部分,必须与客房的色调相配,不能孤立对待。

• 照度的高低。照度是指被光照射的物体表面在单位面积上所受的光量。不同功能的室内环境有不同的照度要求。客房照度包括客房与卫生间的照度两方面,按国际照明学会标准,客房照度应为 100 勒克司。近年来,有些国家已推荐客房照度为 50~100 勒克司,以免房内过强的光刺激客人神经,影响客人休息。近年来,客房卫生间已发展成为旅客化妆的主要场所,所以卫生间的照度越来越高,为了便于旅客化妆,国际照明学会的标准是 70 勒克司,但实际使用均大于 100 勒克司,有时在人面部的照度达 200 勒克司以上。

3. 空调

空调的设计、选用和安装在保证一定的湿度和温度的前提下,应能使噪声减少到最低程度,并能提供充足的新风,不会使客人在房内感到头痛,威胁客人的健康。

空调的安装还应该注意位置的选择,特别是空调出风口的位置和朝向,否则,会严重影响客人的睡眠和健康。

经典案例

我到杭州出差,住在一家高级的酒店。这家酒店客房看上去非常舒适,不亚于很多五星级酒店,不过,到了晚上,问题来了——客房的出风口刚好对着床头,风吹出来,刚好对着我的脑袋,如果把它关了,天气很闷热;开着,实在又吹得难受,整个晚上都没有睡好……

(三) 舒适感

客房是客人休息的场所,也是客人在酒店停留时间最长的地方,因此,客房的设计一定要使客人有方便舒适感。提高客房的舒适度可以从以下几个方面考虑。

1. 空间尺寸

一般来讲,客房的面积越大,舒适度就越高。对于一个双床间而言,国际上流行的开间为 3.6~4.2 米,进深为 7.6~10 米(参见表 2-1)。

表 2-1 不同国家不同等级客房双床间净面积指标(平方米)

	经济级	舒适级	豪华级
英国	10.5	18	26
日本	10~12	14~16	20~22
法国	10	14	20
香港	12	18~20	25
美国		20	
本书建议	<14	14~30	>30

酒店客房净高通常应为2.5米左右。剖面中,净高2.5米与开间3.6~4.2米所形成的比例为1.44~1.68,是接近黄金分割的矩形剖面比例,利于形成亲切、舒适的客房空间气氛。

2. 家具的摆设

客房家具摆设是否得当,是否有利于客人行走和在房内的生活起居需要,也会影响客房的舒适感。21世纪的饭店注重实用功能,客房的设计、家具的摆设一定要给客人以方便、舒适之感。

3. 窗户的设计

客房开窗是为了采光、日照,但与观景也有直接关系。“窗即景框”,宜“佳则收之,俗则屏之”。面对绚丽风光,窗越大越能感到环境之优美,舒适感越强,因而,有的高层酒店客房设计落地玻璃窗,使客房与环境融成一片。

窗离地不宜太高,通常不应高于0.7米,这样,客人坐在房内沙发或椅子上,就可较好地观赏到窗外景色。

窗户的大小还应考虑酒店所在地的气候条件。一般来讲,炎热地区的酒店宜大,以便使客人有视野开阔,心情舒畅的感觉。而位于寒冷地区的酒店则窗户宜小不宜大,以便客人在客房内有温暖、舒适、亲切之感,同时还可以在一定程度上为酒店节省能源。

此外,酒店客房窗户的“高宽比”以1:2为好。这样能使客人产生人们所喜爱的“宽银幕画面”的效果。符合人们的审美心理。当然,窗户的设计也不能千篇一律。为了追求奇特的艺术效果,窗户还可以设计成圆形或锯齿形等。

4. 装修风格

满足客人需求心理的客房装修风格,也能为客人提供舒适感。归纳旅游者的需求心理,可分为两大类:一类希望客房符合旅客本人的生活习惯与水平,走进客房如回到家中一样方便舒适;另一类则希望客房与旅游地一样具有鲜明的地方特色和异国情调,进入客房能够继续感受新鲜有趣的异族文化。因此,酒店在进行客房设计装修时,应充分考虑这两方面的要求。高档酒店有中餐厅与西餐厅之分,客房的装修也可考虑既有西式客房,又有具有民族特色的客房,以满足不同客人的不同心理需求。例如,建造于三十年代的上海和平饭店,有九国套间客房,表现各国民族风格;驰名于世的东京帝国饭店既有豪华的西式套间,又有表现浓郁的乡土情调的“和式”套间。

(四) 实用性

客房布置的好坏,不但会影响服务效率,还会直接影响客人的心理感觉,并最终影响客人感觉中的服务质量。因此,做好房间的布置工作具有重要意义。

客房设计与布置要注意实用性,要恰到好处的利用空间,既方便客人在室内的生活起居,又方便服务员的清洁操作。此外,镜子的高度、灯光的亮度等都要适宜。要选择价廉物美、便于清洁和保护的室内用品和设备。

有一家酒店浴室里使用了很多的玻璃——洗脸台是全玻璃制造的;浴室是透明设计,以玻璃和卧室隔开;淋浴房也是玻璃的。同样,卧室的写字桌是玻璃的;此外,房间里还有多面镜子,以营造一个特别的空间感。而玻璃和镜子,搞卫生是需要花费更多精力的,这样的房间设计,员工整理一个房间,要花上两倍的时间。所以,客房设计一定要考虑员工的工作效率。

（五）美观性

客房的装饰布置是一门艺术，在注重实用的基础上，客房的设计和装饰布置还要强调和谐、美观，要使客房内的设施、设备、各种用品及其色彩成为一个和谐的整体。为此，一些大酒店甚至设有专职的室内装饰员，负责房间内部的装饰、家具的摆设，室内颜色的搭配，窗帘、壁画、灯光之间的调节等。

（六）便利性

各种设施设备的安装要考虑客人的需要，要方便客人使用，特别是各种插座的设置，一要够用；二要方便；三要美观。

21世纪是互联网时代，各种电器的使用更加普遍，要求酒店客房一要有WIFI，二要有足够的电源插座，供客人手机、相机等电器设备充电。客人随身携带的各种电器设备越来越多，特别是手机随时都在用，需要不断充电，因此，需要足够多的电源插座，而且这些电源插座的位置设置要合理，床头、写字台必不可少（千万不要设在桌子底下或墙背后，让客人钻到桌子底下或趴在地上或搬开桌子找插座），参见图2-1。

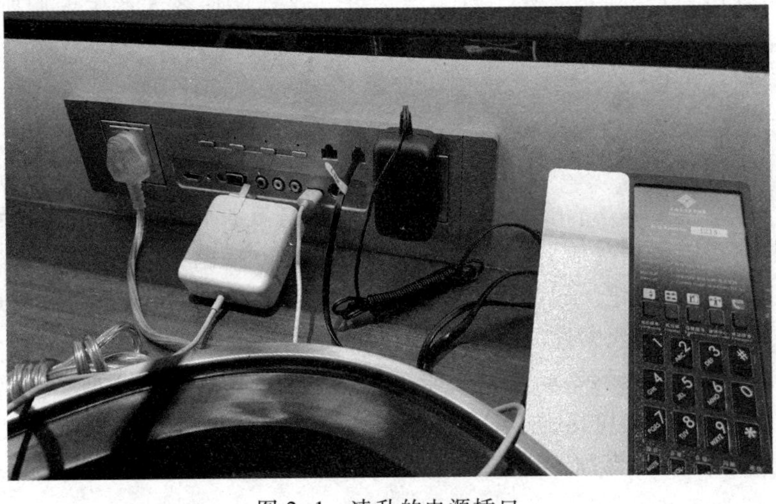

图2-1 凌乱的电源插口

二、卫生间设计与装修的原则

卫生间是客房的重要组成部分。清晨，当旅客为一天的开始做准备时，最迫切需要的空间是卫生间；傍晚，结束了一天的旅游活动或忙碌的工作，浴室则提供了消除疲劳，松弛身心的最佳场所（参见图2-2）。随着社会的进步，人们生活质量的提高，卫生间的功能开始走向多样化，已不仅是传统的满足人们生理需求的地方，而且日益成为人们化妆、健身和享受生活，追求美的场所。因此，人们对卫生间的要求也越来越高。

卫生间的设计应注意宽敞、明亮、舒适、保健、方便、实用、安全、通风。

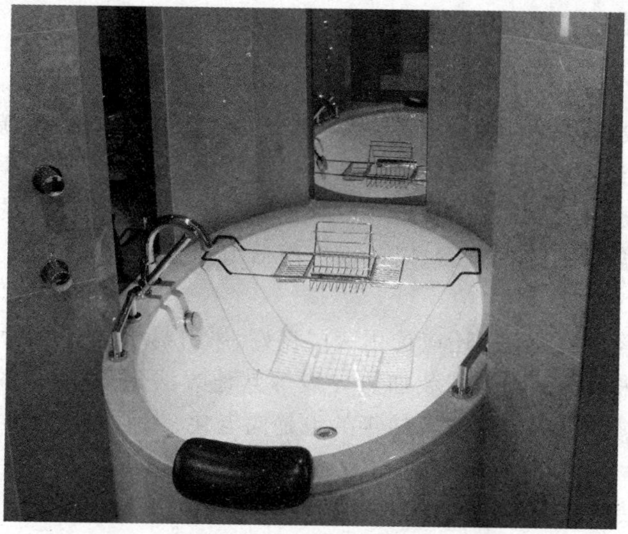

图 2-2　印尼巴厘岛某度假酒店的浴缸

（一） 宽敞

卫生间要有宽敞的活动空间，使客人有舒适之感，避免由于空间狭小，使客人活动不便或感觉压抑。另外，还要有足够大的化妆台，供酒店放置各种卫生用品和供客人搁置自带的化妆用品，以满足客人（尤其是女性客人）追求美的需求。

按照我国饭店的星级评定标准，卫生间的面积通常应在 4~6 平方米之间，这与国际上三件套设施卫生间的面积基本一致，但对于豪华卫生间来讲，则远远不够。

（二） 明亮

卫生间要明亮，以免客人有压抑之感，尤其是梳妆台及镜面位置要保证足够的照度，以便客人梳妆打扮。

（三） 舒适

除了宽敞明亮的空间能够增加卫生间的舒适感以外，其他方面的因素也可能影响卫生间的舒适程度。如色彩问题。有些酒店客房与卫生间的色彩搭配欠协调，使客人在心理上产生不舒适的感觉。如某酒店客房的基调是杏黄，而卫生间的地面、墙壁、洁具采用的却是一律的淡蓝。这样的处理就不太恰当，从暖色调一下子跨到冷色调，会立即给人以冰冷的感觉，而这恰是大多数人淋浴时所忌讳的感觉。

（四） 保健

随着社会的进步，人们的保健意识和保健需求越来越强烈。客房卫生间成了很多人的健身场所，因此，在设计卫生间时，就应考虑客人这方面的需求。如在卫生间内购置磅秤；选用具有保健功能的按摩浴缸等。现在，已有越来越多的高档酒店在其客房卫生间内设置冲浪式按摩浴缸，其四周都有喷头，喷射水流冲击人体肌肉，可以起到按摩作用，以消除疲劳，恢复体力。

（五）方便

卫生间内各种设施设备的配备和安装，一定要方便客人。电话、电源插座、毛巾架、香皂架、浴缸扶手架、淋浴器以及卫生纸盒等的安装位置一定要合理。要根据人身活动的规律作为卫生间设计的依据之一，如根据人身活动半径来确定诸如淋浴喷头的高度；淋浴肥皂盒、盆浴肥皂盒的高度；安全把手的位置；以及以坐便器为轴心，手臂的长度为半径，确定电话分机、卫生纸盒等的位置。

此外，为了方便客人，卫生间还应选用镀层良好、平滑易干的优质镜面，使得水蒸气容易蒸发（当然，也可以采用在镜面后安装加热导线等其他方法，使镜面上的水蒸气能够尽快蒸发）。随着老龄化时代的到来，旅游者的年龄也趋向老化，为了满足老年客人的需要，一些酒店开始采用 300 mm~400 mm 的低矮浴缸。

考虑到现代人使用手机的习惯，建议在马桶旁边墙面上安装手机支架，可与卫生纸盒统一设计。

（六）实用

卫生间设施设备的选择和安装，要贯彻实用的原则。例如，卫生间的地面材料应用大块巾贴面材料，以减少拉缝。另外，由于担心感染上各种皮肤病、妇科病和肝炎等传染性疾病，尤其是“艾滋病”等各种性病，客人（尤其是我国南方客人）已很少有人使用酒店卫生间的浴缸（有的甚至自带毛巾等个人卫生用品），浴缸便失去了它的作用，因此，一些地区的新建酒店可以考虑在普通客房的卫生间内不安装浴缸，而以淋浴器代之（很多豪华酒店及套间已设立了采用玻璃或有机玻璃做箱体的独立的箱式淋浴间），这样不但节省浴缸的购置费，还可以节约劳动力和清洁保养费用。此外，还可以节省空间，可谓一举多得。

（七）安全

卫生间的设计还应考虑客人的安全需要。国际上许多酒店在卫生间设有紧急呼救钮或紧急电话，也有供客人浴晕时用的紧急开门器。卫生间的电器开关均改为低压电器开关，电动剃须刀、吹风机等插座均标明电源种类，配漏电断路器。此外，要保证卫生间内通风状况良好；浴缸的底部及卫生间地面要有防滑措施；浴缸墙面要有扶手杠。

三、客房和卫生间的色彩和谐原则

无论是客房还是卫生间，在设计装修时，一定要注意运用好色彩的和谐原则。

有经验的建筑师和室内设计师都十分重视色彩对人的物理、生理和心理的作用，十分重视色彩能引起人的联想和情感的效果，注意使用色彩营造室内气氛，调节和修正空间环境。例如在地面缺少阳光或其他阴暗的房间里采用暖色，可增添亲切温暖的感觉；在阳光充足的房间或炎热地区，则宜多采用冷色，降低室温感；在酒店大堂、电梯间和其他一些逗留时间短暂的公共场所，适当使用高明度、高彩度色，可以获得光彩夺目、热烈兴奋的气氛；在酒店客房、写字楼等房间，采用各种调和灰色可以获得安全、柔和、宁静的气氛；在空间低矮的房间，采用具有轻远感的色彩来冲淡压抑感，反之则采用具有收缩感的色彩避免使人感到空旷；在同一个房间中，从天花板、墙面到地面，色彩往往是从上到下，明亮渐轻、暗、重，以丰富色彩层次，扩展视觉空间，加强空间稳定感。

在色彩的相互联系中，协调和对比是最根本的联系，如何恰如其分地处理好色彩的协调和对比的关系，是室内色彩环境和气氛创造中的一个核心课题。色彩的协调意味着色彩三要素——色相、明度和彩度之间的接近，从而给人以统一感。而过分的统一又会流于平淡、单调、沉闷、软弱。色彩的对比意味着色调、明度和彩度之疏远，过多的对比使人感到刺激、跳跃、不安、眼花缭乱。问题不在于采用何种色调，而在于如何配色，即如何掌握好协调和对比的分寸。

简单地说，和谐的色彩就是相配的颜色。掌握色调和谐最可靠的原则，就是遵照从自然界找到的色调规律。因此，深色适用于地板、中间色适用于墙壁，而较淡色适用于天花板。这是一个很好的通则，而且很切合实际。

四、客房设计与装修中的常见问题与对策

（一）客房设计与装修中的常见问题

客人入住客房，少不了与电源开关和插座打交道。开关与插座的使用方便与否，直接关系到酒店的服务质量与水平。

不少酒店在建设装修或改造装修过程中对此事并不太在意，于是出现了以下这些给客人带来诸多不便的情况。

■ 客房卫生间的电灯开关装在卫生间内，客人只好凭经验和手感在黑暗中去摸索开关。

■ 由于卫生间的毛巾架安装位置不当，挡住了备用电源插座，使用电动剃须刀或电吹风时，只好拉下毛巾。

■ 壁橱里装一个未必需要的电灯，当橱门关不紧而无法碰到电灯开关时，则造成漏光，影响客人睡眠。

■ 迷你吧摆放着电热水壶，但找不到插座，只好移到卫生间烧水（参见图 2-3）。

■ 若想在化妆台使用电吹风机或手提电脑，因台面上方的墙上没有备用插座，往往要爬到桌子底下寻找。若没有备用的插座只好拔去台灯或电视机插头将就。

■ 若想为手机充电，要么使用落地灯电源插座，要么拨去电视或台灯电源插头临时凑合。而由于这些电源是间断电源，客人出去办事回来后才发现并未充上电，急得直跺脚。

■ 客人并没有“请勿打扰”的意思，只因打开其他开关，顺手把装在一排的其中“请勿打扰”开关打开，造成服务员判断失误而影响工作。同样的原因，客人并没有召唤服务员，而服务员却接到“呼唤”指令来敲门。

■ 更有个别酒店将“请勿打扰”开关和“请速打扫”开关装在并排，但是没有做“此亮彼暗”的技术处理，因客人不经意间同时按下这两个开关，造成了门外两个指示灯同时亮着，可以想象服务员看到这种现象后的窘迫神态。

■ 最富有戏剧性的恐怕要数客人为打开电视而手忙脚乱的情景了：打开了电视机上的开关，荧屏不亮。再按一下遥控器开关，仍没有图像，最后才想起来是床头柜这边开关未打开。待掉头打开床头柜开关还是没有反应时，才发现刚才按下电视机开关实际上是把原已

打开的又关闭上了。

（二）客房设计与装修中常见问题的对策

以上现象在许多酒店总会遇到其中的几种，可采取以下对策：

■ 卫生间电灯开关和过道灯开关应分别装在卫生间门的两边。卫生间内还可增设紧急呼救和“请稍候”按钮以及备用电源插座。

■ 壁橱可以不装电灯，当然过道灯亮度应能足够照亮衣橱。

■ 在化妆台上方的墙面，或在化妆镜两边，或在化妆镜下方，设置镜前灯开关和备用电源插座（分别为 110 V 和 220 V，并为不间断电源）。

■ 床头控制柜上的开关越少越好，一般只将床头灯、音响和地灯开关设在控制柜上，其他开关都可以“各就各位”，如落地灯、台灯、镜前灯、迷你吧灯、过道灯乃至房灯均装在灯具上或附近位置的墙面。“请勿打扰”灯的开关装置要有意让客人“不方便”，可以设在显眼而又独立的墙面某一位置（如与空调开关并排）。有的酒店若设“请速打扫”开关也同样处理，而且要注意这两种指示灯绝对此亮彼暗。

■ 至于电视，有机上开关和遥控器开关足够了。

■ “呼唤服务”完全可以通过电话解决，没有必要再另设专用开关。

■ 为了免除客人因睡觉要一一关闭许多电灯的麻烦，可以专设一个“总开关”，一钮“搞定”。

■ “琴键式”开关代替“触摸式”开关。实践证明，“触摸式”开关不大灵便，还是“纽扣式”或“琴键式”开关相对好用些。

一种既实用又美观的写字台电源插座及多媒体端口（参见图 2-4）所示。

图 2-3 放置热水器的位置找不到电源插座

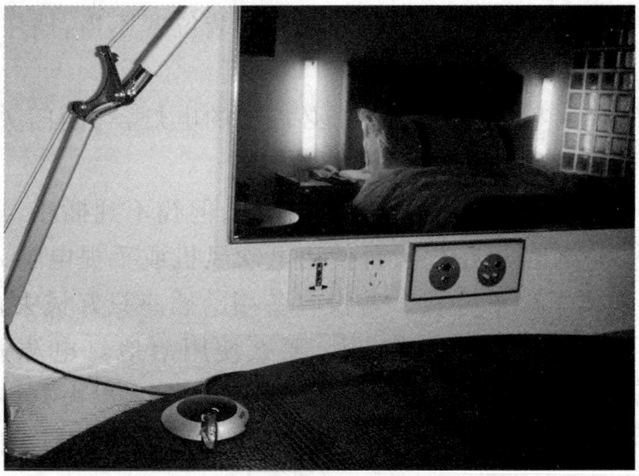

图 2-4 写字台电源插座及音频、视频输入端口

第二节 特色客房的设计与装修

凯瑟琳是一位来上海从事商务活动的美国学者，每次她都指定入住一家酒店，原因是这

家酒店设有女性客房。她说她很满意这家酒店受过特殊培训的女性专职管家的贴身服务，感觉细致而温馨。

越来越多的客人已经厌倦了千篇一律的“标准”客房模式，他们更希望在客房内也能够有一些新奇的享受和经历，能有一些与众不同的收获和感受。因此，饭店应开发各类具有个性色彩的新概念主题客房和各种特色客房，如温馨客房、女性客房、商务客房、度假客房等。为了满足不同客人的偏好，塑造客房卖点，一些酒店还推出了奥运冠军房、无烟客房、中式客房、明星客房、金钥匙执行官房等特色客房，取得了很好的效果。

一、女性客房

时下，个性化的女性客房、女性楼层颇受青睐。一家酒店在开设女性客房时曾做过市场调查：通常，酒店入住率达到 70%～80%时，女性楼层的入住率会达到 100%。实践证明，女官员和女老总等对女性客房青睐有加。

开设女性客房，国内外也有失败和遭受挫折的案例。哥本哈根的一家酒店便遭遇了丹麦性别平等委员会的控告，称此举一方面是对女性的“隔离”而不是“保护”，更不是“尊享”，另一方面，也侵害了男性顾客选择这些客房的权利。

酒店如果设计和装修女性客房时，必须对女性的需求有所了解。根据美国康乃尔大学的研究报告女性客人最看重的影响入住情绪的四个因素为：

1. 个人安全感

诸如酒店的大堂灯光是否明亮，酒店的地下停车场是否有黑暗的角落，客房的门锁是否有双重锁、是否有探视猫眼，是否有保安巡逻等。

2. 个人舒适感

酒店床铺是否豪华而舒适，酒店枕头是否在合适的厚度和柔软度，客房内的供暖、灯光、隔音、颜色是否给人带来舒适放松的感觉，是否营造模拟 SPA 的氛围。

3. 被赋予权力的感觉

是否提供让顾客维持身体健康状态的服务，如房内用餐服务、行政酒廊、健身中心、SPA 设施等。

4. 被重视的感觉

酒店是否提供了标准酒店体验之外更多的附加值，是否提供名牌日化用品，是否有梳妆镜、鲜花，是否有优质的咖啡和茶饮等。

由此可见，“安全、卫生、温馨、方便、尊重”，是女性客人入住酒店时最为关心的问题。因此，女性客房必须体现以上特点。

装修、装饰女性客房时，可以考虑以下做法：

（1）客房内设置紧急呼叫按钮。

（2）客房具备良好的隔音效果。

（3）客房内放置针对女性客人的安全提示说明。

（4）保持客房干净、整洁。相对而言，女性客人对客房的整洁有序更为关注，因为拥有一尘不染与一丝不乱的居住环境不仅是女性的天性，更有助于她们拥有一份惬意、良好的心境。

（5）客房内放置精美的时尚杂志，供客人休闲时翻阅。

（6）客房中每日准备各种鲜花干花，视需要提供时令水果。

（7）浴室内配备品牌洗浴用品及女性专用卫生包，以体现对女性客人的照顾体贴。

（8）客房中放置女性客人“度身定制”的送餐菜单，为不愿到餐厅用餐的单身女性客人提供方便，参见表 2-2。

表 2-2 女性客房布置要求

区域		设施用品配置	说明
客房	房间	高档雅致的品牌家具 彩壳电器 环绕音响系统（配时装光碟等） 互联网接口 宽大舒适的床 色彩明快的沙发和靠垫 明亮时尚的走入式衣柜，内备熨衣板，电熨斗 宽大的全身镜 家居化的高品质床上用品 精致的饮具和花草茶等饮品 薰香	提供与国际接轨的生活方式满足女性自恋，兼顾生活与生理基本需求 营造情调 免费上网服务
	卫生间	盆栽花木或鲜花 面积宽敞，光线明亮，装饰典雅 光源调节器 化妆镜与化妆凳 品牌卫生用品	满足女性化妆及生理方面需要

链接

女性客房“万花筒”

——“女性客房”经营集锦

专职管家，温馨服务

住进把 25 层至 27 层 3 个楼层共 28 间客房专门辟为女性客房的上海瑞吉红塔大酒店，会体会到一种独特魅力。暖色调的客房布置、一束幽香的百合花、品种繁多的水果、护肤品和香水以及受欢迎的 ELLE 杂志等。酒店公关部协调员陆小姐告诉记者，在女性客房，服务员会留心果盘里缺少的水果品种来猜测客人的喜好。客人入住后，专门的女性专职管家可以在客房内为客人办理入住登记手续，而且 24 小时服务，甚至可以帮忙熨衣服、打包行李。

女性客房的硬件配备和软件服务都力求贴近女性。郑州金质大酒店每间女性客房放置了一个贵妃椅；北京温特莱酒店则准备了洋娃娃等小玩具或小饰品，从细节方面讨女宾客的欢心,“客人在前台登记时,服务人员若发现单身女宾客或搭伴的女宾客,就会主动推荐其入住女性客房。”如果女客人吸烟,为其他人着想,我们则不建议她们住女性楼层。

女性客房,“男士禁地”?

在瑞士的苏黎世,有“谢绝男士入住”的女性专用宾馆,职员都是清一色女性。上海瑞吉红塔的女性楼层为了突出特色,则专门设置了女性专职管家。那么,“女性楼层”是否会成为“男士禁地”呢?一些不享受这些服务的宾客会不会有不舒服的感觉呢?记者在采访中了解到,一些酒店的女性楼层会摆出“男士止步”的牌子,如果有陌生男性出现,保安人员会礼貌地询问他是否走错了楼层或提示“这是女性楼层,请您谅解”等。有的酒店则允许男性访客白天到访,晚间则请到专门会客区或茶餐厅。酒店一般不允许男士入住女性楼层,也有酒店允许。还有的酒店在普通客房满员的情况下,会取消女性楼层,不分性别地让宾客入住。

瑞吉红塔酒店的陆小姐告诉记者,作为五星级酒店,入住女性客房的皆为高端商务女性,事务非常繁忙,接待男宾客都是到特定的场所,所以酒店还没有遇到男访客到来的情况。

房号保密,安全第一

世界各地众多酒店纷纷开设的女子客房,除了硬件上考虑女性需求之外,从女子最敏感的安全考虑,通常房间号码对外严格保密,不经客人同意外来电话不随意接进。

二、儿童客房

近年来,美国饭店纷纷为跟随父母出游的儿童单独安排适合儿童特点的用房。

假日饭店集团所属的饭店早在2001年已经拥有1 100个“孩子套间(kid-suite)”。这类房间色彩鲜艳,墙上可能是热带雨林的壁画,也可能是别的什么吸引孩子的东西(参见图2-5)。但房间较一般客人用房小,房内放的不是常见的单人或双人床,而是双层床。可供两个孩子使用。房内也放有电视机、DVD机以及电子游戏机等适合孩子需要物品。波士顿Rits-Carlton饭店则为孩子提供“孩子总统套间(Junior Presidential Suite)”,内有孩子浴室、玩具箱、手工艺品以及放有各种健康食品的电冰箱。房价每晚高达700美元。

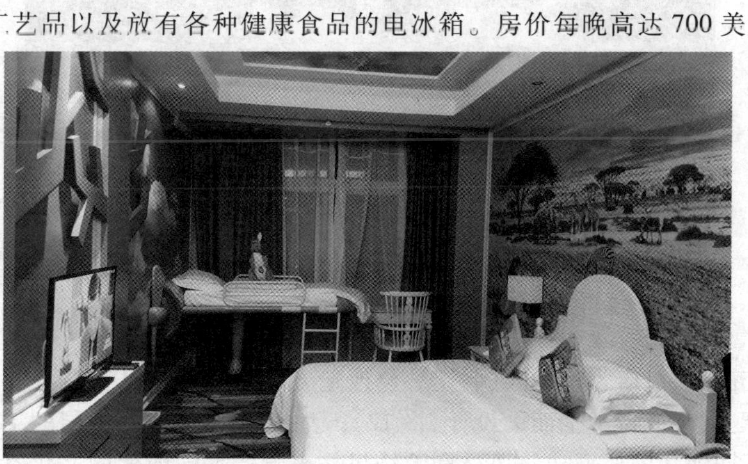

图2-5　广州从化碧水湾温泉度假村的儿童房

三、健康客房

近年来，消费者对健康问题日益重视，为了迎合这种需求，提高酒店客房的吸引力和竞争力，国内外很多高星级酒店纷纷推出“健康客房”理念。

所谓“健康客房”，是指酒店在健康理念的指导下，通过配备全套健康睡眠用具以及保健设备（如健身设施、桑拿按摩设施等），从而满足客人对健康需求的一种特色客房。很多健康客房以高科技生物产品为依托，为顾客营造一种健康、舒适、人文的休息环境。健康客房的目标客户主要集中于高层次的商务客人，这些人经常在外奔波，工作压力大，精神紧张，不同程度地存在睡眠不足、睡眠质量不高、身体抵抗力下降、疲劳等现象。正因如此，一些专为此设计并生产的产品应运而生。珠海市某生物工程科技有限公司推出的“健康睡眠系统”产品，依照人体生理曲度设计，能提供舒适的睡眠条件，为客人提供多种选择。如客房的枕头有 5 种类型、3 种型号的枕芯，国内一些酒店专门开辟了健康客房楼层，顾客回头率明显高于其他客房，产品销售业绩不俗。

四、主题客房

主题客房的类型很多，如新婚客房、民俗客房、海底世界客房、太空世界房等；饭店还可根据不同历史时代的人文现象进行主题的选择和设计，这种人文现象既可以是现代的，也可以是历史的，甚至是远古的，抑或是未来虚拟的，如史前客房、未来主流客房（参见图 2-6）；饭店更可以形形色色的历史文化作为主题切入口，设计各具特色的历史文化客房。

图 2-6　澳大利亚 Medusa Hotel 客房

以北京某五星级饭店为例，在其制定装修改造方案时，聘请饭店专业的品牌形象设计公司对客房的主题文化进行了全面的设计，将 12 个楼层的客房，按照中国的 12 个不同朝代的主题划分，用不同朝代的典型建筑风格和装饰风格来营造不同朝代的文化氛围。同时，该饭店还聘请音乐家精心挑选各个朝代最典型的音乐，在不同楼层的客房内播放，使得饭店的音乐艺术恰如其分地配合不同朝代的文化特色和经营主题，让客人一进入客房就能充分体验到中国悠久历史和不同朝代的文化氛围。这不仅从视觉、触觉等方面去营造符合各个朝代的主题，还运用了音乐艺术来达到听觉上与其他感官体验的统一。

主题客房大都处于主题酒店。主题酒店是世纪之交国际酒店业的新宠。最早推出这一新概念的是美国勃鲁斯接待业物业公司在芝加哥创建的勃鲁斯饭店和美国硬石咖啡国际连锁集团在印尼巴厘岛兴建的硬石酒店。继之纷纷涌现的有拉斯维加斯的主题酒店群落（以好莱坞为主题的米高梅酒店、以金字塔为主题的金字塔酒店等），以历史音乐为主题的维也纳公园酒店，以雅典卫城为主题的雅典卫城酒店，等等。我国酒店业紧随其后，以意大利水城威尼斯文化为主题的深圳威尼斯皇冠假日酒店 2001 年 10 月试营业，率先引进主题酒店新概念并尝试实践。而后，全国各地以各种主题文化为标榜的一批主题酒店脱颖而出，诸如道家文化、儒家文化、三国文化、温泉文化、草原文化、养生文化、茶文化、乒乓文化、赏石文化、海洋生态文化等，层出不穷，受到市场的追捧。

经典案例

京川宾馆：一家三国文化主题酒店

五、公寓式酒店客房

公寓式酒店客房可将睡觉、做饭、就餐、洗澡、工作集中于一室，非常实惠（参见图 2-7）。在美国，这类酒店的房价一般在 40 美元与 100 美元之间（依档次、城市、地段、预订方式而有所差别）。这与相对应的 motel 比，价格未必贵，但都要舒适方便得多，这就是公寓酒店近年来深受市场青睐的缘故。

图 2-7　白金五星：广州花园酒店公寓客房

经典案例

公寓式客房

美国的"多宿"公寓酒店(Extended Stay Hotels),在全球酒店排行榜上排名第14位,并被《财富》杂志评为全球100家快速成长的公司之一。纵观包括motel在内的所有可称之为酒店的住宿设施,多宿酒店连锁是最能贴近"家"的现实、最能提供"家"的实惠的酒店,其性价比也很高,能吸引最广泛的大众市场。其单间公寓(Studio),就是指一室加小厨房和卫生间。进门就是小厨房,与客房联为一体,客房26平方米,厨房约占4平方米左右,另有卫生间4平方米。房间的亮堂得益于顶灯,房内既有吸顶灯,又有两支封罩的大照度日光灯,两种灯全是白光,映射着浅绿缀黄点的地毯、米白色的粉墙和一幅百花展艳的工笔画。房间明亮而简洁,从门角、墙角到卫生间,凡拐弯处均有1米高的不锈钢包角。两个1.5米的床,床头搁一小长方桌,上有台灯,另一头是两个灯,一个供躺在床上的照明,一个为靠在沙发上阅读书报,宾馆酒店里传统式的圈椅、小圆桌和床头柜等在这里都被淘汰了,取而代之的都是现代家庭中常见的摆设。卫生间配有浴巾4条,毛巾3条,面巾3条。在厨房的洗碗盆边还备了4块白底花格的洗碗布,烘托出温馨的家居感。厨房里有微波炉、电磁灶、特大冰箱、咖啡壶、烤面包机,碗柜里锅、碗、盆、勺、刀、叉、锯、铲、杯、筛、开瓶器、滴水架等餐具和厨具应有尽有。客房和厨房的插座很多,为客人提供了极大的便利。这样的客房特别适合数人同住,有工夫的可一日三餐都在酒店自己做。白天在外的,也可以舒适地吃上顿丰富可口的早餐。在这里,匆匆一夜的过客是不多的,大都是住两天以上的小群体和家庭。

由于餐饮背景不同,公寓式客房在中国的推广有一定的难度,不会像欧美那么普及。这是因为,在中国,无论大小城市,高、中、低档的餐饮丰富、便利,应有尽有,绝大多数住宿客人毫无必要自添麻烦去做饭,更重要地是中国烹饪方式与西方截然不同,美国酒店放上微波炉和电磁炉即可解决炊事问题,而中国人做饭,必须要起油锅,就会乌烟瘴气,并且积垢,房间马上变得肮脏陈旧,这是酒店之大忌。因此,公寓酒店客房如何开拓本土市场,尚需探索。

链接

丽思卡尔顿酒店公寓

广州富力丽思卡尔顿豪华公寓是一家高星级酒店公寓,同时也是丽思卡尔顿在中国的首家公寓(参见图2-8)。公寓位于大楼的6层到19层,拥有独立的电梯和专用大堂。房型包括两厅一房、两厅两房、两厅三房、两厅四房,单位面积由111到275平方米不等,其空间的宽敞为城中之最。

公寓的硬件配置充分考虑长租客人的生活所需。所有公寓单位均配备免费的有线及无线宽带上网、直线IDD电话及语音信箱系统、在客厅、卧室及主卧洗手间内均配有平面液晶电视,接入有线及卫星电视频道。丽思卡尔顿订制的进口床褥及400针床枕用品、巨大的步

图 2-8　公寓式酒店客房(广州丽思卡尔顿酒店:左—起居室;右—厨房)

入式衣帽间、顶级家庭影音系统和全套进口家电配置的美食厨房为住客提供温馨舒适居家生活的必备。另外,还可以按住客的要求定制的个性化信笺、名片和办公用品等个性化服务和设施彰显了丽思卡尔顿服务的细密心思。

如果住客需要在公寓里举办私人派对或商务宴请,酒店的各国名厨可以马上变身私人大厨,上门服务。富力丽思卡尔顿豪华公寓的7位私人管家为住客悉心安排家政、交通、医疗、婴儿托管等事务等;公寓穿梭巴士直达城中所有的国际学校、主要商业区和购物中心;购物管家是最理想的私人导购,甚至可以每日代购新鲜肉类和蔬果,让住客打开冰箱就可轻松下厨。

此外,公寓的住户还可以尽享酒店的餐饮和休闲设施,包括每日在酒店 FOODS 餐厅的免费享用自助早餐、免费的24小时健身中心会籍、The Ritz-Carlton Spa 和酒店餐饮的折扣优惠和优先服务等。

第三节　客房设计与装修的发展趋势

进入21世纪,客房设计与装修将更加体现“以人为本”的理念,出现以下发展趋势。

一、卧室

1. 智能化

(1) 去除节电牌,改为红外线与空调一体化的控制器,房间、卫生间无人时,灯就自动熄灭,有人时就保持正常的照明状况。

(2) 客房上网,电视电脑化及点播系统。

(3) 窗帘逐步电动化。窗帘可遥控控制,或在床头边上设置有开关,如需要开关窗帘,客人躺在床上只需轻按开关,便可以轻松实现。

(4) 门锁除电子门锁外,还会出现指纹锁、视网膜锁等。

2. 艺术化

(1) 窗台下落,落地窗将更加普遍。

（2）房内灯光向顶灯、槽灯方向发展，摇臂灯及台灯越来越少用。

（3）走火图、房门号码、空调风口工艺化。

（4）客房色彩多元化。

（5）房门外有光源不强的局部照明射灯，看房门号及插锁孔更方便。

（6）客房使用更加节能的 LED 灯，参见图 2-9。

3. 便利化

（1）写字台上安装多个插座，方便客人使用，参见图 2-10。

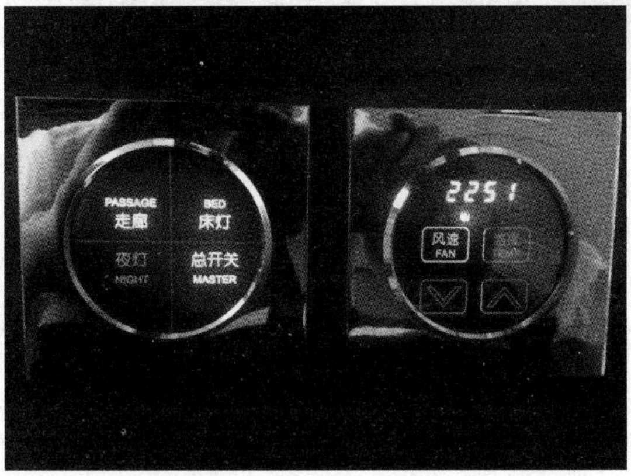

图 2-9 客房 LED 灯开关

图 2-10 各种制式和插空的插座

（2）去除移动式小型集中控制器，床上只设床头灯的控制及总掣开关，房内其他灯具就地控制，参见图 2-11。

图 2-11 床头控制开关

（3）吧台改顶射灯为背后照明，台面石材化，吧台配电热水壶，有电源插座。

（4）电源插座同时具备中国标准和英国标准，减少提供接线板的麻烦。

（5）客房地面改变满铺地毯的传统，常在小过道和窗前用硬地面，以方便保养和清洁。

（6）墙面有使用涂料的趋势。

4. 健康化

特别是对床和枕头的关注与改造将成为一种趋势。很多酒店开始使用能够改善客人睡眠，具有各种功能的保健床。这场世界范围内的变革起源于1999年喜达屋酒店集团发起的“睡床革命”，其睡在“天堂般”的床上的理念一石激起千层浪，各大品牌酒店纷纷在替换高质量的被褥和床具后推出新的市场攻势，如君悦的“变革床的品质”、万豪的“重拾朝气”、雷迪森的“令人深睡”、希尔顿的“舒适的睡眠”等。这场“床第革命”也带来了丰厚的收益，“舒适的床——希尔顿之家”每晚卖到300美元，“万豪之家”每晚卖到260美元，威斯汀则号称向全球提供了3万张“天堂般”的床。

5. 特色化

21世纪，世界范围内（包括中国在内）市场经济将日趋成熟，竞争也将更加激烈，但竞争的层次将不断提高，酒店的竞争将从低层次的价格竞争逐渐转向高层次的文化和品牌竞争。有文化品味、有鲜明的个性和特色的酒店将受到顾客的青睐，因此，酒店客房在装修、布置和服务方面，将注重文化、艺术品位，追求个性和特色，与此相适应，客房的结构、家具的设计和摆设、色彩和灯光的运用等将突破传统，更为大胆。

链接

苏州亚致精品酒店（HOTEL ONE）的客房设计①

对于商务人士而言，一个精心设计的客房空间可以让他们在频繁的旅行、工作之余，尽情享受专属自我的世界。有鉴于此，苏州亚致精品酒店对客房做出突破性的改革——把空间还给主人！以客人为中心，让酒店设计满足他们真正的需求！令人耳目一新的Hotel ONE的Workstation，其原创概念就是“把商务中心带到您的房间”，让您可以自在地在房间内工作与休息，享受个人专属的数字天堂。

独到的弧形多功能商务概念桌——Workstation弧长180 cm，整合连接各种商务科技用品：笔记本、电脑、ipod、MP3、CD音乐播放器、打印输出、网线以及客房手机充电器；价值上万元的可升降调整的多功能座椅，可根据人体各部位的舒适度随意调节，37英寸的液晶数码电视，搭配影音剧院尽情享受立体音响的震撼。笔记本电脑画面可切换到液晶电视上，或是用随身的音乐播放器连接到5.1声道环绕音响，均可享受绝佳环绕影音情境。可以说，一间客房安装6个环绕声喇叭的，这在全球酒店中都是罕见的。另有具备打印、复印、扫描功能的多功能事务机在一旁24小时待命；就在伸手可及之处还有MiniBar供您随时享用……

把客房分机变成手机，将酒店服务延伸到酒店外，成为当今商务酒店的利器。中国移动通信与酒店合作，在国内首创“亚致一机通”，直指国际商务人士市场，让在苏州的客人免去借手机或漫游的麻烦。

“亚致一机通”的客房分机即是手机，酒店139间客房均配有手机，客人入住即可把手机随身带着走，除了在酒店外可接听所有打到房间的来电，还有一键式的24小时贴身秘书服

① 王大悟. 精品“亚致”　超凡价值. 饭店世界，2008，(2).

务,其中包括为语言不通的住客进行语言沟通等。如外国客人不会讲中文,在出租车上与司机讲不清楚,只要一按手机,酒店就能直接与司机沟通。

房间最有特色的设计,可说是那只嵌在门口衣柜中的"管家服务箱"了。需要换洗的衣服、要擦的鞋子和一切临时需要添补的物品可以随时放进去,另一扇门则开在房间之外的走廊里,服务员可以立即取走和放人而不必打扰客人。总之,客人在房内不便时,任何物品的递送都不必开启房间,这是高度人性化的绝妙创意。

二、卫生间

一个酒店卫生间的档次,代表了客房的档次,某种程度上也代表了一个酒店的档次。近年来,设计师在卫生间上的着力、业主在卫生间上的投入,明显不同以往。随着消费市场的多元化及新技术、新材料、新产品选择应用余地的加大,酒店卫生间也一改传统千篇一律的老面孔,呈现出多姿多彩的发展趋势,变化远较卧室为大。

虽然卫生间的传统布局及设备配置并未大变,但内容及设施上的升级换代、争奇斗艳,却一刻未停,这使客房卫生间在保有传统功能性、方便性、舒适性、耐用性的基础上,在智能化、人性化、环保化方面,也取得了与这个时代的发展相一致的长足进步。随着设计技术的提高及大量高档装修材料、灯具及卫浴设备的采用,卫生间美观度、时尚感、洁净度及豪华感,也与日俱增。

1. 布局上的变化

现在新设计的五星级酒店,房间轴线宽度一般做到了 4 200 cm,有的达到了 4 500 cm,长度达到了 9 000~9 500 cm。这给室内设计师的平面设计留下了极大的创作余地。卫生间不再一定是规则的长方形,衣橱也可能做在卫生间一侧,从小走道(或卧室)或卫生间均可取用换选的衣服;进出卫生间也不再是一扇门,可能是一对移门或平开门(香港四季);坐便器可能像淋浴房那样,有独立的一小间,整个卫生间的整体感更强;卫生间本身有两个出入口,一个到小走廊、一个直通卧室,宾客在使用上更为便捷(成都香格里拉)。总之,在卫生间空间感增加后,有些套房的布局开始被标间的设计采用,呈现出多姿多彩、让人耳目一新的个性化感觉。

2. 风格上的创新

虽然有很强奢华感的欧式或者现代古典欧式,还是某些设计师和特定阶层的最爱,但某些特别现代时尚的装饰材料,如大面积的玻璃(有时是特种艺术玻璃)、镜子、不锈钢,超现代风格的吊灯壁灯,也开始在卫生间的装修中应用,代替了传统的石材、壁纸、瓷砖(抛光砖)。

3. 功能上的多元化

卫生间最基本的功能是满足客人盥洗如厕、淋浴等个人卫生要求,而在 21 世纪,除了这些基本功能外,卫生间将成为健身与享受温馨的空间,其设施性能、室内装修等都有了相应的改变。

在卫生间的诸多功能中,化妆功能将得到进一步强化。台面上可供客人摆放各种自带的梳洗、化妆用品。为此,要求台面要宽阔,此外,一些酒店化妆台除正面使用大面积的镜子外,侧面还设有供化妆、剃须用的放大圆镜,豪华饭店的卫生间镜面后还装有加热导线,以提高温度,消除镜面雾气。

此外，包括三星级在内的越来越多的饭店还在卫生间放置磅秤和安置吹风机，以满足客人保健和美容美发的需要，参见图 2-12。

4. 设施的现代化

现代化的卫生间设施设备将为客人提供更加方便、舒适的享受：

（1）具有保健功能的按摩浴缸。很多高档饭店竞相在豪华套间设置冲浪式浴缸，以显示档次，其四周与下部设有喷头，喷射水流冲击人体肌肉，起按摩作用，以消除疲劳，恢复体力。

图 2-12 卫生间放置的磅秤

（2）将出现方便、舒适的自动化马桶。马桶盖自动翻起：酒店将出现自动感应的马桶盖，客人往马桶前面一站，马桶会自动翻起盖子。客人如厕时，可根据需要调节坐盖的温度。如厕结束后，可自动冲洗下身（水温自动调节），并带有自动烘干装置，参见图 2-13。

（3）在卫生间安装音响和电视。为了使客人在使用卫生间（如在浴缸沐浴时）时得到彻底的放松和享受，越来越多的酒店除了在卧室内安装音响以外，还将在客房卫生间安装音响设施，以便为客人提供更加舒适的享受和高标准的服务。除了音响以外，越来越多的豪华饭店开始在卫生间内安装电视，方便客人随时收看经济行情、重要新闻、球赛和各种娱乐节目。通常将液晶电视装在台盆后的洗面镜子上，不使用时，感觉是一面镜子，使用时，躺在浴缸内或洗脸刷牙时也能观看，实现了功能与美观的完美统一，参见图 2-14。

图 2-13 客房卫生间使用的全自动微电脑便洁器

图 2-14 Ritz-Carlton 酒店卫生间浴缸

（4）卫生间不用排风扇。为了降低噪声，卫生间排风不采用排风扇，而采用管井集中排风。

5. 独立的淋浴装置将在客房卫生间装修中大行其道

越来越多的酒店将在其客房卫生间设独立的箱式淋浴间，且多为拼装结构，采用玻璃或有机玻璃箱体。这一趋势将从很多豪华酒店及套间发展到普通酒店的普通房间。在一些热带国家和地区,还可能出现用这种独立的淋浴装置替代传统的浴缸的趋势。

6. 浴缸朝大体量、SPA 化方向发展

虽然在设立淋浴房后,浴缸大部分时间是一个摆设,但国际五星级酒店客房浴缸的配比比例还是非常高。浴缸在增加一个酒店卫生间的空间感觉及档次形象方面,确有其他卫浴洁具不可替代的优势。近几年,浴缸更是往大体量、SPA 化方向发展,浴缸深、宽,可大大增加豪华感,SPA 型浴缸则在别具艺术感的造型及更丰富完善的功能上大做文章。除冲浪、按摩双系统浴缸外,还有泡沫型、瀑布水流型、带溢水槽型浴缸,有些浴缸甚至还带有能使水不断变色的幻彩等功能。

7. 卫生间的空间扩大化

随着功能的扩大,卫生间的面积越来越大。传统的卫生间的面积约为 4~8 平方米,这与国际上三件套(洗盆、浴缸、马桶)设施卫生间的面积相同,但对 5 件套设施(增加净身盆和箱式淋浴器)的卫生间来说,需约 8~10 平方米。豪华卫生间的经典之作当属香港丽晶酒店的海景套间,其卫生间面积达 36 平方米,拥有豪华的按摩浴缸及独立的桑拿浴室,卫生间三面采用大面积镜子,将迷人的维多利亚港湾风景采用借景的手段尽收眼底,沐浴在按摩浴缸之中,仿佛置身于蔚蓝的大海,令人心旷神怡。

8. 环保节能型洁具将在卫生间普遍采用

为了节约经营成本,建设绿色环保型酒店,各种节能型卫生洁具将在卫生间普遍采用。不少坐便器将注明用水量。

9. 卫生间的"开放化"

迄今为止,酒店客房的卫生间基本上都是一个"小黑箱",而今后的设计将更趋向于有联通外部空间的窗户和回归自然的气氛,特别是在度假酒店中的单人房内更应倡导这种客、卧室相通(可以用玻璃隔开,也可以在卫生间内加 PVC 卷帘),使客人通过落地窗欣赏户外景观的设计风格和理念。

经典案例

上海金茂君悦大酒店——所有客房的浴室都不设窗帘

上海金茂君悦大酒店最底层的客房也在 55 层,用一个字来概括它的特点就是——高。它的客房装修设计巧妙地利用了这个优势,特别注重浴室的细节处理,所有客房的浴室都不设窗帘,而且一反惯例,把所有的浴缸都用台基升高至窗台高度,为的就是让客人泡浴的时候可以舒舒服服地一抬头就能一览外滩、浦东璀璨的夜景……参见图 2-15。

图 2-15 上海金茂君悦大酒店浴室

10. 卫生间的设计将更加注重“美感”、“温馨”和“浪漫”

卫生间将力图为客人创造“温馨”、“浪漫”，富有美感的情调和氛围。高档、豪华酒店将在洗面台、镜面、浴缸等位置陈设或安装一些特别的工艺品、装饰画、插花等，同时，要为每一件陈设品安装相应的低压石英灯照射。

此外，卫生间的设计与装修还将出现以下变化趋势：

- 在卫生间内安装艺术画。
- 在卫生间内安装“呼叫”和“请等候”按钮，以便在出现紧急情况或在客人使用卫生间时有来访客人敲门时使用。
- 沐浴液、洗发液改为盒装，挂墙，参见图 2-16。

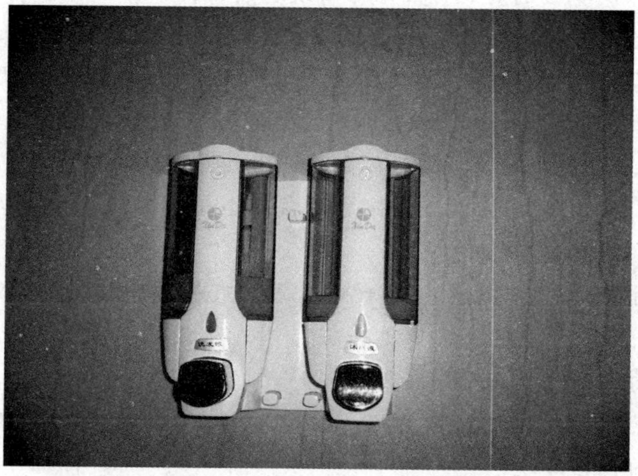

图 2-16　盒装，挂墙沐浴液、洗发液

本章小结

- 为了增加客人的满意度，保持酒店的竞争力，酒店客房设计与装修应该遵循一定的原则。
- 就客房本身而言，要保持其安全性、健康性、舒适感、实用性和美观性。
- 就卫生间设计而言，则要注意宽敞、明亮、舒适、保健、方便、实用、安全、通风。
- 21 世纪酒店客房和卫生间的设计和装修呈现出一些新的特点，就卫生间而言，讲究宽敞、开放、以淋浴代替浴缸，以及卫生间功能上的多元化、设施的现代化等将成为未来的发展趋势。

复习思考题

1. 客房设计的一般原则有哪些？
2. 如何进行卫生间的设计？
3. 谈谈你对酒店特色客房的看法。
4. 简述 21 世纪酒店客房设计与装修的发展趋势。

5. 讨论题:女性客房,要不要接待男士?

案例分析

Motel 168 旅店:特色客房设计与装修

先说色彩,酒店外墙蓝色,Motel 168 的橙红色招牌从天际直悬而下,醒目、亮丽,颇有气势。它的客房及楼道分成几种,色彩都十分张扬。客房门是雪白的,间间有大窗,采光通亮剔透。有的客房是浅绿色的、有的是粉红的,还有紫色的、蔚蓝色、血牙红的等等。对这些有几分炫目的色彩,都是经过住客调查后选定的。酒店原有灰色的,因客人反映太沉闷而舍弃。

床上用品也不是白的,而是花的,而花中又有异,有的艳丽、有的素雅。

所有家具都不落地,显出现代的简约的线条,不仅悦目,而且也方便清扫。卫生间的洁具也跟着潮流走,用的都是最新款的科勒洁具,脸盆底下还有音响播放。无浴缸,但淋浴设施很前卫,既有高档的手提喷淋器,又有从顶部洒下的热带雨淋式喷头。

空调全为分体式的,在墙外不显露,而是藏在一个造型很美观的格栅里,从高架公路上望去,整整齐齐的一溜,煞是好看。

服务指南也很时尚,它是一块侧竖的台历形式的有机玻璃板,用加膜硬纸做成一页页中英文的"友情提示",客人可方便地像日历一样翻阅。从酒店安全、餐饮、叫醒到停车、预订、洗衣、手机充电等,均详细列出,一目了然。

如果说时尚元素给客人产生美好的视觉形象的话,那么酒店的家居元素则为客人提供了舒适、便利、亲切的住宿环境。

客房门有先进的感应显示灯,只要客人进客房插上电源磁卡,门口就自动亮起"室内有人"的红灯,酒店员工就不会打扰,走过时也轻手轻脚,不弄出响声。客房最重要的一个亮点,就是安装了顶灯。顶灯是任何家庭必有的整体照明,也是家居感的第一要素。现在连许多五星级乃至有意攀升"白金五星"的酒店,却连这一点"以人为本"的"基本功"都没有意识到!经济型的 Motel 168 意识到了,世界顶级品牌的四季酒店(Four Seasons)更早在 40 多年前起家时就考虑到了。豪华也好,时尚也罢,离开了家居的实用化,一切部会贬值。不安装顶灯,是酒店至今没有解决的一个重大盲区!

另一件极为常见的就是电源"插座"。Motel 168 延安店在桌面的高度并排安装了三块电源插座板,每块上一个两孔,一个三孔,这也是以人为本的体现。许多号称高档的国际商务酒店,电源插座却仍在贴地面的位置,难道这种要白领和老板们蹲下来充电的客房,够得上"商务酒店"的资格吗?

试问:对于上海 Motel 168 旅店设计与装修特色与风格,您是否认同,为什么?

补充与提高

"雅戈尔"的特色客房

"雅戈尔"是我国的衬衫名牌,但早在 2002 年"雅戈尔"就进军了酒店市场,在苏州市中心观前街买下了一栋烂尾楼，打造成一家有200间客房的四星商务酒店。酒店连年盈利状况极佳，最高年份的纯利润超过2 000万元，最低也有1 000多万元。

“雅戈尔”的成功归于很多因素，其中一个重要因素是其极富个性的特色客房设计。这种主题化的特色客房提高了客人满意度，也扩大了酒店的知名度和市场吸引力。

除去行政楼层52间高级客房外，酒店从楼层到客房的装潢各有特色，形成不同的鲜明主题。如“绅士之家”、“时尚天地”、“七彩世界”、“天长地久”、“玫瑰之梦”、“北欧风情”、“现代中国”、“华丽西班牙”等，琳琅满目，各具一格。

——“玫瑰之梦”是专为女性设计的居所，既有古典的浪漫，又具时尚韵味，为讲究品位的女性提供舒适、温馨、高雅又略带几分神秘色彩的休闲空间。客房充满青春气息，写字台又是梳妆台，台灯、床头灯都是绒状毛巾灯，显得特别柔和。

——“华丽西班牙”全用西班牙家具摆设，古典、庄重、宽敞，给客人一种至尊无上的感觉。一位日本商人特别钟爱这间客房，每次来苏州，必住此房。

——“天长地久”则是酒店特意打造的婚房，长悬的中国结、高挂的宫灯、喜气洋洋的红地毯、剔透的木框窗棂、若隐若现的镂花白帐幔，是典型的中国传统婚房的布置，欧美客人特别喜欢。

——“七彩世界”则是专为中国的年轻人设计的。橙黄的床帘、艳红的床靠垫、嫩绿的躺椅、时髦的环状吊灯、雪白的床罩上有p英文字和圣诞花，鲜活跳跃的色彩是年轻人的选择。

——“绅士之家”则凸显精致稳重的现代设计，满足商务和生活双重功能的空间，深博商务人士的青睐。

酒店经理人对“经理的困惑”的答复：

Re：女性客房应该怎样设计？

夏国跃：宝龙酒店集团总经理（原远洲国际酒店管理公司执行总裁、杭州皇冠大酒店总经理、龙禧大酒店总经理）

扫码看答案：

即测即评

第三章　客房管理人员与管理艺术

客房经理、主管和楼层领班是客房部主要的管理岗位，本章主要介绍这几个管理岗位的岗位职责、素质要求及管理艺术。

本章学习目的：

- 了解客房部主要管理岗位的岗位职责和素质要求。
- 掌握客房管理人员的管理要诀。

关键术语：客房经理　楼层主管　楼层领班

Key Terms：Housekeeper，FL Captain，FL supervisor

经理的困惑

——做部门经理与做主管有哪些不同?

我是新上任的客房部经理,刚从主管岗位被提拔到部门经理岗位,说真的,有点无所适从,不知道该如何当好客房部经理,作为客房部经理,应该重点关注哪些问题?做部门经理与做主管有哪些不同?我可不想让别人瞧不起……

第一节 客房部经理

一、客房部经理的岗位职责

客房部经理(Executive Housekeeper)全权负责客房部的运行与管理,负责计划、组织、指挥及控制所有房务事宜,督导下属管理人员的日常工作,确保为住店客人提供热情、周到、舒适、方便、卫生、快捷、安全的客房服务。其主要职责及工作内容参见表3-1。

表3-1 客房部经理的岗位职责

客房部经理的岗位职责
(1) 监督、指导、协调全部房务活动,为住客提供具有规范化、程序化、制度化的优质服务。
(2) 配合并监督客房销售控制工作,保证客房最大出租率。
(3) 负责客房的清洁、维修、保养。
(4) 保证客房和公共区域达到卫生标准,确保服务优质、设备完好。
(5) 管理好客房消耗品,制定房务预算,控制房务支出,并做好客房成本核算与成本控制等工作。
(6) 提出年度客房各类物品的预算,并提出购置清单,包括物品名称、牌号、单价、厂家及需用日期。
(7) 制定人员编制、员工培训计划,合理分配及调度人力。
(8) 检查员工的礼节礼貌、仪表仪容、劳动态度和工作效率。
(9) 与前厅部做好协调,控制好房态,提高客房利用率和对客人的服务质量。
(10) 与工程部做好协调,做好客房设施设备的维修、保养和管理工作。
(11) 检查楼层的消防、安全工作,并与保安部紧密协作,确保客人的人身及财产安全。
(12) 拟定、上报客房部年度工作计划、季度工作安排。
(13) 建立管家部工作的完整档案体系。
(14) 任免、培训、考核、奖惩客房部主管及领班。
(15) 按时参加店务会,传达落实会议决议、决定,及时向总经理和店务会汇报。主持每周客房部例会、每月部门业务会议。
(16) 处理投诉,发展同住店客人的友好关系。
(17) 检查贵宾客房,使之达到酒店要求的标准。

二、客房部经理的素质要求

客房部经理是酒店最忙碌、最重要的部门经理之一，全面负责客房部的日常管理工作。作为一名客房部经理，除了要有组织领导才能和管理才能以外，还应具备以下素质：

(1) 有一定的房务工作和管理经验，最好担任过客房主管或领班。

(2) 有强烈的事业心和工作动力。邓小平曾说过："没有一点'创'的精神，没有一点'冒'的精神，没有一股子气呀、劲呀，就走不出一条好路，就干不出新的事业"。强烈的事业心和工作动力是干好每一项工作，尤其是管理工作的基本保证，同时，也是激励下属员工的重要因素之一。因此客房部经理应该能够进行自我激励，有在事业上取得成就（自我实现）的强烈愿望。

(3) 有旺盛的精力，良好的体魄，能够胜任经常性的超时工作。

(4) 有较好的业务素质和较宽的知识面。包括旅游业基本知识以及房务服务与管理的专业知识（如布草、地面材料、家具、清洁剂和清扫工具以及财务会计、设计、室内外装饰等方面的知识）。此外，还要懂得心理学、管理学等专业知识。不懂业务就是外行，就会出现"瞎指挥"的现象。只有具有较高的业务水平和专业素质，才能使员工信服你，才能赢得员工的尊重，提高员工的服从性，增强管理者的凝聚力，做好各项管理工作。

(5) 有优秀的个人品质。为人正直，能公平合理地处理各种关系和矛盾。

(6) 有良好的人际关系和沟通能力。管理工作主要是（而且难度最大的也是）对人的管理，因此，客房部经理应该具有良好的人际沟通能力。包括与下属、与上级、与其他部门的管理人员及与客人的沟通。有效地与人打交道并不意味着要对人特别"随和"，而是意味着管理人员应该能取得同事的信任和合作，并能获得顾客的认同和好感。

(7) 有组织协调能力。能协调好本部门各区域、各班组之间的关系以及本部门与酒店其他部门之间的关系。

(8) 有语言、文字能力。客房部经理人员要有说服人的本领，要像一位有说服力的推销商那样，能够向自己的下属员工及同事清晰地说明自己的意图，力陈非此不可。此外，还要有写作能力，能够撰写房务管理的有关文件和工作报告。

(9) 能够熟练应用 OFFICE 等办公软件。未来酒店及客房管理将实现计算机化。酒店内部管理将实现网络化。各种房务管理表格的制作将通过电脑来完成，内部的沟通也将通过电脑来实现，因此，未来客房管理人员必须掌握一定的电脑知识和操作技能（如打字、上网、制作表格等）。

(10) 有一定的外语水平。旅游饭店是涉外企业，为了更好地为外国旅游者提供服务，房务部管理人员必须具有一定的外语水平，能够用简单的英语与外宾交流。尤其是随着中国加入 WTO 以及对外开放的不断深入，酒店将接待越来越多的国际游客，因而，对管理人员的外语水平要求将越来越高。

(11) 在仪表仪容、言谈举止等方面，有良好的个人修养。经理人员的个人修养是员工的表率，它不仅反映管理人员的个人素质，也代表着酒店的形象和档次。

(12) 有管理意识和创新精神。服务人员要有服务意识，同样，管理人员要有管理意识，这是他做好管理工作的前提条件。除此而外，客房部经理还要不墨守成规，有创新精神。

(13) 掌握管理艺术。有位酒店员工有两个上司,性格迥异。一个脾气很暴躁,很容易发火。一个很理性,很温和。当下属出现问题时,前者一般会暴跳如雷,把下属骂得狗血淋头,最后丢下一句"你自己出的错自己搞定"。而后者会先问"问题严重吗","有多大损失","有哪些弥补措施","我可以做什么",最后才会是对下属的批评教导。两种管理方式,结果显然不同,这就是管理艺术。有一天,这位员工问那个比较温和的上司,同样是下属犯错误,为什么他的态度如此不同,他上司跟他说:工作就像吃烧饼,难免会有芝麻从上面掉下来,除非你不吃。

三、客房部经理的管理艺术

(一) 加强与员工的沟通,重视感情投资

有位酒店管理者曾经说过:如果你把员工当牛看待,他想做人;如果你把他当人看待,他想当牛。因此,为了激发员工的工作积极性和主人翁精神,必须发扬民主,重视与员工的沟通。

客房部经理不仅要把上级的指示传达到下属,而且要注意倾听下属的心声,把下属的意见和建议及时、准确地反映给上级管理者。在做决策时,要多与员工沟通,因为决策的最终执行者还是下属员工,经过员工充分讨论的、科学合理的决策,有利于员工的贯彻执行,也有利于提高员工的服从性。除此而外,作为客房管理人员,还应该通过举办文、体等多种类型的活动,加强与员工的感情交流。一个好的管理人员并不是整天板着面孔,动不动就挥舞训斥的皮鞭,处罚的铁棒对待下属的人。在严格管理的同时,还必须平易近人,重视感情投资,这样才能取得下属对他的诚意。从某种意义上说,感情投资是严格管理的基础。

(二) 创造良好的人际关系环境

客房部经理要有良好的人际关系能力,不仅自己要与员工建立良好的关系,而且要努力在自己所管的部门内创建良好的人际关系环境,使员工之间建立良好的关系。从而使自己所在的部门内部有一种团结、合作、轻松、愉快的工作环境和气氛,这对工作的开展有极大的好处。

(三) 善于运用语言艺术

客房部经理要有良好的语言表达能力,善于运用语言艺术。要能够轻松地利用简洁明确的,甚至是十分动听的语言进行商讨、动员、指挥、劝导同事或员工,使下属能够在感情上发生共鸣,进而采取你所要求的行动。相反,如果你说话枯燥乏味,只知单调的重复上级指示,再加上令人厌烦的口头语,必然会引起同事们的反感和员工的逆反心理,甚至最后把事情办糟。

此外,客房部经理还应该具有一定的幽默感,善于利用幽默的语言和幽默感来增进与员工的关系。幽默感是人际关系的润滑剂,它以善意的微笑代替抱怨,避免争吵;幽默使人活得更轻松、愉快。所以,"美国人可能相信自己这样,或不相信自己那样,但每个人都相信自己具有幽默感。"安东·契诃夫也曾说过:"不懂得开玩笑的人是没有希望的人,这样的人即使额高七寸,聪明绝顶,也算不上真正有智慧。"幽默会使员工更喜欢你、信任你。员工希望与幽默的人一起工作,乐于为这样的人做事,因为与他们一起工作有一种如沐春风之感。

（四）讲究表扬和批评的艺术

表扬和批评属于奖惩激励的方法。使用这一方法时，要注意艺术性。

1. 表扬和批评的方法，要因人而异

对员工的表扬和批评，要根据不同对象的心理特点，因人而异，采取不同的方式方法。有的人爱面子，口头表扬就有作用；有的人讲实惠，希望有点物质刺激；有的人脸皮薄，会上批评受不了，有的人相反，不狠狠的触动就满不在乎……。因此，为了收到好的效果，就得讲究方式方法。有的人听到会上表扬他，很高兴，但也有人就怕在大小会上表扬他，担心大家从此对他高要求，或另眼相看，或打击讽刺，因而，压力太大，对这种人只要拍拍肩膀，说一句"你工作得不错"，他就会明白上级对自己是了解的、满意的、信任的、赏识的，也就满足了，这种方法叫作"个别认可"，此外，还有"间接认可""会议认可""家庭认可""张榜认可"等多种形式，只要运用适当，便可收到良好的效果。在采用批评等负强化措施时，也要注意因人而异。对于惰性大、依赖心理强的人，采用"触动式批评"，对于自尊心强的人，采用"渐进式批评"；对于经历少、不成熟、较幼稚的人，采用"参照式批评"；对于性格内向、善于思考、比较成熟的人，采用"发问式批评"，参见表 3-2。

表 3-2 表扬和批评的艺术

员工类型	表扬（批评）的方式
爱面子	口头表扬
讲实惠	物质奖励
脸皮薄	私下批评
脸皮厚	会上批评
惰性大、依赖心理强	"触动式批评"
自尊心强	"渐进式批评"
经历少、幼稚、不成熟	"参照式批评"
性格内向、善于思考、比较成熟	"发问式批评"

2. 批评要掌握好时机

批评要在自己和员工都情绪稳定时进行。但批评也不能拖得时间太长，以免使员工有"秋后算账"之错觉。

3. 批评员工时，要注意态度诚恳，语气委婉

作为管理人员，经常要对下属员工针对其工作进行批评教育，但批评一定要语气委婉，态度诚恳，尤其要注意尊重员工的人格，杜绝一切粗言滥语和不文明的管理行为。比如，经理在查房时，经常会发现某处不符合卫生标准，如果经理当着服务员的面把它擦拭干净，并且告诉他："这儿很容易积灰，要多抹几遍，明天做房时就不会再有这么多灰了"，第二天检查房间时，你会发现他接纳了意见，并特别注意把昨天检查的那个地方擦拭得十分光洁。相反，如果不尊重员工，一味训斥，员工也不会尊重你，得到的往往是不服气的争执或沉默，你将因此而失去威望，失去员工对你工作的支持与合作，甚至有些员工可能还会用欺诈的手段

与你暗斗，消极怠工。

4. 批评要对事而不对人

不要对员工进行人身攻击，或借题发挥。

5. 批评员工时，要注意听对方的解释

客房部经理在批评员工时，可能依据错误的信息，或者并未了解全面的信息，在这种情况下批评员工，又不听对方解释，会伤害员工的感情，挫伤员工的积极性，造成上下级关系的紧张。即使批评是对的，也听对方解释，这是对员工的尊重。

6. 勿在下属和客人面前批评员工

批评员工一定要注意时间、地点和场合，尤其不能当着其下属的面和客人的面批评员工，否则将极大地挫伤员工的积极性，伤害员工的自尊心，使其无"脸"管理下属，严重的还会因此而失去人才。

7. 学会"保留批评"

对于部下的缺点、错误，不一定都要运用批评的武器，有时候，不批评比批评能收到更多好的效果。在下列情况下，通常需要"保留批评"：

(1) 缺点是偶尔发生的，且员工本人已经意识到自己的错误。

(2) 你的用意旨在伤害、打击对方，或借此一泄心中之恨。

批评的结果，是"成功"还是"失败"，有三条标准可以衡量：① 部下行为的改变是朝着我们想要的方向进行；② 能保证被批评者的自尊；③ 与部下的关系仍完好无损。

（五）注意工作方法

1. 严格而不是一味严厉

格者，规范、标准也。酒店首先要有"格"，管理中则要严守其"格"。任何一支队伍，严明的纪律、规范都是它力量之所在。没有制度、职责、规范，或者虽有而并不认真执行，势必一盘散沙。这样的酒店是不会成功的。但严格不等于严厉。有的管理人员对服务员常常疾声厉色，稍不满意，便发雷霆之怒，动辄以处分相威胁，甚至听见风，便是雨，情况并未搞清楚，就做结论，也不给部属以申辩、说明的机会，过分追求言出如山的效果，误以为这便是果断、有魄力，因而伤害了员工，走入了管理的误区。

事实上，任何一个员工都十分关注上司对他的印象与态度，因为这对他的工作与发展是十分重要的。也都有在团体内获得友谊与尊重的需要，有些人还特别看重"面子"，训斥无疑会使他觉得遭受重大的挫折，当训斥的依据又非事实时，这种挫折感会变得格外沉重，如果与下属建立起相互信任、相互尊重的关系，就会使对方都感到轻松，获得一种安全感，增加工作的热情、信心与情趣，经理的愤怒，对部属的训诫有时是必要的，但要慎重、慎用，一味严厉则不可取。

2. 发号施令但要给予帮助

酒店要保持高的服务水准，当然会对各部门、各岗位提出各种工作要求，而且，客房部常常会有许多临时性的工作，要求服务员在规定的时间内高质量地完成，经理人员在分配任务、发布指令时，不应忽略帮助服务员排除工作中的困难，忽略了帮助，常使下级员工感到经理对他们不关心，不体谅，造成一种心理压力，甚至误认为上级有意刁难，造成上下之间的信任危机。

3. 维护权威，但要听取员工意见

强调坚决执行指令，维护领导者的权威，决不能导致忽视倾听员工的意见。作为客房管理人员，应鼓励员工进言，以改进管理。倾听员工的抱怨，让员工有发泄不满的渠道，远比压制好。连任曼谷东方饭店总经理24年的库尔特·瓦赫特意先生认为：曼谷东方饭店所以一直被列为世界十佳饭店之冠，是因为有三大法宝。其中之一便是培养员工的忧店意识，倾听愉快的牢骚，鼓励员工对旅馆提出各种问题，他说："管理需要有一种愉快的不满情绪，否则大家都将会睡着"。

4. 做好解释与沟通

与倾听同样重要的是解释，重大的问题，固然要向员工做出解释，一些看似细小的问题，也应注意与有关人员交换意见，进行充分的沟通，以免使服务员不理解或产生误解和挫折感，影响工作积极性和工作任务的完成。

一位美国酒店客房部经理的管理方法

海丽是美国希尔顿饭店公司西方分部的一位客房经理，她是法国人，富有魅力，性格奔放，干劲十足，并力图博得她所在部门以及饭店其他人士的赞扬。她所管辖的客房部会使人想起军队的情形。但她也因通情达理而赢得下属人员的尊敬。她希望下属对她坦率忠实，有错敢于承认，她对他们的过错则不予以惩罚。她认为既然他们承认并认识到了自己的过失，吸取了教训，那么，他们是会吃一堑长一智的。

海丽通常采取书面交流的办法使她的部门正常运转。所有她要了解的情况，她的助手都做详细的记录。她的助手是权威的，有权处理各种问题，只有解雇员工这一件事，必须等到海丽与该员工谈话之后，才能执行。

例如，某位服务员同海丽属下某个楼面主管发生了纠纷，海丽往往会调这位女服务员到另一楼面去工作，看看在那里会不会再发生类似的个人纠纷，海丽经常说："我掌管这个客房部，就好像这家饭店就是我的。"她本人以身作则，很少同她的上级闹别扭，她以行动表明她毫无保留地将她的才能贡献出来都是为了让饭店得到最好的声誉和最大的利益。

四、怎样当好客房部经理

当好客房部经理应该注意以下几点：

(1) 树立"倒金字塔"型的管理理念。管理人员不应只扮演上级助手的角色，更应该是支援现场接触点的角色。改变以总经理为顶点的金字塔层次结构，而采取倒金字塔结构（参见图3-1），把解决顾客接触点的问题视为酒店中高于一切的头等大事。酒店从上到下，全力以赴支持一线员工，为一线服务。树立上级为下级服务，二线为一线服务，上工序为下工序服务，全员为顾客服务的大服务观。

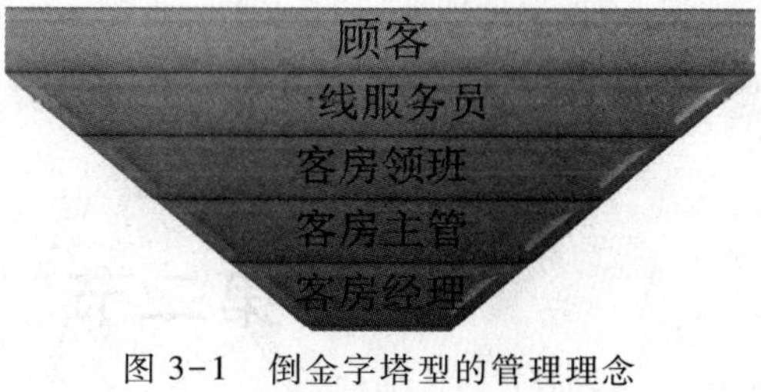

图3-1 倒金字塔型的管理理念

(2) 有自信心。一个人如果失去了自信心，连自己对自己的工作能力都感到怀疑，就不可能把工作干好。尤其是管理人员，如果缺乏自信心，就不可能赢得员工的尊重，不可能激励员工，带领员工完成工作任务，实现管理目标。管理人员要有自信心，但不能自信到听不进别人的建议或建设性批评的地步。

(3) 工作要有主动性。客房部经理要能够把本部门的一切工作安排得井井有条,对于可能发生的不良事件要防患于未然,而不是到处“修修补补”,整天四处“灭火”,让这些事件牵着鼻子走,忙得团团转。

(4) 力争有效地利用人力资源,节约劳动力成本。特别是在工资费用比较高的国家和地区,有效地利用人力资源具有更重要的意义。

(5) 为例行工作创立程序和标准,制定部门岗位责任制。这是提高客房工作质量和效率,使管理工作走向正轨的基础工作。

(6) 善于激励员工。经理人员的管理意图是通过部门员工贯彻落实的,因此,要搞好客房部的工作,提高服务质量,必须激励员工的士气,这是实现客房管理目标的手段,也是客房部经理日常工作内容之一。为此,客房部经理必须具有心理学方面的专业知识,能够以最大的耐心、幽默的语言,配合以行之有效的管理制度,激发员工的工作热情,调动员工的工作积极性。

(7) 让员工参与管理。客房部经理要就客房工作中存在的问题经常与员工进行沟通,交换意见,达成共识,进而采取措施,这也是激励员工,实现管理目标的重要手段。为此,经理人员要鼓励员工发挥想象力,让他们经常给自己提出这样一个问题:做这件事还有没有别的更好的办法?不仅服务员应该经常提出这个问题,负责监督、指导服务员的各级客房管理人员也应如此。而一旦员工提出切实可行的合理化建议后,客房部经理要积极地予以采纳,并对提出合理化建议的员工提出表扬。

(8) 给员工提供培训与发展的机会。员工不只是会干活的机器,员工在完成本职工作的同时,还希望在业务上得到发展,事业上取得进步,作为客房部经理应该充分理解和尊重员工的这一需求,为员工提供培训与发展的机会。同时,客房部经理还可以利用员工的这一需求,作为激励员工的手段。

(9) 与其他部门的经理多进行沟通,努力与其他部门搞好协调与合作。客房部对客服务质量的好坏,在很大程度上取决于酒店其他部门(如前厅部、公关销售部、工程部等)的合作及与其他部门的信息沟通。部门之间缺乏信息沟通,势必在工作中造成矛盾和冲突,并最终影响服务质量。因此,客房部经理除了在各种正式会议上与其他部门经理进行沟通外,平时也应与其他部门的同事多沟通,做好部门间的协调工作。

此外,作为一名优秀的客房部经理,还应具备五大管理意识,即:创新意识、竞争意识、销售意识、质量管理意识和员工激励意识。

第二节 楼层主管

一、楼层主管的岗位职责

客房主管直接对客房部经理/副经理负责,协助客房部经理处理客房的日常事务。其岗位职责参见表 3-3。

表 3-3 楼层主管的岗位职责

楼层主管的岗位职责 （1）检查房间的清洁及维修状况，确保客房保持在最佳的出租状态。 （2）确保楼层各个班次有足够的人员。 （3）检查员工的工作表现及工作分配。 （4）确保楼层人员在工作时间内发挥最大的作用。 （5）与本部门的各个小部门密切合作，以达到预期的工作目标。 （6）负责楼层员工的培训工作。 （7）执行并完成客房部经理（管家）制定的各项工作程序和任务。 （8）改进客房员工的工作，提高生产数量和质量。 （9）贯彻、执行管家部的规章制度。 （10）调查客人的投诉，并提出改进措施。 （11）完成各项计划卫生清洁项目。 （12）确保每日检查 VIP 房，使之保持接待 VIP 之标准。同时抽查一定数量（20 间左右）的走客房、空房及住客房。 （13）负责楼层领班的排班。 （14）节约物品、控制消耗。 （15）随时向客人提供可能的帮助。

二、楼层主管的工作程序（时间供参考）

（一）楼层白班主管工作程序

（1）8:00 到服务中心签到，领取钥匙和房态表。

（2）巡视所管楼层区域。

（3）9:00~9:10，记录有关事项及客人的特殊要求，接受客房部指派的工作。

（4）9:10~9:30，传达有关指令，并检查员工的仪容仪表及工作准备情况。根据房态，合理调配人员。核对房态。

（5）检查楼层公共区域及可出租房的卫生。

（6）检查记录维修房的维修进展状况。

（7）检查督导员工的做房程序、清洁卫生的步骤方法是否符合规定标准。

（8）检查管区所有走客和部分住客房的卫生。

（9）跟查当日计划卫生的落实情况。

（10）报房态。

（11）收取员工做房表，记录未办事项和客人的特殊要求。

（12）15:30 开下午主管例会，交接班。

（13）17:30~18:00 写工作日志及向下一班交代未完成工作。

（二）楼层中班主管工作程序

（1）注意了解当日客情房态状况，了解部门交班记录内容。

（2）检查中班员工仪容仪表。

(3) 合理安排人力,以保证楼层公共区域的卫生清洁。

(4) 注意跟查当日的计划卫生项目。

(5) 巡视检查楼层公共区域的安全、卫生。

(6) 15:30~16:00 开下午主管会。进行交接班。记录白班未完成的事项和客人的特殊要求。

(7) 16:00 中班员工会,安排中班服务及有关跟办的事项。

(8) 16:10 巡视楼层。

(9) 19:00~22:00 督导检查夜床的服务质量。

(10) 督导员工做楼层其他清洁工作和安全巡视。

(11) 23:00 服务中心收做房表,记录有关问题、事项、交接班。

(12) 23:30 写中班工作日志及开夜班员工会。

(三) 夜班主管工作程序(24:00~8:20)。

(1) 24:00~24:20 了解当天的房态,了解部门交班记录内容。

(2) 24:20 巡视楼层及公共区。

(3) 检查督促员工的仪容仪表及工作规范。

(4) 检查当日计划卫生项目。

(5) 与客房中心保持密切联系,发现特殊情况要及时向值班经理报告。

(6) 8:20 写夜班的工作日志及向下一班交班。

第三节 楼层领班

楼层领班是客房部最基层的管理者,是确保客房服务质量和卫生质量的关键人物。有人说,"领班是在夹缝里做人",这话一点也不为过,他们上要对部门经理、主管负责,下要在普通员工中以身作则,所以,工作对于他们而言,来不得半点松懈和怠慢。为了要领导基层员工,他们必须有过硬的业务技能。每天清晨,他们总是早早地来到所管辖的楼层,给服务员开会,布置一天的工作事务。除了对员工进行督导、培训以外,领班每天还要负责检查六、七十间客房,每间客房的检查项目有100多项,即使思想集中,目光敏锐,手脚并用,也难免有遗漏和疏忽之处,而且一旦主管以上的领导发现客房卫生有差错,总是批评领班,领班却是绝少听到赞扬声的。正如一位客房部经理所说的:"我要求客房领班检查、检查、再检查,对细枝小节问题要敏感,每天我不批评他们就等于表扬他们。"

由此可见,要当好一个领班并不是一件容易的事,他必须要能够承受工作上、体力上和心理上的多重压力,不仅要掌握过硬的业务技能,还要有一定的管理艺术。

一、楼层领班的岗位职责

楼层领班(Floor Captain)是客房部最基层的管理人员,其主要职责是检查指导服务员的工作，确保出租给客人的每一个房间都是干净、卫生的合格“产品”。

楼层领班的岗位职责参见表3-4。

表3-4 楼层领班的岗位职责

楼层领班的岗位职责
(1) 督导服务员按程序标准操作。 (2) 合理安排工作任务，分配每人负责整理和清扫的客房。 (3) 分发员工表格、钥匙，并通知VIP及有特殊要求的房间。 (4) 检查服务员的仪容仪表、行为规范及出勤情况。 (5) 保管楼层总钥匙。 (6) 按照清洁标准检查客房卫生。 (7) 检查楼层公共区、角间、防火通道的卫生。 (8) 随时检查、督导员工清除地毯、墙纸的污迹。 (9) 检查计划卫生执行情况。 (10) 确保每日对VIP房的检查。 (11) 报告房间状态。 (12) 检查报修、维修情况。 (13) 记录DND、SO、NB房间。 (14) 控制客用品、清洁品的发放、领取，严格控制酸性清洁剂。 (15) 负责楼层各类物品、床单、巾类的控制。 (16) 记录物品丢失、损坏，向上级报告。 (17) 督导新员工以及在岗员工的培训。 (18) 督导员工对服务车、清洁工具、设备的清洁与保养。 (19) 负责安全检查。 (20) 贯彻、执行客房部的规章制度。 (21) 调查客人的投诉，并提出改进措施。 (22) 处理客人的委托代办事项。 (23) 定期向上级提出合理化建议。 (24) 按照部门的临时性指令安排工作。 (25) 负责月盘点。

二、楼层领班的素质要求

客房领班必须有客房服务经验，熟悉客房业务，有较高的业务技能，并有一定的管理水平。

(1) 能吃苦耐劳，工作认真负责。

(2) 熟悉客房业务，有一定的工作经验和较高的操作技能。领班的服务技能要高人一筹。如果领班不是全能的多面手，就无法带动全班员工工作。

(3) 有一定的英语水平。

(4) 有督导下属的能力。

(5) 具有本岗位较强的专业知识，如清洁知识、布草知识等。

(6) 有良好的人际关系能力。

(7) 有良好的个人品质，办事公平合理。

三、领班忌讳

实践证明,以下几种领班是不受员工欢迎的。

(1) 亲疏有别类。对下属员工亲疏有别,给予不公平的对待。

(2) 不注意聆听类。如果一位领班毫不听从员工对工作的见解,员工将会非常失望,慢慢地就会没有兴趣与领班谈论任何工作情况,积极性受挫。

(3) 听喜不听忧类。只喜欢听好消息,而不愿听坏消息,当员工将坏消息报告领班时,即大发雷霆或指责员工。

(4) 讽刺挖苦类。对员工喜欢讽刺挖苦,这样会使员工的自尊心受损,容易引起对立情绪。

(5) 犹豫不决类。很多员工说他们最讨厌的是每次向领班请示,领班都拿不定主意。

(6) 自以为是类。听不进员工的意见。其实,员工提出的实际操作上的意见往往是十分宝贵的,有建设性的。

(7) 时间管理不当类。处理事情没有条理,没有轻重缓急。

(8) 难觅踪影类。员工工作上遇到困难时,总是找不到领班。

(9) 缺乏尊重类。忽视员工的情感,不喜欢客气的语气指挥员工,对员工缺乏尊重。

此外,在管理活动中,独断专行、粗言秽语、喜怒无常的领班也是不受欢迎的,因而,也是所有领班应该忌讳的。

四、如何当好楼层领班

1. 做好客房的检查工作

“查房”是楼层领班最主要的工作任务和职责之一,是检验客房产品是否合格的工作步骤,是控制客房产品质量关的最后环节,直接影响对客人的服务质量。因此,做好客房检查工作具有极其重要的意义。

客房检查的主要内容有三项,即:清洁卫生状况、用品配备状况和设施使用状况。其中卫生标准包括:一是天花板、墙角无蜘蛛网;二是地板、地毯无杂物、痰迹;三是灯具光亮无尘;四是房间整洁无六害;五是布草干净无破烂;六是卫生间无积垢、无臭味;七是金属器皿无锈迹;八是毛毯、棉被无异味;九是家具整洁无残缺;十是茶具无茶迹、水珠。

2. 抓好班内的小培训

客房服务员所需要的服务技能不可能在岗前培训中全部解决,因此,领班必须抓好岗位培训,包括利用交接班时间搞各种服务姿态、敬语和小技能的培训等,这是确保客房服务质量的重要环节。每次培训要有签字记录,这样,服务员就不能以“不会”作为借口了。

3. 建立客房用品核算管理制度

这项制度的目的在于控制物耗。客房部团队与散客、内宾与外宾、常住与暂住等不同类型客人的物耗是不一样的,领班必须对其进行统计,摸索规律,在可靠的原始数据基础上,计算出各类客人的物耗比,从而使考核指标有可行性,在保证客人满意的前提下,使楼面库存用品不浪费也不积压,减少客房用品的支出,降低流动资金的占用。

4. 处理好与上、下级及同事之间的关系

领班是最典型的“夹中间做人”的最基层的管理者，上对主管、经理，下对普通员工，因此，要做好领班工作，除了要认真履行自己的职责以外，还要具备起码的人际沟通的能力与经验，即：处理好与上级、平级和下级三个方面的关系。具体而言，对待上级要绝对服从，善于补台，同时要敢于和善于提意见；对待下级要敢于管理、做好表率，和蔼待人，同时多为下属服务；对待同级则要退一步办事，矮半格说话，内方外圆，即讲究原则，又注意方法，尊重对方，不随意插手人家负责的事务。

5. 讲究工作方法和管理艺术

参见本章上一节之相关内容

本章小结

- 本章主要介绍了客房部经理、楼层领班等主要管理岗位的职责和素质要求，并对如何做好客房管理人员进行了讨论。
- 通过本章的学习，应该对如何做好客房管理人员有一个初步的认识。

复习思考题

1. 客房部经理应具备哪些素质，怎样当好客房部经理？
2. 简述楼层领班的主要职责，如何当好楼层领班？

案例分析

如何评价这位客房领班的管理方法和管理艺术？

一位客房领班谈怎样当好客房部领班①

有人说，领班是“三明治中的夹心”，上要对主管负责，下要管理服务员，弄不好就是猪八戒照镜子——里外不是人。我认为只要依照以下诸条去做，便绝非难事。

一、“下马威”法

“新官上任三把火”是一定要烧的，且要烧得轰轰烈烈。所以，我从卫生班开始抓起：该严的地方就一定要严。比方查卫生该达到什么标准就必须达到，不然就不放责任者回去。有一位小姐想和我闹，结果，我一直让她干到下午6点，完全达标了才让她下班（下班时间是5点）。从此，她在我面前服服帖帖。另外，我还坚持一视同仁的原则，时间一长大家自然服我了。

二、威信管理法

为提高我的威信，我就努力做好以下两件事：

(1) 工作中服务员能做的，我自己必须能做，且做得更好。比如铺床等技能。服务员做得不好或不能做的工作，我要求自己也能做得好。再如，我努力做好处理客人投诉等需要较高业务水平的工作。

① 邵德春. 酒店领班的管人技巧. 饭店世界，1999，(2)（题目为编者所加）。

(2) 培训服务员。一是对新服务员的培训,内容有业务知识和操作技能。二是淡季培训。对有争议的问题,还让大家讨论,共同找出一个最好的答案,如此便能解决很多实际问题,对自己也是一种提高。

三、按意愿分配不同的工种

服务员上班的动机各式各样。有人是为了赚钱(如外地打工妹)。有人家境好,只是混混日子。对前者我多派房间(计件工资制)。对后者则安排些较轻松的工作,基本符合了他们个人的意愿,所以各自的工作积极性就被激发起来了。

四、不吝啬表扬,创造良好的工作氛围

服务员渴望被尊重,我就尽量让下属的这种要求得到满足。那么如何才能满足呢?我认为鼓励和赞扬比什么都有效,一旦碰到称心的事,我就从内心赞扬,毫不吝啬地说出赞扬的话。

我对服务员经常表扬,他们的心自然会开朗起来,慢慢地就会创造出一个良好的工作氛围。

五、"偏心"激励

何谓"偏心"激励?"偏心"激励是指我先通过技能比武和观察平时工作表现等方法找出一位工作出色的服务员做榜样,在平时工作中处处对他偏心照顾,以激励其他服务员达标的一种管理方法。做榜样的服务员有时是一个人,有时是几个人,也可能每个服务员都能成为被"偏心"的对象,只要他有一技之长。比如,通过平时的观察,我发现卫生班A小姐表现很好,体现在:床铺得挺括,卫生搞得干净,工作主动,可贵的是天天如此,有时人员不够,要她加班也很爽快。这样,我自然对她另眼相看;她若提出要求,只要是合理的、能够满足的,我都满足她。有次一位资历更深的B小姐来质问我:为什么同一要求,照顾A却不照顾她?我回答B小姐:"因为目前你的表现还不如她好。比如你卫生搞得没有她干净等,不信你去看看她搞的房间!"B小姐听后未吭声。第二天查卫生时.我发现B小姐搞的房间比以前干净了很多,我当时就表扬了她。从此B小姐的表现也越来越好了。

六、对服务员犯错时采用不同的批评法

1. 个别谈话法

有时会出现争吵,等冷静下来后,我便主动找服务员们个别谈话。先静听服务员的申诉,然后站在他的立场考虑表示理解,但也请他站在我的立场考虑问题,求得他的谅解。其实不管什么事,只要双方坐下来,将心里话都说出来,问题就迎刃而解了。有一位干了十多年的老服务员和我发生矛盾,我找她谈话后,她对我心服口服。

2. "开玩笑"式批评

对表现一向较好的报务员,偶然犯错时,我以用开玩笑的方式提醒他,在一笑之间解决问题。有次一位小姐由于一时大意致使两个房间里的地巾忘了补放,在查到第二次时.我笑着说:"小姐,你好像不喜欢地巾,是吗?从此以后她搞的房间再也没有少放过物品,且常将此事说给人家听,说我很幽默,在组里工作很愉快。

3. 通过第三者批评法

有时,个别资格较老的员工犯了错却不来认错,为避免与他正面冲突,我便在跟他关系较好的员工面前狠狠地批评他,并说:"到某某时还不来认错,就让他走着瞧"我敢保证,这位员工肯定会在此时间前主动来认错。

4. 表演法

巡查时发现值台服务员在无客人时趴在服务台上,形象不佳,又较普遍,我便在值台例会时，将他们的形象表演出来，让大家在笑声中接受批评。

此外，先表扬后批评法、当众表扬批评法等，也颇行之有效。

七、参与式管理

对有些有争议的决定让服务员讨论，听取意见，让他们参与管理。一旦有些建议被采纳，提出建议的服务员，势必积极响应，带头遵守。我店新楼改建以后进了一批新式床，床架特别重。我在检查时发现有些服务员偷懒，铺床时没有把床拖离床片就直接铺上床单。就这件事，我让卫生班服务员讨论：到底是床拖离床片铺好呢，还是直接铺好？有两个老服务员提出：还是直接铺好，因为不但省力，而且照样可以将床铺得挺括，其他做新楼房间的人都赞成，于是我就此事向部门经理请示，结果，经理同意了他们的做法（因床太重有人拖不动）。于是提建议这两人的床就铺得特别挺括，有其他人不懂时，还主动指教。

补充与提高

酒店经理人对“经理的困惑”的答复：

Re：做部门经理与做主管有哪些不同？

邓红华 深圳华侨城洲际大酒店 行政副总经理
Doris Deng Executive Assistant Manager i/c Rooms
InterContinental Shenzhen

作为一名客房部经理，要具备良好的心理素质；应该从大局出发来思考问题，有问题及时沟通；做好每个月度、季度、年度的工作安排，并要执行好；给直接下属在工作上一定的指导，要会激发员工的工作热情，关心员工；保证客房整体的服务与卫生质量！当你是楼层主管的时候，你需要配合上级领导的工作安排，管理好自己所管辖的工作区域，在检查工作中发现员工的不足之处，并给予正确的督导！并负责解决员工解决不了的问题！

冯健 广州东方宾馆 副总经理

从主管岗位提升到经理岗位，是一次角色的重要转换，是从酒店基层管理人员提升到中层管理人员的一个跨越。当客房主管时，可能您更多的是关注客房的日常业务问题，例如：房间的卫生检查、设备检查和维修保养跟进、VIP 客人的接待等，也仅负责一个小团队达成工作业绩。而作为客房部经理就不同了，是客房部的总体负责人，其工作除原有部门内部管理和作业外，还涉及其他部门的管理和作业，关系到整个酒店的运营效率和管理质量，因此应从大局和从更高的层面全面思考和安排客房部的工作。我认为最重要的是做好客房部的计划、组织、人员配置、领导、控制与评估、协调和代表工作。

我个人认为，作为客房部经理，应该重点关注以下几个问题：

首先，关注工作标准的落实以及宾客的满意度指标，务求客房服务达到宾客的期望，以争取稳固的客源市场和高水平的回头客率。

其次，关注与营销、前台等部门的沟通和协调，保证管理和服务信息通畅。这样一方面有利于配合和控制房态，保证客房最大出租率；另一方面也有利于做好客房的服务接待工作，保证客房服务质量。

最后，关注客房人员的合理配置、团队的管理与建设、员工的培养和培训等问题，以保持员工士气与服务发挥的高水平。

即测即评

第四章　客房服务质量管理

什么是优秀的员工？

一位著名酒店管理专家曾经说到：“如果说过去严格照章办事是好员工的话，那么如今评判标准不同了：只有能与顾客互动的员工才是出色的！”

客房部应通过设立适当的服务组织模式，为客人提供热情、主动、高效、个性化的服务。其中，互动，是酒店个性化服务的核心。

本章学习目的：

- 了解客房管家系统的主要内容。
- 掌握管家系统的查询和管理方法。
- 了解客房服务工作的组织模式。
- 了解客房服务项目及其服务规程。
- 掌握提高客房服务质量的途径。
- 掌握客房部与酒店其他部门沟通的内容。
- 学会对客房服务和管理中常见问题的处理方法。

关键术语：客房消费　客人查询　租借物品　遗留物品　客房服务中心　服务项目　服务质量

Key Terms: Consumption, Inquiry, Lending, Lost & Found, Guest Service Center, Service Items, Service Quality

经理的困惑

——“一样的”个性化服务：怎么不见好评如潮？

我是一家酒店的客房部负责人，不久前，听了一位酒店专家讲了这样一个服务案例：他有一天入住广州的一家酒店，台子上的一张手写小便签引起了他的注意，上面写着“尊敬的×××，我是本房间的服务员，如果您有什么需求的话可致电×××，祝您住店愉快！服务员小张”，专家觉得非常温馨，对这个个性化服务也是予以了高度好评，多次在给酒店从业人员的上课中讲到。听了这个案例后，觉得这是一个可以实施的优质个性化服务，因此马上就在客房内开展了。为此，我们设计了一张打印有上述文字的卡片，取名“专职服务员联系卡”，还特意贴上了服务员照片，并进行了塑封，但是从宾客的反响来看却并没有出现好评如潮的现象，我有些困惑……

第一节　客房管家系统

一、客房管家系统概述

客房管家系统是一套帮助客房管理人员建立、查询和管理客房状态以及为客人提供服务的计算机管理系统（PMS），见图 4-1。

图 4-1　Opera 系统的房务管理界面

客房管家系统如图 4-2 所示(点击图 4-1 中的“Housekeeping”功能键即可出现)。使用这一界面,就可以管理客房清洁与房态。利用这一模块的“Report”(报表)功能,可以生成管家报表;利用其中的“Change”(变更)功能,可以更新单个房间或多个房间的房态,输入维修和客房分配指令,可以生成任务报表,分析工作量,也可以核对前台与客房房态情况。

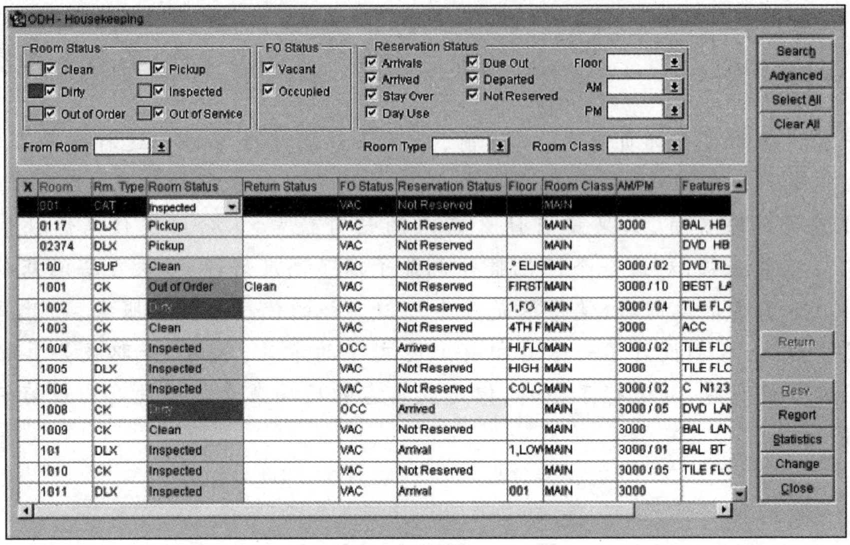

图 4-2 客房管家系统

管家部的所有核心功能都出现在图中的选定区域。你可依据不同的标准搜索每一间或每一种房间,包括按房间号、按房间类型、按客房等级等。

其中:

Out of Order:不能出租的“维修房”。

Out of Service:因某种原因(如出租率低等)暂时停止使用,对其进行保养或检修的“停用房”,根据需要,这种房间可随时恢复使用。

Pickup:“矛盾房”,说明管家部房态与前台显示房态不一致,需要管家部再次检查,最终确认房态。

Inspected:已查房,可出租的房间。

Arrivals:今日预抵,但尚未办理入住。

Arrived:今日预抵,已经办理入住。

Stayover:续住客人,前一天晚上住在酒店,还将继续住下去的客人。

Day Use:入住日期与离店日期为同一天的钟点房。

Due Out:当日预计离店房(客人)

Room Status:管家部房态。

FO Status:前台房态。

Reservation Status:预订房态

Return Status:将所设置的 OOO/OOS 房转为正常使用房。这需要有撤销 OOO/OOS 房授权。

二、客房管家系统基本架构

（一）管家详细报表

点击图 4-2(客房管家系统)中的“Report”键,就会出现下图(参见图 4-3),这就是“管家详细报表”(Housekeeping Details Report),图中,楼层客房每个房间的状态(包括前台、管家以及预订)一目了然。你可以对该图进行预览、编辑和打印。

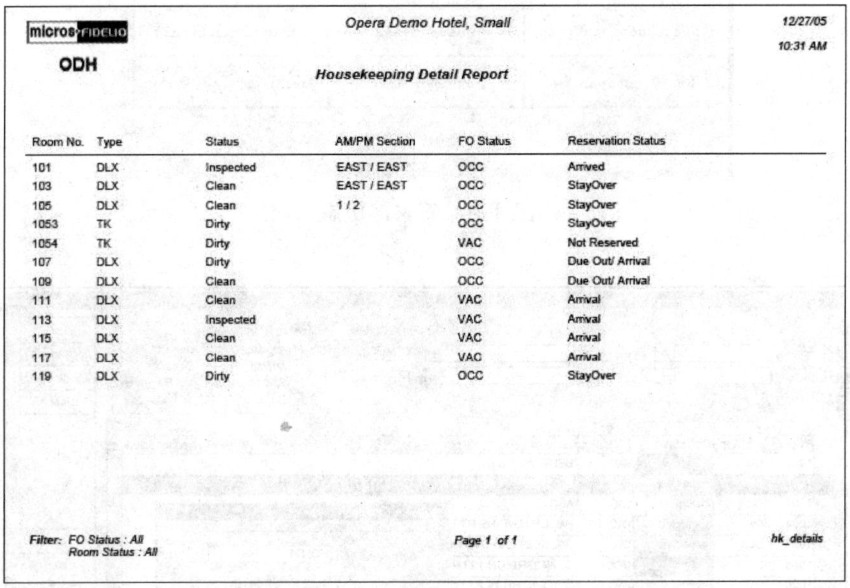
micros-FIDELIO Opera Demo Hotel, Small 12/27/05

10:31 AM

ODH

Housekeeping Detail Report

Room No.	Type	Status	AM/PM Section	FO Status	Reservation Status
101	DLX	Inspected	EAST / EAST	OCC	Arrived
103	DLX	Clean	EAST / EAST	OCC	StayOver
105	DLX	Clean	1 / 2	OCC	StayOver
1053	TK	Dirty		OCC	StayOver
1054	TK	Dirty		VAC	Not Reserved
107	DLX	Dirty		OCC	Due Out/ Arrival
109	DLX	Clean		OCC	Due Out/ Arrival
111	DLX	Clean		VAC	Arrival
113	DLX	Inspected		VAC	Arrival
115	DLX	Clean		VAC	Arrival
117	DLX	Clean		VAC	Arrival
119	DLX	Dirty		OCC	StayOver

Filter: FO Status : All
Room Status : All

Page 1 of 1

hk_details

图 4-3 管家详细报表

（二）管家统计

点击图 4-2 中的“**Statistics**”(统计)按钮,就会显示“客房统计”界面(Room Statistics)。系统会以列表的形式统计酒店房态和预订状态信息。

（三）房态更新

点击图 4-2 中的“**Change**”(更改)按钮,就会显示“快捷更新房态”界面(Quick Change Room Status)。使用这些功能,你就可以更新房间的清洁状态。使用管家选项,你只能将房态从脏房转换为干净房、再转换为已查房,或者相反。如果你想要将“维修房”(OO)或“停用房”(OS)恢复使用,你必须在“Out of Order/Service”选项中进行。你不可能从维修房中拿出一个“占用房”来。“维修房”是被关闭的、不能加以出售和利用的房间。而“停用房”是暂时被关闭、但随时可以根据需要恢复使用的房间。

（四）功能扩展

点击“Housekeeping”界面(图 4-2)中的“**Expanded**”(扩展)按钮,它可以按照服务员人数、区段等生成每日工作任务安排清单(daily task assignment sheets)。房间将按照房号顺序列在每一份任务清单上。

(五) 客房状况(Room Conditions)

房间"客房状况编码"可以用来指定不同类型的客房,比如可供参观的客房、需要管家部给予特别关注的客房、基于任何理由,需要特殊对待的客房等(参见图 4-4 及图 4-5)。

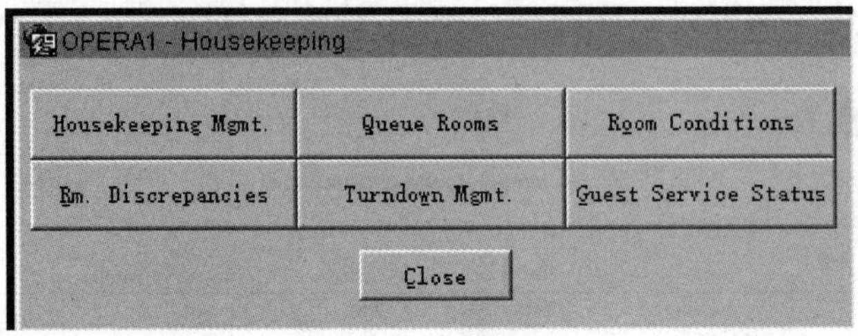

图 4-4 管家部房态

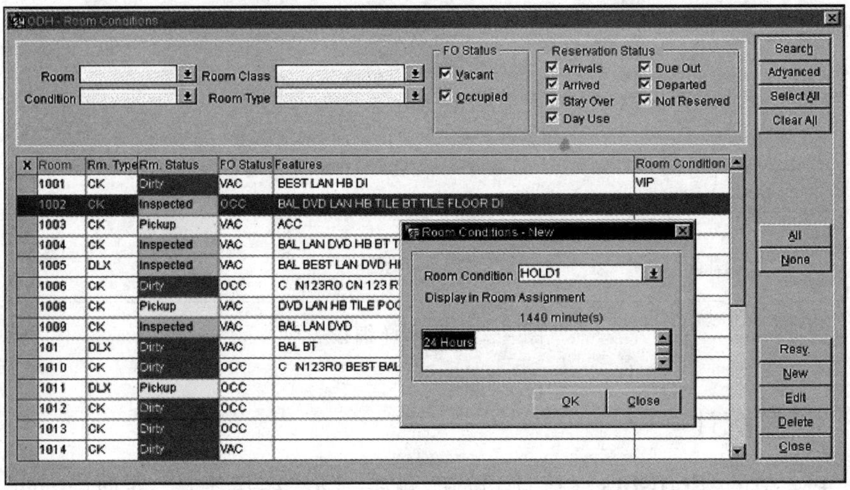

图 4-5 客房状况图

根据实际情况,带有客房状况编码的房间可以用来出租,也可以暂停出租。与维修房和停用房一样,带有客房状况编码的客房也会在客房平面图界面(Room Plan screen)标出。

图中,客房员工可以按照不同的搜索项(包括房间号、房间状况、客房等级、房间类型、空房、占用房、预低房、预计当日抵达并已入住的房间、续住房、钟点房、预离房、当日已离店房)进行搜索。其中,"Room Status"代表管家部的房间状态(如脏房、干净房、矛盾房、已查房、维修房、停用房等),用不同的颜色表示;F O Status 代表前厅部的客房状态(如空房、占用房等)。

要添加可更改房间状况,选中房间,然后单击"**New**"或"**Edit**"按钮。假如所选房间已有"客房状况编码"与其关联,则要先"**Delete**"键将其解除,然后再按"**New**"添加新的房间状况编码。

（六）宾客服务状态

宾客服务状态（**Guest Service Status**）主要用于设置和管理客房部“DND”（Do Not Disturb：请勿打扰）房和“MUR”（Make Up Room：请速打扫）房。是针对所有占用房而言的，参见图 4-6。

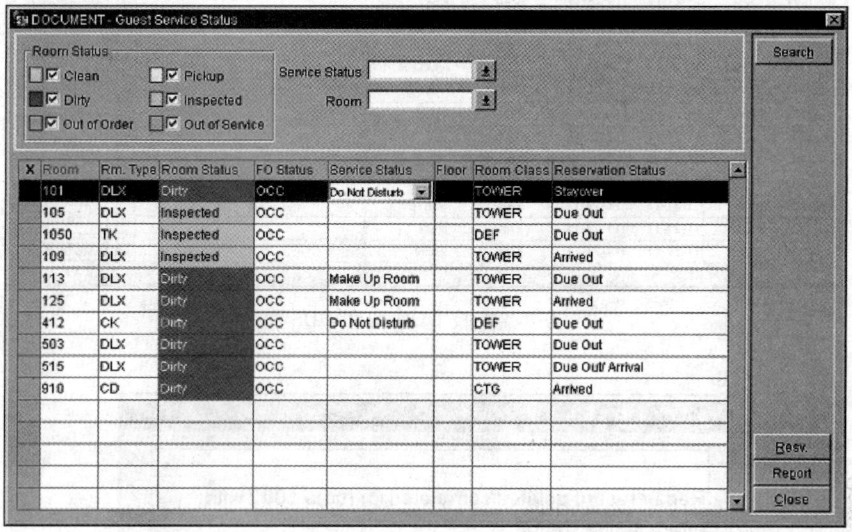

图 4-6 宾客服务状态

其中，“Resv.”显示所选客房的预订状况。“Report”.预览并打印客房所有占用客房的详细报告。其中有一栏专门显示房间的“宾客服务状态”。在夜审时，MUP 房会自动取消，而 DND 房不受影响（继续保持）。在客人离店时，所有“MUP”和“DND”房态将被取消。

（七）“OOO”房与“OOS 房”

酒店客房可能由于各种原因而不能出租。其中“待维修房”（OOO）和“暂停出租”（OOS）房是两种主要类型。通过设置 OOO 和 OOS，你可以在某个时段内停止接受这些房间的预订。两者的区别在于：“OOO”房不能使用（因为需要维修），OOS 房还可以使用（只是暂时不用而已，但如果需要可随时出租）。我们可以将任何一个房间在未来某一天或一段时间设置为 OOO 或 OOS 房，但不可以将一个已占用房或已预订出去的房间设置为设为 OOO 房。如果要取消 OOO 或 OOS 房态，要给出取消的理由。

要查找酒店的 OOO 房和 OOS 房，只要输入选项，点击搜索键即可，参见图 4-7。

其中：

Return As.指一旦某个房间被取消 OOO 房或 OOS 房后，转换为管家部的客房状态（“干净”、“脏房”、“已查房”、“矛盾房”）。如标记为“脏房”，则提醒管家部此房需要清扫；如为“矛盾房”，则需要管家部对此房进行最后核查，看其是否为干净房，待清扫完后再做彻底检查，以确保其可供出租，参见图 4-8。

New.创建一个新的条目，参见图 4-9。

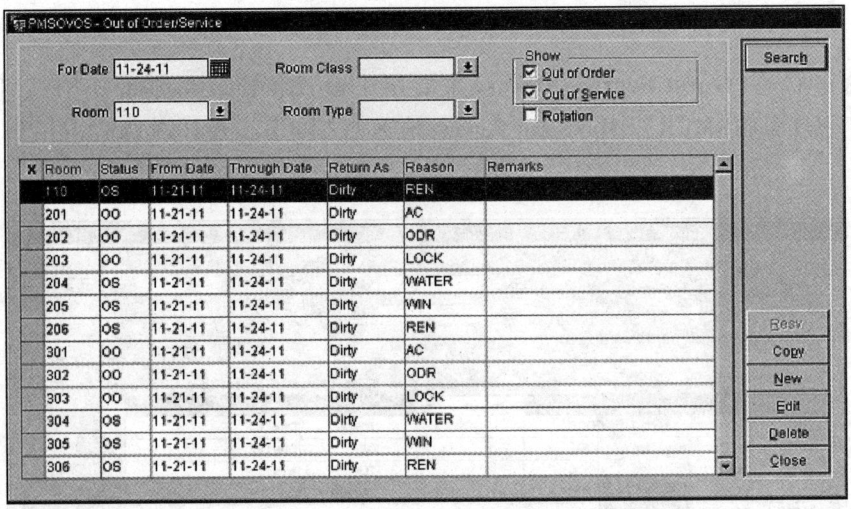

图 4-7 查找 OOO 房和 OOS 房

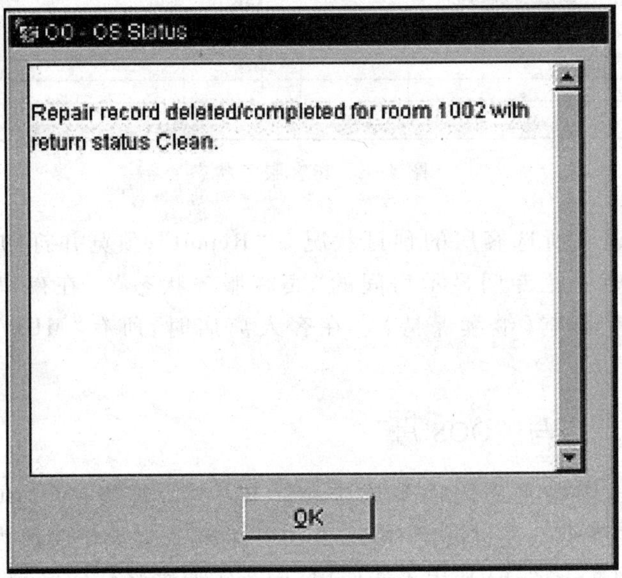

图 4-8 客房维修记录删除(或完成)后,返回状态为“干净”

Edit.修改现存记录。

Delete.删除一个选项。

(八) 房间历史信息(Room History)

这一功能可以使我们能够查询某个房间的使用历史情况(参见图 4-10)。使用这一功能,你可以了解王先生是在哪段时间住在酒店 512 房;可以找到某个失物的失主;可以发现是哪个客人可能损坏了 415 房的地毯。

需要说明的是,你只能查看某个房间的历史信息,而不能更改它。另外,某个客人的住店历史只有他当天已经结账离店,而且系统已经过了夜审之后才可以查看。

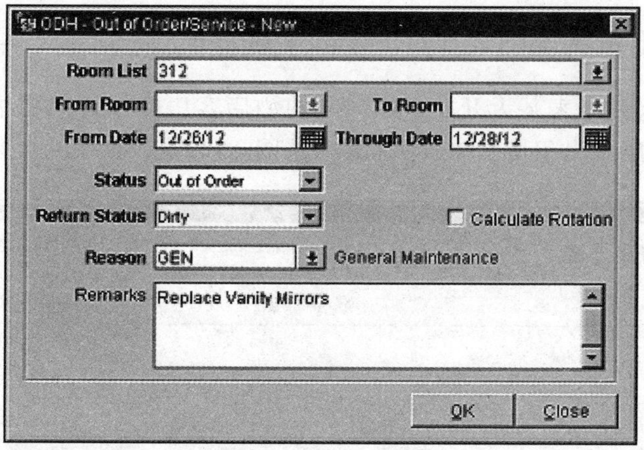

图 4-9　创建新条目

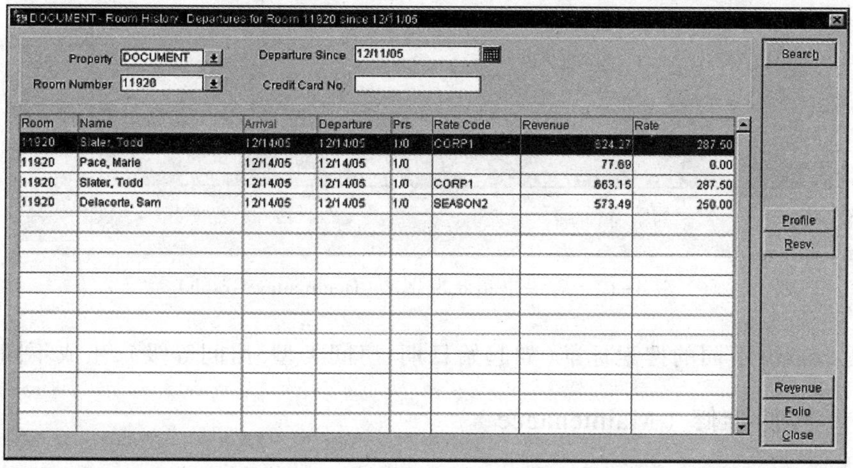

图 4-10　房间信息

房间历史信息的查询项很多，你可以根据客人的离店日期、房间号码进行查询，也可以根据客人的信用卡号码查询。

通过这一界面，你还可以查询该预订房间的所有收入情况（Revenue）和账单（Folio）情况，参见图 4-11。

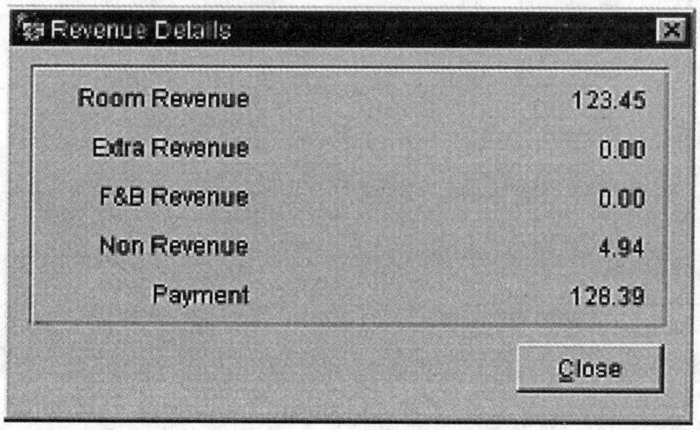

图 4-11　预订房间的收入详情

（九） 客房出租状况图表（Occupancy Graph）

该表显示从当天或未来某天开始一段时间内酒店客房的预订出租情况。出租率是依据扣除 OOO 房后的酒店可出租房数来计算的，参见图 4-12。

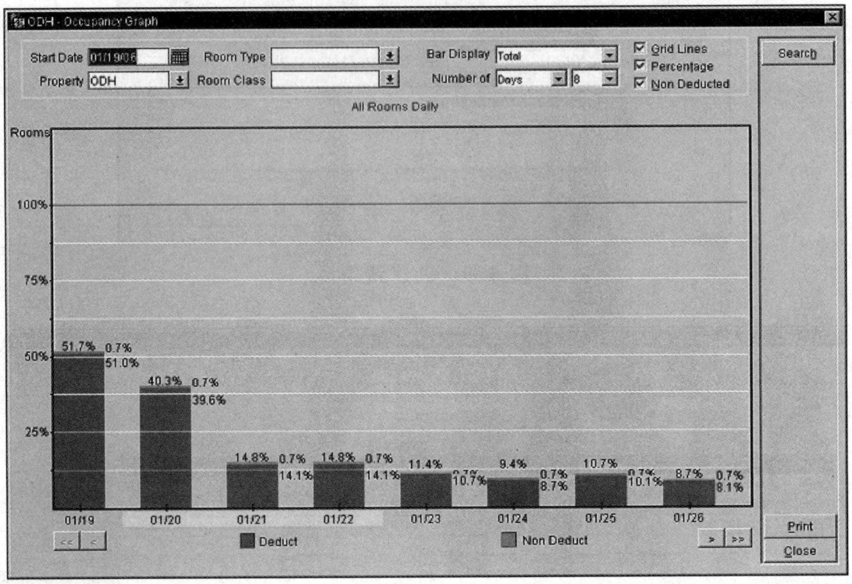

图 4-12 客房出租状况图表（Occupancy Graph）

该图可以依据不同的搜索标准（如起始日期、房间类型、房间等级），生成不同的图表。

（十） 客房维修（Maintenance）

Opera 系统中的客房维修界面记录客房的维修申请（参见图 4-13）。包括从换灯泡到维修滴水龙头或检查空调。在这里，你可以记录、查看和处理维修申请。在 Opera 系统，已处理的维修申请将会在 60 天内自动清除。

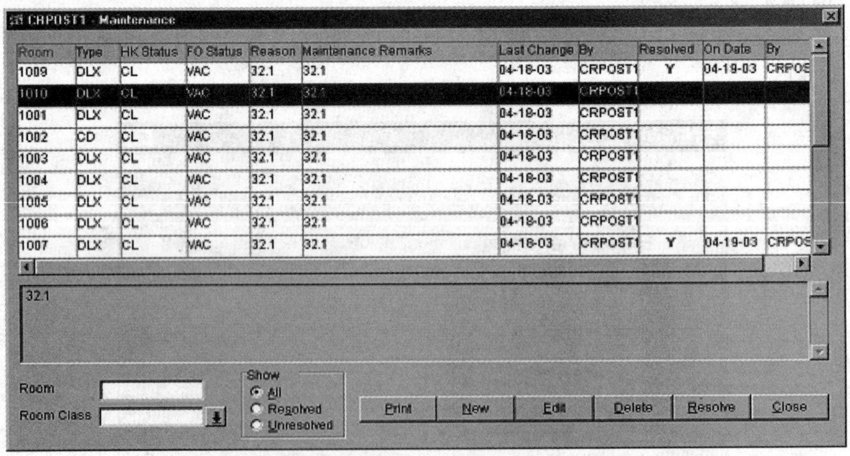

图 4-13 客房维修（Maintenance）

如果想要查看或插入某个房间的维修申请，你可以在图表中的房号一栏输入需要维修的房间号码。其中：

Print.打印所有维修申请（包括已经处理的和尚未处理的维修）。这可以使我们了解当天或本周需要完成的工作量和工作任务。

New.创建一个新的维修申请。在输入房号后，系统会弹出一个标准的维修申请表供你填写。

Edit.可以对某个维修申请已输入的房号、维修理由或评价进行更改。

Delete.如果某个维修申请被输错，直接按“Delete”键即可将其删除。

三、客房消费与在住客人查询

（一）客房消费

客房消费项目包括小酒吧、洗衣单、赔偿单等，参见图 4-14。

输入账单：点击“输入账单”，输入房号，选定账户和账单，选择客房消费的项目，再输入消费明细的数量。

冲减账单：选中待冲减的一张或多张客房消费账单，点击“冲减账单”并确认即可。

显示账单：显示客房消费账单的明细内容。

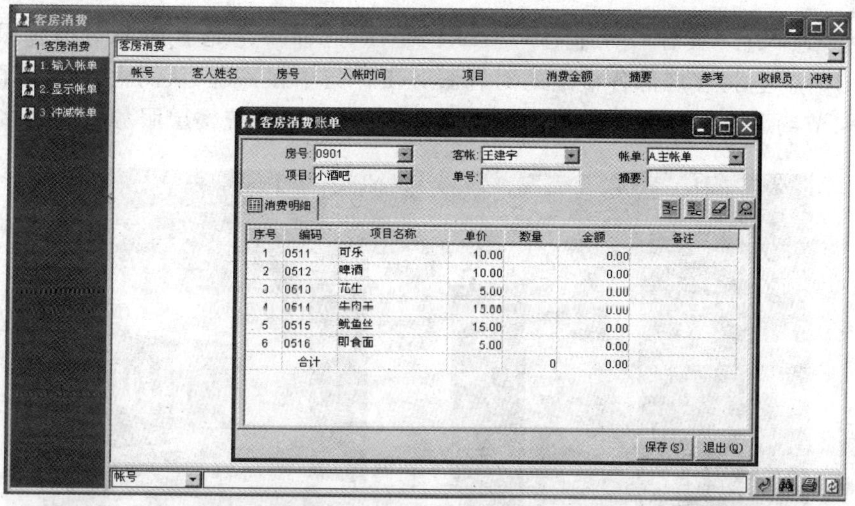

图 4-14　客房消费项目

（二）在住客人查询

在管家的在住客人视图中，可以查询在住客人，并且可以穿透查询详细的客单资料和客历档案，参见图 4-15。

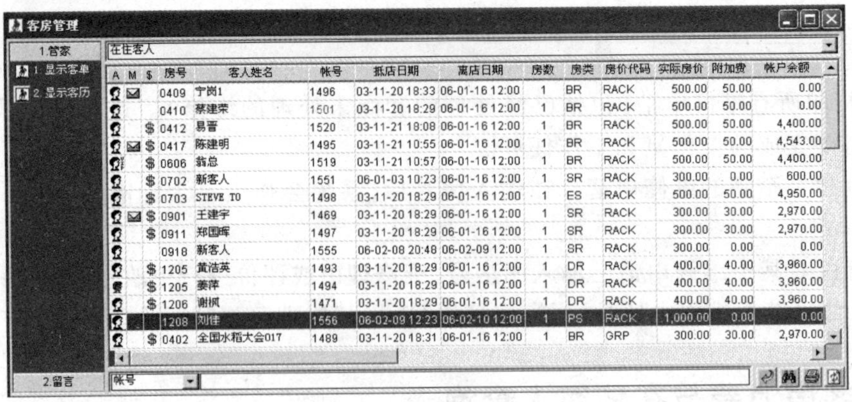

A	M	$	房号	客人姓名	帐号	抵店日期	离店日期	房数	房类	房价代码	实际房价	附加费	帐户余额
			0409	宁岗1	1496	03-11-20 18:33	06-01-16 12:00	1	BR	RACK	500.00	50.00	0.00
			0410	蔡建荣	1501	03-11-20 18:29	06-01-16 12:00	1	BR	RACK	500.00	50.00	0.00
		$	0412	易晋	1520	03-11-21 18:08	06-01-16 12:00	1	BR	RACK	500.00	50.00	4,400.00
		$	0417	陈建明	1495	03-11-21 10:55	06-01-16 12:00	1	BR	RACK	500.00	50.00	4,543.00
		$	0606	翁总	1519	03-11-21 10:57	06-01-16 12:00	1	BR	RACK	500.00	50.00	4,400.00
		$	0702	新客人	1551	06-01-03 10:23	06-01-16 12:00	1	SR	RACK	300.00	0.00	600.00
		$	0703	STEVE TO	1498	03-11-20 18:29	06-01-16 12:00	1	ES	RACK	500.00	50.00	4,950.00
		$	0901	王建宇	1469	03-11-20 18:29	06-01-16 12:00	1	SR	RACK	300.00	30.00	2,970.00
		$	0911	郑国晖	1497	03-11-20 18:29	06-01-16 12:00	1	SR	RACK	300.00	30.00	2,970.00
			0918	新客人	1555	06-02-08 20:48	06-02-09 12:00	1	SR	RACK	300.00	0.00	0.00
		$	1205	黃浩英	1493	03-11-20 18:29	06-01-16 12:00	1	DR	RACK	400.00	40.00	3,960.00
		$	1205	姜萍	1494	03-11-20 18:29	06-01-16 12:00	1	DR	RACK	400.00	40.00	3,960.00
		$	1206	谢枫	1471	03-11-20 18:29	06-01-16 12:00	1	DR	RACK	400.00	40.00	3,960.00
			1208	刘佳	1556	06-02-09 12:23	06-02-10 12:00	1	PS	RACK	1,000.00	0.00	0.00
		$	0402	全国水稻大会017	1489	03-11-20 18:31	06-01-16 12:00	1	BR	GRP	300.00	30.00	2,970.00

图 4-15 在住客人查询

第二节 房务中心的管理

一、房务中心的职能

"房务中心"又称"宾客服务中心"(Guest Service Center),是客房部对宾客服务的中心(参见图 4-16)。它将客房部各楼层的对客服务工作集中在一起,从而大大提高了酒店对客服务的效率,节约了客房部人力资源的成本和费用,克服了传统楼层服务台的诸多弊端。

图 4-16 客房部房务中心

房务中心的主要职能如下:

1. 信息处理

凡有关客房部工作的信息几乎都要经过客房中心的初步处理,以保证有关问题能及时得以解决或分拣、传递。

2. 房态控制

包括设置清洁状态房态、设置和解除维修房、设置和解除停用房、设置和解除差异房态、设置辅助房态等。

3. 对客服务

由房务中心统一接收服务信息，并通过电话机等现代化手段，向客房服务员发出服务指令。即使客房中心不能直接为客人提供有关服务，也可以通过调节手段来达到这一目标。

4. 钥匙管理

客房部所使用的工作钥匙都集中于此签发和签收。

5. 物品租借

住店客人临时需要的充电器、电脑鼠标等均由房务中心提供和管理。

6. 失物处理

整个饭店的失物和储存都由客房中心负责，这大大方便了失物招领工作的统一管理，提高了工作的效率。

7. 员工出勤控制

所有客房部员工的上下班都要到此签名，这不仅方便了考核和工作安排，而且还有利于加强员工的集体意识。

8. 档案保管

客房中心保存着客房部所有的档案资料，并必须做及时的补充和更新整理，这对于保持有关档案资料的完整性和连续性具有十分重要的意义。

为了及时了解和处理客房服务和管理中随时出现的各种问题，掌握宾客和员工的动态，客房管理人员，特别是主管，应将自己的办公室设在房务中心内。一些客房主管将自己隔绝起来，根本不管每天发生什么事情，也不知道宾客中、员工中每小时发生的各种各样的问题，不利于管理工作。

二、房务中心的运转

（一）房务中心员工的岗位职责

（1）接听电话，随时回答客人的提问，满足客人的要求。

（2）管理钥匙的收发。

（3）负责各组的签到。

（4）协助客人借还接线板、吹风机。

（5）随时接收、登记与包装遗留物品并每月清点上报客房经理。

（6）管理各种表格。

（7）向工程部提出维修请求，及时送交报修单。

（8）记录酒水使用情况，发放每日报纸。

（9）分派鲜花、报洗地毯。

（10）做好开门情况的记录。

（11）接听电话，完成上级交给的各项任务。

（12）负责服务中心的清洁工作。

(13) 接待客人并尽可能满足客人的要求。

(14) 做好各种交接及一切工作记录。

(二) 房务中心的日常工作

房务中心24小时为客人提供服务。可设一名领班或主管负责日常事务。服务中心每天三班倒，根据酒店规模的大小和客房数量的多少，每班可设2位或2位以上接听电话及处理相应问题的服务员，另外，当然也要设相应的专职对客服务人员。

另外，从某种意义上讲，客房服务中心的主要工作是接听客人有关客房服务需求的电话。因此，在客房服务中心工作的员工必须具备话务员的素质，能够用礼貌、悦耳的声音接听客人电话，回答客人问询。否则，必将影响服务质量，损坏酒店的形象。

经典案例

"你的声音听上去太硬……"

今年五月，因为身体的原因我从楼层服务调到了房务中心工作。初来房务中心时，我想自己在楼层工作五六年了，而房务中心也是房务部的，应该没什么问题。谁知，没多久主管就找我谈话了，非常委婉地对我说："房务中心虽然只有简单的三部电话，但却像窗口一样反映了整个房务部的精神面貌，声音的把握和调节非常重要。你的声音听上去太硬，太直了。回去调整一下好吗？"

初听主管的话，我心里还挺疑惑，觉得不可能吧！因为自我感觉蛮好的。回到家以后，我利用手机的呼叫拨号功能，把声音录下来听了一下。天哪，竟有一些"大老爷们"的感觉。知道自己的问题后，我就在业余时间利用手机不停地练习与调整。慢慢地我竟从中总结出了一些心得：① 如果音调过高，会给人不成熟及情绪冲动的印象；② 声音太弱，会给人不肯定的感觉；③ 语速过快，会减低人们的重视程度；④ 发出呼吸声，会让人有不稳重的感觉；⑤ 粗声粗气，会给人粗俗之感；⑥ 语调末尾上升会给人信心不足、有恳求他人的感觉；⑦ 声音颤动（有时因呼吸不规律而造成）会让人误认为你紧张或害羞。

而要想克服以上的问题，就要注意：

- 音调适中，不可过高或过低；
- 声音浑厚，不要很轻弱；
- 说话清晰，要毫不含糊；
- 要有节奏感，不单调。

当把这些心得运用到工作中以后，我再去询问主管的意见时，我从主管的微笑中已知道了答案。

三、房务中心与其他部门的沟通与协调

房务中心是客房部（管家部）的控制指挥中心，是客房部的"心脏"，为了做好对客服务工作，需要做好与各部门的协调与沟通工作。

（一）沟通的原则

房务中心与其他部门、岗位的沟通与协调应遵循以下原则：

1. 当与对方无法沟通、协调时，应向其上一级主管沟通

当沟通协调的对象无法沟通、协调，如，服务员通知不到、信息阻塞、中断时，应向上一级领班沟通协调，领班沟通不到时，再向更上一级主管沟通，以此类推，直到沟通有效为止，并说明向更上一级沟通的原因，以免双方误会（与其他部门沟通也一样）。

2. 与对方沟通时，提供必要的帮助

沟通协调前，要尽量掌握对方的职责能力，并提供必要的帮助，以防对方事情处理不妥而引起麻烦。

3. 保持良好的沟通态度，心平气和，有耐心

无论任何情况，沟通的态度必须心平气和、有耐心，尽量多用“请”字、“谢”字和商量的口吻，即使对方不耐烦，态度不好，也不要受其感染，仍然要保持冷静，以免事情向不好的一面发展。

4. 遇到沟通障碍时，先解决问题，不可推卸责任

遇到沟通协调的事情难以分清责任时，要先尽力解决，后报告上级进行区分，千万不要在有能力处理的情况下不处理或推卸责任。

（二）沟通的艺术

房务中心所协调和沟通的对象很多，沟通讲究的是迅速、愉快。如何才能做到这两点呢？

首先，房务中心人员要把自己当作一名内务公关员来看待。面对各色各样的人物，为了达到沟通愉快、有效的目的，就得采取不同的应对手段。很多酒店的房务中心人员不要说有什么手段，在自身的心理素质这道门槛还没有跨过，害怕、畏缩、妒忌，不服气、不愿受委屈、喜欢斗气、相互攻击、出言不逊、不耐烦、易受不良感染等等心理不健康因素，还未能解除，房务管理者应该鼓励房务中心员工平时多看一些自助、励志方面的书籍、资料，把沟通、协调的对象当客户看。

其次，要学习酒店的公关人员为了与客户或相关人员的沟通畅顺、愉快，而采用了哪些基本、必要的公关手段，掌握这些手段，即便今后离开本职岗位，也会在自身的人际交往中受益匪浅。

（三）沟通的内容与方法

1. 与楼层的沟通协调

客房服务中心与楼层同属客房部管理，相互之间沟通协调更是频繁、紧密。日常工作除了自身要提供直接信息给楼层，还要充当其他部门为楼层传递信息的“二传手”。具体而言，房务中心通常有以下事项需与楼层沟通协调。

(1) 要获得楼层实际房态时。发现前厅与服务中心电脑房态有差异时，可呼叫楼层领班或服务员亲临房间进行检查核实。

(2) 客房维修、保养时。客房的工程维修事项、地毯清洗及各类坏房不能开出时，要详

细记录,并通知相关人员前往处理(维修事宜下单通知工程部维修,地毯、沙发清洗通知 PA 部领班处理)。

(3) 前厅报 C/I、C/O 时。此时要立即记下对方工号、房号、时间并立即通知楼层,不得延误。在 C/O 时要根据时间做相应的跟踪、跟催工作。

(4) 客房有遗留物品,损坏事项时。如果客人未离开酒店,应立即通知前厅派人至楼层将物品拿到前厅交予客人,不可延误并做好记录。如果客人已离开酒店则应立即通知领班交到服务中心登记保管,有损坏事项时,需立即记录并通知领班前往处理。

(5) 收到客人服务信息时。要问清客人地点房号、姓名、要求,并立即做好记录;马上通知该区域服务员提供服务;在规定的 3~5 分钟内需再确认一次此服务是否完成。

(6) 接到会议订单时。要根据订单时间、级别、要求、人数等通知楼层领班作茶、饮具(茶杯、杯垫、纸杯、纸巾、茶叶、茶壶、托盘、电热壶)及派员准备,通知 PA 领班作卫生、台、椅、派员等准备,会议结束时,要提醒领班检查会场。

(7) 接到 VIP 入住及特殊人员入住时。要通知楼层领班了解信息,按要求派发鲜花、水果、赠品并及时作检查、迎送、布置等工作。

(8) 天气变化,大风、阴雨、潮湿、闷热时。大风及下雨要提醒楼层员工关窗,提醒领班到酒店外围观察、检查在住客人的窗户及外挂物,并及时做好相关布置工作。

(9) 上级有关指令需通过服中心传达到楼层时。应立即做好记录,通知楼层员工和领班予以执行。

(10) 为楼层发放酒水时。要下午 3 点准时通知一名楼层领班到前厅收银拿酒水消耗单,然后由两名楼层领班到楼层酒水仓按酒水单上所耗酒水领取、发放到各楼层,房务中心收回酒水单做当日酒水统计时,要进行核对。

2. 与前厅部的沟通协调

客房部与前厅部的联系最为密切,很多酒店的前厅部与客房部是合二为一的(Rooms Division)。正因如此,这两个部门之间的信息沟通也就最频繁,内容也最多。

(1) 就客人的入住信息,做好与前厅部的沟通工作。前厅部应将客人的入住信息及时、准确地通知客房部,以便客房服务员随时掌握房态,并对入住的客人能够做到"七知三了解"(知客人到店时间、人数、国籍、身份、接待单位、客人要求和收费办法;了解客人的宗教信仰和风俗习惯、生活特点和活动日程安排,以及离店日期等),从而为客人提供针对性服务。

(2) 与前厅部配合,做好查房工作。

① 前厅部应将客人的换房、离店等信息及时通知客房部,而客房服务员则应在客人离店时,及时检查房间,看看有无客人的遗留物品,客房内的设备、用品有无丢失和损坏现象,并将检查结果立即通知前台。

② 客房部应将客房的实际使用状况通知总台,以便核对和控制房态。楼层领班应每日按时填写房态表,说明楼层每间客房的使用状态,并交由房务中心汇总,然后交总台。总台接待员拿到这张表后,要用它核对电脑上所显示的房态。核对的内容主要有两项:即客房状态及各房间住客人数。如果电脑上的资料与房态表上的信息不相符,则有可能是总台服务员工作疏忽所致,但也有可能在客房管理中存在着问题。例如电脑上显示某一房间为住客房,而房态表上却标明是"CO"房,即走客房间;电脑上显示的空房,而房态表中却标为占用房;电脑上显示为一人占用,而房态表中却注明二人使用……针对这些异常情况,必须立即

调查处理。

对于下列状况的客房,客房部在查房时,应注意掌握并通知前台。

外宿房(Sleep out)。如果客人住店期间,在外过夜,前台接待员应在电脑上对该房做外宿未归标记,同时,将此信息通知大堂副理及客房部,大堂副理会双锁客人的房间(双锁前,客房部应派人清扫客房),并作记录,客人返回时,大堂值班经理再为客人开启房门。

携少量行李的住客房(Occupied with Light Luggage)。为了防止发生逃账等意外情况,客房部应将此种客房状况通知总台。

请勿打扰房(DND)。如客房的请勿打扰灯亮着,或门把手上挂有"请勿打扰"牌,则服务人员就不能进房为客人提供服务。请勿打扰房通常属于住客房,但也有可能是走客房或空房,所以,有必要对此种客房状况加以关注,到了酒店规定的时间,总台或客房部应打电话与住客联系,以弄清情况,进房打扫或检查。

双锁房(Double Locked)。有时,住客为了不受干扰,在房内把门双锁,服务人员用普通钥匙无法开启房门。对双锁房也要加强观察,因为有可能在双锁房内发生了刑事案件或其他不测事件。

需要说明的是,房间状况是随着时间的变化而不断变化的,因此,房态表是一张动态的表格,为了取得客房状况的最新资料,领班应每天多次查房(以 2~3 次为宜),并将每次查房的确切时间填入表格。

③ 客房部应在最短的时间将走客房清洁完毕,并通过电话或电脑尽快向前台报告房态,以便提高酒店客房利用率。

(3) 做好与前厅部客情预报信息的沟通。根据前厅部提供的客情预报,安排客房的维修和定期清洁计划,并做好人员的安排。

(4) 其他沟通与协调工作。除了上述内容以外,客房部还应做好以下沟通与协调工作。

① 房务中心接到前厅部各类订单时:预览订单、表格上各个项目是否填写完整,了解各类注意事项后,在订单、表格上签名,并写上签名时间,然后归类挂在信息板上,根据时间、日期对相关人员作提示、布置。

② 前厅部为客人查询遗留物品时:迅速查阅遗留物品登记本,根据客人反映的时间、品名、特征、检索登记本上的结果,如果检索到有此客人描述的物品,则按遗留物品处理程序进行处理;如果没有检索到此客人描述的物品,应请再稍等一下,向其他人员(如楼层领班、员工、主管)了解情况;如确实没有,则应向主管报告,同时请客人留下联系电话,待次日把主管的处理结果向客人反馈。

③ 接到前厅部送来的报纸、杂志时:点清数量并检查是否分类,然后签上时间、名字以作签收;在规定的时间内、如没送来,应跟进并问明原因。

④ 收到前厅部送来房务中心需中转给客人的物品时:检查"中转"单上的物品名称、数量、双方客人姓名、留言、资料是否齐全,与实物是否相符,核实无误后签收、暂存(不明物品及违禁物品一律不得转递、暂存),再根据"单上"资料、时间通知领班作相应的转递处理。如果在注明的时间内未能中转到指定的对方,则应立即反馈到前厅部,由前厅部联系客人请示意见。而房务中心对"中转"三天内无结果的,要暂存登记到客人的遗留物品簿,以便追溯并记下时间、工号、序号及有关内容。对 VIP 鲜花、水果、派送也属中转之列,应及时通知领班、主管跟进。

⑤ 前厅部向房务中心报 C/O、C/I 时：要求重述房号、工号给对方，以免听错，然后迅速通知楼层，在规定的时间内（3 分钟）如楼层没完成，则必须重催、跟进，以免延误客人时间而投诉。

⑥ 接到入住紧张需要赶房的信息时：立即与楼层领班沟通，反馈房态情况供前厅参考，并通知主管组织人力跟进。

3. 与 PA 部的沟通协调

（1）调拨、借送较多、较重物件时。呼叫 PA 领班提供协助，告知对方的沟通对象、地点、时间、所需人力等情况（此情况暂限于客房部本部）。其他部门有此现象需要协助时，可告知对方向本部门主管、经理沟通协调。

（2）楼层及其他部门报洗地毯、沙发时。作好专用记录、把地点、性质转告 PA 部领班，经 PA 部领班确认后，回复对方的处理时间和需要协助的有关事项。

（3）接到有关区域来电求清洁的信息时。了解对方人物、地点、事物性质做好记录，立即把详情通知 PA 领班做好准备派员前往处理。若中班无领班，先通知楼层领班跟进，再直接通知 PA 员到达现场。

（4）有会议或团体接待或团体用餐、上级来店检查、督导时。有会议接待时，提前通知 PA 领班按要求摆设台椅、借齐物件（如台布、围裙）备齐用品，搞好卫生间和会场卫生；团体用餐时则提醒餐厅洗手间岗位储水、重点清洁。上级或团队来店参观检查、督导等活动时，应提前提醒 PA 领班尽快搞好各岗位卫生，作好检查完善工作，作好重点岗位（大堂、外围、洗手间、17F）巡查保洁。

4. 与工程部的沟通协调

（1）与工程部沟通与协调的主要内容。

◆ 客房部负责客房设施设备的日常保养工作，而工程部则主要负责客房设备的维修事宜。

◆ 客房部要及时向维修部提供客房设备的维修信息，并为维修人员进入客房进行工作提供一切方便。

◆ 向工程部提供客情预报，以便工程部对客房进行大修理。

◆ 安排及时封闭房间以便进行保养修理。

◆ 工程部维修时，做好各项配合工作。如维修后房间的清洁等。

（2）沟通的主要手段。客房与工程维修部的沟通主要采取填写“维修通知单”的方式（见表 4-1）。这样做能够提高工作效率，易于落实责任，同时也便于考核。

表 4-1 维修通知单

安排 Ordered	Phone 电话		日期 Date	部门 Department
	Written 书面			
收到 Rec. Eng	日期 Date		时间 Time	文书 Clerk
批准 Approved	总经理 GM		成交商 Con. tr	工程师 Eng.
负责 Incharge	工程师 Eng.		组长 Supervisor	小组 Crew

续表

<table>
<tr><td colspan="4">Work Place/Eq No.:工作地点/设备编号</td></tr>
<tr><td colspan="2">Work Description:工作说明</td><td colspan="2">例行维修
Routine</td></tr>
<tr><td colspan="2"></td><td colspan="2">紧急
Urgent</td></tr>
<tr><td colspan="2"></td><td colspan="2">停止
Shutdown</td></tr>
<tr><td colspan="2"></td><td colspan="2">预防性维修
P. R. Maint</td></tr>
<tr><td colspan="2"></td><td colspan="2">房内有客
Guest in room</td></tr>
<tr><td colspan="4">联系人:</td></tr>
<tr><td colspan="4">联系电话:</td></tr>
<tr><td colspan="4">Charge to account:负责计算(财务部)</td></tr>
<tr><td>工作开始
Work started</td><td>日期
Date</td><td>时间
Time</td><td>执行人
Done by</td></tr>
<tr><td>工作完成
Work completed</td><td>日期
Date</td><td>时间
Time</td><td>执行人
Done by</td></tr>
<tr><td>工作检查
Work checked</td><td>组长
Supervisor</td><td>所用时间
Time used</td><td>发单日期
Date posted</td></tr>
<tr><td>工作接收
Work received</td><td>日期
Date</td><td>时间
Time</td><td>接收人
Received by</td></tr>
<tr><td colspan="4">在背面列出所有使用的零件及材料
List all spare parts materials used on reverse side</td></tr>
</table>

“维修通知单”是酒店工程部与其他部门在业务上进行沟通的主要手段,如上表所示。维修单一般包括日期、部门、维修地点、维修项目、报修时间及完成时间等内容。工程部接到维修通知单以后应立即派人查修,并在尽可能短的时间内完成维修任务。

维修通知单一般为一式三联,就客房部而言,第一联留给客房管家,第二联送交工程部,第三联交给修理技工。小修应立刻进行,花时间的修理则要封房几小时,甚至几天,修理工作结束后,要通知客房管家检查验收,并在维修单上签字,如有必要,应立即派人重新打扫客房。

如果采用移动技术进行管理,客房部与工程部沟通的方式就要简单得多,效率也会大幅提高。服务员做房时发现需要编修的项目时,只需要在手机上点相应的选项就行,工程部技术人员立即会在手机移动端看到维修需求,并主动抢单,其工作量、工作时间、效率都会在手机上记录,方便考核,有利于员工激励,也省去了工程部管理人员委派工作的环节和麻烦,参见图 4-17。

(3) 与工程部的其他沟通内容及注意事项。

• 有会议接待时：根据会议要求，检查灯光、电器设备，通知工程部调试音响、麦克风，调试视听设备、悬挂横幅，开启空调设备，以保会议召开期间设备运转正常。

• 客房部维修项目：客房的维修项目，影响开房的要在当班时间内跟踪并提醒领班跟进后转 VC 房。叫工程部尽快搞好并报告主管，以免维修房过夜。在住房产生的维修，要第一时间通知楼层领班和工程部前往查看维修处理；不能在短时间内解决的，要征求客人意见与前厅协商是否换一个房间，尽力满足客人。其他公共区域的维修，要及时传达到工程部，做好记录和跟踪。

图 4-17 手机移动端直接创建报修单

5. 与餐厅的沟通协调

(1) 有会议接待时。有些会议安排餐厅服务员或大堂吧服务员，作茶水服务，借用围裙、台布等布置用品。房务中心要提前通知餐厅管理人员做好物品及派员准备。在会议召开期间该员工用餐及离岗时一定要通知楼层领班或主管调配人员顶替，方可让其离岗。

(2) 接到客人要求送餐的电话时。在餐饮营业时间内先建议客人参考服务指南中的点餐单，如没有合意的餐式，则可了解客人房号、贵姓，请客人稍等，说明马上派人为其点餐，并做好记录。立即打电话到餐厅，由餐厅派部长或致电到房间为客人点餐。5 分钟内再致电餐厅咨询此事是否办妥，客人用餐后立即通知餐厅人员前去收餐(无餐厅人员时可叫楼层服务员收出餐具)。如果客人未通知收餐具，应在送餐进去的 1 小时左右，致电该客人，询问什么时候方便可以进来收餐具。尽量在客人用餐后收拾餐具、残羹，以防食物异味在房间过夜而影响环境。

(3) 有 VIP 接待时。通知餐饮部为 VIP 客人提供水果篮和蛋糕等。

6. 与财务部的沟通协调

(1) 酒水统计报表与房态表。每日上午 10 点前房务中心核实此两项报表呈送财务部，对财务审计出的问题，要认真解答并找出原因给予修正。

(2) 请购物件和领料时。下“申请采购单”(参见表 4-2)要列明物品的规格、生产商、数量、使用部门，对可能混淆的物品要在备注栏内说明清楚，并与采购沟通讲明，对紧用物品在三天内未购回的，要询问采购原因并上报本部门经理，以免误事。

(3) 物资、酒水报损事宜。食品酒水过期时提前一个月撤出，提醒楼层每月 1 号到 3 号做此项工作，过期未撤出报损的，由楼层负责按进货价认购。物资破旧不能用时，每月 5 号前集中写报损单经部门经理核实，签署后交副总认可，然后由财务派人鉴定，对报损后另作他用的应打上“已报损”标志，并与其他物资分开，以免混淆。报损后作废品处理的，在盘点报表相应栏做消数处理。

表 4-2　申请采购单

部门：＿＿＿＿＿＿ DEPARTMENT：

填写日期：＿＿＿＿＿＿ DATE PREPARED：

<table>
<tr><td rowspan="2">Item
No.</td><td rowspan="2">要求数量
Qty</td><td rowspan="2">单位
Unit</td><td rowspan="2">物品摘要
Desc.</td><td rowspan="2">现存数量
Qty On
Hand</td><td colspan="2">上次购买
Last Purchase</td><td colspan="3">供应商报价
Supplier's Quotation</td><td rowspan="2">购货单
PO#</td></tr>
<tr><td>日期
Date</td><td>价格
Price</td><td>A</td><td>B</td><td>C</td></tr>
<tr><td>＿＿</td><td>＿＿</td><td>＿＿</td><td>＿＿</td><td>＿＿</td><td>＿＿</td><td>＿＿</td><td>＿＿</td><td>＿＿</td><td>＿＿</td><td>＿＿</td></tr>
<tr><td>＿＿</td><td>＿＿</td><td>＿＿</td><td>＿＿</td><td>＿＿</td><td>＿＿</td><td>＿＿</td><td>＿＿</td><td>＿＿</td><td>＿＿</td><td>＿＿</td></tr>
<tr><td>＿＿</td><td>＿＿</td><td>＿＿</td><td>＿＿</td><td>＿＿</td><td>＿＿</td><td>＿＿</td><td>＿＿</td><td>＿＿</td><td>＿＿</td><td>＿＿</td></tr>
<tr><td>＿＿</td><td>＿＿</td><td>＿＿</td><td>＿＿</td><td>＿＿</td><td>＿＿</td><td>＿＿</td><td>＿＿</td><td>＿＿</td><td>＿＿</td><td>＿＿</td></tr>
<tr><td>＿＿</td><td>＿＿</td><td>＿＿</td><td>＿＿</td><td>＿＿</td><td>＿＿</td><td>＿＿</td><td>＿＿</td><td>＿＿</td><td>＿＿</td><td>＿＿</td></tr>
<tr><td>＿＿</td><td>＿＿</td><td>＿＿</td><td>＿＿</td><td>＿＿</td><td>＿＿</td><td>＿＿</td><td>＿＿</td><td>＿＿</td><td>＿＿</td><td>＿＿</td></tr>
<tr><td>＿＿</td><td>＿＿</td><td>＿＿</td><td>＿＿</td><td>＿＿</td><td>＿＿</td><td>＿＿</td><td>＿＿</td><td>＿＿</td><td>＿＿</td><td>＿＿</td></tr>
</table>

<table>
<tr><td rowspan="5">采购理由
Reasons for
Purchase</td><td rowspan="5">预算
Budget</td><td>运费与保险：
Freight & Insurance</td><td>申购部门主管
Requested by(Dept.
Head)</td><td>日期
Date</td></tr>
<tr><td rowspan="2">采购方式：
Pur. Terms</td><td>成本控制总监
Cost Controller</td><td>＿</td></tr>
<tr><td>采购经理
Purchasing Mngr</td><td></td></tr>
<tr><td rowspan="2">要求送货日期：
Delivery Date</td><td>财务总监
Fin. Controller</td><td>＿</td></tr>
<tr><td>总经理
G. M</td><td>＿</td></tr>
</table>

WHITE	PURCHASING	YELLOW	ACCOUNTING	PINK	REQUISITIONER
白色	采购部	黄色	财务部	粉红	申请部门

7. 与保安部的沟通协调

（1）协助并提供资料，以防止闲杂人员混入酒店。

（2）协助保安部帮助住客找回失物。如住客在退房时或入住期间发现遗失物品，客房部应协助保安调查，若丢失的物品数量、价值大，必须向当地公安部门报案。

（3）请保安部对客房员工进行培训，讲授客房消防及安全保卫知识。

（4）与保安部加强沟通，研究客房保安工作的措施。

(5) 接到楼层有醉酒客人的信息时。无论醉酒客人在通道上,还是在客房内,都应在接到此信息的第一时间把情况告诉保安部,由保安部派人上楼层协助楼层服务员和领班处理问题,保障员工的职业安全和客人安全。加强巡视以及预防破坏、消防事故发生。

(6) 接到楼层有闲杂人员逗留或房间内有聚会,人员过多或嘈杂时。通知保安部派人至该区域了解情况,对闲杂人员或嘈杂声要及时制止;房内聚会、人员过多要重点巡视管理,了解情形,防止安全事故发生。

(7) 深夜有客人叫女服务员进房服务时。在通知服务员的同时要通知保安部立即派人陪同服务员前去服务,服务员进房时,保安员可在门外一边观察,遇有客人关门而服务员仍在房内时,要婉言制止不让关门。服务员服务完毕后,方可让保安员离开。

经典案例

发生在房务中心的失误:叫醒服务的代价

小杨是刚从旅游院校毕业的大学生,分配到某酒店房务中心是为了让他从基层开始锻炼。今天是他到房务中心上班的第二天,轮到值大夜班。接班没多久,电话铃响了,小杨接起电话:"您好,房务中心,请讲。"

"明天早晨5点30分叫醒。"一位中年男子沙哑的声音。

"5点30分叫醒,是吗?好的,没问题。"小杨知道,叫醒虽然是总机的事,但一站式服务理念和首问负责制要求自己先接受客人要求,然后立即转告总机,于是他毫不犹豫地答应了。

当小杨接通总机电话后,才突然想起来,刚才竟忘了问清客人的房号!再看一下电话机键盘,把他吓出一身冷汗,这部电话机根本就没有号码显示屏!小杨顿时心慌,立即将此事向总机说明。总机告称也无法查到房号。于是小杨的领班马上报告值班经理。值班经理考虑到这时已是三更半夜,不好逐个房间查询。再根据客人要求一大早叫醒情况看,估计十有八九是明早赶飞机或火车的客人。现在只好把希望寄托在客人也许自己会将手机设置叫醒。否则,只有等待投诉了。

早晨7点30分,一位睡眼惺忪的客人来到总台,投诉说酒店未按他的要求叫醒,使他误了飞机,其神态沮丧而气愤。早已在大堂等候的大堂副理见状立即上前将这位客人请到大堂咖啡厅接受投诉。

原来,该客人是从郊县先到省城过夜,准备一大早赶往机场,与一家旅行社组织的一个旅游团成员汇合后乘飞机出外旅游。没想到他在要求叫醒时,以为服务员可以从电话号码显示屏上知道自己的房号,就省略未报。

酒店方面立即与这家旅行社联系商量弥补办法。该旅行社答应让这位客人可以加入明天的另一个旅游团。不过今天这位客人在旅游目的地的客房预订金270元要由客人负责。接下来酒店的处理结果是:为客人支付这笔定金,同时免费让客人在本酒店再住一夜,而且免去客人昨晚的房费。这样算下来,因为一次叫醒失误,导致酒店经济损失共计790元。

点评:

因为一次叫醒的失误,酒店竟为此付出790元的代价。可谓:花钱买教训!"

由本案得出的教训和应采取的改进措施有三：

一是缺乏岗前培训（或培训不到位）。所有新入职的员工，都应该接受部门安排的严格的入职培训，使其掌握部门服务程序、操作标准和规范。

二是所有“新手”上岗，都应当有“老员工”或领班带班一段时间，关注他们的工作情况，包括哪怕接一次电话的全部过程。比如与客人对话是否得体、完整，是否复述、是否记录等等。必要时要做好“补位”工作。

三是所有接受客人服务来电的电话机都必须有来电显示屏，并有记忆功能。这样既利于提高效率、方便客人，也可防止类似事件的发生。

第三节　客房服务项目与服务规程

楼层对客服务主要集中在两个环节：一是客人住店期间的服务；二是客人离店时的服务。

一、客人住店期间的服务项目及服务规范

（一） 客房小酒吧服务

为了方便客人，大部分酒店都在客房内安放了冰箱（一些高档酒店还在客房内设有小型吧台，参见图 4-18）向客人提供酒水、饮料和一些简单的食品。

为了加强对这些食品和饮料的管理，饭店应设计一份记有冰箱内（或吧台）食品、饮料的种类、数量和价格的清单，并要求客人将自己每天饮（食）用的食品、饮料如数填写（如表 4-3 所示）。酒单一式三联，第一、二联交结账处作为发票和记账凭证，第三联作补充酒水食品的凭证。

图 4-18　客房小酒吧

客房服务员每天早晨对其进行盘点，把客人实际饮用的数目通知前台收款（Cashier）处，随后，对冰箱中所缺饮料予以补充。

提供客房小酒吧服务时，客房服务员应注意以下事项：

（1）如发现客人使用过小酒吧时，应核对客人新填的酒水耗用单。

（2）如客人填写有误，应注明检查时间，待客人回房时，主动向客人说明并更正；如客人没填写，应代客补填并签名和注明时间。

（3）如客人结账后使用了小酒吧，应礼貌地向客人收取现金，并将酒单的第一联作为发

票交给客人,收取的现金连同酒单的第二联记账凭证及时交给结账处。

(4) 领取和补充小酒吧的酒水和食品时,要检查酒水的质量和饮料、食品的有效保质期。

有些高级饭店对客房内的冰箱采用计算机管理,当客人从冰箱里取出一瓶饮料后,冰箱内的开关信号将指示机器驱动,结果将使总服务台收款处该客人账单上的账目自动增加。但这种装置也有缺点,譬如,客人取出一瓶啤酒后,发现商标不中意,便放回原处,但这时计算机已经记下了这瓶啤酒的账。

表 4-3 客房迷你吧酒水单

Mini Bar Voucher

Guest Name(姓名):________

Room No.(房号):________

Date(日期):________

STOCK 贮量	ITEM 品名		UNIT PRICE 价格 RMB	CONSUMED 消耗数量	AMOUNT 金额
2	Martell VSOP	金牌马爹利	28.00		
2	VSOP Remy Martin	VSOP 人头马	28.00		
2	JW Black Label	黑牌威士忌	38.00		
2	JW Red Label	红牌威士忌	38.00		
2	Gordon's Dry Gin	哥顿毡酒	28.00		
2	Grant's	格兰威士忌	38.00		
2	Imported Beer	进口啤酒	15.00		
2	Juices	各式果汁	8.00		
2	Coca Cola	可口可乐	8.00		
1	Sprite	雪碧	8.00		
2	Watson'	屈臣氏蒸馏水	8.00		
2	Chocolate	巧克力	20.00		
2	Mineral Water(Imported)	进口矿泉水	20.00		
1	Local Beer	本地啤酒	8.00		
2	Wine	葡萄酒	25.00		

第一联:客户(白) 第二联:前厅(红) 第三联:存根(黄)

Plase indicate daily the number of items you have consumed and kindly sign this form and leave it on your mini bar. The amount will be added to your room account.

请将您每天消费的饮料记入本账单并把账单放在吧台上收费金额将记入贵账户。

________ ________

Guest Signature Room Attendant

（二）房餐服务

房餐服务在欧美国家旅馆业中称为“Room Service”，它是指应客人的要求将客人所点之餐、饮送至客房的一种餐饮服务。常见的房内用餐有早餐、便饭、病号饭和夜餐等项目，其中以早餐最为常见，参见图4-19。

提供房餐服务时，酒店要设计专门的房餐服务餐牌，摆放在床头柜或写字台上，上面标明房餐服务电话号码。另外，提供房餐服务，通常要收取20%~30%的服务费。

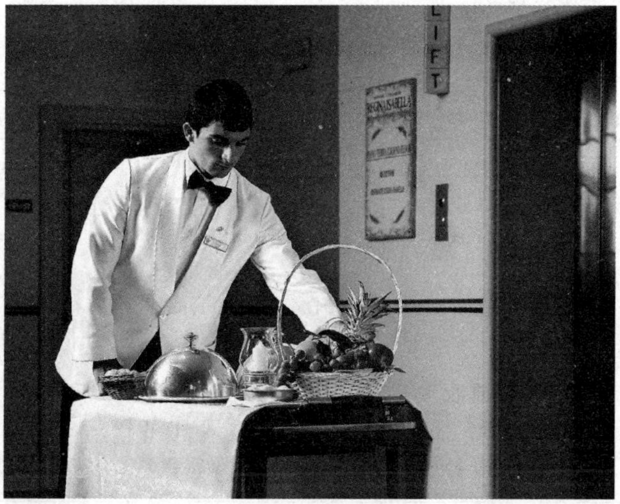

图4-19 房餐服务

房餐服务的方式有好几种。在一些大饭店里，这项服务是由餐饮部负责的，餐饮部设有房餐服务组，由专职人员负责提供房餐服务，在另外一些饭店，房内用餐则是由餐厅服务员送到楼层，再由楼层服务员送进客房，采用这种服务方式的饭店，要求客房服务员必须熟悉菜单，并掌握一定的餐厅服务技能。

房内用餐可以用托盘提供，也可以用餐车送上，这要视所送餐食饮料的多少而定，如用餐车送餐，要小心谨慎，以免因地毯不平或松动而翻车。另外，送餐时，必须要使用保温、保暖、保凉和保持清洁卫生的用具。

提供房餐服务时，要注意及时将客人用过的餐具和剩物撤出（一般在一小时后，征得客人同意后撤出），以免影响房内卫生和丢失餐具，收东西时，要注意清点餐具并检查有无破损，同时还要注意随手更换烟灰缸、玻璃杯，擦净桌上的脏物，以保持房内清洁。

最后，用餐完毕，不要忘记请客人在账单上签名。

（三）洗衣服务

旅游者离家在外，生活不方便，再加上每天的旅游和商务活动安排都很紧，而自己的衣服又得勤换洗，自己动手洗衣服费时又费力，因此，饭店一般都向客人提供洗衣服务（Laundry Service），且大型酒店一般都设有自己的洗衣房。

饭店向客人提供的洗衣服务，从洗涤方式上讲，有三种类型：即干洗（Dry-cleaning）、水洗（Laundry Service）和烫洗（Pressing）。其中，干洗的一般是一些高档衣料以及毛织品、绸缎真丝等。从洗涤速度上，可以分为“普通服务”（Regular Service）和“快洗服务”（Express Service）两种，每种服务都要在规定的时间内完成，普通服务一般在早上九点以前收取衣服，当天送回，快洗服务则要求收到客衣后3~4小时内洗完送回，由于快洗服务会为洗衣房的工作带来不便，因此，一般要加收一倍的服务费。

无论是干洗、水洗还是烫熨，也不管要求普通服务还是快洗服务，都要求客人预先填好洗衣登记表（见表4-4）。

表 4-4 洗衣清单

Laundry 湿洗　Dry Cleaning 干洗　Pressing 熨衣

For services please touch 3(洗衣请按内线 3)			
Room No. 房号	Name 姓名	Signature 签名	
	Date 日期	Time 时间	AM/PM 上午/下午

Special Instructions 特别指示			
□Same Day Service: Collected by 11:00 Delivered on Same Day	□Express Service (4 hours): Latest collection by 14:00 Delivered on the Same Day. 50% surcharge.	□Pressing Service (1 hour): Pressing is available from 7:00 to 18:00	□Overnight Pressing Returned by 8:00
□普通服务:上午 11 时前收取的衣物即日可送回	□加快服务(4 个小时):下午 2 时前收取的最后的衣物,即日可送回,50%附加费。	□熨衣服务:早上 7 时至晚上 6 时收衣 1 小时内送回。	□隔夜熨衣于早晨 8 时归还。

Guest Count 贵客点数	Hotel Count 酒店点数	Laundry Items 湿洗项目	Price RMB 价目 Laundry 湿洗	Shirts Return 恤衫交回	
		Normal Shirt 普通恤衫	26		□On Hanger 挂起 □Starch 浆 □Folded 折叠
		Blouse 女装恤衫	26		
		Sport/T-Shirt 运动衣/T 恤	20	Plus 15% Surcharge 加 15%服务费	
		Jacket 外套	38		

Guest Count 贵客点数	Hotel Count 酒店点数	Laundry Items 湿洗项目	Price RMB 价目 Laundry 湿洗	Amount 金额
		Dress 连身裙	43	
		Skirt 短裙	26	
		Pants/Jeans 西裤/牛仔	32	
		Shorts 短裤	20	
		Pyjamas(2pcs)睡衣裤(二件/套)	26	

续表

Guest Count 贵客点数	Hotel Count 酒店点数	Laundry Items 湿洗项目	Price RMB 价目 Laundry 湿洗		Amount 金额
		Night Gown 睡袍	26		
		Undershirt 内衣	12		
		Underpants 内裤	12		
		Socks/Stockings (Pair)短/长袜(对)	8		
		Handkerchief 手帕	8		
Guest Count 贵客点数	Hotel Count 酒店点数	Dry Cleaning/Pressing Items 干洗/熨衣	Price RMB 价目		
			Dry Cleaning 干洗	Pressing 熨衣	
		Suit(2pieces)西装(二件/套)	78	42	
		Jacket/coat 外套	48	26	
		Slacks/pants 西裤	32	16	
		Shirt/Blouse 恤衫	32	16	
		Skirt 短裙	32	16	
		Skirt(Full peated)有褶短裙	62	36	
		Dress 连衣裙	68	36	
		Dress(Evening)/Tuxedo 晚礼服	85	45	
		Vest 背心	20	10	
		Sweater 毛线衣/羊衣衫	38	16	
		Tie/Scarf 领带/领巾	16	10	
		Overcoat/Long coat 大衣	88	36	

Remarks:

1. Should the list be omitted or not itemized, the Hotel count will be taken as correct.

2. All Laundry/Valet/Dry Cleaning, is accepted by the Hotel at the owner's risk. While the utmost care will be exercised by the Hotel, the liability of the Hotel is limited to TEN times the value of the Laundry/Valet/Dry Cleaning charges. The Hotel shall not be responsible for any further loss or damage howsoever arising.

3. Shirts will be folded and blouses will be on hanger unless otherwise requested.

说明:

1. 如客人未填写衣物数量,将以本饭店所计数量为准。

2. 本饭店在正确的洗涤操作下若造成衣物的任何损坏,最高赔偿额不超过衣物洗熨单价的 10 倍。衣物上的装饰品和衣兜里的物品损坏或遗失,饭店概不负责。

3. 送衣时,除有特殊要求,男装衬衫将以折叠方式送回,女装衬衫将挂架送回。

这张表可置于写字台上或与洗衣袋一起放在壁橱里,客人有洗衣要求时,要在上面注明自己的姓名、房号、日期、所需洗涤各类服装的件数,并标明要求提供普通服务还是快洗服务。服务员进房收取衣服时,要仔细核对表中所填需洗涤衣服的数目是否与客人放进洗衣袋的衣物相符,同时检查一下口袋内有无物件、纽扣,有无脱落、严重污损、褪色、布质软弱不堪洗涤等情况,发现问题应向客人指明,并在登记表上注明。

为了避免一些不必要的麻烦,饭店方面还应在印制的洗衣登记表上注明在洗涤过程中出现某些情况时的处理方法,如关于洗涤时客衣缩水或褪色的责任问题以及如出现洗坏或丢失情况时的赔偿问题(按国际惯例,赔偿费一般不超过该件洗衣费的10倍)。鉴于很多客人待洗衣服的价值远远超过洗涤费的10倍,如衣服损坏或丢失,按洗涤费的10倍进行赔偿远远不能补偿客人的损失,酒店可考虑推出“保价洗涤收费方式”,即按客人对其所送洗衣物保价额的一定比例收取洗涤费。

经典案例

洗衣单引起的思考

中国香港 闵惠斯

最近,在某酒店投宿,早餐时,因西装袖口沾上了油污,想送酒店洗衣房洗涤,但仔细看过洗衣单的“说明”后,却打消了原来想洗衣的念头。

洗衣单说明栏注:“……如有任何于洗熨过程中损坏或失去纽扣或饰物,本酒店概不负责。”

这条说明分为两个部分,一是“损坏”,二是“失去”。先说“损坏”,据我所知,由于科技的发展,纽扣制作的材料呈多种多样,日新月异的趋势,酒店洗涤人员不是某学科的专家,不可能全部识别它的材料是否能水洗以及是否耐高温,是否会引起其他的化学变化等。所以,在培训中,许多酒店洗涤人员就会被告知:除了多掌握专业知识外,遇到没把握的情况时,采用先剪下来再洗的方法,就不应该存在“损坏”的问题,更不应该损坏后“本酒店概不负责”。至于“失去”纽扣,其实说白了这个“失去”就是“遗失”,酒店等于在说,我丢失了你的纽扣是不赔的!

这家酒店平时的信誉情况我不太清楚,假设我真的“中头彩”,“损坏或失去”纽扣,洗衣契约中已白纸黑字明明白白,找酒店是白搭,接下来就为补齐纽扣而奔波忙碌去吧。

再看洗衣单说明栏注二:“任何衣物的丢失损坏,其赔偿将不超过洗熨费的十倍。”

该酒店西装洗涤的收费是每套12元。本人西装极其普通,但商店买来也要900元,也就是说,如果酒店丢失了我的衣服,赔偿上限是120元,拿到120元应拍手称庆,但反过来问一问,120元能补偿西装的损失吗?更不要说有些国外客人几千美金的高档西装了。

丢失客人的衣服,赔偿不超过洗衣费的十倍,这一点国外比较流行,我们酒店写上这一条应该说也是符合国际惯例,问题是国外洗衣收费也贵,洗衣费与赔偿费的差距也没有国内这样大。

洗衣单上这些说明,从表面上看,酒店维护了自己的利益,但客人的利益没有受到充分的保护,于是,我因此而打消了洗衣的念头,是否会有许多人有我这样的心理呢?客人如遇到以上诸“说明”中的一项,虽然只有自认倒霉,但他又会对酒店产生什么样的印象呢?

有些饭店现在推出保价洗涤,也即客人可以开出自己衣服的价值,洗衣价也按比例相应上升,这样,客人、酒店利益两不误,各家酒店不妨一试。

洗烫干净平整的客衣送回时，应根据洗衣单存根联仔细核对清楚，比如衣物的件数、房号、客人姓名等。随后，将客衣送至客房，请客人查收，待客人点检清楚后再离房，并向客人道别。最后，在存根联上注明送衣日期、时间，并签上姓名。

（四）其他服务

1. 托婴服务

住店客人外出旅游时，带小孩有时会感到很不方便，为了解决这个问题，很多饭店都为住店客人提供托婴服务，客人外出或有商务应酬时，可以把小孩交托给客房部，由客房部委派专人照管（或由客房女工兼管），并收取适量服务费。

照看婴儿（或小孩）时要注意按客人的要求进行，不要随便给小孩吃东西，尤其要注意小孩的安全。

2. 擦鞋服务

高级酒店一般都为客人提供擦鞋、钉纽扣和缝补等服务。以此为客人提供方便，并提高服务质量。

客人需要擦鞋服务时，会将鞋放在壁橱内的鞋筐内（或打电话到宾客服务中心），服务员做房时，将鞋筐里的鞋子收集起来，并在擦鞋服务单上写清房号。擦完后，要按房号将鞋子连同鞋筐放回客人房门口或壁橱内。

另外，遇雨雪天气，客人外出归来，鞋子上易沾有泥泞，此时，服务员应主动要求帮客人擦鞋，这样做不仅会使客人满意，又可以避免弄脏酒店和房内地毯。

3. 手机充电服务

在当代社会，手机已经成为人们的生活必需品，酒店为客人提供手机充电服务已经成为酒店服务的必不可少的服务项目。酒店应该准备好各种常用手机的充电器或多功能充电器，满足客人的需要。

（五）租借物品管理

客房部要做好客人租借物品的管理工作，负责登记客人租借物品及归还情况，参见图4-20。

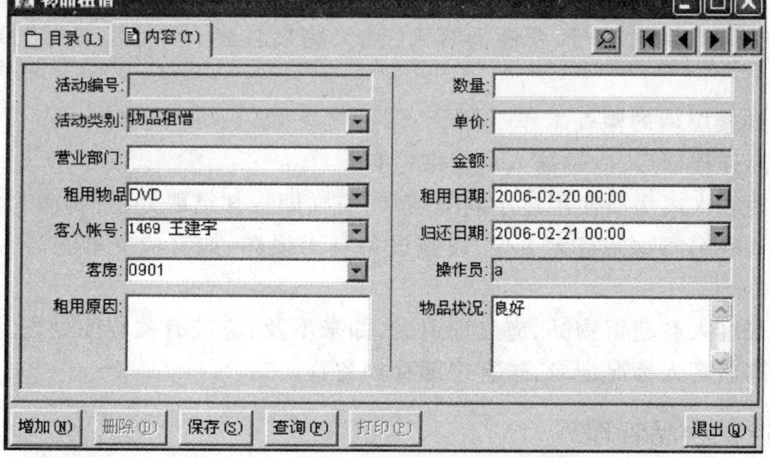

图4-20　租借物品管理

租借物品通常由宾客服务中心统一管理，客房部为客人提供的租借物品通常包括以下内容，参见表4-5。

表4-5 客房租借物品

客房租借物品	
茶具(Tea Set)	吹风机(Hair Dryer)
电熨斗(Iron)	剪刀(Scissors)
烫衣板(Ironing Board)	指甲刀(Nail-Clippers)
充电器(Charger)	各类枕头(如软枕头、荞麦皮枕头等)(Pillow)
调压器(Adaptor)	活动衣架(Hanger)
插线板(Socket)	电脑音箱(Sound Box)

二、客人离店时的服务规程与管理

(一) 客人离店时的服务规程

客人离店时的服务规程包括以下三个方面：

1. 客人离开楼层前的准备工作

(1) 确切了解客人离店的日期、时间以及乘坐的交通工具。

(2) 检查客人有无委托代办事项？有无办妥？该送总台的账款单是否已结清，以免错漏。

(3) 如有清早离店的客人，要问清是否要准备早餐？是否需要叫醒？

(4) 如客人要求代叫行李员搬送行李，应问清何时搬送以及行李件数，并立即通知前厅行李组做好准备。

2. 客人离开楼层时的送别工作

(1) 客人出房时，应向客人微笑道别，并提醒客人是否有遗忘物品。

(2) 为客人按电梯铃，电梯到达楼面，应用手挡住电梯活动门，请客人先进入电梯并协助行李员将行李送入电梯内放好。

(3) 当电梯门即将关闭时，要面向客人，微笑鞠躬告别，欢迎客人再次光临并祝旅途愉快。

3. 客人离开楼层后的检查工作

(1) 客人离开楼层后，应迅速入房仔细检查。

(2) 如发现客人离房前使用过小酒吧酒水，应立即告知结账处，并将酒水单送前台。

(3) 同时检查房间物品有无丢失，设施设备有无损坏，如有应立即报告大堂副理，以便及时妥善处理。

(4) 如发现客人有遗留物品，应立即追送，如来不及，应按有关程序处理。

(5) 做好离店客人情况记录，送客房部存档备查。

(二) 遗留物品管理

客房部要负责登记客人遗留物品的拾获情况、处理情况、认领情况，参见图4-21。

图 4-21　遗留物品管理

客房员工在查房时,经常会发现客人的遗留物品。对于客人的遗留物品,酒店方面要通过相应的制度保障,妥善加以处理。

通常,客人遗留物品应该由客房部统一管理,酒店内客人遗留物品通常主要来自客房,因此由客房部统一保管在操作上也比较方便。服务员在查房时若发现遗留物品,应在第一时间(争取在客人退房前)通知到前台,以便客人及时领回物品。

对于客人遗留物品是否应主动送还给客人,以洲际酒店为代表的欧美酒店和以香格里拉为代表的亚洲酒店有不同的处理方法。欧美贵族式服务酒店褒扬应将遗留物品主动迅速送到客人手中,甚至形容为当某客人旅游完刚入家门即遇到所入住酒店行李生搭乘火车将他遗失的物品亲自送至客人家中,令客人无比愉悦,享受"尊贵之体验"。亚洲式管理的酒店通常要求等待客人自己主动索取,经核实后退送,原因简单到可以解释为回避客人之隐私或不悦,如果此遗留物对客人真的非常重要的话客人会回电查询的。为送还遗留物而私擅自联系到他的家庭/公司或预定系统的做法,极可能引起不悦及不必要事情发生。例如,许多客人不愿公开自己入住酒店的行踪、行程、私人活动等。

当然,如果客人离开酒店不久,酒店就应尽量主动联系客人,而非坐等客人回来找,这不仅能够尽量减小客人的损失,也可在很大程度上减少客房部文员的工作量。

对于不能及时归还给客人的物品保管问题,酒店通常分为食品、药品、普通物品以及贵重物品几大类,分别有不同的保管期限。如食品类通常为 3 天,统一放置于客房部的大冰箱,无须入库;药品则为一周,部分酒水类归入贵重物品,通常 6 个月进行一次处理。

每年年末将所有已过领取期限的而无人认领的遗留物品列出清单,重新盘查贵重物品并提交管理层审议,可捐献或发给拾获者,也可在员工活动中进行拍卖或抽奖。

经典案例

制度比敬业更重要

——客人找不到东西的现象再也没有发生过

在一家酒店里,一位员工接到一位台湾客人的电话,说自己不慎在酒店里遗落了一包回家祭祖时从祖坟上带来的泥土,这包故土对于他来说非常珍贵,请工作人员一定要帮他找到。这位员工翻遍酒店所有的垃圾袋,最后找到那包泥土。毫无疑问,那位台湾客人自然非常感激。

可有一次,我问一酒店的经理:"你们酒店发生过类似的事情吗?如果有的话,你们的员工又是怎么做的呢?"

经理摇了摇头,笑呵呵地说:"我们的酒店从来不会发生这样的事情。"

很奇怪,我问:"难道你们从来没有遇到过丢了东西的客人吗?"

他回答说:"怎么会没有呢?不过,我们酒店有规定,在客人退房以后,服务员如果发现客人遗落下来的东西,一律要保存。不管值不值钱,哪怕只是一张废纸,也要完整无缺地保存下来。少则 3 天,最长保存一年。这样做的目的,就是怕无意中扔掉客人有纪念意义的东西。"

他们的做法非常好。我接着问:"你们是怎么想到要出台这样一个制度?"

经理回答说:"刚开始时,我们也没有这样的制度。每次碰到遗落东西的客人,负责客房部的经理就得挨个问、一遍遍地找,有时还因为找不到而引起客人的不满。有了几次这样的经历后,客房部经理就向高层递交了一份报告,大意是说,与其等客人丢了东西再去寻找,不如先把客人遗留下来的东西保留一段时间,这样既显示出对客人的尊重,也给酒店的工作人员节省了精力和时间。"

"酒店采纳了客房部经理的建议,专门腾出一个房间做保管室,将客人遗留下来的东西进行编号保存。这样的制度一出台,客人找不到东西的现象再也没有发生过。工作人员可以有把握地对需要寻找失物的客人说:'请您放心,只要是遗落在我们酒店的东西,我们都已经为您妥善保管好了。'这种做法赢得很多客人的心,也为酒店带来了良好的口碑。"

同样是对待客人遗落物品的问题,两相比较,前面所讲的那家酒店员工的表现诚然让人感动,但毫无疑问,他们的管理者并没有做到位,因此才让问题一而再地发生。而提出建立客人遗留物品保管制度的客房部经理,才是一流中层的做法。这个案例给很多管理者一些很好的启示:

第一,只有制度化,才有规范化和专业化。执行只有在制度的保障下才能到位和高效。

第二,当问题出现时,员工所想的可能是现在如何解决它。作为一位管理者,应该想到如何彻底解决它,让类似的事情再也不要出现,这时候,就需要有制度上的保证。

第四节 客人类型与服务方法

酒店的客人来自世界各地和社会各个阶层,由于他们的身份地位、宗教信仰、文化修养、兴趣爱好、生活习惯、社会背景等各不相同，对酒店的服务有不同的要求。因此，了解他们的需求特点，采取针对性的服务，是客房管理者和服务人员做好对客服务的前提。

一、按旅游目的划分

（一）观光型

1. 特点

这类客人以游览为主要目的，对自然风光、名胜古迹最感兴趣，最大的要求就是住好、吃好、玩好，喜欢购买旅游纪念品，喜欢照相，委托服务较多。

2. 服务方法

（1）对于休闲观光的顾客，应尽量配合顾客烘托出轻松、愉快的气氛。问问顾客从哪儿来，准备下榻几天，都游览了哪些地方等。

（2）应根据其进出店时间，注意做好早晚服务工作。如早上叫醒服务要准时。

（3）接受客人委托服务要主动热情、保证质量、及时周到，努力为客人创造一个良好的居住环境，使他们能有充足的精力、愉悦的心情完成他们的旅行活动。

（4）主动向客人介绍自然风光，名胜古迹，风味餐馆和本地区、本城市及酒店商品的工艺美术品、土特产品和旅游纪念品等，便于客人购买。

（二）商务型

商务型散客是酒店十分重要的客源，接待好商务客人对于提高酒店收益水平意义重大。

1. 特点

商务客人多为“空中飞人”，见多识广，对饭店的设施设备和品质要求较高。如完备的商务中心，先进的通信设备，喜欢高档、单人客房，同时希望房间的布置有特色而非千篇一律。消费水平较高，对服务要求高，希望饭店提供的服务快速、高效，有个性化。这类客人有公务在身，注重仪表仪容，常常要早出晚归；有的住户则在客房办公，住店时间一般较长。这类客人的文件较多，且要求严格保密；来访客人较多；他们最怕打扰，工作时要求安静。他们有钱，对生活上要求较高，晚上需要娱乐活动，常利用公务之余外出游览参观，委托服务多。

2. 服务方法

（1）对待商务旅行的顾客，做事要短而快，这些顾客大部分已习惯于旅行住店，用不着一一解释饭店的各种设施。

（2）对于商务客人的房间来讲，设备设施应充分考虑办公条件，如宽大的办公桌、舒适的座椅、明亮的灯光（写字台台灯最好为 60 W。一般来说，写字台的台灯如果采用普通灯泡，其功率必须超过 40 W，特别是对于商务客房而言，更是如此。一些酒店为了节能，采用 25 W 的灯泡，光线昏暗，客人无法正常工作）、充足的种类齐全的文具用品、先进的通信设备和条件，参见图 4-22。

（3）提供种类齐全、品质高的个人卫生用品。在控制总成本的情况下尽可能提高低值易耗品的档次与质量，把拖鞋改为毛巾厚底防滑拖鞋，把硬瓶装的洗发水、沐浴露改为美观易用的磨砂软管包装，将小牙膏从 3 g 改为 6~7 g，且要求为名牌产品。另外最好有发胶、摩丝类用品，参见图 4-23。

(4) 要为他们提供优质的洗衣服务和美容美发服务，洗熨衣服，擦皮鞋等服务速度要快。

(5) 服务员不要乱翻乱动他们放在房内的文件，否则会引来抱怨。

(6) 有客人来访，必须事先征得其同意。

(7) 不要轻易进房打扰他们。

(8) 有舞会或其他夜间娱乐活动不要忘记告诉他们。

(9) 商务客房的保险箱要足够大，要以能放进去手提电脑为宜。

目前，国内商务客人相当一部分为企业、公司的营销人员和老总们。他们对饭店客房档次的要求因职别的不同而不同，要能为他们解决各种交通工具的订票业务，喜欢住有熟悉的饭店和曾住过的房间。住店期间，一般访客比较多，希望饭店能提供热情、周到、适时的访客服务。

图 4-22 为杭州最佳西方梅苑宾馆为在其商务客房内为商务客人提供的胶水、回形针、橡皮擦、胶带、剪刀、订书机、起钉器、尺子、铅笔、闹钟、信笺等。

图 4-23 为某商务酒店为客人提供的价值上百元的个人护肤用品。

图 4-22 文具用品

图 4-23 高档个人卫生用品

资料

国际商务旅客的需求特点

美国运通公司对来自 14 个国家及地区的 1 400 名商务旅客进行了调查，结果表明：

整体而言，受访者认为房间设有上网服务和免费早餐几乎具有同样的吸引力，其中 29%表示上网设施是酒店最具吸引力的增值服务；26%则选择免费食物；16%选择商务中心；13%喜欢贵宾式的入住/退房办理手续服务；12%喜欢免费使用健身中心。

调查显示，欧洲人比较喜欢免费早餐——42%的瑞典人、36%的德国人和 34%的法国人选择此项为他们最喜爱的酒店增值服务。相对所有受访者，美国人(40%)、墨西哥人(39%)和日本人(35%)最欣赏有上网设施；而亚洲人则比其他各国受访者更重视商务中心设施，29%的新加坡人、24%的中国香港商务旅客和23%的日本商务旅客选择此项为最具吸引力的服务。另外，18%的加拿大人和德国人以及17%的美国人特别希望可免费使用健身房。

（三） 会议型

1. 特点

人数较多，住店时间长，客人活动集中，有规律，会场使用多，时间抓得紧，客房服务任务重，要求严格。这类客人身份地位较高，有专长，生活上要求高级享受，会议间隙或晚上要求有娱乐活动。

2. 服务方法

分房要根据主办单位要求，尽量出售高级客房，但要集中，一般要安排在同一楼层或按照组别安排房间。会议期间，要分派有关人员和客房班组专门负责，讲清任务、要求、方法等，妥善安排好会议室或会场出租。有时一天同时召开若干小组讨论会，会出现会议室周转不开的情况，酒店客房要充分挖掘潜力，利用客房或公共场所临时布置代替。要根据人数和需要，安排好茶水，放好桌椅，布置好主席台，做好通讯和扩音机设备工作，清扫整理好会议室。两次会议间隙，要做好清扫工作，保持会议室清洁整齐。客房布置打扫要及时，保证茶水供应和房间整洁，室内信封、信纸、墨水等要保证供应，便于客人会议期间使用。客人用过的会议文件和抄件要严格保密，不得随便乱翻乱动。夜晚有娱乐活动不要忘记告诉他们，以便调节客人生活。平时多介绍名胜古迹，旅游纪念品（包括工艺美术品、文物复制品）和其他高档商品。

另外，会议结束，众多客人几乎在同一时间回到房间，此时，服务要求较多，因此酒店最好能提供短时的楼层值台服务，对回到楼层的客人以示欢迎，同时回答客人的问询，并应客人的要求，为客人提供各项服务。

（四） 蜜月型

1. 特点

要求住“蜜月房”（大床间）；房间干净、卫生，僻静，不受干扰。

2. 服务方法

为他们安排“蜜月房”（切忌为其安排有两张床的“标准间”），客房整理一定要做到整齐、美观、恬静。必要时，按照客人的要求和风俗习惯，布置好“洞房”，房间布置要气氛热烈、美观、大方，举行婚礼时要送结婚纪念品，组织客人和服务员表示祝贺。

（五） 休闲度假型

休闲度假客人一般住店时间相对较长，消费水平较高，比较喜欢房间布置有家居氛围，服务要求比较多，洗衣、客房送餐、小酒吧、委托代办、托婴服务等均会出现。喜欢有丰富多彩的娱乐项目，喜欢同服务员打交道，希望得到热情随和而非呆板、规矩的服务。另外，度假饭店多为开放式建筑布局，客人来度假都很放松，希望饭店在为宾客提供一个轻松自由的休闲环境的同时，能保证客人的人身财产安全，因而要求客房服务和管理工作外松内紧，防止不法分子混入饭店给客人造成伤害。

二、按宾客身份划分

（一）体育代表团

运动员入住一般人数较多，行动非常统一，他们在参加比赛前一般要聚集在一起进行战术讨论，观看比赛录像，因此需要有宽敞的、配备录像设备的会议室。另外，紧张的比赛会使他们特别需要一个安静、舒适的休息环境，这就需要服务人员在工作中坚持“三轻”，减少进入客房的次数，打扫房间要及时；同时还应配合饭店保安人员保护他们免受记者、球迷及“追星族”的骚扰。

链接

广州丽江明珠酒店接待“飞人”刘翔

第18届亚洲田径锦标赛于2009年11月10—14日在广东奥林匹克体育中心体育场举行，来自亚洲近40个国家和地区的约800名运动员、300名官员和裁判员参加。广州番禺丽江明珠酒店作为本次锦标赛的指定接待酒店共接待以中国队为主的20个国家共500名运动员，其中包括著名运动员刘翔，参见图4-24。

图4-24 刘翔与番禺丽江明珠酒店工作人员合影

食：用餐有“刘翔通道”

为了接待好包括刘翔在内的各队运动员，丽江明珠酒店首先在饮食上做了极为严格和细心的安排。为了让各队的运动员吃好，厨房每餐准备了50个菜式供选择。为了准备清真餐，酒店厨房的锅碗瓢盆全部更换一新，而且做菜时也全部使用花生油。考虑到中国的运动员很多来自北方，厨房还特意准备了饺子。

为了保证各队运动员饮食的安全，酒店方面在保证饮食的丰富性之外采取了近乎苛刻的措施。比如，只允许上带皮的水果，而像沙律和西瓜等暴露在空气中容易变质的一律不准上餐桌。另外，饭菜还要保持48小时留样，以备责任追溯。

为了避免媒体和“粉丝”的打扰，刘翔用餐不排除送餐到房间的形式。而且，为了避免打扰，刘翔前往餐厅用餐也有专门通道。

住：2米×2米大床伺候，房间温馨，安保严密

刘翔入住的房间是一间单人房，床是2米×2米的大床，相当舒适。应国家体育总局田管中心的要求，刘翔在住宿方面也没有特殊安排。不过，刘翔住的楼层和房间属于高级机密。为了保障此次接待的安全，丽江明珠酒店已经清空了所有的外来住客，所有的运动员都要出示证件才可以出入所在的楼层。刘翔所住的房间紧邻的是相关团队的工作人员，要想上房间找刘翔几乎没有可能。

除了食宿之外，酒店方面还设有健身房供刘翔和各队运动员健身。健身房的空间十分宽敞，除了必备的健身器材之外，还设有台球等娱乐设施。刘翔如果累了，可以和队友打上一局放松放松。

行：出入有专门通道，车牌每天不重样

想在酒店门口看到刘翔？这个似乎有点难，因为刘翔可能根本不会在大堂出现。据介绍，他从入住酒店到出酒店，有若干条专门的通道，“粉丝”和记者根本见不到他的人影。

（二）新闻记者

由于职业关系，新闻记者的生活节奏比较快，因此要求服务讲究效率，并且对服务比较挑剔。他们把房间既当卧室又当办公室。各种稿件、传真机、复印件比较多，东西摆放比较杂乱，希望房间里有完备的通信设施，齐全的办公用品，准时得到当天的报纸等。考虑到这类客人一般都比较敏感，服务方面要特别留意。

（三）政府官员

政府官员入住，服务及接待标准要求很高，重视礼仪，店外活动比较多，店内活动较少，服务要求一般由随行人员传达给饭店，且经常会出现一些即时需要，要求饭店尽快做出反应，安排妥当。住店期间不希望服务人员过多进入房间。对安全要求极高，任何安全隐患都应绝对避免。要求有高质量的个性化服务。

（四）长住客人

一般来说居住时间超过一个月的客人都称之为长住客人。他们大多为一些国内和国外商社客户。这些公司在饭店长期包租一些客房来建立办事机构，派有常驻人员，有些甚至提出特别的设施摆设和安装要求，希望一切都舒适方便。长住客人不仅将客房作为住宿场所，而且作为接待客人、办公、商务洽谈的场所，期望得到清洁、舒适、安静、安全以及热情周到的服务，希望有“家”一样的感觉。

为长住客人服务，应注意以下几点：

（1）细心观察客人的生活习惯，熟知他们的房间、姓名、性格、爱好等。

（2）做好来访客人的接待工作，要像对待住店客人一样热情有礼。如来访客人多时，要主动送上座椅,并主动询问被访的住客还需要提供什么服务,同时迅速提供。要记住,尊重来访客人,就是尊重住店客人。

(3) 在服务细节上多下功夫,如节日送鲜花水果,生日送蛋糕。

(4) 服务人员要相对稳定,以便客人熟悉,产生亲切感。如员工有替换和新员工上岗,也要做好交接和培训,不使客人感到陌生。

(5) 对长客的服务要主动、热情,为他们创造良好的工作和生活条件。

(6) 客房管理人员要经常征询意见,发现问题,及时解决。

三、按年龄划分

(一) 年轻客人

1. 特点

一般以观光、修学和增长见识为目的,暑假期间来的最多,往往三五人结伴而来。他们精力旺盛,白天多外出活动,晚上也有喜欢出去走走看看,手里钱不多,对饮食和住宿条件要求不高,一般要求参观游览的地方要多,客房为他们服务的速度要快。

2. 服务方法

注意叫醒服务。另外,服务员要有多方面知识,能够正确回答他们的各种问题。

(二) 老年客人

1. 特点

通常结伴而行,话比较多,喜欢问这问那。此类客人一般动作迟缓,行动不便,要求舒适、安静,服务要求热情、周到、亲切。

2. 服务方法

客房楼层要保持绝对安静,住店期间要热情迎送、帮拿行李,上下楼时服务员要多搀扶,多介绍著名历史古迹和美酒佳肴。

四、按性别划分

按性别划分,可以划分为男性客人和女性客人。酒店在为女性客人提供服务时,应注意以下五点:

(1) 除住客事先约定同意接听的电话外,总机为每位女性住客提供电话保密服务。

(2) 在女性楼层内配备女性服务员和女性保安人员。

(3) 告诫员工不向外界透露有关本酒店接待的单身女性客人的饮食、住宿、娱乐等方面的习惯、癖好,切实维护住客的个人隐私和人身安全。

(4) 对有需要的女性客人选派经验丰富的服务人员提供“贴身管家”服务。

(5) 举办各种生活时尚 Party。单身职业女性最重要的人际关系是群体或朋友关系,而不是婚姻或亲戚关系,她们热衷于参加各种社会活动和社交活动。举办各种生活时尚 Party,定期邀请著名专家、学者开设系列讲座,内容包括个性化形象设计、社交礼仪、美容健身、家庭园艺、厨房烹饪等,甚至还可延伸到心理咨询、医疗保健、家庭理财、法律顾问等,以满足她们个人涵养和生活情趣。

五、按国别划分

（一）国外客人

文化修养较高，注意礼貌礼节，彬彬有礼；多有晚睡晚起习惯，比较随意；对客房卫生及设施非常敏感，尤以年长一些的女宾为突出；消费水准高，服务要求也较多，如洗衣服务、擦鞋、房内送餐服务等，房内小酒吧消耗量较大，美国客人还特别喜欢喝冰水；习惯电话服务，希望服务要求能尽快满足；重视个人隐私，不希望看到有楼层服务台（有受到监视的感觉）。另外，希望保持楼层绝对安静。因此，为客人服务时要特别注意尊重客人的隐私，注意服务时的各种礼貌用语，同时，在服务过程中要注意做到“三轻”。还要注意服务的效率问题，客房部还应注意为客人供应冰水（外宾楼层可设制冰机）。另外，为外国客人排房时，不要安排烟味重的房间。

在为外国客人服务时，还应注意语言沟通艺术，避免因文化背景的差异，引起客人误会。

经典案例

“你出去呀”

早上七点半，住在某四星级酒店的美国客人珍妮照常收拾好文件，提上公文包，锁上房门，准备到公司驻本地办事处上班。当她经过酒店楼层服务台时，一位女服务员正在值台，见有客人走过来，便用中文问候：“小姐，早上好！您出去呀！”珍妮由于长年在中国工作，中文较熟悉。听到此话，她停下了脚步，正视着女服务员说：“你是新来的？”女服务员点了下头。接着珍妮问道：“你说‘小姐，早上好’我懂，那你说的‘您出去呀’是什么意思？”。服务员一看客人面容严肃，意识到可能自己的话伤害了客人，忙解释道：“在我们中国，平时遇到朋友都习惯说‘你出去呀、你去哪里等’表示对朋友的关心，没别的意思。”听到此解释，珍妮说：“没别的意思？我懂中文，你不用说了，我懂！”服务员听到珍妮说的话后，又微笑解释了一遍，可珍妮还是不理解。联想到在公司驻本地办事处工作时，主任约翰经常怒气冲冲地指着下属说“你出去”珍妮认定这位女服务员是在骂她，是要她滚出这家酒店。她越想越恼火，待要发作，又想到要赶去上班，只得作罢。临走时，她愤怒地对女服务员说：“不听你解释了，我要赶去上班，回来再投诉你！”，说完气呼呼地走了。

（二）国内客人

国内客人服务要求比较多，喜欢投诉，因此，对于国内客人住宿的房间，要注意多观察，随时准备为客人提供服务。

此外，国内客人大都有午睡习惯，因此在这段时间，绝对不要进房打扰客人，否则，将引起客人的极大不满，甚至惹怒客人，影响客人一天的学习、工作、生活。

以上只是对饭店常见的客源类型及其基本需求作一简单分析，随着酒店业的发展，客人的需求会呈现更复杂化、多样化的趋势，需要酒店服务和管理人员不断地总结经验，真正站在客人立场上准确把握客人需求，为客人提供更完美的服务。

第五节 客房部常见问题及处理

在客房服务和管理中，常常会碰到一些“特殊问题”，灵活、正确地处理这些“特殊”的常见问题，不仅是提高客房服务质量的一个重要方面，而且也是提高管理效率和管理水平的重要途径。

一、客房服务中的常见问题及处理

1.“哪个牙刷是我的?”

在酒店住宿，双人房的客人经常感到头痛的是分不清“哪只牙刷是我的?”，给生活和个人卫生带来不便。这一问题应该引起酒店管理者的重视。

传统的双人房内都配备两套大小、色彩、图案完全相同的水杯、茶杯、毛巾、浴巾、手巾、牙刷和梳子等客用品。这给住宿客人带来极大的不便，分不清哪个是“自己的”，哪个是别人用过的，每次使用前都要回忆一下，认真地想一想，即使这样，还是常常用错，总有一种不安全感。为了体现个性化服务，同时，为了方便客人，使客人有一种安全感，酒店“标准间”客房内客用品的配备应以色彩和图案区分开来。

2. 客人不在时，来访者要求进入客人房间

为了客人的安全，当客人不在房间时，不应让来访者进入客房，更不能让其将旅客的行李携出，此时应耐心地向来访者做好解释工作。但如果住客离开前有留言，允许某访客进入其房间时例外。不过，此时应问清来访者的姓名、单位，查验其证件，确认该客人就是住客指定的来访者，同时，请其在会客记录上登记。

此外，无论是否允许来访者进入客房，都应做好对访客的接待工作，因为从某种意义上讲，“访客=住客”，得罪了访客就等于得罪了住客，而且在很多情况下，该住客就是由访客介绍来的，或是由访客负责接待，费用也是由访客支付的。

3. 来访者查询住房客人

应先与住客电话联系，征得住客的同意后，再告诉访客：“客人在××房间等候”。

4. 遇到醉酒客人，要加以妥善处理

一般来说要注意两点：一是细心照料，二是注意安全。发现有醉酒客人，要先扶其进客房，并视醉客的情绪进行适当的劝导，令其安静，必要时，要在床前摆放垃圾桶，以便呕吐。有的醉酒客人会大吵大闹，甚至破坏家具，这时，服务员应通知保安人员将其制服，安排其回房休息，同时要注意保持警惕，观察房内动静，以免家具被破坏或因吸烟而引起火灾。

另外，客房服务员如在楼层走廊遇见醉酒客人，切忌单独扶其进入房间，甚至为其解衣休息，以免醉客醒后发生不必要的误会。例如客人投诉钱包被窃，服务员将很难解释。

5. 住店客人要求延住

如客人要求延住，应请客人与总台接待处联系，办理有关手续。如当天酒店已订满，可

耐心向客人解释酒店困难，求得客人的谅解。如果客人执意不肯离开，则宁可让即将到店的客人住到别的酒店，也不能赶走已住店客人。

6. 客人离店时，带走客房物品

有些客人或是为了留作纪念，或是想贪小便宜，常常会带走毛巾、烟灰缸、茶杯、书籍等客房用品，这时应礼貌地告诉客人："这些物品是非纪念品，如果您需要，可以帮您在客房部联系购买。"或巧妙地告诉客人："房间里的××东西不见了，麻烦您在客房找一下，是否忘记放在什么地方了。"这时切忌草率地要求客人打开箱子检查，以免使客人感到尴尬，下不了台，或伤了客人的自尊心。

经典案例

追回浴巾

客人退房时，将客房内的用品带走的事时有发生，福建省西湖大酒店大堂陈经理运用了心理学基本原理，成功地解决了浴巾追讨问题。

(1) 让客人觉得你是信任他的。即明知是这位客人拿走了浴巾，也要表现出信任他的态度。陈经理对客人说："×先生，对不起，在您的房间里少了一条浴巾，我们的服务员找不到，请您帮我们回忆一下放在哪儿了？"。这其中的"我们的服务员找不到……"没有责备客人，而是把错留给了酒店；"请您帮我们回忆一下……"又给了客人以信任。

(2) 善于"拐个弯"。客人回答说："没见到"，于是陈经理就拐个弯说："那么请您回忆一下，是否您的亲戚在这儿洗澡时，不小心把浴巾一块带走了？如果是这样的话，您替他付费也行。"这时，客人开始盘算这条浴巾是否值得付费。

(3) 给客人台阶下。客人经过思考回答："亲戚也没拿。"陈经理又恳切地说："那么麻烦您进房间帮我们查找一下好吗？"并在客人真的进房"查找"时，服务员立即退出，这样就给客人一个台阶。接着客人从旅行包中取出浴巾，放在沙发背后，出了房门后，反而批评服务员："你们是怎么搞的嘛？浴巾就在沙发背后也看不见！"

(4) 给客人留面子。陈经理的责任在于追回浴巾，而不是评价客人素质。他热情地与客人握手道别，并欢迎他再来。

7. 遇到同事或下属与客人争吵时

应马上劝止，并让当事人离开。然后向客人道歉，并了解事情的经过。同时，注意在客人面前不偏袒自己的同事或下属，更不应为他们辩解。听完客人的意见后，应再次向他们表示歉意，并说明我们将会做进一步的了解，以消除客人的怨气。

8. 服务员擅自将客人的行李搬出房间

很多情况下，客人结完账后，行李仍然暂时留在房间；有时，预计离店的客人接近或已过了中午 12 点时，仍然不见回酒店结账，这时，客房服务员容易犯的一个错误是：在客人不在客房的情况下，擅自将客人的行李搬出房间，结果，常常引起客人的强烈不满和投诉。

且看下列案例：

结账"退房"以后

一位住店客人某日中午要乘火车回乡，提早于上午 10 点到总台办了退房手续。他认为中午12时以前,客房的使用权仍旧是他的,因此把整理好的行李放在客房内,没有和楼层服务员打招呼,便外出购物去了。

近中午,客人返回酒店准备取行李,谁知客房门开着,他发现已有新客人入住,而自己的行李已不知去向,便到楼层服务员处询问,才得知行李已被放到总台。

"你怎么能开房门让新客人进去呢? 行李丢了谁负责?"他质问楼层服务员。

"你既然已办理退房手续,为什么不和我联系?"服务员申辩道:"新客人是经过我和总台联系后才进去的,我好意把你的行李寄存到总台,有什么不对!"

……

其实,上述案例中所出现的问题,责任完全在酒店一方。属于酒店内部协调和管理问题。首先,客人结账时,只需到总台办理结账手续,楼层服务员没有权力要求客人在办理结账手续时通知她。诚然,客人迁出时,楼层服务员要查房,但应由总台员工通知服务员,而不应要求客人通知楼层服务员,显然,这家酒店的总台员工并没有将客人的离店信息通知楼层服务员。其次,客人结账时,总台员工应要求客人交回房间钥匙,这样,客人便不会轻易将行李留在客房内,即使需要将行李暂时留下,也会首先征得酒店同意,因而也就不会出现案例中令人尴尬的场面。此外,事件发生后,楼层服务员应主动向客人耐心解释,并请求客人的原谅,而不应与客人争吵或申辩,这是服务员的态度问题和修养问题。

为了防止出现上述情况,客房部除了加强与总台的沟通与协调以外,还应随时掌握预计离店客人的动向,必要时,与预计离店客人提前沟通,了解其离店的确切时间和特殊的服务要求。

二、客房管理中的若干问题及处理

(一) 客房服务要以方便客人为宗旨

客房服务要处处以方便客人为宗旨。很多不合理的规范、"约定俗成"的做法,要以方便客人,满足客人需求为出发点,加以大胆改进。

会"减肥"的遥控器

于先生因工作需要常年出差在外,有一次,他入住某三星级饭店。进房后,他往床上一躺,便习惯性地把手伸向床头柜,想拿电视机的遥控器。他摸了半天也没找到。偶一抬头,他发现遥控器放在电视机上,于是,他就起身去拿,并躺回床上。当他拿起遥控器一按,发现电视机没有图像,于先生想当然地认为电视机的电源开关没开,便又起身去开,当他再按遥控器时,电视机还是没有图像。于先生记起床头控制板上还有一个电视机的电源开关,便弯腰打开电源。当又一次按下遥控器时,电视机仍然没有反应。他刚想抓起电话机投诉坏电视机时,忽然记得刚才自己动过电视机的电源开关,便再次起身去打开电视机的电源。等他回到床上再按遥控器时,久等的图像终于显现,但于先生没有了看电视的兴致。于先生索性下床,在整个客房转了一圈后,打电话找来客房部经理,开始诉说客房的种种不是:

遥控器可以减肥:来回三趟才能看上电视——放在电视机上;

卫生间的烟灰缸:客人倒坐在马桶上才能使用——放得太靠里;

电话副机:光着身子出来才能接听(洗澡时)——安装在马桶与洗脸台台面之间;

卷纸架:扭曲身子才能找到(或瞎子摸象般乱抓)——安装在马桶后面的墙上;

……

面对于先生的数落,客房部经理的脸涨得通红,并由衷地说:“于先生,您给我上了生动的一课,您是我遇见的最好的一位老师!”

分析:

客人是最高明的老师。当客人投诉或抱怨时,所有饭店从业人员不能简单地认为是客人的刁蛮或挑剔。他们可能不知道饭店服务与管理的原理与要求,但他们知道什么令其方便与舒适的。

本例中的于先生的一席话虽然有点尖酸刻薄,但他诉说的是目前大多数饭店的现实情况,这类现实带给客人的确实是种种不便。实际上,类似的情况还很多,如沐浴液、洗发液远离浴缸;香皂远离脸盆等。这充分说明许多饭店在“隐含服务”方面的欠缺,也说明饭店追求的只是设施设备的拥有,但不在乎设施设备是否方便客人使用。这种没有充分考虑客人需要的服务肯定难以令客人满意。

(二)“骚扰电话”的防范与处置

近几年来,酒店半夜的骚扰电话一直困扰着经营管理者,其恶劣的影响一是造成宾客休息不好而大范围投诉;二是败坏社会风气和酒店名声;三是由此而可能引发酒店治安和违法犯罪案件的增多。虽经政府有关部门多次扫荡打击,但此势头有增无减,且有从南向北,从大城市向中小城市,从高星级宾馆向中小型酒店蔓延的趋向。

对于这种现象,绝大多数客人深恶痛绝:半夜里急促的铃声,惊醒客人的梦境,被强制性地剥夺了睡眠的权利,倘若被吵醒后辗转不能入睡,其恼火程度可想而知。如果酒店经营者对此不闻不问、放任自流,甚至有一种求之不得的想法,那么酒店的品位将会降低,酒店在社会上的形象将会受到严重损害,酒店的治安形势也会越来越严峻。因此,加强对客房骚扰电话的防范,是当代酒店客房管理面临的一项新任务。

纵观骚扰电话,其进入客房的途径无非有外线转接和内线自拨两种。外线转接一般较容易发现和控制,其影响也较小;内线自拨则危害较大,骚扰者往往按楼层一个客房一个客房地拨过去,倘无成交,大有决不罢休之势。防范的重点也是此类电话,对此类电话的防范可采取以下措施:

1. 拒绝为骚扰者办理入住登记手续

内线骚扰电话一般来说应是按正常登记手续办理入住客房者所为,针对这种情况,前台接待人员应以客满等为由,拒绝接待此类“客人”,拒绝为她们办理入住登记手续。

骚扰者通常具有以下特点:

- 大多为年青女性;
- 穿着入时,比较暴露;
- 经常出入酒店;
- 在酒店住宿时间较长。

前台接待人员可据此发现疑点,一旦确认她们的身份,则可拒绝为其办理入住登记手续。

2. 劝其离店

骚扰者一旦入住酒店,常常会露出一些蛛丝马迹,一旦暴露其身份,可委婉地劝其离店。以下两种方法可以帮助酒店管理者确认其身份:

(1) 楼层服务员在日常服务过程中,应注意从其日常生活规律中发现疑点。骚扰者通常具有与众不同的生活规律和特征,楼层服务员应善于从日常服务中发现疑点。

(2) 由总机接线员进行防范。当接线员接到防范此类电话的指令后,重点在晚上十时后至凌晨,随时监视(或专人监视)总机电脑屏,如果出现某房作为主叫连续向其他客房拨号时,及时通知值班经理,排除旅游团队和会议房后,查阅此房入住人员资料,即可基本确认。此外,如果值班经理在值班经理房自己接到此类电话或客人接到电话后当即投诉,则值班经理也可通知总机找出主叫方。

发现骚扰者以后,酒店应先对其进行电话警告,告知不得骚扰酒店宾客的休息,给骚扰者一个其活动已在酒店保安部门的控制下的明确信息,当骚扰者发现已无机可乘时,便会自动离去。

针对骚扰电话,还有一些酒店在电话线上安装开关,让宾客决定睡眠之前是否关掉电话,这种做法虽然也可以有效地防止此类电话对客人的骚扰,但会对客人带来麻烦,还可能对宾客的商务活动带来不便,因为谁也没有一觉醒来打开电话开关的习惯。此外,这种做法也不能消除因骚扰电话而造成的客人对酒店的不良印象,因此,并非上策。

(三) 叫醒服务的“双保险”

叫醒服务是酒店为客人提供的基本服务项目之一。传统酒店的叫醒服务都是由酒店客房部为客人提供的。由客房服务员逐个在需要提供叫醒服务的房间敲门叫醒。随着酒店设施设备的不断更新,越来越多的酒店开始使用电脑自动叫醒,由总机接线员将客人需要叫醒服务的时间和房间号输入电脑,界时,电脑将提供自动叫醒服务。但是,很多酒店为了使叫醒服务“万无一失”,采取电脑叫醒和人工叫醒同时提供的“双保险”叫醒服务。其实,这是没有必要的,是对酒店人力资源及设施设备的浪费。酒店投资采用电脑自动叫醒,目的就是为了提高工作效率,减少员工工作量,进而减少人力资源成本,如果电脑叫醒取代不了人工叫醒,还不如取消电脑叫醒,而直接改为人工叫醒,因为采用“双保险”制,一是没有必要,二是还会增多服务的环节和程序,进而增加服务成本。

事实上,在采用电脑叫醒服务时,只有在下列情况下,人工叫醒才是必要的:

(1) 电脑出现故障,无法提供正常的叫醒服务。

(2) 电脑叫醒失误,需要采用人工叫醒及时予以纠正。

(3) 电脑叫醒无效,客人没有应答。此时,需要通知客房部服务员及时上门提供人工叫醒服务,确认客人已经起床。

(四) 因酒店设备问题致使客人受伤时处理

住客在酒店常常因酒店设备而导致伤害,对此,酒店应予以重视,应加以妥善处理,否则,将引起客人的极大不满和法律诉讼,使酒店陷于被动,对酒店产生极为不利的影响。

(1) 首先安慰客人几句,然后马上挂电话请医生来为客人治疗,随即向主管、经理汇报。

(2) 视客人的伤势,领班陪同,主管或经理带上水果、食品到房间探病问候。

(3) 对所发生的事情向客人表示不安和歉意，讲一些安慰和道歉的话。

(4) 对该房的客人在服务上给予特殊的照顾。

(5) 马上通知维修部门对该房的设备进行检查维修。

(6) 做好事情发生的经过记录。

第六节　努力提高客房服务质量

“踏入金棕榈，从大堂到房间、从泳池到空中花园，你所能碰到的每一个服务员，不管他(她)在做什么，都会稍停下手上的工作，望向你，然后，给你一个或是灿烂，或是羞涩，或是恬淡，但却透出无比真诚的微笑……。

正是这一笑，使你的心与这个酒店一下亲切了许多，一下子放松了，有了回家的感觉……”①

一、客房服务质量的基本要求

（一）真诚

是否真诚，反映服务员的服务态度问题。要为客人提供最佳服务，首先要突出“真诚”二字，要实行感情服务，避免单纯的完成任务式的服务。客房服务员为客人提供的服务必须是发自内心的：热情、主动、周到、耐心、处处为客人着想，也就是“暖”字服务。饭店许多服务质量差的现象发生，究其原因，都是由于服务人员的态度不好造成的，服务态度不好，主要是缺乏真诚和热忱，表现在实际工作中，就是对待客人没有微笑，不使用敬语，甚至与客人争辩。这里有一个心理因素，认为客人是人，自己也是人，我为什么要服侍他，将人与人之间的关系和社会角色之间的关系混在一起。客房部的每一个员工都要调整好自己的心理角度，把饭店的客人当成自己请来的朋友一样，以主人的身份来接待客人，替客人着想，这是提供优质服务的保证。

真诚服务，实际上也是感情服务，是在用“心”为客人提供服务，体现在细枝末节之处和服务过程的各个环节之中。下面这一案例可以很好地说明这一点。

经典案例

一只没有清洗的茶杯

某大学的刘教授出差去桂林，住在四星级的桂湖饭店，在参加完一整天的会议之后，晚上回到房间，发现床头柜上有一张留言条，仔细一看，是客房服务员留给自己的，上面写着：

① 王健生．记三亚亚龙湾金棕榈度假酒店．中国旅游报．

桂林桂湖饭店

GUILIN PARK HOTEL

电访阁下

YOU WERE CALLED

先生,太太,小姐

MR. MRS. MISS 尊敬的刘教授

房号

ROOM No. 224#

于 上午 下午

AT 11:00 AM PM

由:先生/太太/小姐

BY:MR/MRS./MISS 管家部办公室

电话号码

TEL. No.:内线“80”

请回复电话

□PLEASE RETURN CALL

再来电话

□WILL CALL AGAIN

留言

MESSAGE:您好!

因不知您是否保留杯里的茶,故没有帮您清洗杯子,如需清洗,请随时与我们联系。给您带来不便,敬请谅解。

日期

DATE: 祝您在我店入住愉快!

当值职员

CLERK: 2002年3月27日

李丽

看了这张留言条和放在一旁自己只喝了一口的茶,刘教授心里非常感动,心想,这里的服务员可真心细,工作这么认真,处处替客人着想。又一想,服务员是怎么知道这杯茶不是酒店提供的普通茶叶泡的,而是客人自己带来具有特殊功效的保健茶呢?噢,肯定是从茶杯里茶水的颜色上判断的!这么一想,他更为服务员的细心、真诚所感动。刘教授在国内外住过很多高星级酒店,几乎每一家酒店的房间里都有一张“征求客人意见表”,他从来没有填过,可这次,他忍不住提起笔来,在“征求客人意见表”上表达自己对服务员的感激和对酒店服务的赞赏之情。

(二) 高效

效率服务就是快速而准确的服务。在客房对客服务中的很多投诉都是由于缺乏效率而引起的。因此,国际上著名的酒店集团都对客房各项服务有明确的时间限制。例如,希尔顿饭店集团对客房服务员的要求是在25分钟内整理好一间符合饭店卫生标准的客房。

（三）礼貌

客房服务中的礼貌礼节，是客房服务质量的重要组成部分，也是客人对客房服务人员的基本要求之一。

礼节、礼貌是两个不同的概念。礼节是向他人表示敬意的某种仪式；礼貌是待人谦虚、恭敬的态度。礼节礼貌就是饭店员工通过一定的语言、行为和程序向客人表示欢迎、尊敬、感谢和道歉。

礼貌待客表现在外表上，就是客房服务员要讲究仪容仪表，注意发型服饰的端庄、大方、整洁；挂牌服务，给客人一种乐意为其服务的形象；在语言上，要文明、清晰，讲究语言艺术，注意语气语调，服务中始终以从内心发出的微笑相迎；在举止姿态上，要文明、主动、彬彬有礼，坐、立、行和操作均有正确的姿势。

经典案例

"礼貌服务+真诚服务=温馨服务"

客房是住店宾客的主要休息场所，客房服务员要承担宾客大部分的日常生活服务，因此，做好客房个性化温馨服务作用重大。客房服务员必须在礼貌服务中切实做到热情迎宾送客，例如：接到住客通知后，应及时做好迎接准备，宾客一到楼层要致辞欢迎："您好！欢迎，欢迎！"如：碰到节、假日迎宾时，应对每一位宾客特别问候："新年好""欢迎光临""圣诞快乐""欢迎你到来"等，对于老、幼、病、残的宾客，应及时搀扶，给予关心和帮助，对于重要宾客（VIP），主动上前引领帮助宾客提携行李物品，同时要察言观色，予以必要的帮助。宾客离店时，要心怀感激之情告别，"感谢光临""欢迎再来"，语调要亲切柔和，感情要显得诚恳真挚，目光柔和，面带微笑，使宾客忘掉旅途的劳累，温柔体贴的话语使宾客真正享受到"宾至如归"之感。

（四）"微笑"

微笑服务是客房员工为客人提供真诚服务的具体体现，是服务工作所要求的基本礼貌礼节，是优质服务的基本要求。微笑不仅是热情友好的表示，真诚欢迎的象征，而且是旅游者的感情需要，能给旅游者带来宾至如归的亲切感和安全感。

例如，在日本的酒店，楼层很少能见到酒店员工，但有一点感受却很深，就是一旦有一位员工为你服务，肯定是始终面带微笑，彬彬有礼，让客人有一种很舒服的感觉。而且，无论你出现在酒店哪里，无论你遇到酒店里任何职位的员工，他们都会面带微笑，给你让道并驻足向你点头打招呼，总是很亲切。

二、提高客房服务质量的途径

（一）培养员工的服务意识

员工的服务意识是员工的基本素质之一，也是提高服务质量的基本保证。很多情况下，客房部服务质量上不去，服务员遭到客人的投诉，并不是因为服务员的服务技能或操作技能不熟练，而是因为缺乏作为服务员所必需的服务意识，不懂得“服务”的真正含义和服务工作对服务人员的要求，这正是我国很多酒店员工所欠缺的。客房部很多工作是有规律性的，客房管理人员可以将这些有规律性的东西制定为服务程序和操作规范来保证服务质量，但也有很多问题或事件是随机的，正确处理这些问题，要求服务员必须具有服务意识，必须掌握服务工作的精髓。

（二）为客人提供“微笑服务”

一位日本客人曾经说过：“论长相，中国的服务小姐比我们日本姑娘漂亮得多。论微笑，我们每位日本姑娘都比你们的小姐笑得好。”此话不假，正如一位酒店管理专家对我国酒店的评价：“多数员工的面部表情是‘冷冰冰、木呆呆、阴沉沉’。平时员工之间的交谈笑意盎然，一见到客人就立即板起面孔。”

要使客房员工为客人提供微笑服务，必须使员工认识到：

- 微笑服务是客房服务质量的重要组成部分，是客人对酒店服务的基本要求。
- 为客人提供微笑服务是对酒店员工的基本要求。
- 笑脸常开会使您的服务生辉。
- 是否为客人提供微笑服务，反映一个人的礼貌礼节和整体素质。

（三）加强对员工在仪表仪容与礼貌礼节方面的培训

服务员的仪表仪容与礼貌礼节不仅体现员工的个人素质，而且反映酒店员工的精神面貌，是房务部对客服务质量的重要组成部分。管理人员必须加强对员工在这方面的培训，参见图 4-25。

图 4-25 礼仪礼貌培训是客房员工的必修课之一（刘伟 摄）

酒店员工在这方面需要注意的有：

- 礼貌礼节方面

1. 称呼礼节

称呼客人时使用“先生”“太太”“女士”“小姐”等敬语，而不用“男的”“女的”“老头”“老太太”等词语。

2. 接待礼节

（1）客人抵达时，热情、主动地问候客人。

（2）遇到客人主动问候或向客人微笑点头致意。

（3）接待客人时，全神贯注，不用粗鲁和漠不关心的态度待客；与客人保持目光接触，不将眼光注视着计算机屏幕或别的目标，甚至与其他服务员闲聊。

（4）和一位客人谈话太久，而忽略了其他需要服务的客人。

（5）歧视客人。对外国人热情接待，而对国内客人，则态度冷淡。

• 言谈举止方面

1. 站立时

（1）无精打采，倚靠门窗家具，或单腿站立。

（2）单手或双手插在衣兜或裤兜内。

（3）双臂抱于胸前或交叉于身后。

（4）脚在地上划来划去，大腿小腿晃来晃去。

（5）站立姿势难看，不规范，未能做到肩平、头正、两眼平视前方，未能挺胸、收腹。

（6）为客人指示方向时，手势不够规范，用手指或笔杆指点。谈话时手势过多，幅度过大。

2. 行走时

（1）走得过慢或过快。

（2）摆臂过大，或双臂僵直。

（3）抱臂行走。

（4）低头或昂首行走。

（5）行走时不够轻稳，晃肩摇头，上体左右摇摆。

3. 说话时

（1）为客人提供服务或与客人交谈时，缺乏微笑。

（2）在客用区域内与同事扎堆聊天，说家乡话。

（3）与客人谈论自己的私事；

（4）与客人或同事争吵。

（5）随意打断客人的谈话，不等客人把话讲完就做应答。

（6）与客人谈话时左顾右盼，将头低下或玩弄手指，或捏揣衣服。

（7）与同事议论客人的短处或讥笑客人不慎的事情（如跌倒、打碎物件等）。

（8）与客人谈话时，流露出厌烦、冷淡、愤怒、僵硬的表情。

（四）强化训练，掌握服务技能

客房服务员的服务技能和操作技能是提高客房服务质量和工作效率的重要保障，也是客房服务员必备的条件。客房管理者应通过加强训练，组织服务技能竞赛等手段，提高客房服务员的服务技能，参见图 4-26。

（五）为日常服务确立时间标准

服务质量是与一定的服务效率相联系的，服务效率是衡量服务质量的重要标准之一，客人所需要的服务，必须在最短的时间内为客人提供，尤其是商务客人，惜时如金，时间观念极

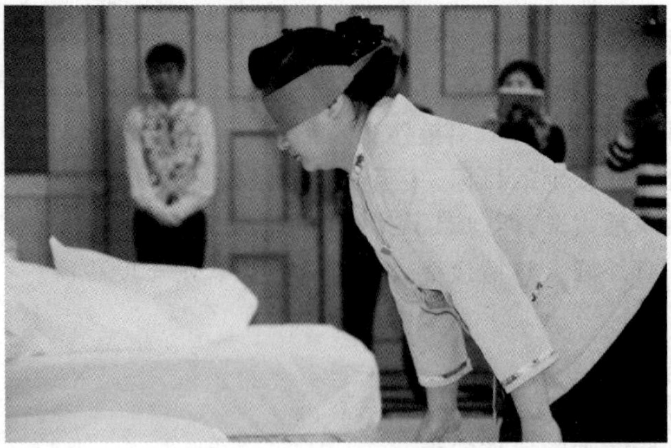

图 4-26 蒙眼铺床

强。因此，为了提高服务质量，客房部必须为各项日常服务确立时间标准，并以此作为对服务员进行监督、考核的标准。

以下客房服务项目及其时间标准可供参考（参见表 4-6）

表 4-6 客房服务项目及其时间标准

服务内容	标准时间（分钟）
补充客房用品（如茶叶、开水、信纸等）	2～3
取冰粒	4
特别用品	5（如变压器等）
客房送餐服务	10
加床（含婴儿床）	8
请速打扫房（赶房）	30
领取客人遗留物品	15

经典案例

金海湾大酒店客房服务“六快”

五星级的汕头金海湾大酒店与 ISO 9004-2 国际标准——《服务指南》接轨，通过强化服务的时间观念来提高服务质量，推出了充分体现服务效率的“十二快”服务，其中，涉及客房服务的有：

（1）接听电话快。铃响两声内接听电话。

（2）客房传呼快。2 分钟。凡向客房服务中心提出的任何要求，服务员必须在 2 分钟内送到客房，如送开水、茶叶等。有些在 2 分钟内提供不了的服务，服务员也必须在 2 分钟内到达客房向客人打招呼，然后尽快解决。

（3）客房报修快。5 分钟内处理好小问题。如更换灯泡、保险丝、垫圈以及设施设备运转中的各种操作性问题等。这就要求酒店设有24小时分班值岗的“万能工”,粗通水、暖、电、木、钳等各个工种。对于重大问题,一时不能解决的,也要安慰客人,并给予明确的回复。

(4) 客房送餐快。10分钟。酒店规定,员工电梯必须首先保证送餐服务,即使有员工想去低于送餐的楼层,也必须让送餐完毕后再返下。

(5) 回答问询快。立即。为此,酒店就客人常常问到的问题,对员工进行全员培训。

(6) 投诉处理快。10分钟。小问题,10分钟内圆满解决;大问题,一是先安慰客人,稳住客人,10分钟内给予回复。

(六) 征求客人对服务质量的意见

客人是服务产品的消费者,对服务产品的质量最有发言权,最能发现客房服务中的薄弱环节,因此,征求客人意见,重视与客人的沟通,是提高客房服务质量的重要途径。

征求客人意见,可通过以下途径进行:

1. 设置客人意见表

为了及时征求客人意见,让客人有机会对客房服务质量发表意见,客房部和酒店可在客房放置意见表。事实上,几乎每家酒店都在客房内设置有“客人意见表”(参见表4-7),但对客人意见表的管理却大都存在问题,管理人员不够重视,服务员只对客人的表扬意见感兴趣

表4-7　客人意见表

1　接待 RECEPTION

	满意 Good	一般 Average	不满意 Poor
■ 大堂副理 Duty Manager	☐	☐	☐
■ 接待处 Receptionists	☐	☐	☐
■ 行李员 Bellboys	☐	☐	☐
■ 询问处 Information	☐	☐	☐
■ 电话员 Operator	☐	☐	☐
■ 结账处 Cashier	☐	☐	☐

意见 Comments:________________

____

2　客户服务 GUEST ROOM

	满意 Good	一般 Average	不满意 Poor
■ 洁净 Clean	☐	☐	☐
■ 设施 Facilities	☐	☐	☐
■ 服务 Servics	☐	☐	☐
■ 洗衣 Laundry	☐	☐	☐

意见 Comments:________________

____

3　餐厅 RESTAURANTS

	满意 Good	一般 Average	不满意 Poor
■ 一楼餐厅 1st Floor	☐	☐	☐
■ 二楼餐厅 2nd Floor	☐	☐	☐
■ 西餐咖啡厅 Coffee Shop	☐	☐	☐

意见 Comments:________________

____

4　康乐 RECREATION FACILITIES

	满意 Good	一般 Average	不满意 Poor
■ 游泳池 Swimming Pool	☐	☐	☐
■ 卡拉 OK Karaoke	☐	☐	☐
■ 桑拿健身 Sauna & Fitness	☐	☐	☐
■ 桌球室 Snooker Room	☐	☐	☐
■ 三楼餐厅 3rd Floor	☐	☐	☐

意见 Comments:________________

____

续表

5 阁下订房是通过 DID YOU MAKE YOUR RESERVATIONS REQUEST THROUGH ■ 直接向酒店办理 Directly with the Hotel □ ■ 旅行社办理 Travel Agent □ ■ 单位介绍 Company Referral □ ■ 参加会议 Conference Attendance □ ■ 其他途径 Others □	6 阁下为何选择本酒店 WHY DID YOU CHOOSE OUR HOTEL? ■ 以前住过 Previous Experience □ ■ 酒店声誉 Reputation □ ■ 他人推荐 Personal Recommendation □ ■ 广告 Advertisement □ ■ 其他原因 Others □
7 对酒店总体评价 GENERAL COMMENTS 满意 Good / 一般 Average / 不满意 Poor ■ 卫生清洁 Clealiness □ □ □ ■ 服务态度 Service □ □ □ ■ 维修保养 Maintenance □ □ □ ■ 收费标准 Charges □ □ □ ■ 总体评价 General Comment: □ □ □	8 阁下对酒店的其他意见和建议 FURTHER REMARKS OR SUGGESTIONS: __________ __________ __________ __________ 姓名 Name:__________ 房号 Room No.:__________ 入住日期 Date of Visit:__________ 通信地址 Address:__________ __________ __________

(可以据此领取奖金,获得上级管理者的表扬和认可),而对批评意见则置之不理,或随手扔掉。使客人意见表流于形式。

对客人意见表的管理应注意以下几点:

(1) 客人意见表的设计应简单易填。

(2) 统一编号、月底收集汇总,禁止乱撕乱扔,并以此作为考核服务员工作好坏的重要依据。

(3) 可将客人意见表设计成自带胶水、可由客人自行密封的折叠式信封状表格。由于客人意见涉及客房服务员的工作质量,因此,具有一定的保密性质,为了防止对不利于自己的意见进行"截流",可将客人意见表设计成自带胶水、可由客人自行密封的折叠式信封状表格。不少酒店已将其设计成折叠式信封状表格,但是,表格并不自带胶水,酒店也不在客房内为客人提供胶水,使得客人意见表失去了保密作用。

当然,为了提高客人意见表的回收率,酒店也可以请求客人直接将意见表交给大堂副理或客房管理人员。但这样做会给客人带来不便,一般客人不到万不得已,也不会这么做,而一旦到了"万不得已",客人必须反映意见时,也不会采取填写"客人意见表"的方式,而会直接找客房管理人员或大堂副理口头投诉。

除了在客房设置客人意见表以外,为了激励员工为客人提供更加优质的超值服务,还可在客房放置一张针对服务员的"表扬卡"(Customer Delight Card),对于收到表扬卡的客房员

工,管理方面应以某种特殊的方式给予表扬或奖励,成为其他员工学习的榜样。(参见表4-8)

表4-8　表　扬　卡

(Customer Delight Card)

尊敬的客人: 　　您好! 　　感谢您下榻于大连香格里拉大饭店。我们很想知悉在您逗留本饭店期间,是否得到了超前服务。如果您能抽出时间填写此表扬卡,以帮助我们认可及鼓励为您提供超前服务、令您喜出望外的员工,我们将不胜感激。这对于被您提名表扬的员工有着极其重要的意义,谢谢! 您得到的超前服务是＿＿＿＿＿＿＿＿＿＿＿＿＿＿＿＿＿＿＿＿ ＿＿＿＿＿＿＿＿＿＿＿＿＿＿＿＿＿＿＿＿＿＿＿＿＿＿ 为您提供该服务的员工是＿＿＿＿提供该服务的日期是＿＿＿＿＿＿ 您的名字是＿＿＿＿＿＿＿＿＿＿房间号或联系电话＿＿＿＿＿＿＿＿ 为您方便起见,您只需将此卡交给您下榻饭店的任何员工即可, 他们会非常乐意为您将卡片投入指定的信箱。

2. 拜访客人

客房部经理定期或不定期地拜访住店客人,可以及时发现客房服务中存在的问题,了解客人的需求,便于进一步制定和修改有关清洁保养的标准和计划。同时,这种拜访也会增进与客人的感情交流,是客房部改善宾客关系,提高客人满意度的重要途径。

3. 运用各类沟通手段等现代信息技术,实现与客人的沟通

现代社会,信息技术的发展日新月异,酒店管理者要与时俱进,充分利用现代信息技术和手段,加强与客人的沟通。

位于美国亚特兰大市中心的喜来登酒店,从管理团队到基层员工都强调与客人的现场接触,客人会时常碰到与酒店有关的不开心的事,但他们并不说,只有通过又快又好的沟通,才能发现问题,并解决在萌芽状态。在酒店大堂都有触摸屏幕柜收集客人意见,而在客房里则安装有热线电话通道。在入住登记时,客人就被告知,在任何时间有任何情况都可以直接向总经理反映,反映的渠道包括总经理的语音邮件信箱、客房里的专线和放在公共区域显眼位置的电子意见箱。有了这些电子渠道,总经理及高层能迅速做出回应。实际上,这个系统不是只连通总经理一个人,客人每一项评论都记录在案,高层和部门经理均需阅看,其中时有相关管理者做出反应,由其出面来解决某个问题;必要时,还会提出解决问题的书面方案。通过电子渠道,酒店与顾客沟通的频率大大提高,服务质量和满意度指数双双上升,用酒店管理者的话来说,是“信息技术与顾客的联姻帮助了我们”。

广东某酒店为了鼓励客人通过手机发短信的方式提意见,在客人入住时的房卡上,特别说明如果客人发手机短信,向酒店管理方说出“真实心声”,还将“获得酒店送出的神秘礼物!”,“中奖率高达30%以上”。

(七)通过客房留言条,加强与客人的沟通

除了通过上述两种方法征求客人意见以外,客房部还可以通过“客房留言条”,加强与客

人的沟通(参见本节案例:一只没有清洗的茶杯!)。

客房服务的特点是“暗服务”,与餐厅服务员面对面的服务不同,客房服务员通常不接触客人(客房清洁卫生工作要求服务员在客人外出时进行),这就减少了与客人沟通的机会。实践证明,通过在客房放置“客房留言条”这种书面形式,加强与客人的沟通,是一个非常行之有效、能够从内心感动客人的情感沟通方法,对于提高客人感觉中的服务质量,增强客人对酒店的好感,加深客人对酒店的良好印象,都具有重要的意义。国内很多酒店通过这种方法,鼓励客房服务员与客人进行沟通,都取得了良好的效果,心与心之间的沟通,拉近了客人与服务员之间的距离,使服务员的服务增加了感情色彩,也使她们的服务更加专注、用心和细微化。

(八) 关注服务细节

客房部每天跟客人打交道,可以根据实际观察以及酒店前厅部等提供的信息(如客人的年龄、职业、性别、籍贯、兴趣、爱好等),为客人提供个性化、细节化服务。如有的酒店根据前台提供的入住客人的国籍及来自地区,把客房内的电视调至相应的频道,客人打开电视,首先收到的是家乡的电视和信息,很多客人被这一温馨的服务所感动……

(九) 不要打扰客人休息

服务员要记住,对于客人而言,休息,比打扫卫生更重要。

经典案例

休息,比打扫卫生更重要

——还客人一个安静的环境

半年前,某歌舞剧院搞舞美设计的傅先生出差到某市,入住一家星级酒店,让他感受颇深。

傅先生习惯将设计工作安排在夜晚进行,直到天明之后方才就寝。可是,天明后走廊里电话铃声、服务员相互之间的叫嚷声(她们叫嚷的都是工作上的琐碎之事,比如“浴巾差几条”、“某某房退房了”等),此起彼伏,不绝于耳,并夹杂着服务车被推动时轮子发出的“咯吱”、“咯吱”声,使他无法就寝。

还有,服务员在下午的时候,会去敲他的房间,并隔着房门大声询问是否需要打扫房间,要不就是打电话进来询问,他对此很是头疼,真是不可理喻。

傅先生由此回忆起在台湾入住星级酒店时的情景。怎么同是星级服务却有天壤之别呢?

傅先生曾随团到台湾演出,入住过台北的圆顶大饭店,亲身感受到台湾的星级服务。入住酒店后的第一感受就是安静舒适,当他们离开酒店后回来,房间已被收拾得干干净净。有时候刚离开酒店后不久中途回来取物品时,当他刚进房间,就感觉到房间是已收拾了一半后被迫停下来的状态。他后来才知道,当他的前脚刚踏进酒店的大堂,前台接待员便马上通知做房服务员，客人回来了！做房服务员立刻停下手中的活儿，从房间内退出来。所以，他住了一个星期也没有和做房服务员在房间内打过照面，也就是这个缘故。酒店走廊 24 小时总是静悄悄的，听不见服务员高声喧哗之声。即使他一天不出房间，服务员也不会打电话进来或是用敲门方式来询问是否需要打扫房间。

（十）强调“隐形服务”

客房服务应以不打扰客人为原则，强调“隐形服务”和“暗服务”。里兹·卡尔顿酒店集团的创始人里兹常说：人们喜欢有人服务，但是要不露痕迹。

经典案例

小木棍的妙用

泰国一些好一点的酒店都有一种跟踪服务，即客人入住后，楼层服务员会在客房门口底下立上一根火柴棍大小，与房门颜色接近的小木棍。巡查的服务员以小木棍立着还是倒了来判断客人是否在客房里，当小木棍立着的时候，服务员一般不去敲门整理客房，而只有当小木棍倒了，客人不在房间里，服务员才会进入客房整理房间。

（十一）倡导“亲情化服务”

亲情化服务要求员工从情感上贴近顾客，推崇个性、细微、情感化服务，使客人真正体验到一种发自内心的精神享受。广州从化碧水湾度假村向员工指出了为客人提供亲情化服务的“三个机会”：

- 当你准备向客人说“不”时，用心做事的机会到了；
- 当客人有个性化需求时，让客人惊喜的机会到了；
- 当客人有困难需要帮助时，让客人感动的机会到了。

经典案例

我住贝尔饭店

去年，我去内蒙古出差，住在海拉尔的贝尔饭店。午休时，服务员小伊看我开着房门便进来问候：“您今天太累了吧，岁数大了还要多注意休息。”一回头，她看到我放在电视机上的冠心病药山海丹，马上说：“您该吃药了吧？”我说：“不忙。”她说：“我把水给您凉上吧！”我说：“不用，一会儿自己来。”就在这个时候，我看到服务员转过身去，手拿两个茶杯，把其中一个倒上半杯开水，用两只手轻轻摇晃，水从左手杯倒到右手杯，再从右手杯倒到左手杯。我看着看着，视线不禁模糊了。心想：我有两个女儿，我吃了五年药，孩子们从来都没给我倒过水，但服务员小伊却做到了，真比自己的女儿还亲哪！我眼里充满了泪水……后来，我暗暗地下定决心，无论走到什么地方，都要把贝尔饭店的深情厚谊介绍给大家。

这就是主动服务、感情服务的魅力！

（十二）搞好与酒店其他部门的合作与协调

要提高客房服务质量，还应做好与酒店其他部门的合作与协调，特别是前厅部、工程部、餐饮部、保安部等部门。客房部与这些部门的联系密切，客房部的对客服务工作必须得到上述部门的理解和支持。同样，客房部也必须理解和支持上述部门的工作，同时，加强与这些部门的信息沟通。

（十三）为客人提供个性化服务（见第五章第一节内容）

本章小结

- 住店客人大部分时间是在客房度过的，因此客房服务质量是保障客人在酒店获得舒适、方便的住宿体验的重要因素，也是客房管理的主要任务之一。在国外，酒店的客房服务工作主要是由客房服务中心组织和提供的，而在中国，传统上是由楼层服务台提供的，但近年来，这种状况正在改变。
- 客房服务项目主要包括：迎送服务、客房小酒吧服务、房内用餐服务、洗衣服务、托婴服务、茶水服务、擦鞋以及其他委托代办服务，客房管理人员要为每项服务确立程序和标准。
- 客房服务的基本要求是：真诚、高效、礼貌、微笑。为了提高客房服务质量，必须加强对客房服务员的培训，确保员工具有良好的仪表仪容和礼貌礼节，同时，不断提高员工的服务意识和服务技能。

复习思考题

1. 解释下列概念：

客房服务中心 “Room Service”

2. 简述房务中心与其他部门沟通的主要内容和方法。
3. 房务中心的职能有哪些？
4. 如何针对不同类型的客人提供不同的服务？
5. 如何提高客房对客服务质量？
6. 简述客房部常见问题与对策。

案例分析

如何处理无人无行李房

一天上午，江苏新世纪大酒店1908房（当天是预走房）客人没有结账就离开了酒店。当日下午2点多，客人打来电话通知退房，几天后来店结账。可是酒店规定的退房是间是13:00整，由于超出一个多小时，电脑自动加收了半天房费。几天后，客人来结账时发现房费与预计的有出入，于是以酒店失误为由不予承认。酒店大堂最终以免收这半天房费作为处理结果，并要求往后客房服务员在每日13:00前必须逐间查报无人无行李房。

【点评】 这是一个典型的无人无行李房案例。无人无行李房的查报本就是一项补救措施，到了退房时间客人不退，主要责任应在客方，按照合同契约和酒店规定，确实应加收房费。

此类客房究竟该如何操作呢？如果服务员一间一间地敲门询问，无疑会打扰客人的休息，客人也会产生不安的心理。一般来说，在住房分为两种类型：当天不走的与当天预走的。对于当天不走的在住房，由于他的押金足够，不存在逃账问题，所以通常不必担心客人会忘记退房时间，也就无须主动查房。但楼层服务员如果发现了无人无行李房，还是应当及时把信息传递给前台，以确认是不是外宿房等，可备客满时的应急之需；而对于当天预走的在住房，总台收银应提前半小时加以控制。对为量不多的预走房应做好提醒工作，主动打电话向客人了解情况，是续住？还是退房？如房内无人接听，才应通知楼层服务员去查房况，然后将结果报回给收银处理，收银处理不了的问题，再请示大堂经理。如此一来，整个过程也就清楚明了了。（王新华）

补充与提高

如果可乐过期了，我该怎么办？

昨晚。值班。23点。

我正开开心心地在酒店经理人网站的论坛上看帖。

突然前台一个小女生对我说：1110房间客人声称其房间冰箱内的可乐饮料过期了，他喝完觉得肚子痛。并扬言要打话到电视台把我店曝光。

客房部会在客人退房查房时非常仔细地检查其房间内酒水，每日也都会有领班检查房间内是否有过期饮料。而且每星期客房部都会检查客房内和库存酒水有无时间长的，有就会发给餐厅，因为那儿的出货量较大。再一个就是可乐的保质期是18个月，在这么长的时间里经过这么多次检查，出现过期可乐很难。

为了给自己争取思考的时间。我让前台小女生和客人讲值班经理现在不在，她会马上设法联系到值班经理，并且如果方便的话值班经理会亲自到您的房间处理此事的。客人应允。

先去客房部，看看自己家的可乐都长得什么样子。发动客房部所有当班人员检查出厂日期。发现基本上出厂日期都是2004年以后的，最早的是2003年9月和10月的，并且已寥寥无几。

在去其房间的途中，心里还在盘算着如果可乐真的过期了，我该怎么处理……

1110房间。两条大汉不满地看着我。

没想到接过客人手中表面已被刮得很花底部已严重凸起的可乐就是一个惊喜。出厂日期2002.10.30，保质期18个月——到2004.04.30。没过期。顿时觉得自己身形高大了不少。

"先生，可乐没有过期。"

客人甲从我手中拿回可乐"怎么没过期，你算算……那也快到期了。"

"要不我给您换一个。"我欲把可乐拿走。

客人乙把可乐拿在手里“你走吧,我要给电视台打电话,什么破饭店”……

从楼上下来后我一直在想——如果可乐真的过期了,我该怎么办呢?

酒店经理人对“经理的困惑”的答复:

Re:“一样的”个性化服务:怎么不见好评如潮?

扫码看答案:

冯健 广州东方宾馆 副总经理

原因可能出在贵酒店的所谓个性化服务并不“个性”,也与案例中广州的那家酒店的做法不尽相同。广州某酒店的做法是让服务员手写便签,而贵酒店则是设计并打印的“专职服务联系卡”。这两者给客人的感觉是截然不同的。客人入住一间酒店,到处可以看到酒店方打印的各种提示,已经习以为常,而服务员手写的便签就不同了,这里面似乎充满了更多感情的因素在里面,就像现代人收到一封email已经习以为常,而收到一封亲朋手写的书信会感动良久!另外我觉得,手写服务留言的内容不应局限于案例中所写,而应该根据客人入住期间的实际情况,由服务员根据场景去积极与客人沟通和提供针对性的服务。例如,看到客人房间有已经开了包装的零食,可以用食品密封袋帮客人将零食包装好,然后写下服务留言;又如,看到客人的床头柜上有感冒药,估计客人可能是感冒了,不妨给客人提供一个体温计,然后写下真诚的服务留言;等等。我想,个性化服务不着重表现形式,而在于用心服务。真正做到了“个性”,就不怕不好评如潮了。

广州从化碧水湾温泉度假村

扫码看答案:

即 测 即 评

第五章　个性化服务与“贴身管家”

酒店服务的三个境界：

标准化服务让客人满意；
个性化服务让客人惊喜；
超常化服务让客人感动！

个性化服务是客房提高服务质量的重要途径，也是未来酒店经营和酒店的发展趋势，而贴身管家服务则是将一种古老的服务方式应用于现代高档酒店之中，是针对酒店贵宾提供的一种专业性、私人化的服务模式，从某种意义上讲，也是个性化服务的表现形式之一。

本章学习目的：

- 了解个性化服务与“贴身管家”的基本概念。
- 认识客房部提供个性化服务与“贴身管家”的意义。
- 了解“贴身管家”的服务内容和服务方式。

关键术语：个性化服务　“贴身管家”

Key Terms：Personalized Service，Hotel Butler

经理的困惑

——四星级酒店有必要设“贴身管家”吗？

“贴身管家”这个词听起来很新鲜、也会让人产生很多遐想，特别是随着电视连续剧《五星酒店》热播以后，很多人也知道了这个角色。我们也有意设这个工作岗位，但是，作为一家四星级酒店，是否真的有必要设这样一个工作岗位？如果要设，应该是专职，还是兼职好？“贴身管家”的主要工作内容和工作方式、工作程序应该怎么设计？对此，我感到有些困惑。

第一节　客房部个性化服务

为客人提供个性化服务，不仅是提高客房服务质量的重要途径，而且是未来酒店管理的发展趋势。

要使顾客高兴而来，满意而归，光凭标准的、严格的、规范化服务是不够的，只有在规范化的基础上，逐渐开发和提供个性化服务，才能给客人以惊喜，才能让客人感觉到“宾至如归”，才能使客人“流连忘返”。

规范化服务是保证客房服务质量的基本要求，但规范化服务只能满足客人的共性需求，而不能满足每位客人的特殊服务需求，因此，规范化服务只能维持客房部最基本的服务质量，要使客房服务质量上一个台阶，必须为客人提供个性化服务。

经典案例

一次，客房部员工史良在给一位香港客人做房。当她打开毛毯，发现客人枕过的两个枕头中间有一道折痕。细心的小史在想：为什么两个枕头同时都出现一道折印呢？她分析了半天，认为只有一种可能：客人嫌枕头矮，把两个摞在一起同时对折使用的结果。当她确认自己的判断以后，便把想法告诉了领班和主管，经领导批准，小史给客人多加了两个枕头。

晚上，客人回到房间，发现床前多了两个枕头，顿觉奇怪：我没跟任何人讲过，他们怎么知道我嫌枕头矮呢！他要探个究竟。第二天，客人没有外出，专等服务员做房。当他见到小史，劈头便问：“你为什么把我的两个枕头换成四个枕头！”史良吓坏了，连连说道：“对不起，先生，实在对不起。如果您不喜欢，我马上撤掉，您看好吗？”客人看到服务员的紧张情绪，马上笑了：“不是，小姐，我是说，你怎么知道我嫌枕头矮？”小史如释重负，就把她思考的前前后后一一道了出来。当小史说完全过程，他再也抑制不住自己的激动，抢前几步，紧紧握住史良的手说:“小姐,您在用‘心’为客人服务!”……

这一案例足以说明,个性化服务对于提高客人的满意程度,具有何等重要的意义。要为客人提供个性化服务,客房服务员必须在日常服务中,注意观察客人的需求特点,还应加强与前厅部的联系,建立并充分利用客历档案。内容包括客人的姓名、性别、年龄、出生日期、婚姻状况以及通讯地址、电话号码、公司名称、头衔等基本资料;客人旅行的目的、爱好、生活习惯;宗教信仰和禁忌;住店期间要求的额外服务等。

一、对客人以姓氏相称

称呼客人姓名也是为客人提供个性化服务的一个重要方面。在国外,有一句谚语:“客人听到别人称呼他的姓名,就如同听到音乐一般美妙”(A guest’s name is music to his ears)。对客人以姓氏相称,是对客人的一种尊重,是承认客人的与众不同,表明酒店对客人的一种特殊关照。凡是服务质量好、受到客人称赞、给客人留下深刻印象的酒店,无一不对每位住店客人以姓名相称。如连续10多年被评为世界第一的泰国曼谷东方饭店,其引以为荣的主要服务特色之一就是能够对每一位预定客人和住店客人做到以姓氏相称,增加亲切感和客人对酒店的认同感和归属感。我国大连的香格里拉大饭店也要求其员工对每一位住店客人以姓氏相称。当客人办理完入住登记手续后,总台人员会迅速将客人的资料传递到有关接待部门,如行李服务处、客房楼层、房务中心、电话总机等,以便这些部门的员工在为客人提供服务时,能够对客人以姓名相称,从而增强人情味和个性化色彩,拉近酒店与客人之间的距离,增加亲切感。例如当客人打电话到房务中心时,对方会说:

“您好,××先生/小姐,房务中心。可以为您效劳吗?”

“……”

经典案例

让客人热泪盈眶的个性化服务

企业家A先生到泰国出差,下榻于东方饭店,这是他第二次入住该饭店。

次日早上,A先生走出房门准备去餐厅,楼层服务生恭敬地问道:“A先生,您是要用早餐吗?”A先生很奇怪,反问:“你怎么知道我姓A?”服务生回答:“我们饭店规定,晚上要背熟所有客人的姓名。”这令A先生大吃一惊,尽管他频繁往返于世界各地,也入住过无数高级酒店,但这种情况还是第一次碰到。

A先生愉快地乘电梯下至餐厅所在楼层,刚出电梯,餐厅服务生忙迎上前:“A先生,里面请”。

A先生十分疑惑,又问道:“你怎知道我姓A?”服务生微笑答道:“我刚接到楼层服务电话,说您已经下楼了。”

A先生走进餐厅,服务小姐殷勤地问:“A先生还要老位子吗?”A先生的惊诧再度升级,心中暗忖“上一次在这里吃饭已经是一年前的事了,难道这里的服务小姐依然记得?”服务小姐主动解释:“我刚刚查过记录,您去年6月9日在靠近第二个窗口的位置上用过早餐”,A

先生听后有些激动了,忙说:“老位子! 对,老位子!”于是服务小姐接着问:“老菜单? 一个三明治,一杯咖啡,一个鸡蛋?”此时,A先生已经极为感动了:“老菜单,就要老菜单!”

给A先生上菜时,服务生每次回话都退后两步,以免自己说话时唾沫不小心飞溅到客人的食物上,这在美国最好的饭店里A先生都没有见过。

一顿早餐,就这样给A先生留下了终身难忘的印象。

此后三年多,A先生因业务调整没再去泰国,可是在A先生生日的时候突然收到了一封东方饭店发来的生日贺卡:亲爱的A先生,您已经三年没有来过我们这里了,我们全体人员都非常想念您,希望能再次见到您。今天是您的生日,祝您生日愉快。

A先生当时热泪盈眶,激动难抑……

二、将自己的姓名留给客人

同样是为了增强个性化色彩和与客人之间的亲切感,客房部还可要求当天为客人提供客房服务的服务员将其姓名以某种方式告知本楼层客人,使客人真正感到宾至如归,参见表5-1。

表5-1 欢迎回家

欢迎回家!

尊敬的宾客,希望我为您整理的房间能使您在入住期间感到如在家般的舒适。为使您入住期间更加方便、愉快,欢迎您请随时使用房间电话拨打“3”——饭店宾客服务中心,告诉我您对房间服务和清洁方面的个人要求。

再次感谢您选择入住大连香格里拉大饭店!

最美好的祝愿来自于您今天的房间服务员________________

Welcome Home!

While you are here as our guest, I have taken great pride in preparing your room. It is my wish that you feel as comfortable here as you do in your own home. Please let me know if there is anything I can do to make your stay more enjoyable.

I con be reached through our Guest Service Center at extension 3.

Thank you for choosing the Shangri - La Hotel, Dalian.

Your room Attendant ________________

另外,服务员在服务过程中给客人的任何留言,都应签上自己的姓名。

三、给客人手工留言

上述客房个性化服务似乎已经不错了,然而,这还不是最完美的个性化服务。广州从化碧水湾温泉度假村客房部员工不仅有这样一张留有客房服务员亲笔签名的留言卡,而且这张卡是针对入住酒店客房的每位客人的不同特点和不同需求,由员工用稚嫩的字体、“用心”手工书写的,这才是真正的个性化服务,也更能感动客人,参见图5-1。

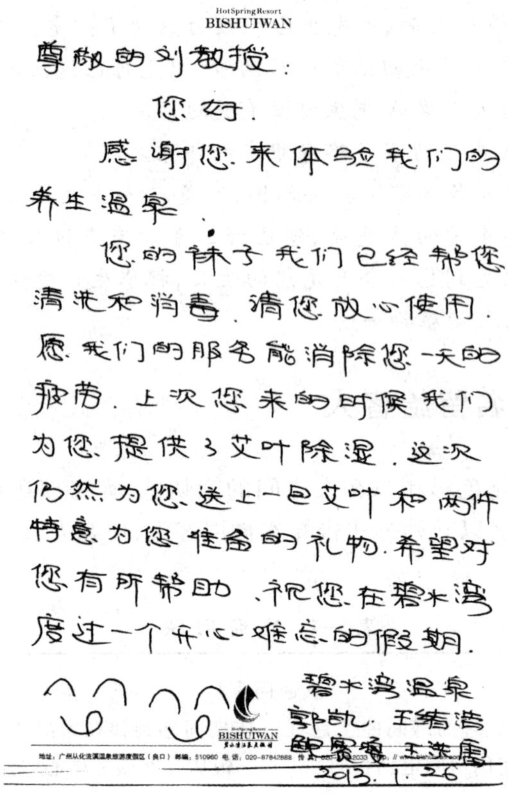
HotSpringResort
BISHUIWAN

尊敬的刘教授：

您好。

感谢您来体验我们的养生温泉。

您的袜子我们已经帮您清洗和消毒，请您放心使用。愿我们的服务能消除您一天的疲劳。上次您来的时候我们为您提供了艾叶除湿，这次仍然为您送上一包艾叶和两件特意为您准备的礼物，希望对您有所帮助，祝您在碧水湾度过一个开心难忘的假期。

碧水湾温泉

郭凯、王绪浩

2013.1.26

图 5-1　个性化留言

四、了解、识别和预测客人的需求

满足客人提出的需求，不足为奇，能捕捉到连客人自己都没想到而又确实需要的需求，才是服务的真功夫。了解、识别和预测客人的需求，这是为客人提供个性化服务的基础。“客人想到了，我们替客人做到，客人没想到的，我们要替客人想到而且做到”，只有这样的服务，才能使客人感到意外的惊喜，才能体现个性化服务。比如，发现客人走向电梯，服务员上前一步，为客人按亮电梯开关；看到客人买水果回来，主动送上水果刀；客人在会议室开会，钢笔突然没有墨水时，及时从身后递上一支笔……

由此可见，在饭店服务中，只要服务人员有心，就能发现客人的服务需求，进而为客人提供更加细致温馨的服务，使客人感受到酒店对他的特别关怀。

五、为客人提供个性化枕头

客人旅游度假或出差在外，最重要也是最基本的需求是要有良好的睡眠，以便第二天能够以饱满的精神状态从事旅游或商务活动。因此，住酒店期望有良好的睡眠质量。调查表明，睡枕是影响个人睡眠质量的一个非常重要的因素，而每位客人对枕头的要求又是不一样的,因此,酒店应努力为客人提供多样化枕头选择,满足客人的个性化需求。

以下是深圳洲际酒店为客人提供的枕头列表。

睡枕列表 PILLOW MENU

1. Foam Pillow(海绵枕)

Designed specially for you with good resiliency and air-permeability to give you a quiet night's rest.

专门为您设计的具有良好回弹性和透气性的枕头,给您带来一整晚舒适的睡眠。

2. Adjustable Health Care Pillow(护颈枕)

Designed to support your neck and back to achieve an ideal sleeping posture and healthier rest.

独特设计的枕头,有支持和调节颈部和背部的作用,助您达到最佳睡眠姿势。

3. Natural Lavender Scented Pillow(香薰枕)

Very soft pillow withi the scent of "Natural Lavender" to provide you with pleasant aromas that promotes a peaceful sleep.

柔软的触感,薰衣草的芬芳,让您在梦境中感受回归自然的愉悦。

4. Non-Allergenic Pillow(防过敏枕)

A 100% non-allergenic pillow that offers resiliency and softness for a healthy and sound sleep

100%防过敏,柔软舒适、富有弹性,让您拥有高质量的睡眠。

5. Hugger Candy(糖果枕)

A long pillow that offers you comfort.

造型可爱的抱枕,能够使您安然入睡。

6. Wheat Cereal Pillow(荞麦枕)

Wheat cereal is a natural herb with tonic qualities to relax your body, heal your tired muscles, and calm your senses.

天然荞麦具有放松肌肉、安神的功效,使您在休息中得到完全的放松。

7. Extra-soft Pillow(纯棉超软枕)

Pure cotton gently supports your head, and especially for those who prefer softness.

百分百纯棉,轻轻托住您的头部,专为喜欢柔软的您而设计。

8. Soft Pillow(纯棉软枕)

Superior natural cotton contoured to offer optimum support during sleep.

选择纯棉枕,另类感受,却是一样的舒适。

六、个性化服务的全面实施

要使个性化服务在酒店全面落实,并取得切实的成效,必须采取以下措施。

(一) 完善激励机制

保持个性化服务的持续性需要依赖于基层管理人员和员工高度敬业精神和良好的职业习惯。而高度敬业精神和良好的职业习惯需要酒店有一套行之有效的激励机制来保证。山东新闻大厦采取"用心做事报告会"的形式,让用心做事的员工把自己的个性化服务案例在报告会上宣讲,然后进行评比。这种形式的好处在于员工现身说法,用员工教育员工,同时,通过宣讲,让其他员工从中学到个性化服务的方法。作为宣讲的员工,本身就是一种自我精神激励。然后通过评选,酒店颁发物质奖励进行肯定。这种激励机制保证了个性化服务的持续性。

（二）实现两个转化

1. 偶然性向必然性的转化

通过对于个性化服务案例的分析，实现由个别员工出于“偶然性”的个性化服务，向全体员工有意识的“必然性”的个性化服务的转化。个性化的服务案例为岗位员工提供了个性化服务的方法和学习的榜样。

2. 个性化向规范化的转变

通过对于个性化服务案例的全面分析，对于其中反映客人普遍需求的服务，实现由“个性化”的服务向“规范化”服务的转化。往往一些客人个性需求也许是客人的共性需求。客房管理人员应对个性化的服务案例进行认真分析，研究个性化服务是否是客人的普遍需求，衡量推广的难度和可行性。某酒店有一名客房部员工在清理房间时主动为客人脱落纽扣的衬衣缝补纽扣。客房部分析认为这是客人的共性需求，而且容易操作，随后作为规范化服务在部门中推广。总之，个性化服务转化为规范性服务是服务质量的一个飞跃。

经典案例

将个性化服务推广成标准化服务：错了吗？

有客人提出了一个建议，说他喜欢自然醒，最好开夜床的时候窗帘能够留个缝，那样第二天早晨就会有光线从窗帘缝里照进来，就能自然醒过来了。本来如果将客人的这个建议登记进他的个人档案，下次等他入住的时候提供这个个性化的服务，绝对是一次成功的服务，但是这家酒店却修改了开夜床的服务规范，规定开夜床时窗帘都要留一条缝，结果还没实施多久就引起了多位客人的投诉，最后这个改动也只能夭折了。

【点评】：并非所有的个性需求都是客人的共性需求，因此，也能将针对某个客人的个性化服务都转化为酒店的标准化服务！这家酒店所犯的错误就是没有正确区分个性化服务和标准化服务，将个别客人的需求等同成了大众的需求，自然会导致失败的结果。

（三）提倡“三全”

即全员参与、全过程控制、全方位关注。提倡“三全”是做好个性化服务的必然要求。个性化服务不仅是对基层管理者和一线员工的要求，也是对酒店全体员工的要求。一线员工的对客个性化服务离不开二线员工甚至管理人员的帮助。没有部门与部门之间的合作，其他员工的参与，个性化服务只停留在员工的心里，很难实施。

（四）注重“三小”

“三小”即“生活小经验”、“宾客小动向”和“言谈小信息”。生活小经验是提供个性化服务的依据和源泉，掌握更多的生活小经验会采取正确有效的个性化服务。关注媒体小消息，会为个性化服务提供指导。“宾客小动向”和“言谈小信息”是提供个性化服务的线索，客人的一举一动和客人的谈话提供许多有价值的信息。

（五）强调“五个环节”

五个环节，即客历档案的建立和使用、宾客信息的快速反馈、创建优质的内部服务链、关注长住客人和续住客人的生活习惯以及不断激励和培训，塑造员工的良好的职业习惯。

链接

客房个性化服务案例

• 服务员为客人打扫房间时，发现客人的手机备用电池在充电，却把取电牌拿走了，充电器处于断电状态，客人不在房间。分析客人可能因事情紧急外出，或者不知道插卡取电、拔卡断电的原理，随手带走取电牌，这时，服务员主动插上备用取电牌使电器处于工作状态，并做好交接班工作，待电池充满电后留下便条告知客人。

• 绝大多数客人晚上休息时，喜欢将客房的遮光窗帘拉合好，才会睡得香甜，因而客房服务程序中规定对住客房间开夜床。然而有的客人却因一天的工作劳累，常常一觉到天明，为了不影响第二天的繁忙工作，希望将遮光窗帘中间留出一条缝，这就需要细心的服务员发现、分析、判断，在夜床服务时提供客人满意的服务。

• 服务员早上清扫房间时发现，客人将开夜床时已折叠好的床罩盖在床上，再看空调是 23 ℃。这时服务员应交代中班服务，夜床服务时将温度调到 26 ℃左右。如果酒店空调温度不够力，则立即主动加一张毛毯给客人。

• 服务员清扫房间时，发现一张靠背椅靠在床边，服务员不断地观察，才发现床上垫着一块小塑料布，卫生间还晾着小孩衣裤，服务员这才明白，母亲怕婴儿睡觉时掉到地上，服务员随即为客人准备好婴儿床放入房间。

• 清扫房间时，发现床单、毛毯、床垫等各处都有不同程度的秽污。服务员马上意识到，是客人外出游因饮食不慎引起肠胃失调，应将所有脏的物品更换一新，还应通过楼层主管及时与导游联系，并通知医生及时治疗，让客人得以康复。

• 服务员清扫住房时，发现暖水瓶盖开着，不知是客人倒完开水，忘记盖好瓶塞，还是客人喜欢喝凉开水，故意打开瓶塞的？为满足客人的需要，服务员为客人送去装满凉开水的凉水瓶，并留下服务员亲笔签名的字条，向客人礼貌地说明情况；同时，暖水瓶照例更换好新的开水。

• 服务员发现客房中放有西瓜等瓜果，则主动为客人准备好托盘、水果刀和牙签。

• 看到客人带婴儿入住，为客人准备了婴儿浴盆，婴儿床、儿童读物、折叠椅、过滤杯等个性化的服务用品。

• 当服务员发现客人房间有电脑时，员工会主动为客人加一个鼠标垫，这种“鼠标垫”式的服务也是我们的客人感动不已，留下了洋洋洒洒的表扬信。

以上事例虽小，但常常使客人惊喜万分。总之，要想为客人提供优质服务，做好个性化服务，必须走近客人，细心观察，只有站在客人角度，去看待、分析、处理问题，才能收到实效。

第二节 客房贴身管家

酒店“金钥匙”的服务理念，是尽己所能，为客人创造“满意加惊喜”的服务境界和住店体验。但“金钥匙”的服务岗位一般只限在礼宾司，其服务对象是入住酒店的所有客人。近年来，英国的管家服务理念传入我国，他们倡导的是饭店的各种服务要做到“精细、周到、圆满、美好，优雅”，是以私密性和个性化为主要特征的，其服务对象是入住酒店、并对服务有更高要求的尊贵客人群体，如政界、商界和演艺界人士。

一位两次到苏州接洽商务的外企老总，住到了曾经下榻过的新城花园酒店。刚走进房间，他吃惊地发现，眼前的一切，竟与上次自己提出过的要求完全吻合：桌上摆着他喜爱的康乃馨、床上特意放了两个枕头，电视设定的开机频道也是自己喜欢的CNN……事先秘书并未与酒店沟通，这些细节安排，酒店是如何预先得知做到的呢？

原来，这一切都是“贴身管家”的功劳。在欧美，很多大酒店都有贴身管家，为客人提供个性化服务。在中国，90年代初“贴身管家”最早出现在北京、上海等中心城市，主要是为国外来的领导人配备的。目前，上海瑞吉红塔、凯宾斯基等酒店都能找到贴身管家的身影。当客人首次踏进酒店大堂，事先指派的管家就会上前奉上名片……

一、贴身管家概述

贴身管家(Butler)服务源于欧洲贵族家庭的管家服务，演变到今天成了一种专业化、私人化的一站式高档酒店服务。下榻酒店的贵宾将得到一位指定的专业管家专门为他(她)服务。训练有素的贴身管家将为客人提供体贴入微的个性化服务，无论是商旅事务还是娱乐休闲，都会为客人安排得尽善尽美，让客人居住愉快，体验现代商旅的舒适与便捷。

简言之，酒店的贴身管家服务是一种高档酒店针对入住贵宾的更加个性化的服务方式，它通过为入住贵宾提供专业化、私人化的服务内容，极大地方便和满足了酒店贵宾的需求，参见图5-2。

图5-2 训练有素的酒店贴身管家(右一)

二、贴身管家的岗位职责

1. 对管家部经理负责,根据酒店接待活动需要,执行管家部经理的工作指令。

2. 负责检查客人的历史信息,了解抵离店时间,在客人抵店前安排赠品,做好客人抵达的迎候工作。

3. 负责客人抵达前的查房工作,引导客人至客房并适当介绍客房设施和特色服务。提供欢迎茶(咖啡、果汁),为客人提供行李开箱或装箱服务。

4. 与各前台部门密切配合安排客人房间的清洁、整理、夜床服务及餐前准备工作的检查和用餐服务,确保客人的需求在第一时间予以满足。

5. 负责客房餐饮服务的点菜、用餐服务,免费水果、当日报纸的配备,收取和送还客衣服务。安排客人的叫醒、用餐、用车等服务。

6. 对客人住店期间的意见进行征询,了解客人的消费需求,并及时与相关部门协调沟通予以落实,确保客人的需求得以适时解决和安排。

7. 及时准确地了解酒店的产品、当地旅游和商务信息等资料,适时向客人推荐酒店的服务产品。

8. 其他部门保持好良好的沟通、协调关系,24 小时为客人提供高质量的专业服务。

三、贴身管家的素质要求

管家服务是展示饭店高品位、高质量、个性化的标志。它将饭店中分项烦琐的服务集中到一个高素质的人员身上,要求服务人员不仅具备良好的服务意识和对饭店各部门综合业务技能的熟练掌握,还应拥有丰富的工作经验、超凡的亲和力以及灵活的应变能力。具体来说,贴身管家要求具备以下素质。

(1) 流利的外语水平。很多贵宾来自国外,因此,贴身管家要能够用流利的英语与客人交流,为客人提供服务。特别是对一些西餐、酒水的翻译都达到相当标准的水平。

(2) 良好的沟通能力。良好的沟通能力和沟通语言是提高服务质量,使客人满意的前提条件。大连香格里拉大酒店豪华阁副经理刘菡曾为世界经济论坛主席施瓦布做贴身管家,为了做好服务工作,她提前调研,做好了接待方案。先将施瓦布先生的房间温度调至舒适的23度,并特别准备了白玫瑰摆放在房间。因为她从前两届达沃斯会议服务中了解到,施瓦布对百合花过敏。她还从网上特意搜索到了一张施瓦布夫妇以前在达沃斯论坛上的高清合影照片,然后将扩印照片镶在相框里摆放在夫妇俩的床头。她要让施瓦布夫妇记住这个浪漫的细节,记住浪漫的大连香格里拉。而为了给施瓦布夫妇一个惊喜,刘菡还特别准备了绣有施瓦夫妇名字的拖鞋。

(3) 良好的礼仪、礼貌修养。这是贴身管家的必修课,为贵宾服务,必须要有良好的礼仪礼貌修养,参见图 5-3。

(4) 良好的服务意识。为客人提供体贴、周到的服务,良好的服务意识是必不可少的。

(5) 宽广专业的知识面。包括了解各种洋酒的常识等。

（6）专业的服务技能。包括调酒、烹饪、熨衣、电脑知识和技能等，甚至还要在短时间里了解客人的性格喜好，参见图 5-4。

图 5-3 贴身管家：良好的礼仪、礼貌修养

图 5-4 贴身管家要有专业好的服务技能

链接

香格里拉酒店集团：贴身管家的招聘条件

贴身管家

发布日期：2006-07-08	招聘人数：若干	工作性质：全职
职位月薪：面议	最低学历：本科	工作经验：1~3年
城　市：北京	是否要求管理经验：否	职位类别：旅游/餐饮/酒店/娱乐

职位描述/要求：

要求

（1） 具备相关专业资格证书
（2） 具有五星级酒店之相关工作经验者优先考虑
（3） 良好的英文口头表达能力
（4） 个人形象较好

联系方式：

联系方式：

中国北京市朝阳区光华路1号
嘉里中心饭店人力资源部
招聘组 收
邮编：100020
（请在信封下角注明应聘职位）
传真：86-10-8529 9972
电邮：recruitment.hbkc@shangri-la.com

四、贴身管家的行为规范

贴身管家行为规范

(1) 永远记住客人是我们的衣食父母,应对她们表露发自内心的微笑。
(2) 视客人为至尊和朋友,努力使自己成为客人完全可以信赖的朋友和管家。
(3) 学会对客人使用充满魅力的敬语和服务语言,并始终使用尊称。
(4) 规范佩戴徽章、胸章,以自己修饰过的容貌和形象出现在客人面前并充满自信。
(5) 时刻铭记“以绅士和淑女的优雅姿态为绅士和淑女提供优质服务”。
(6) 理解客人,同时做到被客人所理解。
(7) 学会合作、善用协调、完美沟通,尽心、尽力、尽职、尽责地完成本职工作。
(8) 随身携带好自己的手表、笔、笔记本及纸巾,它们是您作为一名合格贴身管家的“贴身事侣”。
(9) 在对客服务中认识自我、在团队合作中完善自我、在沟通协调中超越自我。
(10) 牢记贴身管家的事业形象:绅士和淑女的姿态、职业般的素养、专业化的服务。努力成为优秀管家服务的设计者与优质服务的践行者。

五、贴身管家的工作内容

依据接待 VIP 客人的流程,贴身管家的工作内容可分为以下三个方面:

(一) 抵店前的沟通

在客人抵店之前,贴身管家就要与客人进行热情、礼貌地沟通,了解客人的行程,抵达时间,对客人表示欢迎,并为客人提供相关信息,这是贴身管家做好管家服务的第一步,参见图5-5。

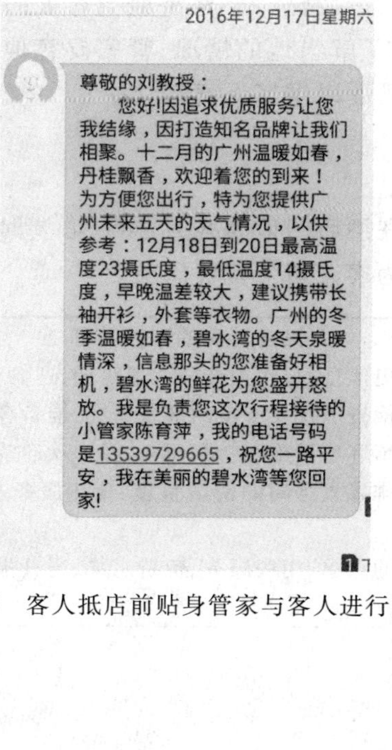

图 5-5 客人抵店前贴身管家与客人进行沟通

（二） 迎宾

根据与客人的沟通结果，了解客人抵店方式和所乘坐交通工具的抵达时间，做好迎宾工作。必要时，贴身管家要带上点心、茶水、毛巾（冷或热毛巾、依据季节而定）去机场、车站迎宾，参见图 5-6。

图 5-6 贴身管家准备的时令水果、点心

（三） 在店服务

贴身管家主要负责客人在酒店的“生活起居”，同时兼当客人的“业务助理”。其工作内容主要包括：办理抵离店手续；照顾客人生活起居；会议或会见安排；行程提醒；文件打印；衣物整理；生病护理；客房、餐饮预订；陪同购物、文化观光等。

曾经有位笃信伊斯兰教的中东老板入住某酒店，为了“做礼拜”，客人特别关注每日太阳升起的确切时间和方向。酒店的“贴身管家”便主动与气象局联系，查明每天日出的精确时间，还算出了“正东”的确切方位提供给客人，客人因此赞不绝口。

除了照顾客人的生活细节，“贴身管家”还要兼当客人的“业务助理”。特别对于高档商务客人而言，初来乍到，可能不了解当地的情况，管家要替他们向工商、税务等部门沟通、咨询信息；推荐并预订地方特色餐厅以供客人商务洽谈。

（四） 送行

客人离店时，贴身管家要在酒店门口为客人送行，必要时，要去机场（车站）为客人送行，使得接待服务工作有始有终，为客人留下良好印象。

贴身管家的工作内容

1. 客人抵店前检查客人的历史信息，与相关部门沟通协调，迎候客人的抵达。
2. 客人抵店前做好客房间的检查工作及餐室的准备情况，准备客人的房间赠品。
3. 引导客人至房间并适时介绍客房设施和特色服务，提供欢迎茶及行李开箱服务。
4. 与各前台部门密切配合安排客人房间的清洁整理、夜床服务及餐室、餐前准备工作的检查、点单和用餐服务。
5. 为客人提供客房餐饮服务的点单、用餐服务、免费水果、当日报纸的准备、收取送还客衣服务。安排客人的叫醒、用餐、用车等服务。

6. 对客人住店期间的意见进行征询,了解客人消费需求,及时与相关部门协调沟通予以落实。
7. 为客人提供会务及商务秘书服务,根据客人的需要,及时有效地提供其他相关服务。
8. 客人离店前,为客人安排行李、车辆服务,欢送客人离店。
9. 整理、收集客人住店期间的消费信息及生活习惯等相关资料,做好客史档案的记录和存档工作。

总之,贴身管家要通过对客人体贴入微、周到、私密性的服务,使客人感受到生活起居的方便和酒店的特别关怀,从而使酒店的服务上一个档次。

下面以香格里拉“贴身管家”为世界拳王霍利菲尔德服务为例,说明酒店贴身管家的服务内容和服务方式。

经典案例

香格里拉“贴身管家”为世界拳王服务

世界拳王霍利菲尔德大连之行已经结束了。在连期间,大连市民的热情好客、整洁美丽的市容以及良好的组织接待工作,给他留下了深刻的印象,特别是大连香格里拉大饭店在其入住期间提供的“贴身管家服务”,让他感到十分满意。

为了更好地为霍利菲尔德提供个性化服务,饭店充分利用香格里拉集团的优势,首先从霍利菲尔德中国之行上一站的下榻酒店——哈尔滨香格里拉大饭店得到了拳王生活喜好的相关信息,并指定了一名经验丰富的员工担任其贴身管家,为其提供24小时的专业服务。当霍利菲尔德抵达大连香格里拉大饭店时,贴身管家已恭候在其下榻的总统套房门前热情地欢迎他,并安排了专业按摩师立即为其进行放松按摩。当拳王外出参加活动期间,管家又亲自去为霍利菲尔德购买其喜爱的麦当劳1号套餐和苹果派,回来放入保温箱以便客人随时食用。在服务过程中,这位贴身管家发现霍利菲尔德吃不惯中餐,就主动为他每餐都准备了爱吃的全熟牛排和牛肉汉堡,令这位世界拳王喜出望外。当霍利菲尔德有客人来访时,管家会在门外等候,以便随时提供帮助……

六、贴身管家服务的组织模式

由于涉及服务成本问题,贴身管家服务一般只有高档酒店才提供,三星以下的中低档酒店没有必要提供贴身管家服务。

贴身管家服务可以有两种组织模式

(一) 临时模式

对于偶尔入住酒店的贵宾(如高级政府官员、体育明星、演艺界人士、企业高级行政人员以及其他社会名人等),临时抽调酒店精兵强将,充当客人的贴身管家角色。这种模式主要适用于接待贵宾数量不多的中小型高档酒店。所抽调的“临时贴身管家”,可以来自于客房部,也可以来自于酒店其他部门。

经典案例

客房虚拟 VIP 接待小组[①]

××大酒店根据客源市场的分析，定位于商务会议型酒店，以该店原有的服务模式，VIP的接待只有个别优秀的服务员才能担任，造成工作被动的局面。酒店专门召集了曾经担任过数次重要接待的 VIP 服务员进行商讨，经过 2 个月的酝酿，客房部正式成立了楼层 VIP 接待小组，成为一支重要的“虚拟团队”。优势在于最大化地利用现有的服务人员，不用增加酒店人员编制，且操作灵活，该小组成员平时各自立足于本职岗位，如遇重大接待及 V3 级以上客人入住酒店，由部门经理指定组长召集小组成员各赴 VIP 接待岗位，担任重大活动的接待工作。2 个月的集训中，小组成员接受餐饮知识、客房服务程序及标准、VIP 客人接待服务程序、VIP 房间的布置标准以及 VIP 房的插花、水果及食盒的包装和酒店专业英语知识的学习，并由部门培训老师制定相关专业技能的考核表及业务知识试卷，培训结束后对每位受训员工进行笔试和实操考试。在接到会议接待通知后，VIP 接待小组在组长的规划下进行接待预案的制订，着力于对宾客需求的了解，由小组成员各尽其责，有的收集宾客的个人喜好，有的负责房间的艺术插花；有的负责水果的包装，还有的进行房间个性化的布置。根据酒店所提供的宾客入住时间表，每个 VIP 服务员都被分配在贵宾所下榻的楼层做好专项服务。

通过 VIP 小组成员进行的实操，小组成员已成为顾客“专职管家”，如发现客人有过敏体质，VIP 服务员会提前在房间放上一个除异味碳包和一碟切好的菠萝皮，以起到净化空气的作用；床上有多余的枕头，说明客人喜欢高枕头……通过对信息的捕捉，对服务做出相应的调整，最大限度地满足 VIP 顾客个性化需求。

（二）固定模式

即在客房部（管家部）设立专职贴身管家岗位，为入住酒店的贵宾提供贴身管家服务。这种模式主要适用于经常有各类贵宾入住的大型高档酒店或各类高档精品酒店。

经典案例

给国际金钥匙组织主席做贴身管家

3 月 23 日

我因为工作表现突出被分派到 42 楼做贴身管家，接待国际金钥匙组织年会中的 A 级 VIP，所有安排都要做到一丝不苟。虽然我曾多次接待政府重要官员、社会尊贵名流，但面对这次接待还是有点手足无措，因为入住 42 楼的国际金钥匙组织主席罗杰先生是这次国际会议接待 VIP 中的 VIP，他是高星级酒店的服务精英，所以对服务的要求标准肯定是非常高的。因此我对罗杰先生的客房布置花了很多心思，客房里的鲜花、墙上的装饰画、窗帘的色

---

① 李榕. 虚拟 VIP 接待小组. 中国旅游报，2005-12-21.

调、床罩、沙发套，甚至卫生间的毛巾，我都做了特别的布置，不仅让整个房间充满一种温馨的暖意，而且使罗杰先生一进入房间就能感受到舒适。而在这之前，我和我的同事们一直都在准备如何让罗杰先生一踏入42楼时，就给他一种熟悉亲切的感受。由于罗杰先生是首次入住名都，没有足够的客史档案可以提示我们提供什么样的个性化服务，但我们有广泛的网络资源，我在金钥匙的网站上了解到他是法国人，在法国戛纳酒店任职。如果在每次见到罗杰先生时，我都能用法语问候他，想必也是一种惊喜，于是我抽空查阅了书籍，熟记了法语的问候发音并教会了我的同事。这样，在每一次电梯厅迎送罗杰先生时，我都用法语向他问候，在每一次楼道里碰到罗杰先生时，我的同事也都用法语向他问好，当他的微笑由惊讶转变为会心的时候，我能感受到客人对我们的服务是满意的。

3月24日

我的当务之急是要了解客人的生活习惯和要求，为客人提供个性化服务，尽力为客人营造家的环境，管家就是客人在家外之家的生活助理。我特意仔细观察了一下，觉得罗杰先生是一个非常注重细节的人，他携带了很多的行李。我在整理房间的时候看见他带来的12套正装礼服都摆放在床上，心想：这些礼服都是一些在正式场合的穿着，尽管罗杰先生没说要我熨烫，但我应该提前为他准备好。于是我就在最短的时间内把12套礼服都熨烫好，并将其整齐地挂入衣柜。晚上开夜床时，我还特意为他摆放了精心准备的夜床花，因为我知道他喜欢百合。罗杰先生回来的时候，特地询问了我："这花是送给我的吗？"在得到肯定的答复后，他开心地笑了。而当他发现已经整理妥当的衣物，更是感到意外，于是他的微笑更加灿烂了。

3月25日

挑剔的客人，总是能使我们的服务不断地改进，会使我们去思考酒店的高品质服务到底应该如何提供给客人。罗杰先生在金钥匙会议期间公事很繁忙，经常是早出晚归，每晚在电梯口看见他疲惫的样子，我都会上前问候他，让他多注意休息，别累坏身体。然后我会帮他准备好热茶和热毛巾，放好洗澡水和香薰浴盐让他好好放松一下。

3月26日

客人的需要就是我们的荣耀。"时刻关怀、高效便捷、无微不至、喜出望外"，这一直是我们追求的"开元关怀"，也是我们希望客人在名都所能体验到的。每天早上9点，我都会准时为罗杰先生整理房间，因为我知道这个时间既不会打扰到他，也能让房间最大限度地来一次"日光浴"。今天我在整理房间的时候发现他放在沙发上的一件衬衫竟然少了一个纽扣，我想：肯定是罗杰先生太忙了都没有留意衬衫的纽扣掉了。于是我先在房间附近寻找是否有纽扣掉落在地上，在确定没有的情况下，我马上去服装中心找寻与衬衫纽扣颜色样子相似的，因为罗杰先生的衬衫是国外的一个牌子，纽扣也与国内的样子不太一样，我找了很久都没有发现相似的，怎么办呢？晚上他还要参加一个晚宴呢！忽然我想到了我们的配送中心，他们那里说不定有，于是我在第一时间和那里的负责人联系上了，经过我的描述，他说应该有类似的纽扣，叫我别急，不久后他派人送来了纽扣。我终于在罗杰先生回来之前缝好了他衬衫上的纽扣。那天罗杰先生在晚宴结束后很晚才回到房间，第二天，我看到他留了一张小纸条，上面歪歪扭扭地写着中文：谢谢你。

3月28日

国际金钥匙组织年会结束了，罗杰先生也要回去了。说句心里话，我觉得挺舍不得的，他的微笑、他的拥抱、他的言语已经深深印在我的脑海里,他说他以后有空一定会来我们酒店,还让我做他的专职管家。

(杭州开元名都大酒店:凌源)

第三节 客房服务创新

进入21世纪,酒店竞争将更加激烈,酒店的经营管理和服务必须进行全方位创新。客房服务创新不仅是提高服务质量的重要方法,也是提高酒店竞争力的重要手段。客房经营管理者必须发动客房部所有员工对客房服务理念以服务的方式、方法、程序、内容等进行全面创新,从而给客人带来全新的住店体验。

本节将主要介绍几种客房服务创新的方法、思路和案例。

一、创新服务,注重细节

客房部可在客房内根据一年四季的变化不断变换问候卡,如“愿您拥有夏日的浪漫与激情,”又如“尊敬的宾客,您一路辛苦,赶快给家人报个平安吧”等暖人心肠的问候与关爱。亦可遇到住客生日,赠送玩具小熊猫、小松鼠等人见人爱的小动物玩具以替代常见的巧克力,其效果可能会带给客人更多的惊喜。若在VIP客房的布置中,在客厅显眼处摆上一缸活泼乱游的金鱼,附着翠绿的珊瑚草,这充满生气及灵性的小金鱼又会给客人带来多少惊喜;又如在新婚房中摆放象征着纯洁爱情的玉兰花或百合花,置放些花生、红枣等寓意着客人“永结同心、早生贵子”的吉祥物,定会带给客人更多的体贴与亲情,让客人实在地感受“家”的温馨。

二、以方便客人为前提

不少饭店强调客房内四方形电话机线应绕机一圈布置,以求美观,但客人在使用过程中极不方便,容易绊起电话机,应予调整。又如浴帘的拉启,萧山宾馆客房部原来的做法是在浴缸的尾部拉开,靠近莲蓬头一侧拉拢,为的是防止客人浴水外溅,打湿马桶盖。但细细琢磨,客人冲淋前大多喜欢调试水温,不得不先拉开浴帘,造成不便。因此,从方便客人的角度出发,他们将浴帘重新改为靠近莲蓬头一侧拉开。做夜床时,原先按规程应将客房中的床头灯亮度调至微暗,以营造就寝气氛。但随着现代社会客人的夜生活越来越普遍,客人进房后往往一下子还未打算入睡,昏暗的灯光通常会令客人不舒服,客人不得不自己动手重新调高亮度。为适应客人这一消费习惯,宾馆已将夜床服务规程加以修改,规定开夜床时将床头灯亮度调至最高档,以利营造明亮舒适的居家气氛。再如,某酒店最新改造的商务客房中,管理者在物品布置上特意在写字台靠近电脑接口插座及不间断电源插座附近留有空位,以方便商务客人摆放随身携带的电脑设备,体现宾馆对客人的细心关爱。

三、推行“中式管家服务”

三亚亚龙湾五号度假别墅酒店推行“中式管家服务”,并为此举办了新闻发布会。

亚龙湾五号度假别墅酒店推出的“中式管家服务”是“英式管家服务”和“菲佣服务”的发展和创新。据酒店董事长介绍,酒店充分吸收了中国古代豪门宅院由一个管家统领一个仆人群的传统服务模式,在服务中加入了亲情等中国传统文化元素,最终提炼出了一种独具特色的“中式管家”服务新模式。

“中式管家”主要包括私人管家、贴身保姆、高级厨师和专职司机四项服务内容。管家与贴身保姆、高级厨师、专属司机共同组成一个服务小组,管家主要负责安排及统筹其他三人的工作和各部门之间的协调,同时还要具体负责客人的行程安排、景点介绍与组织聚会、宴会、代购机票等其他委托服务;贴身保姆主要负责日常起居清洁、烹饪家常菜、洗衣(水洗)、擦鞋、婴儿看护、海边游览、物品租借、代收物品、叫醒等24小时个性化贴身服务;高级厨师负责别墅内家宴、聚会、烧烤等高档烹饪;专属司机每天免费提供10小时专车服务。另外,根据客人需求,酒店还在此基础上提供保安、清洁工、园丁、财务等公共服务。

四、在商务客房设置“管家服务箱”

商务客房的功能已成为宾客的第二办公室,客人需要安静的办公和休息环境,苏州亚致精品饭店在充分研究商务宾客需求的基础上,对客房服务的流程进行了精心的设计。客房服务尽量减少服务员进房的次数,在衣橱内设计了一个管家服务箱,服务箱在客房内外都可以开启。服务箱内外都设置提示灯,宾客若需洗衣、擦皮鞋,可将填好的洗衣单和衣服、鞋子放入服务箱内,打开提示灯,管家发现后,取出宾客的物品,待衣服洗好、皮鞋擦过再悄悄放入服务箱。宾客其他服务也可以通过服务箱相互传递。这种客房服务流程的设计,最大限度地减少服务员进房的次数,是对“无干扰服务”理念的最好诠释。

五、为过生日的客人用花瓣在床上摆出“Happy Birthday”

云南丽江的悦榕庄酒店,会为过生日的客人悄悄升级漂亮客房,还会特意布置温馨的装饰,并且用花瓣在床上摆出“happy birthday”,茶桌上除了水果也赠送了香槟蛋糕和一封祝福欢迎的感谢信,这让很多客人感动不已,参见图5-7。

六、其他创新思路

- 每周日,女性顾客会收到客房赠送的康乃馨(三藩市,Chancellor Hotel)。
- 酒店会赠送一个刻有酒店名字的充气式24英寸风筝给儿童顾客(科罗拉多,Wynfield Inn)。
- 酒店为最忠诚的顾客保留一双印有其名字的拖鞋(东京,Palace Hotel)。
- 初次入住的顾客被邀请回答一个可多项选择的偏爱问题,上面的问题范围从首选的

图 5-7 天鹅造型

房间位置到最喜欢的印刷品和报纸(米兰,Hotel Michelangelo)。

• 枕头的高矮对客人的睡眠有着非常大的影响。可是现在不少客人发现住在饭店,枕头总是不合适,经常是一个枕头低了,而两个枕头又高了。所以,饭店是否可以再配备一个比正常摆放的枕头低一点的枕头,放在衣柜里供客人选用。

• 对于客人洗好的衣物,按礼品包装方式送达,并用一朵新鲜的兰花加以装饰(泰国曼谷,东方饭店)。

• 在酒店客用电梯旁,每晚都放置苹果和巧克力(新西兰,丽晶大酒店)。

经典案例

创新服务 雅禾国际大酒店的辉煌!

一家地理位置、服务功能皆不占优势的酒店,开业6年后,不仅创造出淡季不淡、客房出租率85%的奇迹,还将很快输出管理。雅禾国际大酒店,靠什么取得了今天的成绩?

亮点一:花瓣床

与雅禾相识,缘于一次出差。开始关注它,缘于迈进房间的第一步。电梯门打开时,楼层服务员早已在门旁恭候。快走几步,服务员提前打开门。走进房间,放好行李,才一回身,服务员已把拖鞋放在脚边。此刻,桌上噗噗的声响提示着水恰巧烧开了。

晚上,回到房间,几片花瓣、一张字条,唤醒了我久违的感动。娇艳的玫瑰花瓣,拼出一颗赤诚的“心”,在洁白的床单的映衬下,醒目、真诚。床头柜上,有一张小小的字条,“工作了一天,您一定累了吧?到房间后洗个热水澡好好休息,把奶和水放在此处,便于您饮用。”署名:您的管家小王。称不上清秀的字体,也不华丽的辞藻,带出的却是一股春风拂面般的温暖,又一次被感动。

“其实,雅禾的花瓣做床是从2004年开始的。”雅禾国际大酒店副总经理苑颖回忆说,2002年开业的雅禾国际大酒店,地理位置、服务功能皆不占优势。雅禾国际大酒店位于日照市老城区的西南角,属于新老市区交界地,也是城乡交界处。由于酒店是在写字楼的基础上改造的,因而先天上布局就不太合理,大堂不大,房间也不大,尤其在功能上,会议室建设的不健全,使得雅禾从开业之初就丢掉了会议市场。而在最初的两年,这些硬伤险些将雅禾逼入绝境。2002 年到 2004 年,雅禾先后交由三家酒店管理公司经营,效益都不好。2004 年,雅禾毅然结束了与酒店管理公司的合作,决定自主经营。

既然拼实力、拼硬件,雅禾拼不过。小家碧玉型的雅禾,就要在软件上下功夫,切入点在哪里?

2005 年年初,自主经营的雅禾首先确定了服务精神:亲亲雅禾,用心做家。

苑颖说,当时,酒店管理层的出发点十分朴实,就是怀着感恩的心把每一位客人照顾好,把客人当家人,用真情打动客人,用行动让客人体会到这种心情。"2004 年年末,我们首先在客房开展了细微化服务。"苑颖解释说,之所以首先选择客房部,也是觉得客房服务很枯燥,而且不容易显成效。服务员总是在默默地工作,很少面对客人。"我们鼓励客房服务员创意性地做床,2008 年还专门开辟了创新奖。"苑颖说,到今年,雅禾客房的花瓣床已经形成了几十种花形,对于花瓣床,酒店也不打算做出具体化的硬件规定,只要不乱、不杂,不弄巧成拙,尽量不重复就好。几年的摸索,雅禾的"花瓣床"也逐渐地形成一种规律,第一次住店的客人,通常就用玫瑰花瓣做成心形,第二次,就可以在花里写上一句话,做个笑脸,用绿叶衬托花瓣等。

亮点二:小纸条

"花瓣床"很容易被复制,今天,仅就山东省内,不少酒店都在提供"花瓣床"服务,造型也并不比雅禾单调。那么,雅禾所独具的特色又在哪儿?

从日照返京,三张楼层管家写给我的小纸条被我郑重地存放起来。一张是小王的,提醒我"洗个热水澡好好休息",另外两张是小潘的,提醒我"春暖乍寒,外出时加件小外套,以免着凉!","出门在外的工作很辛苦,多喝点开水有益身体健康。"三张薄薄的纸,一颗急客人之所急的心,温暖、贴心。下一次来日照,还住雅禾,我对自己说。

"推出小纸条,也是想建立一种客房服务员和客人间沟通的渠道。一开始,有人提出是不是不要客房服务员写,怕字体不好看。我们说,不,一定要服务员自己写。字好不好看不重要,重要的是一颗为客人服务的心,写什么也由服务员自己决定,只要是想对客人说的话,都可以在小纸条上写出来。"苑颖说。慢慢地,开始有客人回应小纸条了,一句简单的"谢谢"、"您辛苦了",可以让整个楼层的服务员们都跟着兴奋好几天,"回馈"被服务员们细心地珍藏起来。再后来,客人跟服务员成了朋友,下次来雅禾,即便不住这层,他们也会找到这个服务员,问候一声,聊上几句,临走时,也要当面跟服务员道别。客房服务员们觉得,自己的工作客人看到了,干劲更足了,服务自然也越来越好了。

亮点三:客房配书

"别的酒店,床头柜上放的是电话、水等,我们不,我们放书,根据客人性别、习惯的不同,书也有所不同。女士的房间里,我们会放一些美容、健康方面的书,管理者的房间,我们会提供管理方面的书。而且这些书都是一小段一小段的,小故事,大道理,短时间内就能看完,也有客人看着好买走的。"苑颖说,酒店的高管们出差时都有一项任务,就是逛书店,现在流行什么书,他们一清二楚。

亮点四:提供 GRO 服务

"我们还配备了客户关系主任,也就是 GRO,客人进门,他们要奉上一杯茶或是冰水、一条热毛巾,让客人解解暑,暖暖手,客人退房时,又会送上免费的矿泉水。GRO 把客人送到门外，询问客人对酒店的评价，并做好记录，给客人回馈。”

亮点五：总台配客用电脑

“我们在总台配了一台电脑，也是让客人入住或者退房的时候利用等候的时间上上网。后来，我们干脆推出了免查房服务，现在，90%的客人都能享受免查房。”

亮点五：“联房卡”

“几位客人同时入住时，我们会提供联房卡，告诉客人您同来的朋友都住在哪几个房间，方便客人间联系。”

本章小结

- 个性化服务是服务行业的发展趋势，酒店行业也不例外，要进一步提高酒店服务质量，必须在规范化服务的基础上，为客人提供个性化服务。
- “贴身管家”服务是一种古老的服务方式，如今已被引入高档酒店，国外私密性强的高档酒店早已有之，而这一概念和服务方式引入我国酒店业，则是近几年的事，并在我国高档酒店有迅速蔓延之势。“贴身管家”服务与个性化服务一脉相承，可以说，是个性化服务的延伸力表现形式之一，符合未来酒店业发展趋势。
- 客房服务创新是提高酒店服务质量的重要方法，也是锻造酒店核心竞争力的重要手段，酒店管理人员要发动员工对客房服务的方式、方法、内容等不断创新。

复习思考题

1. 解释下列概念：

   个性化服务　“贴身管家”

2. 客房部提供个性化服务的意义是什么？
3. 简述“贴身管家”的服务内容和服务方式。
4. 如何对客房服务进行创新？

案例分析

一封写给部长的欢迎信

某酒店在一个大型会议期间，要接待一位重要客人：一位来自北京的某部长。为此，酒店做了精心的准备，并以总经理的名义在部长将要下榻的房间摆放了“总经理欢迎信”。以下是欢迎信的内容。

> 尊敬的×部长：
>
> 欢迎您莅临美丽的古城西安！欢迎您入住××大酒店！
>
> 作为陕西省××厅直属酒店，我们一贯坚持“文化古都，历史古都，美食古都，欢乐古都”的经营理念，竭诚为每一位宾客提供至诚至臻的服务。

> 在此提醒您入住期间,请注意以下事项:
> - 请留意房门后的消防疏散图。
> - 淋浴时请使用浴室的防滑垫。
> - 使用热水壶时,小心烫手。
> - 如需万能插座,请拨打分机“53”借用。
> - 请将贵重物品存放在保险箱内。
> - 当您离开房间时,请随手锁好房门。
>
> 在您入住期间,如需要任何帮助,请拨打内线分机号码“6”与宾客服务经理或我本人(136……)联络,我们将乐意随时为您提供服务。
>
> 衷心祝愿本次第十一届中国艺术节评审会议圆满成功!
>
> 祝您入住愉快!
>
> ×××
>
> 总经理
>
> 2017 年 9 月 26 日

问题:作为个性化服务,以上该酒店以总经理的名义写给对这位部长的“欢迎信”有何不妥吗?如果你是总经理秘书或客房部经理,你将如何完善?

补充与提高

什么是“英式管家”?

“英式管家”是现代酒店贴身管家的前身。也就是说,现代酒店的贴身管家来源于有悠久历史的“英式管家”。

我们从好莱坞电影中形成有关英式管家的印象:一位身着白色西服,带着白手套的男士站在宴会厅门口对进来的每一位客人颔首致意:“罗宾斯小姐,您今天的晚礼服真漂亮”“啊,温杰森夫人,您总是这么神采奕奕!”他一边说一边帮绅士淑女们将外衣脱下,交给身边的佣人保管,之后他走到一位派头十足的男子身侧,低头耳语:“客人已经来齐,我们是不是开始?”……这样的镜头我们常在电影里看到,像这样温文尔雅的先生,就是我们印象中的管家。

“英式管家”在西方已经有六七百年的历史了,是世界上家政服务领域的经典名词。它起源于法国,但职业理念和职责范围的成熟是在英国完成的,并将其臻于艺术化。从过去到现在,英式管家在豪门中扮演的角色是相当多元化的,举凡购物、管理家庭财务、准备餐点、送孩子上学,洗熨衣物、招待客人、准备晚宴等,都由管家交代工人执行,最后监督验工。如果把豪门富户家的佣人们比作是一个团队的话,英式管家就是他们的CEO。

英式管家首先要具备从容应付主人晚宴的能力,而操办一次晚宴是极其烦琐的。布餐具之前,桌子上的东西全部清理掉,把刚熨过的台布铺上来,然后定椅子的位置,最靠边的椅子距离桌角的长度和椅子之间的长度要一致。椅子位置固定好了,接下来要放鲜花和烛台,一般放4个烛台,每个烛台上插5支蜡烛,这5支蜡烛要一般长,4个烛台上的蜡烛无论从哪个方向看都要成一条线。布好烛台就该放盘子了。盘子要放在每位用餐者的正前方,之后相应的摆上3套刀叉,4种杯子。还要根据上酒的顺序来调整杯子的位置。座椅、盘子、酒杯之间的距离都要用尺子量好,而不能以目代测。

上菜时,管家要带领下人进去,每个人的动作要协调一致,他们双手托盘,拇指指尖要在盘沿以外,走进餐厅先绕桌一周,停下来时要每人对应一位主人,并站在主人的侧后方,双脚呈丁字步。站好后抬眼看管家的暗示,大家左脚向前滑步,右手背后,同时放下托盘。再看管家施令,同时掀起盘盖,然后排队离开。上菜的方位也有讲究,比如上菜从左边上,饮料酒水从右边上。上酒水要说的话也是固定的,比如问主人要不要把酒杯中的陈酒倒掉,换新的酒,就说:“refresh?”问要不要再来点就说:“ tempt?”,这个程序的要旨就是优雅,每个动作都要给人以美的享受。

熨报纸是一项历史悠久的管家服务,很早以前,管家就开始将熨过的报纸和早餐一起送到主人的卧室。熨报纸的目的是杀灭报纸上面的病菌,同时可以让未吃进纸张里的油墨充分干透,以防主人读报后弄一手黑。熨斗一定要是专门用来熨报纸的。“要不当天的头条新闻就会出现在主人的衬衫领子上了。”每天管家给主人送早餐时,要把熨过的报纸折成方块放在盛有早餐的银盘下(不过这种服务即使在英国的贵族家庭也很少有人用了),进门后先把早餐放下,把报纸递给主人,然后径直走到窗前把窗帘拉开。

敲门是管家们在日常工作中经常会做的动作,管家如何敲主人的门也很有讲究。早上起来,管家进主人卧室要轻敲3下门,如果里面没有回应,心里默数到10再敲,如果还没有回应,就可以直接推门进去了。如果推门进去后主人不便见客,比如没穿好衣服,那就应该马上退出去。但如果发生了紧急情况,即使主人让管家出去,管家也要坚持告诉主人发生了什么事。

做管家最重要的是细致。主人要出游,管家事先得做出一个详尽的计划。路线的安排中一定要有医院,如果有突发情况比如小孩爬山受伤,马上就能想到去哪就医。一般至少要设计两条路线,预防堵车或者说这家医院不行,要去另一家医院。虽说这些计划都是以防范为主,但一点都不能疏忽。

管家要时刻保持警觉,比如叫车。保护主人上车时,管家要面向车头,打开车门之前要左右环视一下,这样即使真有妄图行凶者也可以暗示他你是有防备的。打开车门后管家应该站在车门的后面,这样如果有紧急情况前面有车门挡着,后面有管家挡着,可确保主人的安全。

总之,英式管家需要极高的自身素质,一般的英式管家要求拥有丰富的生活知识与专业素养:熟知各种礼仪,佳肴名菜,名酒鉴赏,水晶银器的保养;更高档次的管家,甚至要上知天文、下通地理,才能为那些高档次的客户服务。贵族豪门家中的管家,他们不仅深得主人的信任与倚重,有时候主人更会将他们视为家庭中的一分子,事无巨细,都会交由管家打理。很多大家族的管家是世袭的,管家的后代通过耳濡目染对家族的情况非常了解,而家族也容易对老管家后代产生信任。

酒店经理人对“经理的困惑”的答复：

Re：四星级酒店有必要设“贴身管家”吗？

邹逢春 山西天贵国际酒店 房务经理

贴身管家这个岗位在豪华商务酒店或度假型酒店有必要设置，以便满足客人的个性化需要。

对于这个职位，一般应该设置为兼职较好。因为酒店里要满足客人的服务需要，可以因事设岗，但是需要这类专职贴身管家服务的机会在普通酒店的概率不是太高，从人力资本的角度来看，应该设置为兼职的，闲时在其他岗位从事工作，忙时从事自己的专职工作。

与之相反，豪华商务型酒店或度假型酒店设为专职较为妥当，以体现尊贵客人的服务理念和提供全方位服务，彰显客人尊贵身份。

贴身管家的工作内容、方式、程序可以按以下几个方面进行设计：

- 从客人预订后开始的一切服务内容均有贴身管家进行。如到店引领、入住登记在房间办理、用餐、生活起居等等都应考虑在内。
- 客人的活动日程均有贴身管家协助安排车辆或是其他相关服务。
- 在当地的参观、购物、旅游等活动，在客人需要的时候也可以陪同。

特别值得注意的是：所有的服务内容和程序虽然拟定，但是在服务客人时必须以满足客人的合法合理需要为目的，不能因为遵守了所谓的服务标准而不能提供给客人真实需要的服务，就与设置这个岗位的初衷背道而驰了。

姜东皓 北京中旅大厦客务部经理（北京客务经理协会理事）

关于贴身管家，要根据酒店客源结构的具体情况定，对于目前中国的大部分四、五星级酒店来说还没有必要设置专职人员提供该项服务，因为客户群的消费理念还没有达到，换言之现在认为应该为此而付费的人还没有多少，如果少数酒店的客户有这方面的需求，还要盘算一下投入和产出的关系。如果设置此项服务，建议还是培训少数人兼职，贴身管家即客人吃、穿、住、行的高级顾问和高级代办，在

制定工作内容、程序和标准时要根据酒店地域的具体情况围绕这两个宗旨来考量，建议逐步加项，不要一下子大而全。

即 测 即 评

第六章　客房卫生管理

客房卫生工作主要包括客房的日常清扫、客房计划卫生和酒店公共区域的清洁保养等几方面的内容。

卫生，是客人对酒店客房的最基本要求，也是客人决定是否选择某家酒店时首先要考虑的因素，因此，做好客房的卫生管理具有极其重要的意义。卫生管理是客房部管理工作的永恒主题，需要各级客房管理者常抓不懈。

本章学习目的：

- 掌握客房清洁知识。
- 了解客房清扫程序及其相关管理问题。
- 熟悉客房计划卫生的组织和管理工作。
- 掌握对客房清洁质量进行控制的方法。

关键术语：客房清扫　公共区域　计划卫生

Key Terms: Housekeeping, P.A., Planned Sanitation

经理的困惑

——客房服务员不按操作规程工作怎么办?

酒店一般都要求客房服务员在做房时,要用不同的抹布擦拭不同的部位(浴缸、洗脸盆、马桶等),并禁止员工把刚从房间撤下的脏布草当抹布用,可实践中,很多酒店(包括国外的酒店)的员工在搞房间卫生时,为了图方便、省事,在搞卫生时,并没有分开,而且总是喜欢用撤下的床单等来擦浴缸,甚至擦马桶,对此,总是屡禁不止。作为客房管理者,对此应该加以理解,睁一只眼,闭一只眼呢,还是要严格管理?如何才能有效地防止这种情况的发生……

第一节 客房清扫作业管理

客房清扫是饭店每天要进行的工作。客房的清洁程度是客人入住酒店最关心的问题之一,同时也是客人选择酒店的标准之一。整洁的房间,优雅的环境能使客人心情舒畅、轻松愉快,因此服务员必须按时、按服务规程和标准的要求,认真、高效地清扫客房。

清扫客房时要注意有些项目是每天都要进行的工作,如床铺的整理、地毯的除尘、写字台的干擦等。而有些项目则是隔一段时间才进行的工作,如翻转褥垫、换床罩、除污、维修等,其间隔有的是周期性的,有的则是不定期的,视具体情况而定。

一、不同类型房间的清扫要求

客房状况不同,对其清扫的要求和程度也有所不同。一般来说,对于暂时没人居住,但随时可供出租的空房(vacant),服务员只需要进行简单清扫或小扫除;对于有客人住宿的住客房间(occupied)以及客人刚刚结账离店、尚未清扫的走客房间(check-out),需要进行一般性清扫或中扫除;而对于那些长住客人离店后的客房以及将有重要客人(VIP)光临的客房则要进行彻底清扫或大扫除。

进行简单清扫,服务员只需要视具体情况每天擦擦灰尘;过几天吸一次地毯、检查一下设施设备是否管用,看看卫生间水龙头是否有锈水(如有黄色的锈水,则应打开水龙头1~2分钟,把它放掉);如室内空气不新鲜,也应打开窗户换换空气;调节温度,使室温比较适宜。

进行一般清扫,还需要整理床铺、撤换脏布草(床单、枕套、浴巾、毛巾等)、补充客房用品并较为全面地清扫客房(倒垃圾、倒烟灰缸、擦洗卫生间、整理衣物……)。

长住客人离店后,要进行彻底清扫,要仔细地刮地毯,进行地毯除污,认真擦洗客房内各个角落、设施设备的里里外外,如墙纸脱落或有污损,还应更换墙纸,翻转褥垫甚至撤换窗帘。此外,接待重要客人的房间也应进行大扫除,除污、打蜡、抛光,做到窗明几净,没有尘埃,床也要铺得整齐、美观、没有折皱,床单上不留任何污迹。

二、清扫作业的标准时间

清扫作业的标准时间是客房管理者确定服务员工作定额和进行客房定员的依据。

打扫一间客房需要花费的时间,取决于:

- 服务员体力的大小;
- 服务员工作经验的多少;
- 服务员劳动熟练程度的高低;
- 服务员做床方法的科学与否;
- 客房面积的大小;
- 床的大小;
- 客房状况的不同(空房、走客房、VIP 房…);
- 客房类型的不同(单人房、双人房还是套房);
- 住客素质的高低。

一般而言,各种不同类型的客房所需要的清扫时间大致如下:

单人房:20~25 分钟;

双人房:25~30 分钟;

套间:50~60 分钟。

由此可见,清扫一间客房平均需要 25~30 分钟,按照这个标准,在美国,每个服务员每天清扫的房间数在 14~16 间,而我国很多地方的酒店每个服务员每天打扫的房间数还不到 10 间,工作量明显不足。但近年来,情况已经发生很大变化,越来越多的酒店(特别是南方城市的酒店)为了提高工作效率,节约人力资源开支,适应竞争的需要,纷纷开始加大服务员的工作量,将服务员的工作定额提高到 15 间/人天,已基本上向国际标准看齐。

三、不同类型房间清扫的先后顺序

为了提高客房利用率和服务质量,客房清扫要根据实际情况,按一定的先后次序进行。客房清扫顺序应根据酒店淡旺季的不同,而有所不同。

(一) 淡季时的清扫顺序

淡季时,应按以下顺序进行:

(1) 总台指示要尽快打扫的房间。

(2) 门上挂有“请速打扫”(make up room immediately)牌的房间。

(3) 走客房(check-out)。

(4) “VIP”房。

(5) 其他住客房。

(6) 空房。

(二) 旺季时的清扫顺序

旺季时,酒店用房紧张,客房清扫顺序与淡季时应有所不同。一般来说,旺季时,要依照下列顺序进行:

(1) 空房。空房可以在几分钟内打扫完毕,以便尽快交由总台出租。

(2) 总台指示要尽快打扫的房间。

(3) 走客房间(check-out)。旺季时,应优先打扫,以便总服务台能及时出租,迎接下一位客人的到来。优先打扫走客房的意义还在于可以及时发现是否有丢失或损坏室内物品,如有,则及时报告客房部或前台结账处以便酌情处理。另外,这样做还可以及时发现客房内是否有客人的遗忘物品以便及时送交客人。

(4) 门上挂有“请速打扫”(make up room Immediately)牌的房间。

(5) 重要客人(VIP)的房间。

(6) 其他住客房间。

四、客房清扫的一般原则和卫生标准

(一) 客房清扫的一般原则

(1) 从上到下。例如,抹拭衣柜时应从衣柜上部抹起。

(2) 从里到外。尤其是地毯吸尘,必须从里面吸起,后到外面。

(3) 先铺后抹。房间清扫应先铺床,后抹家具物品。如果先抹尘,后铺床,铺床而扬起的灰尘就会重新落在家具物品上。

(4) 环形清理。家具物品的摆设是沿房间四壁环形布置的,因此,在清洁房间时,应按顺时针或逆时针方向进行环形清扫,以求时效和避免遗漏。

(5) 干湿分开。在抹拭家具物品时,干布和湿布要交替使用,针对不同性质的家具,使用不同的抹布。例如,房间的镜、灯罩,卫生间的金属电镀器具等只能用干布擦拭。

(二) 房间清洁卫生标准

- 眼看到的地方无污迹。
- 手摸到的地方无灰尘。
- 设备用品无病毒。
- 空气清新无异味。
- 房间卫生达“十无”。

附:“十无”

扫一扫,了解房间卫生标准“十无”

五、客房清洁剂的种类及使用范围

清洁剂是客房部服务员在进行客房清洁和保养工作时所必需的用具和物品，选择和使用合适的清洁剂不仅可以增强工作效果，提高工作效率，而且对于做好客房设施设备的保养工作具有重要意义。客房管理人员应该熟悉各种清洁剂的性能和使用范围。

按照不同的划分方法，客房部使用的清洁剂可以划分为不同的类型。

（一）按清洁剂的化学性质划分

按照化学性质，清洁剂可分为以下几种类型：

1. 酸性清洁剂

一般含有盐酸、磷酸、硫酸和醋酸等酸性化合物。可用于清洁茶渍、咖啡等碱性物质。另外，酸性清洁剂还可以用来还原氧化物，故常被用来去锈，清洗冷气机的蒸发器及冷凝器。含浓硫酸的清洗剂，则主要是利用其脱水性。

2. 碱性清洁剂

含氢氧化钾、氢氧化钠或其他碱类，可以清洁酸性污渍。另外，碱性清洁剂还可以用来清洁油污，因为它可以将不溶于水的油脂变成半溶于水的物质。强碱（如氢氧化钠）非常活泼，故亦常被用作起蜡剂，因为它能将蜡水中的金属链切断，令“亚力加块”浮于水面，从而起到起蜡作用。通常，碱性清洁剂的应用最为广泛。

3. 中性清洁剂

含合成化合物，呈中性，其“清洁”能力不很显著，主要用于“保养”方面，一般不会损坏物体之表面。

（二）按用途划分

按用途划分，常用的清洁剂有以下几种：

1. 多功能清洁剂

这种清洁剂呈中性，多用于去除家具表面的污垢、油渍、化妆品渍，有防霉功效。原装的清洁剂为浓缩剂，使用前要根据使用说明进行稀释。此种清洁剂不能来洗涤地毯，对特殊污垢作用也不大。

2. 三缸清洁剂

马桶清洁剂属酸性清洁剂，能去除马桶、便池上的污垢，有较好的除臭、杀菌功效。使用时必须在马桶、便池有水的情况下倒入少许，稍过片刻用毛球轻轻刷洗，再用清水冲净。日常清洁三缸最好选用碱性剂，以利保养。

3. 玻璃清洁剂

客房内的玻璃和镜面，特别是卫生间内的镜面常有一些不易清除的污迹，像油渍、化妆品迹等。清除这类污迹使用装在高压喷罐内的玻璃清洁剂效果最好。使用时对准污迹喷洒少许，然后用干布擦拭便可光亮如新。

4. 金属抛光剂

客房内有很多金属制品，像门锁把手、水龙头、浴缸配件、扶手、卷纸箱、毛巾架、浴帘杆等,容易染上手印和锈蚀。这种抛光剂只对金属制品除锈去渍有效。使用时用抹布蘸上抛光剂或将抛光剂直接喷在物件上,用干布反复擦拭直至光亮为止。

5. 家具蜡(家具保养蜡)

为使家具保持光洁,服务员按计划卫生的要求定期对家具物品上蜡保养。客房部选用的家具蜡多为浓缩乳蜡,家具蜡能较好地为木质家具、皮革制品去污除尘,并能在家具表面上形成保护膜,防尘、防潮、防污。使用时只需在家具物品上均匀喷洒,再用柔软的干布来回擦拭,即能光亮如新。

6. 空气清新剂

空气清新剂含有香精和杀菌成分,喷洒在客房内或大厅中,有灭菌和清新空气的作用,且芳香四溢。但有些客人不喜欢空气清新剂的香味,因此,在住客房中要慎用。

7. 杀虫剂

杀虫剂含除虫菊脂,能杀灭像蟑螂、苍蝇、蚊子等害虫。客房区内一旦发现虫类,应立即施放杀虫剂。杀虫剂属于易燃品,所以要谨慎使用和妥善保管。

六、客房清扫时的注意事项

在整理客房时,应注意下列问题:

(一) 以不打扰客人为原则

做客房卫生时,应选择客人不在房间时进行,以免打扰客人工作或休息。此时,应正确判断客人是否在房间。假如敲开门后,发现客人在房间,需要问明客人现在是否可以整理房间,征得客人同意后,方可开始做房。

(二) 敲门时,应报明身份

进入房间做卫生时,要报称:“Housekeeping”,同时要注意敲门的声音大小适中,不可过急,力度过大,否则,不仅是没有礼貌的表现,而且还会使房内客人受到惊吓,或给客人带来不便。有些性急的服务员往往敲一下门进房,还有些从门缝里瞅,这些都是缺乏礼貌和修养的表现。

(三) 不得在客房内做清扫之外的其他事情

不得在客房内吸烟、吃东西、看报刊杂志(特别是客人的书刊)。

(四) 不得使用客房内设施

服务员不得使用房内厕所;不得接听客人电话,也不得使用客房内电话与外界通话。除维修、检查外,不得收听、收看客房内音响、电视机;也不许躺或坐在床上休息。

(五) 清理卫生间时,应专备一条脚垫

服务员清理卫生间时,进出频繁,卫生间门前的地毯特别容易潮湿、沾污、发霉,日久天长,这一部位较之室内其他部位会提前损坏,破坏客房地毯的整体美观。因此,服务员在清

扫客房时，应随车带上一小块踏脚垫，工作时，将其铺在卫生间门前，工作后收起带出客房，以保护房内地毯。

（六）清洁客房用的抹布应分开使用

客房清扫使用的抹布必须是专用的。一般应配备6块抹布，其中：房间2块（湿、干各1块）；卫生间4块（擦马桶1块，擦浴缸、面盆1块，擦地面1块，镜布1块）。房间抹布及擦拭镜子的抹布应用平布，其余用毛巾。另外，根据不同的用途，应选用不同颜色、规格的抹布，以便区分，防止交叉使用。用过后的抹布最好由洗衣房洗涤消毒，以保证清洁的高质量。

（七）注意做好房间检查工作

服务员在做客房卫生时，特别要做好房间的检查工作。除了在抹尘时要检查房内电器设施设备以外，还要检查一下淋浴器、抽水马桶等设施是否好用。发现问题应记入“客房服务员工作日报表”里“备注”一栏。必要时，还要填写“维修通知单”。并以书面或电子的方式及时通知工程部进行维修（紧急维修可先用电话报修后再补开报修单）。由客人造成的设施设备的机械损伤。还要由客人负责赔偿。

如果是走客房间，服务员还应检查一下床上、枕头下、桌面上、抽屉里是否有客人的遗留物品，如钱、手表、录音机、戒指、书、衣物等。如果发现有客人遗留的物品，则应在“工作日报表”上注明遗留物品的名称、发现地点以及发现时遗留物品的状况等事项。并立即上交客房部经理室或总服务台（视酒店不同规定而定）。同时由接收遗留物品的有关人员填写客房“遗留物品登记卡”，然后将遗留物品加以妥善保管。

（八）不能随便处理房内“垃圾”

清理房内垃圾时，要注意扔掉的瓶、罐必须是空的，而且要确认所扔掉的报纸、杂志一定是客人废弃不用的。不可将这些报纸、杂志随便扔掉或擅自留归己有。有些东西，如一份画报，服务员很难判断到底是客人遗忘在房内的，还是废弃不要的，这时也应上缴或请示楼层领班加以处理。

经典案例

隐形眼镜不翼而飞

王先生夫妻俩来广州旅游，住进一家五星级酒店。第二天一早他们去吃早餐，准备回来后去越秀公园转一转。可是当他们回到房间时，王夫人发现自己的隐形眼镜不见了，她说：“刚才去吃早餐前还看见了呢。”于是他们四处查找，哪儿都没有。无奈，王先生向酒店提出投诉。经核对，王先生夫妇二人去吃早餐，从出门到回房，准确的时间是50分钟，而在这一段时间内，只有实习生小平进入房间打扫卫生。小平回想当时的情景，发现自己不小心把杯子里的隐形眼镜和药水当作剩水给倒掉了……

（九）浴帘要通风透气

我们常常发现浴帘易长霉斑点，给人一种不洁之感。即使服务员擦干了清洗后的浴帘，但不可能十分干燥，此时若将浴帘束成条状拢在浴缸尾部，就会造成浴帘产生霉斑点的情况。因此，应适当地展开浴帘，让其通风透气。方法是将浴帘朝浴缸尾部方向较松散地展开（与卫生间门的宽度相当）。

（十）电镀部位要完全擦干

在打扫卫生间时，服务员必须要用干抹布（绝不能用湿布）将卫生间洁具上，特别是电镀部位的水迹擦干，否则，电镀部位很快就会失去光泽，甚至留下深色的斑块，严重的还会生锈。

（十一）不得将撤换下来的脏布草当抹布使用

清扫卫生间时一定要注意卫生，绝对不能为了方便而把毛巾、脚巾、浴巾或枕巾、床单等撤换下来的脏布草当抹布使用，擦拭浴缸、马桶、洗脸池甚至客房内的水杯，也不能把擦洗浴缸马桶或洗脸池的不同抹布混用。

（十二）拖鞋应摆放在床头柜下

国外的酒店一般在客房不提供拖鞋，但国内酒店通常都将拖鞋作为客房低值易耗品为客人提供。有的酒店将其摆放在床前；有的摆放在沙发前；有的摆放在写字台下；还有的则摆放在壁柜里。实际上，将拖鞋摆放在上述地方都不合适，因为，摆放在壁柜里或写字台下不容易被客人发现，失去了摆放的意义；放在床前或茶几（沙发）前，虽然容易被发现，但不雅观。那么，到底应将拖鞋置于何处呢？我们认为，将其放在床头柜下比较合适，既方便客人，也不影响房内整洁。但在做夜床时，应该将拖鞋从床头柜拿出来，摆放在床侧，方便客人使用。

（十三）房内物品的摆放，要注意将商标面对客人

房间物品的补充要按照酒店规定的品种、数量及摆放要求补足、放好，并注意将商标面对客人。

（十四）损坏客人的物品时

进行住房清扫卫生工作时应该小心谨慎，不要随意移动客人的物品，必要时应轻拿轻放，清扫完毕要放回原位。如万一不小心损坏客人的物品，应如实向主管反映，并主动向客人赔礼道歉，如属贵重物品，应有主管陪同前往，并征求意见，若对方要求赔偿时，应根据具体情况，由客房部出面给予赔偿。

（十五）离开房间时，应要求服务员打开房内照明灯

服务员打扫完房间离开时，应打开房内台灯、落地灯、床头灯等主要照明用灯，这样，客人进房后，只要插上钥匙卡（牌），灯就会自动亮起，以免客人进房后在黑暗中摸索，给客人带来不便。

（十六）不能在下午2点以前打电话进房要求清扫房间

房间的清扫，原则上要在不打扰客人的前提下进行，特别是不能在客人午休时间（下午

2点以前)打电话进房,以免影响客人休息。酒店管理人员和服务人员要清楚:对于客人而言,午休比清扫房间重要得多!

第二节　夜床服务

夜床服务通俗地讲,叫"做夜床"("Second Service"或"Turn-down Service"),体现酒店为住店客人所提供的热情、周到、细致的服务和无微不至的关怀。通常只有三星级以上的中高档酒店才有必要向宾客提供这项服务。

做夜床一般在客人吃晚饭时进行(通常在18:00~20:00之间)。通常是对住客房进行一些简单的整理,以方便客人入睡,同时在床头柜上摆放"晚安点心",以示饭店对客人的关怀和祝福。

做夜床时,如遇到客人在房间,应征询客人意见。如果客人不需要,要在报表上记录。挂有DND(请勿打扰)牌的房间,不要骚扰客人,可从门下塞进一个"夜床服务卡",待客人提出要求时再马上替客人整理。

做夜床服务主要包括三项工作:房间及卫生间的整理、开夜床、摆放晚安点心,参见图6-1。

图6-1　做夜床

一、房间的整理

(1)拿报纸进房,报纸整齐摆放于文具夹旁边,把用过的茶杯、水杯撤出,并给予补充。
(2)倒烟灰缸、纸篓。
(3)将客人散置的衣服整理好或挂好。
(4)带抹布将房间柜面的污渍、水渍抹干净,将家具、物品摆整齐(尽量放回原位)。
(5)如有加床,要注意为加床客人补足毛巾、肥皂等用品。

二、开床

(1)揭床罩。将床上的床罩揭掉、叠好、放进衣橱或行李架上。

(2) 拉开毛毯及盖单靠近床头的一角，成 30°。

开角时要注意，如是一张单人床，则开角不靠浴室的一侧；如是一张有两人使用的双人床，则左右两侧都要叠角；如是两张单人床，只有一人使用时，开邻近浴室的一张（或开客人使用过的床），开的方向与只有一张单人床时相同；如果有两人使用，则两张床对开（都开靠近床头柜的一侧），参见图 6-2。

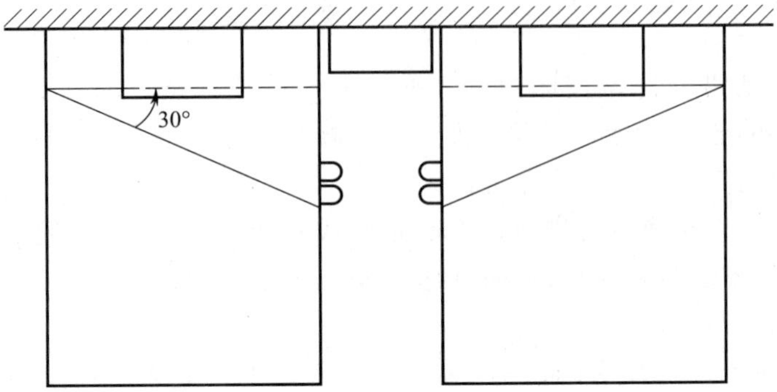

图 6-2 开夜床

开床时要注意床铺平整美观，枕头摆放整齐，发现床单有污点或破损时要及时更换。

(3) 将拖鞋放在规定的地方，参见图 6-3。

(4) 将祝"晚安"（Good Night）的鲜花、糖果或祝词放在枕头上或床头柜上。另外，在花旁还可放置一张次日早餐菜单和饭店主要活动项目，欢迎客人光临。

(5) 拉上窗帘，关上衣柜门。

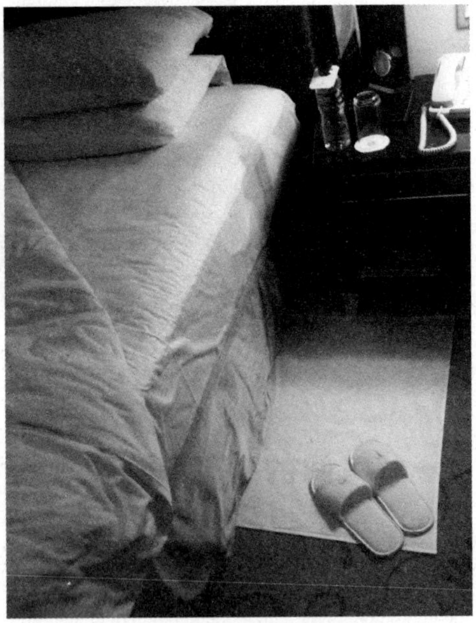

图 6-3 斜角放置的拖鞋体现了对客人人性化关怀的服务理念

三、卫生间的整理

(1) 将客人使用过的"三缸"用布抹干净，遇到较脏的应重新擦洗。

(2) 将客人使用过的"四巾"、杯具更换，VIP 宾客用过的香皂要更换，补充物品，并按规格放整齐。

(3) 清倒垃圾，抹干地板，放好脚垫巾。

(4) 关灯，卫生间门半掩。

(5) 除夜灯、廊灯外，其余灯应全部关上。如是套房，客厅灯应开着，其卧室与标准房要求相同。

退出房间前，还应自我检查一遍，确认无不妥之处，将房门关上并锁好。若客人在房内，离开时，应向客人表示谢意，并祝客人晚安，然后退出房门，将门轻轻关上。

此外，做夜床时，如发现有其他异常情况，如物品的损坏、损失等，也应向领班报告，做夜床的同时，还可以全面核实住店客人及客房状况。

链接

用 CD 和耳塞代替“晚安糖”

通常,酒店服务员做夜床后放的是晚安糖。而美国一家皇冠假日酒店(CROWN PLAZA)则别出心裁,服务员做完夜床后,会在床上放上一个精致的小口袋,里面放的是一张催眠 CD,还有耳塞等。客人可以将碟片放进床边的迷你音响中,在美妙的音乐中进入梦乡,或将耳塞放入耳朵里,在几乎不受干扰的环境中睡着;也可以将其留给自己作为纪念。小礼物成了宣传酒店形象的大使。

第三节　客房的计划卫生

客房的计划卫生是指在日常客房清洁的基础上,拟定一个周期性清洁计划,针对客房中平时不易或不必进行清洁的项目,采取定期循环的方式做彻底的清洁保养工作的客房卫生管理制度。

客房服务员每天的清洁整理工作的工作量一般都比较大。例如,一个卫生班的服务员平均每天要负责 14~16 间客房的清扫工作,到了旅游旺季,甚至更多,所以对客房的某些部位,如通风口、排气扇、天花板、门窗玻璃、窗帘、床罩等,不可能每天清扫或彻底清洁(有些项目也没有必要每天进行,如地毯的清洗等)。为了坚持清洁卫生的质量标准,使客人不仅对客房那些易接触部位的卫生感到满意,而且要对客房的每一处卫生都放心,同时又不致造成人力浪费或时间的紧张,客房部必须通过定期对清洁卫生的死角或容易忽视的部位进行彻底的清扫整理,以保证客房内外环境的卫生质量。

一、计划卫生的项目和清洁周期

针对不同的项目,客房的计划卫生应按不同的时间周期进行。

下面是某酒店楼层计划卫生项目及清洁周期安排,见表 6-1。

表 6-1　楼层计划卫生项目及清洁周期安排

每天	3 天	5 天
1. 清洁地毯、墙纸污迹 2. 清洁冰箱,扫灯罩尘 3. (空房)放水	1. 地漏喷药(长住逢五) 2. 用玻璃清洁剂清洁阳台,房间和卫生间镜子 3. 用鸡毛掸清洁壁画	1. 清洁卫生间抽风机(味)机罩 2. 清洁(水洗)吸尘机真空器保护罩 3. 职工卫生间虹吸水箱、磨洗地面

续表

10天	15天	20天
1. 空房马桶水箱虹吸 2. 清洁走廊出风口 3. 清洁卫生间抽风主机网	1. 清洁热水器、洗杯机 2. 冰箱除霜 3. 酒精球清洁电话 4. 清洁空调出风口、百叶窗	1. 清洁房间回风过滤网 2. 用擦铜水擦铜家具、烟灰筒、房间指示牌
25天	**30天**	**一季度**
1. 清洁制冰机 2. 清洁阳台地板和阳台内侧喷塑面 3. 墙纸吸尘、遮光帘吸尘	1. 翻床垫 2. 抹拭消防水龙带和喷水枪及胶管 3. 清洁被套(十二月至次年三月,每十五天洗一次,四月至十一月一季度洗一次)	1. 干洗地毯、沙发、床头板 2. 干(湿)洗毛毯 3. 吸尘机加油(保养班负责完成)
半年	**一年**	
清洁窗纱、灯罩、床罩△ 保护垫△	1. 清洁遮光布△ 2. 红木家具打蜡 3. 湿洗地毯(2、3项由保养班负责完成)	注:有△项目由财产主管具体计划,组织财管班完成,注意与楼层主管在实际工作中协调

二、计划卫生的组织

客房的计划卫生通常有三种组织方式:

1. 客房清洁工每天大扫除一间客房

例如,要求客房清洁工在她所负责的14间客房中,每天彻底大扫除1间客房,14天即可对她所负责的所有客房做一次卫生计划。

2. 每天对客房的某一部位或区域进行彻底的大扫除

除日常的清扫整理工作外,可规定客房清洁工每天对客房的某一部位进行彻底清洁。这样,经过若干天对不同部位和区域的彻底清扫,也可以完成全部房间的大扫除,日程安排可参考表6-2。

表6-2 客房计划卫生安排表

星期	一	二	三	四	五	六
项目	门窗玻璃	墙角	天花板	阳台	卫生间	其他

3. 季节性大扫除或年度大扫除

即集中在淡季对所有客房分楼层进行全面大扫除,一个楼层通常要进行一个星期,必要时,可请前厅部对该楼层实行封房,并与工程部联系,请维修人员利用此时对设备进行定期的检查和维修保养。

在实践中,以上三种计划卫生的组织方式可配合使用。

三、计划卫生的管理

（一） 计划卫生的安排

客房管理人员可将客房的周期性清洁卫生计划表贴在楼层工作间的告示栏内或门背后。也可由楼层领班在服务员做房报告表上每天写上计划卫生的项目,督促服务员完成当天的计划卫生任务。

（二） 计划卫生的检查

服务员每完成一个项目或房间后即填上完成的日期和本人的签名,参见表 6-3。

表 6-3　客房周期清洁表

姓名 日期 项目 房号	地毯	墙面	卫生间	家具	窗户	小酒吧				备注

领班等根据此表予以检查,以保证计划的落实和卫生质量。

（三） 计划卫生的安全问题

客房的计划卫生中,有不少是需要高空作业的,如通风口、玻璃窗、天花板等。因此,在做计划卫生时,一定要要求和提醒员工特别注意安全,防止出现各种工伤事故。清扫天花板、墙角、通风口、窗帘盒或其他高处物体时,要用脚手架或使用凳子;站在窗台上擦外层玻璃要系好安全带。

此外,在做计划卫生时,还应注意选择合适的清洁剂和清洁工具,以便提高工作效率,确保清洁卫生质量,同时,防止因清洁剂和清洁工具的选择和使用不当而损坏家具设备。

第四节 客房清洁质量的控制

如前所述，客房部的首要任务是生产干净、卫生、舒适的客房，旅游者（顾客）对酒店产品的需求主要表现在食、宿两个方面，无论是食还是宿，都有很高的卫生要求，从心理学的角度来看，整洁、卫生的酒店客房可以给客人一种安全感和舒服感，因此，搞好卫生管理对于提高客房产品质量、满足客人需要具有头等重要的意义。

搞好客房清洁质量的控制要从以下几个方面入手：

一、强化员工的卫生意识

搞好卫生管理，首先要求服务员及管理人员要有卫生意识，对于卫生工作的重要性要有足够的认识，为此必须经常强调、考核。此外，还要求管理人员及服务人员注意个人卫生，可以想象一位不修边幅，不洗衬衣的领班要求服务员搞好卫生，只能成为天方夜谭，同样，对于一位不勤剪指甲常洗澡的服务员来说，要他搞好客房卫生，也是不可能的。

其次，强化员工的卫生意识还要求客房员工要对涉外星级酒店的卫生标准有足够的认识，不能以自己日常的卫生标准作为酒店的卫生标准，酒店的卫生标准要与国际标准接轨，否则，很可能将国际旅游者正常的卫生要求视为“洁癖”。

二、制定卫生工作的操作程序和卫生标准

要搞好客房卫生，还应制定一些服务规程、操作程序和卫生标准，这是确保客房清洁卫生的基础，也是对客房清扫员的工作进行考核、监督的依据。

在制定操作程序和卫生标准时，要注意体现两个原则：一是要依据酒店的档次确定。酒店的档次不同，其清扫标准和服务规格应当有所区别；二是“双方便”原则，即方便客人和方便操作。

三、严格检查制度

酒店应建立完善的客房检查体系，应严格检查制度，这是搞好客房卫生，确保客房产品质量的关键。

（一）建立客房的逐级检查制度

检查客房又称查房，客房的逐级检查制度主要是指对客房的清洁卫生质量检查实行领班、主管及部门经理三级责任制，也包括服务员的自查和上级的抽查。实行严格的逐级检查制度，是确保清洁质量的有效方法。

1. 服务员自查

要求服务员每整理完一间客房，要对客房的清洁卫生状况、物品的摆放和设备家具是否需要维修等进行检查。通过服务员自查不仅可以提高客房的合格率，还可以加强服务员的责任心和检查意识，同时，减轻领班查房的工作量。

不过，服务员自查的重点是客房设施设备是否好用、正常，客用品是否按规定的标准、数量摆放，自查的方式是边擦拭灰尘边检查。此外，在清扫完房间，准备关门前，还应对整个房间进行一次回顾式检查。

2. 领班普查

领班检查是服务员自查之后的第一关，常常也是最后一道关。因为领班负责 OK 房的报告，总台据此就可以将该客房向客人出租，客房部必须加强领班的监督职能，让其从事专职的客房某楼面的检查和协调工作。有的酒店既让楼层领班担负客房清扫的检查工作，又给规定一定数量的客房清扫任务，这是不合理、不科学的（个别情况，如用房紧张或人手不够时，领班帮忙清扫客房则另当别论），会影响其检查职能的发挥。

（1）领班查房的作用。领班查房不仅可以拾遗补漏，控制客房卫生质量，确保每间客房都属于可供出租的合格产品，还可以起到现场监督作用和对服务员（特别是新员工）的在职培训作用。

领班查房时，对服务员清扫客房的漏项、错误和卫生不达标情况，应出返工单，令其返工。

（2）领班查房的数量。领班查房数量因酒店建筑结构（每层楼客房数的多少）、客房检查项目的多少以及酒店规定的领班职责的多少的不同而有所不同。一般而言，日班领班应负责约 80 个房间左右的工作区域的房间检查工作（负责带 5~7 个服务员）。而夜班领班的查房数量一般为日班领班数量的两倍，要负责约 160 间客房的工作区域。需要说明的是，上述工作量标准是满负荷的，酒店对领班的工作定额一般不应超过上述标准。

日班领班原则上应对其所负责的全部房间进行普查，但对优秀员工所负责清扫的房间可以只进行抽查，甚至“免检”，以示鞭策、鼓励和信任。

（3）领班查房的顺序。一般情况下，领班查房时应按环形路线顺序查房，发现问题及时记录和解决。但对下列房间应优先检查。

① 首先检查那些已列入预订出租的房间。

② 尽快对每一间整理完毕的走人房进行检查，合格后尽快向总台报告。

③ 检查每一间空房和 VIP 房。

④ 检查维修房，了解维修进度和家具设备状况。

⑤ 检查每一间外宿房并报告总台。

3. 主管抽查

楼层主管是客房清洁卫生任务的主要指挥者。加强服务现场的督导和检查，是楼层主管的主要职责之一。

主管检查的方式是抽查。抽查的好处在于这种检查事先并未通知，是一种突然袭击，所以检查的结果往往比较真实。

主管抽查的意义在于：

- 检查督促领班工作，促使领班扎扎实实地做好工作。

● 进一步保证客房卫生质量。

● 确保客房部经理管理方案的落实。

● 为客房部管理收集信息。

楼层主管对客房清洁卫生质量进行抽查的数量一般可控制在20个房间左右。

(1) 检查的内容。主管主要检查领班实际完成的查房数量和质量,抽查领班查过的房间,以观察其是否贯彻了上级的管理意图以及领班掌握检查标准和项目的宽严尺度是否得当。主管在抽查客房卫生的同时,还应对客房楼层公共区域的清洁状况、员工的劳动纪律、礼节礼貌、服务规范等进行检查,确保所管辖区域的正常运转。

(2) 检查的重点

● 检查每一间VIP房;

● 检查每一间维修房,促使其尽快投入使用。

● 抽查长住房、住人房和计划卫生的大清洁房。

4. 经理抽查

楼层清洁卫生工作是客房部工作的主体。客房部经理也应拿出1/2以上时间到楼面巡视和抽查客房的清洁卫生质量。这对于掌握员工的工作状况,改进管理方法,修订操作标准,更多地了解客人意见,具有十分重要的意义。

经理抽查房间应每天保持一定的数量,应特别注意对VIP客房的检查。

客房的逐级检查制度应一级比一级严,所以,经理的查房要高标准,严要求,即被称为“白手套”式的检查(参见图6-4)。经理的检查宜不定期不定时,检查的重点是房间清洁卫生的整体效果、服务员工作的整体水平如何,以及是否体现了自己的管理意图。

图6-4 酒店管理人员检查卫生

5. 总经理抽查

酒店总经理要控制客房的卫生和服务质量,也必须充分运用检查这一手段。检查的方式为不定期、不定时,或亲自抽查,或委派大堂副理或值班经理代表自己进行抽查,以获得客房部管理水平和服务质量信息,激励客房部经理的工作。

除过上述方式以外,酒店还可以组织其他方式的检查,包括:

(1) 定期检查。定期检查是一种有计划的公开检查,一般事先有布置,有明确的检查时间和检查内容。目的是制造声势,创造气氛,促进工作。饭店对客房的定期检查,一般采取由总经理办公室主任、质检部经理、工程部经理、客房部经理、前厅部经理及大堂副理组成检查小组，由总经理或住店经理带领，每月定期对客房清洁卫生进行检查，或选择重要任务来临前进行检查。

（2）邀请第三者检查。可聘请店外专家、同行、住店客人等，检查客房的清洁卫生质量乃至整个饭店的服务质量。这种检查看问题比较客观，能发现一些酒店管理者自己不易觉察的问题，有利于找到问题的症结。

（二）客房检查的内容和标准

检查房间时，除了检查房间整理、擦洗是否干净、合乎要求，用品配备是否齐全等卫生情况以外，还要检查客房设施设备及各类机器的完好情况，具体检查项目和内容，见表 6-4。

表 6-4　客房检查的内容和标准

项目	内容和标准
（一）卧室	
门	是否擦洗干净，把手上有无污迹 门转动是否灵活，有无吱呀声 房间号码是否清楚，窥镜、安全链是否好用、安全 门锁后是否挂有“请勿打扰”（请速打扫）牌 门后磁吸是否起作用
壁柜	有无灰尘，衣架及衣架杆是否有积尘 门轨有无损坏，柜门是否好开 衣架、衣刷、鞋刷以及洗衣袋、洗衣清单是否配备齐全 柜内的自动开关电灯是否正常
天花板	有无蜘蛛网 有无裂纹和小水泡（如有说明天花板漏水，应及时报修）
墙壁	墙纸有无不洁或脱落之处 墙上挂的画是否摆正，有无灰尘
窗户	窗框、窗台有无灰尘，窗玻璃是否已擦干净 窗帘有无破损，是否干净，窗帘轨、钩是否完好
灯	天花板灯、台灯及壁灯等灯具有无落灰 开关是否完好
空调	运转是否正常 开关上有无污迹
床	床铺得是否匀称、平整 床罩、床单、毛毯、枕套、床头板及床架是否干净 床脚是否稳固

续表

项目	内容和标准
床头柜	有无灰尘 音响、灯光以及电视等的开关是否灵用 叫醒钟是否准时,电话机是否正常、干净 台面上有无放置禁止在床上吸烟的卡片“Please refrain from smoking in bed)
茶几	茶几部位是否擦净,烟灰缸有无清洁 火柴、茶叶有无配备,茶杯是否干净、足数 冷热水有无备好
写字台	桌椅及沙发各部位有无灰尘,抽屉内外是否干净 文件夹内的欢迎词、征求意见表、电报纸、饭店简介、疏散图、明信片、信封、信纸、圆珠笔等是否配齐 电话号码簿以及电视节目单等是否按规定放置
电视机	荧光屏、外壳及电视机架是否干净 音响是否良好,图像是否清晰、稳定
电冰箱	内外是否干净,工作是否正常 饮料是否按规定配齐,是否已备好饮料签单及开瓶器
行李架	是否干净、稳固
垃圾桶	垃圾有无处理,桶内外是否已清洗干净
地毯	是否干净,有无污迹或破损
(二)卫生间	
门	门锁是否清洁,正常
灯	天花板灯、镜灯有无落灰 开关、插头是否灵用,有无损坏
地板	是否清洁,有无打蜡
墙壁	瓷砖是否干净,有无破损
浴缸	缸内是否擦洗干净,有无污迹或毛发 冷、热水龙头及浴缸放水用塞子是否正常(由服务员检查)
淋浴帘	是否干净,有无异味 杆、钩是否好用
毛巾架	是否牢固、干净
抽水马桶	有无消毒、有无封条、有无异味 马桶盖、坐圈及桶内外是否刷洗干净
垃圾桶	垃圾有无处理,桶内外是否已清洗干净

续表

项目	内容和标准
洗面池	内、外侧有无污迹、水珠
化妆台	台面有无落灰,镜面有无污迹或水珠
排风口	是否干净
用品配备	手巾、脸巾、脚巾、浴巾、洗澡巾、香皂、卫生纸、卫生帽、浴帽、牙刷、牙膏、漱口杯、刀片盒等卫生用品是否配备齐全,并按规定位置放置

以上是房间检查时的内容和项目。特别对于楼层领班而言,一定要严格检查制度,把好卫生工作的最后一关,卫生不合格的客房要重做,对此,不能心慈手软,“下不为例”。

第五节 公共区域的清洁保养

除了客房以外,客房部还要负责酒店所有公共区域(Public Area,PA)的清洁卫生工作。公共区域清洁卫生工作的好坏,常常是客人评价一家酒店服务质量和酒店水准的一个重要因素,特别是公共洗手间,是反映酒店卫生状况的一面镜子,常常是一些专家评价一家酒店卫生状况和档次的重要指标。“要了解一家酒店的卫生状况和档次,看它的公共洗手间就行了!”

酒店公共区域的清洁卫生工作通常由客房部的公卫班组负责,这样组织的好处在于能够使清扫工作专业化,提高劳动效率和工作质量。

为了保持公共区域的清洁卫生,这项工作有时每天要进行数次,如厕所的冲洗、大堂的保洁以及烟灰缸的清洁、家具的复位等。

一、公共区域的范围

凡是酒店内公众共同享有的活动区域通称为公共区域。

酒店的公共区域可划分为室内部分和室外部分。室外公共区域是指酒店的外围区域,包括酒店的外墙、花园、前后大门等。室内公共区域又划为前台区域和后台区域两部分。其中,前台部分通常指专供宾客活动的场所。如,大堂(Lobby)、总服务台(General Service Desk)、电梯(Elevator)、楼梯(Stair-way)、休息室(Lounge)、康乐中心(Entertainment Centre)、游泳池(Swimming pool)、餐厅(不包括厨房)(Dining Boom)、会议室(Meeting Room)、舞厅(Ball Room)、公共洗手间(W.C)等。后台部分通常指为酒店员工设计的生活区域。如,员工休息室、员工更衣室、员工餐厅、员工娱乐室、员工公寓等。

二、公共区域清洁卫生工作的特点

首先,由于公共区域涉及的范围相当广,因此,其清洁卫生的优劣对酒店影响非常大。

其次，公共区域的客流量非常大，客人活动频繁，这就给公共区域的清扫工作带来不便和困难。为了便于清洁，同时尽量减少对客人干扰，公共区域的清洁卫生工作应尽量安排在没有客人或客人活动较少的时间段进行。

最后，公共区域的清洁工作烦琐复杂，工作时间不固定，人员分散，因此，造成其清洁卫生质量不易控制。这就要求公共区域服务员在日常工作中必须具在强烈的责任心，同时，管理人员要加强巡视和督促。

三、公共区域清洁保养的内容

（一）大堂的清洁

大堂是酒店客人来往最多的地方，是饭店的门面，往往会给客人留下第一印象。因此，这里的卫生工作显得非常重要。

大堂的清洁卫生工作主要在清晨或深夜进行，白天进行维护和保持。

1. 大堂地面的清洁

（1）每天晚上应对大堂地面进行彻底清扫或抛光，并按计划定期打蜡。打蜡时应注意分区进行，打蜡区域应有标示牌，以防客人滑倒。

（2）白天用油拖把循环迂回拖擦，维护地面清洁，保持光亮。拖擦地面时应按一定的路线进行，不得遗漏。每到一个方向的尽头时，应将附着在拖把上的灰尘抖干净再继续拖擦。

（3）操作过程中应根据实际情况，适当避开客人或客人聚集区，待客人散开后，再进行补拖。遇到客人，要请客人原谅，说声“对不起”（Excuse me）。

（4）客人进出频繁的门口、梯口等容易脏的地面要重点拖，并适时增加拖擦次数，确保整个地面的清洁。

（5）如在拖擦过程中遇有纸屑杂物，应将其堆在角落集中，然后用清扫工具将其收集起来妥当处理。

（6）遇有雨雪天气，要在大堂入口处放置伞架和脚垫，并树立防滑告示牌，同时注意增加拖擦次数，以防客人滑倒。此外，还要根据实际情况，适时更换脚踏垫。

2. 扶梯、电梯清洁

对大堂扶梯、电梯的清洁保养主要在夜间进行，白天只对其进行清洁维护，保持干净整洁。

（1）夜间对大堂内扶梯和电梯进行彻底清洁，如有观景电梯则应特别注意其玻璃厢的清洁，确保其光亮无指印、无污迹。

（2）夜间应注意更换电梯内的星期地毯，并对地毯或梯内地面进行彻底清洁。

（3）擦亮扶梯扶手、挡杆玻璃护挡，使其无尘、无手指印，如不是自动扶梯，还应对楼梯台阶上的地毯铜条进行擦抹，并使用铜油将其擦亮。

3. 大堂家具清洁

（1）夜间对大堂内所有家具、台面、烟具、灯具、标牌等进行清洁打扫，使之无尘无污渍，保持光亮，并对公用电话进行消毒、擦净，使之无异味。

（2）白天对家具等进行循环擦抹，确保干净无灰尘。

（3）及时倾倒并擦净立式烟筒，烟缸内的烟蒂不得超过 3 个。更换烟缸时，应先将干净的烟缸盖在脏的上面一起撤下，然后换上干净烟缸。

(4) 随时注意茶几、地面上的纸屑杂物，一经发现，及时清理。

4. 铜器上光

除了对大堂的上述区域和设施进行清洁以外，还应对大堂等公共区域的铜器进行上光保养。

上光时，可准备好两块干净的软抹布及适量铜油，先用一块抹布抹去铜器上的灰尘和手印，然后将铜油滴在另外一块抹布上，接着用沾有铜油的抹布轻轻地在铜器上反复擦拭，直至擦到又黄又光亮即可。

（二） 酒店门庭清洁

(1) 夜间对饭店大门口庭院进行清扫冲洗，遇有雨雪天气，应适时增加冲洗次数。

(2) 夜间对停车场或地下停车场进行彻底清扫，对油迹、脏渍应及时清洁，并注意定期重新划清停车线及检查路标的清洁状况。

(3) 夜间对门口之标牌、墙面、门窗及台阶进行全面清洁、擦洗，使其始终以光洁明亮的面貌迎接客人。

(4) 白天对玻璃门窗的浮灰、指印和污渍进行抹擦，尤其是大门玻璃的清洁应经常进行。

（三） 餐厅、酒吧、宴会厅的清洁

餐厅、酒吧和宴会厅是客人饮食场所，因此，卫生工作尤为重要。

餐厅的清洁工作主要是在餐厅营业结束后，做好对地毯的吸尘和对家具、电话等的擦拭、除尘工作，对于地毯上的污迹应及时予以清洁。

对于宴会厅而言，面积较大，一次就要接待数百人，人多步杂，每次使用后都要彻底清扫，主要进行以下工作：

- 地毯吸尘。
- 清扫板壁上的鞋印、指印及客人张贴的画和其他饰物。
- 清扫大厅吊灯。这是一项需要定期进行的工作。这项工作花时费工，常常需要搭脚手架。要将每一拼件洗净抹干（灯泡坏了要更换）。因此，需要一定的耐心。
- 每月一次的通风口除尘。

此外，餐厅、酒吧、宴会厅或其他饮食场所，常常会有苍蝇出现（尤其是在夏季），公卫服务员应随时或定期喷洒杀虫剂，防止蚊蝇滋生。

（四） 公共洗手间的清洁

公共洗手间清洁的主要内容有：

- 按顺序擦净面盆、水龙头、台面、镜面，并擦亮所有金属镀件。
- 用清洁剂清洁马桶及便池。
- 擦座厕内的门、窗、隔挡及瓷砖墙面。
- 拖净地面、保持无水渍、无脏印。
- 喷洒适量空气清新剂，保持室内清新，无异味。

- 洗手台上摆放鲜花。
- 按要求配备好卷筒纸、卫生袋、香皂、擦手纸、衣刷等用品。
- 检查皂液器,自动烘手器等设备的完好状况。

(五) 其他区域的清洁卫生

除了作好上述前台区域的清洁卫生工作以外,还应作好酒店后台区域的卫生工作,特别是员工食堂、服务通道等的卫生。这些场所的卫生状况对员工的思想和精神状况,进而对酒店的服务质量有重要影响。有些酒店把卫生工作的重点放在接待顾客的餐厅里,而对员工食堂的卫生情况、饭菜质量不予以重视,结果在寄生虫容易滋生的夏季,同时也是旅游旺季,由于食堂卫生不过关,使很多员工病倒,致使酒店连正常的接待工作也难以进行,更不用说提高服务质量了,这种教训是应当吸取的。

员工通道的卫生也常常被忽视,饭店正门前客人进出的通道一般打扫得比较干净,而员工通道则是另一个天地。有的酒店通往酒店大楼的员工通道甚至连水泥地面都没铺,一遇到雨天,员工便不得不踩着泥泞的路,拖着沉重的步伐,走向酒店的各个岗位,致使楼道地毯上沾满泥巴,这样不但影响卫生,而且,会使地毯严重受损。

(六) 绿化布置及清洁养护清洁

1. 绿化布置

(1) 对客人进出场所的绿化花草按要求进行布置,安排摆放位置。

(2) 根据规定的调换时间,定期调换各种花卉盆景,给客人一种时看时新的感觉。

(3) 重大任务前,如接待贵宾或举行圣诞晚会,则要根据酒店的通知进行重点绿化布置。

(4) 接到贵宾入住通知单,应根据客人等级和布置要求,准备好摆放鲜花,按房号送至楼面交服务员,切记客人所忌讳的花卉。

2. 清洁养护程序

(1) 每天从指定的地点开始,按顺序检查、清洁、养护全部花卉盆景。

(2) 拣去花盆内的烟蒂杂物,擦净叶面枝杆上的浮灰、保持叶色翠绿,花卉鲜艳。

(3) 对喷水池内的假山、花草进行清洁养护,对池内水中的杂物要及时清除并定期换水。

(4) 发现花草有枯萎现象,应及时剪除,调换,并修理整齐。

(5) 定时给花卉盆景浇水,操作时溅出的水滴及弄脏的地面应用随身携带的抹布擦干净。

(6) 对于庭院内的树木花草,应定期进行修剪整理和喷药灭虫,花卉盆景应按时调换,参见图 6-5。

(7) 养护和清洁绿化区时,应注意不影响客人的正常活动,遇到客人礼貌问好。

图 6-5 养护花草

本章小结

- 干净卫生，是住店客人对酒店客房的最基本要求，因而，也是酒店客房管理的三大主要任务之一，无论是五星级的豪华酒店，还是经济型酒店，都应做好客房的卫生管理。
- 客房部的卫生工作主要是按照酒店的要求和标准，做好楼层客房及卫生间的清洁整理工作，确保出租给客人的客房、床铺、卫生间保持干净、整洁的状态。
- 房间清洁的具体卫生标准是：眼看到的地方无污迹；手摸到的地方无灰尘；设备用品无病毒；空气清新无异味；房间卫生达“十无”。
- 为了确保楼层客房的卫生标准，除了做好日常清洁卫生工作以外，客房管理者还应组织和安排好客房的计划卫生工作，定期对一些卫生死角、难清洁的部位以及长住客人离开后的客房，进行彻底清洁。这是客房卫生工作的重要组成部分。
- 除了做好楼层客房的卫生工作以外，客房部还要负责整个酒店公共区域的卫生工作。包括酒店大堂的日常保洁，电梯、门窗的清洁，以及酒店外墙的清洁等，甚至还要负责餐厅、厨房的除污工作。
- 为了确保客房的卫生质量，必须建立严格的卫生检查制度。包括楼层领班的全面检查、主管及客房管家的每日抽查以及酒店质管部门的不定期检查等。

复习思考题

1. 解释下列概念：
   计划卫生　做夜床
2. 简述客房清洁剂的种类及使用范围。
3. 如何做好客房计划卫生的管理？
4. 怎样控制客房清洁质量？

补充与提高

酒店客房铺床考核评分表

姓名：　　　　　　　　　　　　　　　　　　　　　　　　　　日期：

标　准	标准分	得分	备注
一、拉床	10		
1. 拉床动作	5		
2. 整理床垫，拉正对齐	5		
二、床单	10		
1. 甩单一次成功，每重甩一次扣 1 分	2		

续表

标　　准	标准分	得分	备注
2. 正面朝上	2		
3. 塞边、四角包紧、平整、有角度内角 45 度外角 90 度(每边角 1 分)	2		
4. 表面平整无松动	2		
5. 中线居中,左右前后长短均匀。(每误差 1 厘米扣 1 分)	2		
三、套棉被	10		
1. 四角紧贴,对齐,丰满	3		
2. 四边紧贴到位	3		
3. 被子平服,无折皱,无脱空	4		
四、铺棉被	20		
1. 甩被一次成功(多甩一次扣 1 分)	4		
2. 棉被位置与床头平齐	4		
3. 中线与床单中线对齐(每误差 1 厘米扣 1 分)	4		
4. 被子均匀地罩在被套里,四角定位准确,被面平整,系带不外露(一个角 1 分)	4		
5. 左右均匀,自然下垂,与地面平行,床面平整(一边 2 分)	4		
五、套枕头	10		
1. 四角饱满,开口折叠好(每枕 5 分)	5		
2. 枕头丰满,枕面呈弧形(每枕 5 分)	5		
六、放枕头	10		
1. 叠放在床头的棉被上,居中(每误差 1 厘米扣 1 分)	5		
2. 正面朝上,开口背离床头柜。枕头的“十字”烫线应全部突出(反向每枕扣 2 分,烫线不突出扣 1 分)	5		
七、床形整理:结束后床形挺括、美观、平整	10		
八、总体印象分	20		
1. 整体感观——美观	10		
2. 操作程序正确,熟练(如布件落地,污迹,破损,毛发各扣 2 分)	10		
九、操作时间:定为 3 分钟,每超过 10 秒扣 2 分。			
完成时间:　　分　　秒	减		
总分:	100		

酒店经理人对“经理的困惑”的答复:

Re:客房服务员不按操作规程工作怎么办?

刘继华：深圳东华假日酒店　客房部经理

这种情况确实是非常普遍和非常难以杜绝。但是我们在这个问题上还是采取了一些行之有效的方法，实践证明，也有很不错的效果。我不知道别的酒店是如何来解决的，这里我只是说说我的方法，不敢保证对别的酒店有用。

1. 首先是培训，这个很重要，要让员工知道为什么不能这么做，这不仅仅是保护布草，降低损耗，节约成本，更重要的是这是一种职业道德行为，是做人的准则，原则问题，试想如果你是客人看到员工用自己用的东西来做卫生，做何感想，以后还敢入住这样的酒店吗？

2. 一定要准备足够的可用作清洁的抹布给员工使用，以前我们也有这种情况，通过跟员工了解，是因为我们没有提供足够的抹布给他们使用。

3. 如果有足够的抹布供应，那么使用起来是否好用，是否吸水也很重要，员工用得好就不会去用客用的了。我们是用报废的客用毛巾，通过剪裁后给员工使用，区别于客用的，非常好用。

4. 规章制度的限制，发现使用客用布草的一律签警告单，并通报所有员工。

5. 让员工知道保护布草，节约成本跟他们息息相关，和他们每月的奖金挂钩，成本控制得好，就有奖金，否则就没有奖金。

刘江：浙江海德华美达酒店　行政管家

从职业道德来说我们应该严格管理，从方便员工操作，提高做房速度来说，我们应该睁一只眼，闭一只眼。但从以往酒店管理中和客人反映中，我认为还是应该严格管理，杜绝此类不当操作。不要说把撤下的床单、被套拿来擦浴缸、马桶，就是有员工把撤下的床单、被套扔在地毯上，如果被客人看见，不但客人要投诉，而且还会有损酒店形象。另外如果这样操作对棉织品的损耗也是相当大。原本客房内配备毛巾、浴巾是给客人擦身体的，现在拿来擦马桶、地面，会有很多难以去除的污迹，在与马桶、地面摩擦过程中也差少了棉织品的使用寿命。

如何防止此类事情发生：

1. 加强员工思想的培训

告诉员工酒店是我们的“家”,到酒店的每一位客人是家里来的“客人”,如果真的在我们家里来了客人,我们会拿一条擦过马桶的毛巾给客人使用吗?

2. 酒店应给员工配足抹布

酒店给员工配足抹布,而且抹布要用颜色来区分,哪些抹布是擦杯子,哪些是擦马桶,哪些是擦地面。这样员工手中有足够的用具,也就不会再使用棉织品了。

3. 加强巡查

楼层领班、主管要加强巡查力度,发现有员工在使用棉织品做卫生要及时纠正。如多次违反规定,可采取一些处罚手段,让员工慢慢形成一种习惯。

即测即评

第七章　客房成本控制与预算管理

假日酒店集团规定，酒店服务员要把客人用剩下的小香皂收集起来磨碎，制成清洗地板的清洁剂。这是绿色管理的需要，也是客房成本控制的要求。此外，为了减少熨烫费，集团还为下属酒店购买了不起皱的床单，地毯不用昂贵的，但二四年一换，保证干净完好。

客房成本控制是客房管理主要任务之一。客房成本控制主要是在严格执行客房预算的基础上，做好客房设备用品的采购、保养和管理工作。

客房各种设施设备及客用品是为客人提供服务的物质基础。做好客房设备用品的管理，不仅是提高对客服务质量的保障，同时，也是节约客房部经营的成本费用的重要途径。

本章学习目的：

- 了解客房成本控制主要途径和方法。
- 了解和掌握客房物品与设备管理的任务和方法。
- 掌握客房设施设备清洁保养技术。
- 掌握对客用品进行控制的方法。
- 掌握客房预算编制方法。

关键术语：客房设备　客房用品　客房预算

Key Terms: Room Equipment, Room Supplies, Budget

经理的困惑

——聘用社会劳务公司做客房卫生工作，靠谱吗？

近年来，酒店业竞争十分激烈，降低客房部人工费用无疑是酒店成本控制的重要途径。听说上海等一些发达城市的酒店已经开始使用社会劳务公司进行客房清洁卫生工作，这样做能够保证高星级酒店的服务质量吗？这样做，靠谱吗？

第一节 客房物品与设备管理

一、客房物品与设备的种类

客房物品与设备主要包括以下五种：

（1）电器和机械设备。包括空调、音响、电视、电冰箱、传真机等。

（2）家具设备。如床、写字台、沙发、衣柜等。

（3）清洁设备。如吸尘器、吸水机、洗衣机、烘干机等。

（4）房内客用品。客房免费赠品、客房用品（包括床单等布草、衣架、烟茶具等）以及宾客租借用品（吹风机、熨斗、熨衣板等）等。

（5）建筑修饰品。如地毯、墙纸、地面材料等。

客房设备与用品参见图 7-1。

图 7-1 客房设备与用品

以上内容基本上可分为两大类,即客房设备和清洁设备。加强对客房设施设备的管理工作,对于提高客房服务质量,降低客房经营成本和费用,具有重要意义。

二、客房物品与设备管理的任务

客房物品与设备管理的任务主要有:

(1) 编制客房物品与设备采购计划。

(2) 制定客房物品与设备管理制度。

(3) 做好物品与设备日常管理和使用。

(4) 对现有设备进行更新和改造。

三、客房物品与设备管理的方法

(一) 编制客房物品与设备采购计划

客房部要根据实际工作需要,及时做好要求增加物品与设备的计划,报酒店采购部门及时采购所需的各种物品与设备,以保证客房经营活动的正常进行。

酒店客房设备及清洁设备一般在开业之初就已准备就绪,但作为客房管理人员,如果在酒店开业之初就参与管理,就要提出客房设备及清洁设备的采购计划。或者,管理人员虽然是在酒店开业后才介入酒店客房管理工作的,那么,当客房更新改造计划需要制定与实施之际,也必须要参与其中。

下面,介绍一下客房设备选择的基本原则和选择清洁设备时应考虑的因素。

1. 客房设备选择的基本原则

客房设备的选择应遵循以下基本原则。

(1) 协调性。设备的大小、造型、色彩、格调等必须与客房相协调,从而使客房显得轻松、柔和、舒适、美观。此外,要特别注意,在选择床单、毛毯、床罩等床上用品时,一定要与床的大小相适应,很多酒店在采购上述物品时,采购部门与客房部沟通不够,结果采购回来的床上用品与床的大小不匹配,包不住床,给服务员的做床工作带来很大困难,也影响了床铺的美观。

最后,客房设备的豪华程度还应与酒店的档次相协调。

(2) 实用性。应选择使用简便、不易损坏的设备,此外,还要考虑其清洁、保养和维修是否方便。

(3) 安全性。如客房电器的自我保护装置,家具、饰物的防火阻燃性。

(4) 经济性。既要考虑设备的价格,又要考虑其使用寿命,同时还要考虑售后服务的便利程度和价格以及零部件修配的可靠性。

2. 清洁设备的选择应考虑的因素

清洁设备在一定程度上决定着客房部清洁保养的工作能力和效果。清洁设备的选择除了应遵循以上基本原则以外,应特别注意以下要点:

- 安全可靠(电压是否相符,绝缘性如何)
- 操作方便

- 易于保养
- 使用寿命长
- 噪声小

（二） 做好设施设备的审查、领用和登记编号工作

设施设备购进以后，客房管理人员必须严格审查。同时，设立物品与设备保管员，具体负责物品与设备的分配、领用和保管工作。保管员应建立设备登记簿，将领用的设备按进货时的发票编号分类注册，记下品种、规格、型号、数量、价值以及分配到哪个部门、班组。低值易耗品也要分类注册，凡来库房领取物品都要登记，每个使用单位一本账，以便控制物品的使用情况。

（三） 分级归口管理

客房物品与设备应实行分级归口管理，专人负责，将物品与设备管理同部门、班组的岗位职责结合起来，在确保服务质量和合理限度的情况下，实行“增收节支有奖，浪费受罚”的奖惩措施。

客房设备的日常管理和使用是由客房管理系统各部门、各班组共同完成的，各部门、班组既有使用这些设备的权利，也有管好、使用好这些物品与设备的责任。因此，必须实行分级归口管理。分级就是根据客房部门管理制度，分清这些设备是由部门、班组或个人中的哪一级负责管理。归口是按业务性质，将物品与设备归其使用部门管理。分级归口管理使客房设备的管理有专门的部门和个人负责，从而使客房设备的管理落到实处。

对客房设备分级归口管理的关键是：一要账面落实，各级各口管理的物品与设备数量、品种、价值量要一清二楚，有案可查；二要完善岗位责任制、维修保养制和完全技术操作制等规章制度；三是要和经济利益挂起钩来。

（四） 做好客房物品与设备的日常保管和使用

客房物品与设备分级归口以后，班组和部门要设立物品与设备管理员，他们在客房部领导下，与服务员一起共同负责本班组或部门的物品与设备的日常管理和使用。班组管理员一般由班组长兼任，在物品与设备的使用过程中，班组管理员要定期和客房物品与设备保管员核对，发现问题，及时解决。

客房物品与设备在日常使用中，要特别注意严格遵守维修保养制度。

客房设备在使用中要努力防止事故发生，一旦发生事故，要立即通知工程部及时修理或采取措施，使设备尽快恢复其使用价值。事故的发生，如果是由于个别员工玩忽职守，要严肃处理。如果是由于客人的原因造成的，必要时，应要求客人赔偿。

（五） 建立设备档案

设备档案主要有客房装修资料（记录客房家具、地毯、建筑装饰和卫生间材料等）和机器设备档案。内容包括设施设备的名称、购买日期、生产厂家、价格、维修记录（时间、项目、费用等）。这是对设施设备进行采购和管理的依据。

（六）及时做好客房物品与设备的补充和更新工作

酒店是高消费场所，客人对酒店及客房物品与设备的要求很高，不仅要干净卫生，而且要常变常新，从而使客房物品与设备具有折旧快，更新期短的特点。因此，要求客房管理者必须事先做好计划，根据物品与设备的品种、规格、质量等规定各种物品与设备的使用周期，并定期检查设备性能和使用效果，提出设备更新计划，报酒店批准，及时做好物品与设备的补充和更新工作。

客房设备的更新，依据其类型的不同而具有不同的特点和要求。清洁设备的更新往往要根据其质量、使用和保养情况决定。通常，只要机器不出现明显问题，如老化、严重磨损、清洁效果不佳和维修费用过高等，就可以照常使用，而不实行强制性淘汰。而其他设施设备，特别是各类家具及装修设施则有所不同，为了酒店的规格、档次，保持并扩大对客源市场的吸引力，酒店一般都要对客房进行计划中的更新改造，并对一些设备用品实行强制性淘汰。这种更新按其更新周期的不同，分为以下两种情况，参见表 7-1。

表 7-1 客房设备的更新

更新类型	更新项目	使用年限
部分更新	地毯 墙纸 沙发布、靠垫等装饰品 窗帘 床罩	5 年
全面更新	衣柜、写字台 床垫和床架 椅子、床头板 灯具、镜子、画框等装饰品 地毯 墙纸和油漆 卫生间设施设备（包括墙面和地面材料、灯具和水暖器件等）	10 年

以上更新计划应根据各酒店的具体情况提前或到期进行，如果延期，则应警惕可能出现补漏洞式的跑马工程和饭店规格水准的下降或不稳定。

第二节 客房设施设备的清洁保养

对酒店客房的设施设备保养不善是我国酒店业的一大问题，很多酒店设施设备很豪华，但因为缺乏保养，很难正常运转。对设施设备保养不善不仅会缩短设备的使用周期，还会直接影响对客服务质量，引起客人投诉。因此，客房员工必须掌握各种设施设备的保养知识，养成良好的使用和保养习惯，做好对各类家具、设备的保养工作。

客房设施设备的保养主要在于平时的清洁和计划保养工作能够按规定的操作程序和有关要求顺利进行。

一、客房设施设备保养的意义

做好客房前期保养和设备前期保养工作,日常维修和紧急维修将会明显减少。我们面临的问题是:怎样从无休止的维修和紧急维修中摆脱出来,有步骤地实施保养计划。我们可以把设施设备的前期保养工作看作是一项纳税工程,它要求以小时为单位进行计算,每周交纳。只要是酒店在营业,“税”就得交。

做好客房设施设备的保养工作,不仅能够延长使用寿命,降低经营成本,维持酒店档次,提高客房利用率,增加酒店利润,还可以提高客房服务质量,减少客人投诉,增加客人的满意度。

二、客房设施设备保养的方法

(一) 门窗的保养方法

在开、关门窗时,平时应养成轻开轻关的习惯,这样不仅可以延长门窗的使用寿命,还能减少干扰,保持客房及楼层的清静。此外,雷雨天以及刮大风时,应关好客房窗户,以免雨水溅入客房,或被大风摔坏窗玻璃。

(二) 墙面的保养方法

酒店客房的墙面大都使用墙纸,对墙面经常进行吸尘,可以减少大清洗的次数。对于墙纸的清洁,应用比较干的软布拭抹,如有油污,可用汽油、松节油或不易燃的干洗液去擦,而小块油迹则可用白色吸墨水纸压住,用熨斗熨烫几分钟就能去除。

如果需要对墙面进行清洗,则在清洗前要用湿布在小块墙纸上擦一下,查看墙面是否掉色或渗色。若掉色或渗色就表明该墙纸不能水洗,在这种情况下,可试用膏型去污剂清洗。如果墙纸耐水性能好,可用海绵纤维物和不加漂白剂的中性合成清洁剂去污,方法是将湿海绵绞一下,使它含有适当水分,擦洗时,随时挤去海绵上的污垢,保持海绵干净,然后再用清洁的水和干净的海绵把墙纸冲洗干净。

另外,如发现墙壁潮湿,天花板漏水的现象,应及时报工程部维修,以免墙壁发霉,墙皮脱落,房间漫水。

(三) 地毯的清洁与保养方法

地毯是房间的装饰品。由于客人使用卫生间后,容易将卫生间的水迹带进客房,造成对房内(特别是卫生间门口)地毯的损坏,为了便于对房内地毯的保养,降低客房经营成本,除个别有特殊需要的酒店以外,包括五星级酒店在内的大部分酒店都应考虑只在卧室保留地毯,而在客房卫生间门口用大理石等高级石质装修材料取代地毯。

客房内地毯一般有两种类型:一种是羊毛地毯;另一种是化纤地毯。羊毛地毯高雅华贵,但造价很高,故一般只铺设在豪华客房。而化纤地毯则有易洗涤、色彩丰富和价格低廉的特点，为我国大多数酒店所欢迎。

无论哪种地毯，服务员都应采用科学的方法使用和保养，要坚持每天吸尘一次，并对地毯进行定期清洗。地毯上如出现污迹应及时除去，否则，时间一长将很难去除。除污时，要先了解地毯中化学纤维的成分和污渍的性质，然后选用合适的清洁剂清除污迹（参见表7-2：常见污迹的清洁方法）。

一般说来，酒店应每年清洗一次地毯，清洗地毯的方法有两种，即干洗和湿洗。干洗的方法是将清洁剂均匀地洒在地毯上，然后用长柄刷将清洁剂刷进地毯里，过一小时后，用吸尘器彻底吸尘，地毯即被清洗干净。干洗的优点是：不影响使用；地毯不变形，不缩水；简单易行，不费时。

除过干洗以外的另一种方法就是水洗（湿洗）。水洗时先将清洁剂溶于水中，然后使用喷水器均匀地将溶液喷洒于地毯表面，再用毛刷刷洗，用抽水机吸去水分。最后，等地毯完全干了以后，再彻底吸尘，这种清洗方法的优点是洗得干净、彻底，缺点是工序复杂、费时。一般来说，比较脏的羊毛地毯采用这种方法清洗比较好，但要注意，无论哪种方法，都要选用不损坏地毯纤维的清洁剂。

另外，要注意在一些重要通道，如建筑物入口，近楼梯的地方以及客房卫生间门口等放置防尘垫，防止污物进入地毯组织，同时，要注意经常将地毯使用的位置转移，使磨损的地方变得均匀。

（四）空调设备的保养方法

客房使用的空调一般分为室内小型空调和集中送气的中央空调两种。

小型空调在使用时要注意不能让水溅到开关上，以免发生漏电，造成触电事故。在使用中如发出异常声音，应关闭电源，通知工程部进行检查修理。

中央空调由专人负责管理操作，集中供应，按季节供应冷、热风，各房间有送风口，设有“强、中、弱、停”四个档次，可按需要调节，要定期对鼓风机和导管进行清扫，此外，每隔2~3个月清洗一次进风过滤网，以保证通风流畅，电机轴承传动部分，要定期加注润滑油。

（五）电器设备的保养方法

1. 电梯

电梯内外应经常擦洗，梯内地毯要每天吸尘清洁。此外，还要防止服务员，不良客人或小孩用刀具等在电梯内乱刻、乱画。

2. 电冰箱

三星级以上酒店通常在客房内安放有电冰箱，以方便客人。电冰箱应放在通风干燥、温度适中的地方。一般来说，其背面和侧面应距离墙壁100毫米以上，以保证空气自然对流，并使电冰箱能够更好地散热。切忌将电冰箱放在靠近暖气管、干燥箱，有热源或阳光直射，或易受水浸、发潮的地方。

冰箱背面机械部分，温度较高，切勿将电源线贴近，此时，电源线应避免卷束使用。

电冰箱的门封胶边，尤其是门下面的胶边是容易弄脏的部位，要注意经常清洗干净，保持清洁，当冰箱门溅到水或弄污时，应及时用干布抹干，以免金属件生锈。

冰箱在使用一段时间后，要注意定期清理内部，以免积存污物，滋生细菌。

3. 电视

电视机要避免安放在光线直射的位置，切忌曝晒，否则会使显像管加速老化，机壳开裂。此外电视机也不能放在潮湿的地方，要防止酸、碱气体侵蚀，引起金属件生锈和元件损坏，产生接触不良等毛病，因此，在雨季，除应注意放置以外，最好每天通电使用一段时间，利用工作时机器自身散发的热量驱潮。

电视机在使用时还要注意其使用电压与供电电压是否相符，特别是有些进口电视机的使用电压是 110 伏，因此不能直接用 220 伏电压，以免烧坏机器。

清扫客房时，每天应用干布擦去电视机外壳上的灰尘，并定期用软毛刷清除机内灰尘。此外，电视机长期不用时，最好用布罩罩住，以免灰尘落入，影响收看效果。

最后，电视机还应尽量避免经常搬动，以减少各种意外事故的发生。

4. 照明设备

照明设备主要指门灯、顶灯、台灯、吊灯、床头灯等。这些设备的保养，首先是电源，周围要防潮，插座要牢固，以防跑电漏电，擦拭灯罩，尤其是灯泡、灯管时要断电，且只能用干布擦，绝不能用湿布擦。

5. 电话

每天用干布擦净电话机表面的灰尘，话筒每周用酒精消毒一次。

6. 电线

客房内电线主要是电视机线、电话线和落地灯线。电线应保持表面无破损，此外，电线的安装要相对隐蔽，要整理好，否则容易把人绊倒，甚至损失电器。

（六）卫生设施及设备的保养方法

卫生设施要勤擦洗，对于洗脸盆、浴缸、马桶等设施，在擦洗时既要使其清洁，又要防止破坏其表面光泽，因此，一般选用中性清洁剂。切记不能用强酸或强碱。国内某新开业的度假村，客房服务员由于经验不足，缺乏必要的专业知识，用盐酸清洁卫生间的大理石地面，结果使几乎所有的客房卫生间原本非常漂亮的黑色大理石地面变花、发白，不仅严重损坏了卫生间设施，而且降低了客房的档次，使卫生间地面设施与客房其他设施设备极不协调。强酸或强碱性质的清洁剂不但会破坏瓷面光泽，对釉质造成损伤，还会腐蚀下水管道。

对浴缸、洗脸盆、马桶等卫生设施的保养，还应特别注意要防止水龙头或淋浴喷头滴、漏水，如发生类似现象，应及时报工程部维修，否则，久而久之，会使卫生洁具发黄，难以清洁。

除了卫生设施以外，还应做好对客房清洁用具及卫生设备的保养工作。

客房清洁设备种类较多，价值也比较大，因此，做好对客房清洁设备的保养工作对于控制客房经营的成本费用具有重要意义。

对客房清洁设备的保养要做好以下工作：

（1）所有使用人员都必须了解和掌握清洁设备的操作要求，并严格按操作要求使用。

（2）所有清洁设备在使用后都应进行全面的清洁和必要的养护。

（3）设备使用前后都应检查其完好状况，发现问题要及时处理。

（4）要有良好的存放条件，并按要求摆放。此外，还要有供存放所有附件的柜子、抽屉、架子和挂钩等。

在客房所有清洁设备中，吸尘器的使用是最为频繁的，因此，做好对吸尘器的保养具有重要意义。

吸尘器的使用和保养要注意以下要点：

• 检查各部件的连接是否严密，如有漏风的地方要及时修理。

• 检查有无漏电现象，防止发生危险。

• 吸尘器在使用时，要避免吸入硬物或尖锐的东西，以免蓄尘袋破裂，喉管堵塞或机件失灵。另外，也要防止吸入大片纸张、布片、棉花团等物，以防堵塞吸管和吸头。

• 将电源插头拔下前，要先把吸尘器开关关掉。

• 避免让吸尘器在电线上辗过。

• 吸尘器使用完毕后，要定期清理蓄尘袋。弄干净刷子和吸尘器的外壳。否则，不仅不卫生，还会影响吸尘器正常工作，严重的还会使吸尘器停止工作，甚至会烧掉电源。

（七）木器家具的保养方法

木器家具的保养，除过要经常除尘，保持表面清洁以外，还要注意“四防”，即：防潮、防水、防热和防蛀。

1. 防潮

木器家具受潮容易变形、开胶、腐朽，因此房间应保持干燥，要经常打开门窗进行通风。潮气较重的房间、家具放置一般不要紧挨墙壁，以保持空气流通。平时擦洗时，也不能使用带水的抹布，而要用绞干的抹布，然后用软质干布擦干。

2. 防水

防水与防潮的道理是一样的，此外，油漆家具如溅上水珠，家具表面的油漆还会起泡、发霉，使油漆面失去光泽，因此，如不慎将水溅到家具上，应立即用干抹布擦净，对于铺有玻璃的桌子、茶几及床头柜等家具，要注意不要让水浸入玻璃下面，如不小心被水浸入时，应及时掀开玻璃擦干家具，以免被水浸泡而破坏桌、柜面油漆。

3. 防热

油漆家具一般不要放在阳光直射的地方，如有阳光照射，应拉下窗帘，以防色泽减退，此外，一般家具的油漆表面怕烫，因而在放开水杯时，应使用垫盘（如不慎烫出白痕，可用酒精擦拭，即可消失）。

在有暖气设备的房间里，家具的放置应远离水、汽散热片，以防家具被烘干变形而破裂。

4. 防蛀

为了防止蛀虫繁殖，在橱柜抽屉层一般应放置一些樟脑丸或喷洒杀虫剂。

除过上述要点以外，还要经常检查家具榫头、螺丝是否松动，五金零件有无丢失等，发现这些问题应及时报修，否则，时间一长往往会使损坏程度扩大，甚至无法维修而报废，因此，对于木器家具来说，及时维修也是日常保养的重要一环。

（八）织物的保养方法

客房部的织物主要表现为客房枕巾、面巾、脚巾、手巾、浴巾、澡巾以及床单等各类布草，布草的保养要注意以下三点。

第一，要教育客房服务员严格按操作规程办事，见表7-2，现代化酒店一般要求服务员在清扫客房及卫生间设施时使用专用的清扫用具,以卫生间为例,马桶、面池及浴缸都有各自的专用抹布,但为了方便起见,在一些管理不善的饭店里,有些服务员常常使用客房内撤下的毛巾甚至床单来擦洗卫生设施、设备,他们以为反正这些布草都要送洗衣房洗涤,所以有一种“不擦白不擦”的思想,有的甚至使用床单擦皮鞋,岂不知这样做危害极大,首先,当然是减少了布草正常的使用年限,其次,这样做会使布草沾上各种不同性质、不同颜色的污迹,不易或根本无法洗涤干净,因而也就不能再次投入使用,一些酒店的大量床单就是因此而报废的。

表 7-2 常见污迹的清洁方法

污渍名称	清洁方法
1. 血迹	用冷水浸泡,用干布吸干,然后用海绵块蘸上清洁剂擦拭,吸干溶液,用清水洗干净。或,用 1∶50 的稀盐水擦湿,等 2~3 分钟之后用布从旁边向中心擦,然后用清水过,吸干
2. 口香糖	用口香糖除迹剂喷在口香糖上,待其硬化后,用硬物将其敲碎、剔除
3. 黄油	将能够刮掉的黄油刮掉,用海绵块蘸上干洗剂擦拭,吸干溶液
4. 呕/尿	用冷水吸清,然后用 1∶10 醋水,对于呕的污渍,梳打水的效果更好
5. 红酒迹	用 1∶5 苏打水稍浸,然后过清水吸干
6. 唇油/指甲油	用海绵块蘸上醋酸或专用清洁剂擦拭,吸干溶液,然后再用清水清洗干净
7. 可乐/巧克力/牛奶	用适量的白醋加入稀释了的洗洁精擦拭,然后冲干净、吸干
8. 咖啡	一般洗涤方法即可(用海绵蘸上清洁剂擦拭),最好用干洗剂
9. 果汁	用稀释了的苏打水,丙三醇甘油或白醋,冷水过清
10. 茶水	用海绵块蘸上酸性清洁剂(或白醋)擦拭,吸干溶液
11. 墨水迹	用冷水冲洗,直至墨渍变淡,然后用稀释了的草酸溶液浸湿污渍,过 2~3 分钟,再用稀释了的高锰酸钾/灰锰氧溶液浸 2~3 分钟,再用清水过,吸干
12. 圆珠笔墨水	普通洗涤可以洗去某些种类的圆珠笔墨水。如果不行,则可倒入变性酒精,或用白凡士林在斑渍上摩擦,并浸入清洁剂溶液,然后洗涤
13. 油腻食物	彻底清除食物,吸干汁水。用海绵块蘸上干洗剂擦拭,吸干溶液
14. 油脂	用海绵块蘸上干洗剂擦拭,吸干溶液
15. 鞋油	用海绵块蘸上干洗剂擦拭,吸干溶液。如果色斑难以清除,用海绵蘸上漂白剂擦拭,并吸干
16. 蜡迹	用白醋加温水
17. 汗渍	新的汗渍可用海绵蘸上阿摩尼亚擦洗,然后在织物所能承受的热水中漂洗。必要时,可采用漂白剂

第二,换下来的脏布草最好要用专用的袋子装好送洗,不要乱堆乱放,或在脚下踩来踩去,更不要用床单包起来在地板上或水泥地上牵拖送洗,否则,不但会磨损床单,而且布草织

物还会与水泥摩擦起反应，所生成的碳酸物无法清除。

第三，撤换下来的棉织品，干燥的与潮湿的最好能分开放置，潮湿的应及时洗涤，否则容易生霉变质，不但影响使用期限，而且洗出来的效果也不好。

除过上述要求以外，棉织品在使用和保管时应注意防潮、防闷热、防虫蛀、防日晒、防灰尘和防酸碱，它们都会在不同程度上影响织物的寿命与质量。

第三节　客用品的管理

客用品指客房各类客用低值易耗品。客用品的使用和消耗量伸缩性比较大，因此，做好对客用品的控制是客房成本控制的重要环节。

一、客用品的选择

宾馆牙刷刺破住客牙龈之后…

消费者林先生近日来广州出差，在机场路的某宾馆入住，结果发现宾馆所提供的免费洗护用品质量很差，香皂没有香味，牙刷在使用时会掉毛，牙膏连生产日期和保质期都没有，是典型的“三无”产品。

林先生向广州市消委会投诉说，该宾馆提供的洗漱用具的质量都很差，尤其是牙刷，他刷牙时竟然被刷伤了牙龈，导致第二天早上吃饭都很困难。

市消委会有关人士表示，质监部门曾经对广州酒店的一次性洗护用品进行过多次质量抽查，结果发现合格率一直较低。主要是淋浴液、洗发液有效物偏低，清洁效果不明显，细菌总数超过标准要求，对人体皮肤造成刺激。另外，牙膏菌落总数超标，牙刷磨毛粗糙、未磨毛的牙刷尖端有锋利毛刺，显现锋利锐角；顾客使用时会严重损害牙齿，也会造成牙龈出血等问题。

消委会提醒消费者，根据《产品质量法》规定，宾馆饭店的经营者所经营使用的产品应当符合国家相关标准；如果宾馆酒店在经营过程中使用了假冒伪劣产品，按照法律规定，宾馆要承担相当于销售假冒伪劣产品的责任。

由此可见，酒店客用品的选择必须慎重，酒店要么不提供客用品（俗称“六小件”），要提供就必须保证客用品的质量。

客用品的选择应遵循以下几项原则：

1. 质量

酒店没有义务为客人免费提供“六小件”（国外的酒店大都不提供），但为了方便客人，也为了竞争的需要，如果选择提供，就要确保客用品的质量，以免给客人造成伤害，引起客人的投诉，甚至法律纠纷。

2. 实用

客用品是为方便客人的住店生活而提供的，因此，必须符合方便、实用的原则，所选购的客用品必须是客人所真正需要的，同时，要方便使用。一些酒店提供给客人的洗发液、淋浴液等卫生用品装在玻璃瓶或硬质塑料瓶内，客人使用时，半天倒不出来，也无法挤压，结果，不仅给客人造成极大的不便，也造成了很大浪费。而有的酒店考虑到客人对卫生的重视和防止各种传染病对客人造成的威胁，则在卫生间内为客人提供一次性塑料浴缸罩，受到客人的欢迎。

3. 美观

客用品应该精致、美观，避免给客人以粗糙、贬值之感。

4. 适度

选择客用品的适度原则是指客用品质量和种类必须与酒店的档次相适应，此外，客用品的量也应与客人的实际需要量相适应，避免造成不必要的浪费。

5. 价廉

客用品的选择除了要实用、美观、适度以外，还要考虑价格问题，这是客用品成本控制的关键因素之一。

考虑到以上原则，在选择客用品时，应注意以下要点：

• 牙具应选用牙膏、牙刷配套包装的，嵌装式接柄牙刷因不便使用而应予以避免。另外，牙刷不应太硬，以免造成客人牙龈出血。

• 香皂的重量一般应在 20 克以上，最好能在 30 克左右。此外，应选用质地细腻、无刺激性及不易受潮发软的香皂。

• 垃圾桶应选用拒水、阻燃材料制作的。

• 烟灰缸宜选用直壁式浅烟缸，以方便清洗。

• 火柴划着后不应有烟尘漂浮。

• 梳子不应过尖，以免刺伤客人头皮。

二、客用品的成本控制

（一）确定消耗定额

客房管理人员应按照客房总数、客房类型及年均开房率，确定各类客用品的年均消耗定额，并以此为依据，对各班组、个人的客用品控制情况进行考核。

由于团体客人和散客对客用品的消耗量有所不同，所以，也可以根据酒店每年接待的团体客人和散客的比例和数量，分别计算团客和散客的消耗定额，然后加总，即为客房部客用品总的消耗定额。

（二）确定储备定额

这是实施客用品控制的基础之一。应将其列成书面材料，以供日常发放、检查及培训之用。

1. 中心库房储备定额

客房部应设立一个客房用品中心库房，其存量应能满足客房一个月以上的需求。

2. 楼层布草房储备定额

往往需要备有一周的用品。储备量应列出明确的标准贴在布草房的门后或墙上，以供领料对照。

3. 工作车配备标准

工作车上的配备往往以一个班次的耗用量为基准。

（三）做好客用品的日常管理工作

1. 客用品发放的控制

客房用品的发放应根据楼层布草房的配备定额明确一个周期和时间。这不仅可方便中心库房的工作，也是促使楼层日常工作有条理、少漏洞的一项有效措施。

在发放日期之前，楼层领班应将其所辖楼层的库存情况了解清楚，并填写领料单。凭领料单领取货物之后，即将此单留在中心库房，以便统计，见表 7-3。

表 7-3 日常消耗品申领单

楼层：__________ 日期：__________

物品名称	申领数	实发数	物品名称	申领数	实发数
普通信笺			航空信封		
航空信笺			明信片		
普通信封			门后指示图		
便笺纸			卫生纸		
宾客意见书			面巾纸		
住客预订表			水杯		
迷你酒吧酒水单			烟缸		
圆珠笔			火柴		
服务指南			（下列为服务员用的清洁用品）		
门把菜单					
房内用膳菜单			拖把		
干洗单			什物		
湿洗单			空气清洁器		
洗衣袋			除虫器		
卫生袋			鞋刷		
垃圾袋			鞋油（黑）		
枕套			鞋油（棕）		
浴帽			鞋油（棕黄色）		
浴液			鞋油（自然色）		
大香皂					
小香皂					

申领者__________ 发放者__________

2. 做好客用品的统计分析工作

(1) 每日统计。服务员在做房时,应填写“客房服务员工作日报表”(参见表7-4),并在做完房后,对主要客用品的耗用情况加以统计。最后,由房务中心文员对整个客房部所有楼层的客用品耗用量作汇总,填写“每日楼层消耗品汇总表”(参见表7-5)。(有手机移动端管理软件的酒店,则可非常方便地在手机上完成此项工作)

表7-4 客房服务员工作日报表

房号	状况	清扫时间		人数	补充用品																			备注
		入	出		香皂(大)	香皂(小)	卷纸	浴帽	洗发液	沐浴液	牙具	梳子	剃须刀	指甲刀	卫生袋	圆珠笔	拖鞋	购物袋	火柴	针线包	擦鞋纸			
01																								
02																								
03																								
合计																								

表7-5 每日楼层消耗品汇总表

文员________________ 日期________________

项目 楼层	卷纸	洗发液	淋浴液	擦鞋纸	圆珠笔	小铅笔	明信片	箱贴	梳子	牙具	针线包	香皂
餐饮层												
四层												
五层												
⋮												
合计												
金额												

备注________________ 当日做房数________________

(2) 定期分析。一般情况下,客房部应每月对客房客用品的耗用情况做一次定期分析。其内容有:

① 根据每日耗量汇总表制订出月度各楼层耗量汇总表,参见表7-6。

② 结合住客率及上月情况,制作每月客用品及物资消耗分析对照表(参见表7-7)。

③ 制定每月客用品盘点及消耗报告

除了对客用品的消耗情况进行理论上的统计以外,还要在月末对客用品进行盘点,如两者不符,且差距较大,要分析原因,找出对策,见表7-8。

④ 结合年初预算情况,制作月度预算执行情况对照表,参见表7-9。

表 7-6　楼层日常消耗品月度用量汇总分析表

________年______月　　　　制表人__________　　　　审核者________

楼层	开房数（间天）	香皂		卫生纸		圆珠笔		购物袋		……	
		总耗量（块）	平均量（块/间天）	总耗量（卷）	平均量（卷/间天）	总耗量（支）	平均量（支/间天）	总耗量（只）	平均量（只/间天）	……	……
总计											

表 7-7　每月物资消耗分析对照表

品名	单位	单价（元）	上月消耗	金额（元）	本月消耗	金额（元）	与上月相比	
							增%	减%
圆珠笔	支							
夹纸笔	支							
开瓶扳手	个							
卫生袋	只							
针线包	个							
擦鞋纸	张							
杯垫	张							
行李牌	张							
意见书	张							
维修单	张							
店卡	张							
明信片	张							
塑料提包	个							
牙具	个							
服务指南	本							
洗发液	袋							
沐浴液	袋							
洗衣粉	袋							
洗衣单	本							
电传纸	张							

续表

品名	单位	单价（元）	上月消耗	金额（元）	本月消耗	金额（元）	与上月相比	
							增%	减%
剃须刀	个							
擦铜油	瓶							
矿物油	瓶							
筷套	支							
菜单	本							
橡皮圈	个							
早餐卡	张							
奇妙	听							
家用蜡	听							
合　计								

上月住客率	本月住客率	与上月相比		上月每间房消耗额	本月每间房消耗额
		增	减		

制表人________时间________

表 7-8　每月客用品盘点及消耗报告

ITEM 项目	单位	上月库存	本月领货	本月消耗	本月盘点	与统计结果差额	备注
TOILET ROLL 厕纸							
TISSUE 面纸							
SHOWER CAP 浴帽							
SHAMPOO 洗发液							
BATH FOAM 沐浴液							
SHOE SHINE PAPER 擦鞋纸							
SANITARY BAG 卫生袋							

续表

ITEM 项目	单位	上月库存	本月领货	本月消耗	本月盘点	与统计 结果差额	备注
SOAP 香皂							
LAUNDRY BAG 洗衣袋							
GLASS WRAPPER 杯纸							
TEA-BAG 茶叶袋							
ASH TRAY 烟灰碟							
MATCHES 火柴							
SLIPPER 拖鞋							
DOOR CARD 门卡							
FOLIO 文件夹							
PEN 圆珠笔							
LETTER HEAD(L) 信纸							
LETTER HEAD(A) 信纸(航空)							
MEMO PAD 记事纸							
SEWING KIT 针线包							
HANGER(L) 衣架(女)							
HANGER(G) 衣架(男)							

续表

ITEM 项目	单位	上月库存	本月领货	本月消耗	本月盘点	与统计 结果差额	备注
SHOPPING BAG 购物袋							
FLASK 水壶							
ENVELOPE(A) 信封(航空)							
ENVELOPE(L) 信封							
GLASSES 杯							
LAUNDRY LIST 水洗衣单							
VALET LIST 干洗衣单							
TOOTH-BRUSH 牙刷							
COMB 小梳子							

表 7-9 月度预算执行情况对照表

部门__________　　月份__________　　年份__________

费用项目	编号	预算	支出总数	所占比例	上月支出	结余

（四）控制客用品流失现象

客用品的“流失”是造成客用品失控的重要原因,有两种情况:一种是一些客人在服务员做房时从工作车上“顺手牵羊”,拿走部分客用品;第二种情况,也是更普遍、更严重的现象,则是服务员利用工作之便,经常且大量拿走客用品以自用或提供给他人使用,在管理不善的酒店,甚至常常被大量带出酒店,形成客用品流失的“无底洞”。针对上述情况,客房部可采取以下措施:

(1) 要求服务员在做房间卫生时,将工作车紧靠在房门口停放,以便监督。

(2) 加强对服务员的职业道德教育和纪律教育。

(3) 要求服务员做好客用品的领取和使用记录,以便考核。

(4) 与保安部配合,做好对员工上下班及员工更衣柜的检查工作。

(五) 落实奖惩政策

年末要根据消耗定额、年初预算及其执行情况,落实奖惩政策。通过奖惩,严格管理制度,强化服务员对客用品的节约意识。

除过上述客用品的控制方法以外,还应努力做好客用品的节约工作。一方面,对于住客房内客人没有用过的客用品,应继续使用,不应随手扔掉。另一方面,客房管理工作应紧随"绿色潮流",尽量使用固定的罐装容器盛放的卫生用品,以减少不必要的浪费和对环境造成的污染。

第四节　客房部预算管理

预算是管理人员用来控制和指导经营活动(特别是采购设备、用品)的依据。制定房务预算是客房管理者的基本职责之一。通过制定房务预算,可以有效地控制客房部各项成本、费用,提高客房部经济效益。同时,也能使客房管理人员为今后一段时间的工作做好详细的规划。

预算的制订应力求谨慎,一旦制订出来,就必须成为指导开支的纲领。可以说,预算是整个客房经营管理工作的基础。

一、制订预算的基本原则

(一) 轻重缓急原则

制订预算时,所有预算项目必须分清轻重缓急,按以下先后次序排列:

第一优先:来年绝对必须购置的项目。

第二优先:增加享乐程度和外观的新项目。

第三优先:未来两年内需要添置的项目。

酒店在开业三年以后,总有必要对某些设施进行更新、改造和重新装饰,这些更新项目往往占了预算开支的一大部分,但是如果能将过去所购物品的购买和使用时间记录在案,那就会给客房管理人员的年度资金预算计划提供方便。

(二) 实事求是原则

预算必须实事求是,按照客房部的实际状况和经营需要确定,否则,如果客房管理人员为了得到预期的金额而在预算上报了多出两倍的金额,那么,将来的实际开支就将是实际预算的两倍。事实上,如果按轻重缓急序列制订预算,也没有必要做这种"预算外的预算"。

（三） 充分沟通原则

在绝大多数酒店，客房部门要负责整个酒店的家具配备工作，因此，客房管理人员必须与其他部门负责人（特别是工程维修部）保持联系，以便协商确定客房部与这些部门预算有关的统一开支款项。

二、制订预算的依据

客房部制订预算的依据主要有以下四点：

（1）酒店在计划期内的经营预测。

（2）酒店经营的历史资料，参见表7-10。

（3）客房部设施设备及人员现状。

（4）计划期内物价及劳动力成本水平。

表7-10 一家有120间客房的美国酒店的房务部（Rooms-Department）收支情况一览表

	美元	百分比（%）
客房销售收入（Room sales）	2,555,110	100.0
部门费用（Departmental expenses）		
工资	355,160	13.9
员工用餐	10,220	0.4
工资税与员工福利	76,653	3.0
洗涤费用	38,327	1.5
瓷器、杯具、银器、布草等	25,551	1.0
佣金	38,316	1.5
预订费	17,886	0.7
其他支出	84,312	3.3
房务部总支出（Total rooms expenses）	646.425	25.3
房务部利润（Rooms-departmental income）	1,908,685	74.7

注：以上费用项目中不包括：行政管理费用（administrative and general expense）、酒店营销费用（marketing and guest entertainment）、资产经营费用（property operation）、维修和能源费用（maintenance and energy costs）等酒店未分配之经营费用（undistributed operating expenses）以及折旧和摊提费用（depreciation and amortization）、利息（interest）等资本成本（capital costs）。

三、预算的编制

（一） 客房部支出预算

1. 客房部支出预算列表

客房部支出预算所包含的项目及预算表的格式如表7-11所示：

表 7-11 20××年客房部支出预算表

单元:元

项目	上年实际	上年预算	本年预算	备注(原因)
第一优先项目:				预计今年出租率上升 9%:补齐缺编 10 名员工
工资	338 400	340 000	430 560	增加物价上涨因素(按 15%计)
工作服	16 920	17 000	26 000	增加员工:今年需发皮鞋每人一双(70 元/双)
医药费	25 560	23 560	27 960	240 元/人·年×104 人+3 000 元重病超支保险费
床单			57 600	补充两套,30 元/床,急需补,否则会影响周转
洗衣房洗涤剂	36 000	35 000	45 000	业务量增加,洗涤剂价格上调 15%(已接到通知)
客房、PA 洗涤用品	15 000	18 000	9 600	部分改用国产产品替代合资、进口产品
客房易耗品	245 000	230 000	226 000	去年还有一部分 3.3 元/间×240 间×82%出租率×365 天×95%消耗率
维修保养费	70 000	75 000	38 000	去年增加烘干机一台 4 万元
第二优先项目:				
清扫工具等	9 000	15 000	11 000	考虑上涨因素
临时工工资	12 000	10 000	6 000	去年人手不足用得多,今年旺季用些临时工(5~10 月)
差旅、培训费	4 800	5 000	4 500	去年批量实习,今年少数骨干学习培训
邮电通信费	2 100	2 000	2 100	
第三优先项目:				
办公用品及印刷品	4 000	5 000	3 000	有些报表已够用
员工生日及生病等	2 700	3 000	2 800	每个员工生日及病假达三天者的探望
奖金	293 280	280 000	330 000	增加员工,业务增加,争取增长 10%
劳保用品	16 920	18 000	18 720	101 人×15 元/人·月×12 个月
		累计	1 238 840	

说明:第一优先中,床单须在旺季之前(三月底之前)解决;工作服中夏季服装及皮鞋在 5 月份前解决,冬季服装在 9 月底前解决。

共需资金壹佰贰拾叁万捌仟捌佰肆拾元,当否,请审批。

2. 支出预算表的分解

为了做好预算的控制,还应对支出预算的有关项目按月进行分解,参见表 7-12。

表 7-12 月度支出预算表

项目	一月		二月		三月		……		十二月	
	本年	去年	本年	去年	本年	去年	本年	去年	本年	去年
工资										
客房用品										
清洁用品										
……										

(二) 客房部经营预算

客房部经营预算除了包括支出预算的有关内容以外,还包括客房收入预算以及客房出租情况的有关内容,参见表 7-13。

表 7-13 某饭店客房部经营预算表

20××年度(1 月—12 月)

序号	项目	%	预算	1 月	2 月	3 月	…	12 月
1	可供出租客房		80 665	5 525	6 851	6 188	…	7 956
2	预计出租间数		44 996	1 037	560	2 790	…	5 094
3	客房出租率		55.08%	18.77%	8.17%	45.09%	…	64.03%
4	平均房价/间		222.10	179.00	191.33	204.35	…	233.18
一、营业收入								
5	房费	99.78%	10 317 536.00	185 621.00	107 146.00	570 130.00	…	1 187 801.00
6	其他	0.22%	22 299.60	805.60	269.04	1 511.64	…	2 143.20
7	营业收入合计	100.00%	10 339 835.60	186 426.60	107 415.04	571 641.64	…	1 189 944.20
二、营业成本								
8	客务成本	0.11%	11 349.29	204.18	117.86	627.14	…	1 306.58
9	客务成本合计		11 349.29	204.18	117.86	627.14	…	1 306.58
三、营业税金及附加								
10	客务税金	5.50%	568 690.96	10 253.46	5 907.83	31 440.29	…	65 446.93
11	客务税金合计	5.50%	568 690.96	10 253.46	5 907.83	31 440.29	…	65 446.93

续表

序号	项目	%	预算	1月	2月	3月	…	12月
四、工资及福利								
12	薪金工资	4.36%	451 200.00	37 600.00	37 600.00	37 600.00	…	37 600.00
13	职工福利	0.61%	63 168.00	5 264.00	5 264.00	5 264.00	…	5 264.00
14	工作餐	1.03%	106 080.00	8 840.00	8 840.00	8 840.00	…	8 840.00
15	工资及福利合计	6.00%	620 448.00	51 704.00	51 704.00	51 704.00	…	51 704.00
五、营业费用								
16	低值易耗品费	0.00%					…	
17	布草洗涤费	2.52%	260 685.95	7 666.73	3 223.25	16 058.68	…	29 320.04
18	棉织品费	0.00%					…	
19	客用品费	3.46%	357 422.96	10 511.74	4 419.35	22 017.84	…	40 200.32
20	清洁用品费	0.56%	58 066.00	2 207.00	1 645.00	3 770.00	…	6 354.00

四、预算的执行与控制

客房部年度预算一经批准，客房管理人员应严格执行，将经营活动控制在预算范围之内。为此，客房管理人员必须对预算执行情况进行检查，一般每年检查不得少于两次，最好是每月都检查一次，并填写预算执行情况控制表，见表7-14。

表7-14 预算执行情况控制表

项目	本月实际		本年累计		
	本年	去年	本年	预算	去年
工资					
客房用品					
清洁用品					
……					
合计					

由于预测不可能准确无误，所以预算指标与实际业务运行发生较大误差是不足为奇的，可以通过修订预算进行弥补。

在预算与实际状况发生较大误差时，客房部负责人应立即召集所有管理人员通报情况，寻找现实可行的办法来消除因开支过大造成的赤字；或是寻找利用剩余资金提高效益的其他途径。

第五节 客房"保本点"分析

一、客房保本点的含义

客房商品的成本分为两大类：一类是正常经营条件下与客房出租间数无关，即使出租间数为零也必须照常支付的费用，这部分叫固定成本(F)，如固定资产折旧、间接管理费、土地资源税、利息、保险等；另一类是随客房出租间数的变化而变化的，如低值易耗品、物料用品、客房员工的工资、直接管理费和水、电等消耗，这部分叫变动成本(V)。变动成本在营业收入中所占的比率为变动成本率(f)。

所谓"保本点"(又称"盈亏平衡点")，是指营业收入总额与成本总额相等时的商品销售量。在固定成本、价格及变动成本率不变的情况下，保本点也保持不变，是个常量，它不会因每月(季)营业收入或总成本的变化而变化，更不是计划期内固定成本与变动成本的简单相加。

就酒店客房而言，保本点可以用客房收入与客房成本总额相等时的客房出租数来表示，也可以用该点出租率及客房营业收入表示。在这一点上，客房的利润为零，既不亏损，也不营利，如图 7-2 所示。

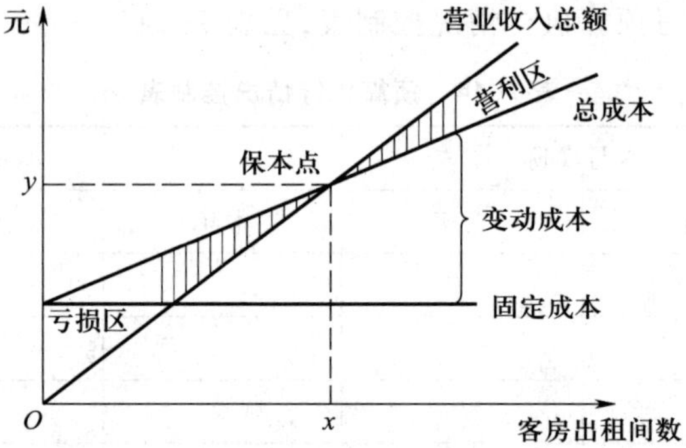

图 7-2 客房保本点

设房间价格为 P，客房总数为 N，计划期天数为 n，客房固定成本为 F，变动成本率为 f，保本点的营业收入、客房出租间天数和平均客房出租率分别为 y、x、r，则根据保本点定义，我们有：

$$y=F+fy$$

$$y=\frac{F}{1-f} \tag{1}$$

$$x=\frac{y}{P}=\frac{F}{P(1-f)} \tag{2}$$

平均每天出租客房数 $x'=\frac{x}{n}=\frac{F}{P(1-f)\cdot n}$

$$r=\frac{x'}{N}\times 100\%=\frac{F}{P(1-f)\cdot n\cdot N}\times 100\% \tag{3}$$

上列(1)、(2)、(3)式分别为以营业收入、客房出租间天数和客房出租率表示的客房保本点。

例:假设某酒店共有客房 500 间,平均房价为 100 美元,2006 年 4 月份客房营业收入为 105 万美元,固定成本为 34 万美元,变动成本率为 52%,则该酒店客房部以月营业收入、月客房出租间天数和客房出租率表示的盈亏平衡点分别为:

$$y_4=\frac{F_4}{1-f}=\frac{340\ 000}{1-52\%}=708\ 333(\text{美元})$$

$$x_4=\frac{y_4}{P}=\frac{708\ 333}{100}=7\ 084(\text{间/月})$$

平均每天出租数 $x_4'=\frac{7\ 084}{30}=236(\text{间/天})$

$$\text{客户出租率 } r_4=\frac{x'_4}{N}\times 100\%=\frac{236}{500}\times 100\%=47.2\%$$

由此可见,客房保本点只与客房固定成本和变动成本率有关,而与客房实际营业收入没有关系。

二、客房保本价

客房保本价即客房保本(客房利润为零)时的价格。假定客房出租率为“r”,保本价为“P”,则由(3)式可知:

$$P=\frac{F}{r(1-f)\cdot n\cdot N}$$

即,在客房固定成本、客房出租率、客房变动成本率等一定的情况下,当客房的实际平均房价达到 $F/r(1-f)\cdot n\cdot N$ 时,客房经营才能保本。

三、客房保本点分析

如图 7-2 所示,客房营利区的大小与保本点的位置有很大关系。保本点的位置越低,营利区就越大,亏损区则相应缩小,所以保本点的位置越低越好,那么,客房部如何降低保本点呢?

如图所示,在营业收入一定的条件下,保本点的位置取决于总成本的大小。总成本增加,营利区便缩小,亏损区相应增大。所以,酒店应通过对固定成本和变动成本的控制,改变保本点的位置,缩小亏损区,扩大营利区。

一般来说,客房的固定成本是相对固定的,但是,如果酒店的固定成本总额增加,则客房的固定成本数额必然要相应增加,从而使客房总成本增加,这时,原保本点位置就改变了,亏损区增大,营利区缩小。反之亦然。所以,酒店在日常经营活动中必须努力降低固定成本和费用,加强对固定资产的管理,减少损失报废,延长对固定资产的使用年限。

就客房可变成本而言,管理人员要加强对客房笔、信纸、拖鞋、牙膏、牙刷、洗发液、浴液、梳子、香皂等低值易耗品及清洁用品的控制,减少损失浪费现象。另外,客房用品配备的档次也不能一味求高,必须与酒店的档次相适应。

下面,我们继续以上例为例,分别讨论一下固定成本和变动成本变化对保本点位置的影响。

(1) 在上例中其他条件不变的情况下,假定七月份该酒店客房部的固定成本(F_7)减少到 30 万美元,试问保本点位置如何变化。

(2) 在上例中其他条件不变的情况下,假定七月份该酒店客房部的变动成本(V_7)减少到 50 万美元,试问保本点位置如何变化。

(3) 在上例中其他条件不变的情况下,假定七月份该酒店客房部的固定成本和变动成本分别减少到 30 万美元和 50 万美元,试问保本点位置如何变化。

(4) 在上例中其他条件不变的情况下,假定七月份该酒店客房部的固定成本减少到 30 万美元,而变动成本增加到 70 万美元,试问保本点位置如何变化。

解:(1) 假定保本点位置以营业收入 y 表示

则:

$$V_7=\frac{F_7}{1-f}=\frac{300\ 000}{1-52\%}=625\ 000(\text{美元})$$

$$y_4-y_7=708\ 333-625\ 000=83\ 333>0$$

∴ 保本点向左下方移动,营利增加。

(2) ∵ $V_7=500\ 000$(美元)

$$\therefore\ f_7=\frac{V_7}{\text{营业收入}}=\frac{500\ 000}{1\ 050\ 000}=47.6\%$$

$$\therefore\ y_7=\frac{F_7}{1-f_y}=\frac{340\ 000}{1-47.6\%}=648\ 855(\text{美元})$$

$$y_4-y_7=708\ 333-648\ 855=59\ 478>0$$

∴ 保本点向左下方移动,营利增加。

(3) ∵ $F_7=300\ 000$(美元)

$$f_7=\frac{V_7}{\text{营业收入}}=\frac{500\ 000}{1\ 050\ 000}=47.6\%$$

$\therefore\ y_7=\frac{F_7}{1-f_7}=\frac{300\ 000}{1-47.6\%}=572\ 519$(美元)

$$y_4-y_7=708\ 333-572\ 519=135\ 814>0$$

∴ 保本点向左下方移动,营利增加。

(4) $\because\ F_7=300\ 000$(美元)

$$V_7\ =700\ 000\text{(美元)}$$

$\therefore\ f_7=\frac{V_7}{\text{营业收入}}=\frac{700\ 000}{1\ 050\ 000}=66.7\%$

$\therefore\ y_7=\frac{F_7}{1-f_7}=\frac{300\ 000}{1-66.7\%}=900\ 901$(美元)

$$y_4-y_7=708\ 333-900\ 901=-192\ 568<0$$

∴ 保本点向右上方移动,营利减少。

四、盈亏平衡点率

盈亏平衡点率是指客房盈亏平衡点(保本点)时的出租间天数与实际出租间天数之比。设盈亏平衡点率为 γ,客房实际出租间天数为 Q,盈亏平衡时的出租间天数为 X,则

$$\gamma=\frac{X}{Q}\times100\%$$

盈亏平衡点率的值越小越好。结合我国实际情况,一般可用下列数值来判断酒店客房经营的好坏,参见表 7-15。

表 7-15　盈亏平衡点率与酒店经营状况的关系

	新酒店	老饭店	理想程度
盈亏平衡点率	<70%	<65%	良好
	70%~80%	65%~75%	正常
	80%~90%	75%~85%	警惕
	>90%	>85%	危险

本章小结

- 客房成本控制是提高酒店经济效益的重要途径和客房管理的主要任务之一,客房成本控制的主要途径是做好客房预算及客房设备用品的采购和管理工作。做好客房设备用品管理不仅可以降低客房经营成本,还可以保障客房服务质量。
- 客房设备用品管理的主要任务是:编制客房物品与设备采购计划;制定客房物品与设备管理制度;做好物品与设备日常管理和使用;对现有设备进行更新和改造;做好对酒店“六小件”等客用品的控制工作。

- 酒店“六小件”的配备在为客人提供方便的同时，也造成了大量浪费和环境污染，同时为管理工作增加了难度。一些酒店为了节约成本，为客人配备的低质伪劣客用品还常常对客人造成伤害，引起客人投诉甚至法律诉讼。从发展的趋势看，这种“中国式传统”做法将逐步被淘汰，取而代之的是不在客房摆放，而是在客人提出要求时，由客房服务中心随时为客人提供。
- 预算管理是客房管理人员应该掌握的一项技能。制订预算的原则是分轻重缓急，讲究实事求是，进行充分沟通。
- 客房部制订预算的依据是：酒店在计划期内的经营预测；酒店经营的历史资料；客房部设施设备及人员现状；计划期内物价及劳动力成本水平。预算一经批准，客房管理人员应严格执行，将经营活动控制在预算范围之内。为此，客房管理人员必须对预算执行情况进行检查，并填写预算执行情况控制表。

复习思考题

1. 解释下列概念：
   预算　盈亏平衡点
2. 试述客房物品与设备管理的任务和方法。
3. 如何做好对客房设施设备的清洁保养工作？
4. 怎样选择客用品？
5. 如何做好对客用品的控制工作？
6. 编制预算的依据有哪些？
7. 如何编制客房经营预算？

案例分析

某酒店共有客房600间，平均房价为100美元，2007年4月份客房营业收入为120万美元，固定成本为40万美元，出租每间客房的变动成本为10美元，则该酒店客房部：

(1) 以月营业收入表示的盈亏平衡点是多少？

(2) 以客房出租率表示的盈亏平衡点是多少？

(3) 如果该酒店每月要取得80万美元的营利，平均每天的客房出租率应达到什么水平？

补充与提高

节能降耗，分析费用

客房管理中应在不影响服务质量的前提下尽可能节能降耗。为此，一些酒店客房部已尝试将所有客房的水位调低(不影响正常冲厕)，将洗脸盆水龙头适当调小，节水效果较显著；将所有公共区域的灯泡换成节能灯或感应灯，以利节电；提倡循环利用，如鼓励员工使用纸的正反双面，文件也是正反双面打印，利用旧文件、旧的打印纸作草稿纸。客房部还可坚持不懈地回收干净的一次性消耗品外包装盒，以便二次利用；将报损的床单制成婴儿床单、枕芯套或体重秤套。在客房卫生间墙上以及床头柜上，张贴或置放节能卡，动员客人尽量减少毛巾或床单、枕套的更换洗涤，以利节约水资源、洗衣粉和减少污水的排放，保护水资源。

酒店经理人对“经理的困惑”的答复：

Re：聘用社会劳务公司做客房卫生工作，靠谱吗？

张谦：南宁邕州饭店管理有限公司 总经理

在酒店行业，对酒店客人的满意度产生影响的诸多因素中，干净、整洁项排列第一。因而可见客房的清洁工作，在酒店管理中的比重，在客房的成本控制中，客房员工数量的多少，也是影响成本浮动的重大因素之一。

因此，为了提高客房的服务质量和出于降低成本的动机，已有个别酒店悄悄地开始尝试起一种新的管理模式——客房清洁外包模式。

其优势有以下几点：

（1）首先能大大降低招聘成本，酒店不用再担心招工难，不用到处打广告、拉人头了。招聘工作由外包公司做了分担。

（2）可以大大降低福利成本。对于外包员工，酒店是不需要负责他们的社保、奖金，甚至住宿费,这笔费用的降低,几乎占了酒店原同样薪酬水平的30%以上。

(3) 外包公司出于利益的驱动,提供的员工基本上会以熟练工为主,大大节省了酒店培训新员工的时间成本,同时员工做房效率大大提高,缩短了清洁房间的时间,房间将会在最短的时间里重新预售 ,客房销售的工作就能抢占到先机。

(4) 酒店的管理成本可以大大降低。不用担心员工流失,员工工作的积极性、服从性也会较原来的模式大大提高。

但客房清洁外包模式,也有其短板,主要表现为:

(1) 管理的标准需要有一个较长时间的磨合,清洁标准的落实程度、管理者管理尺度的把握,都需要时间来相互适应。

(2) 如果酒店与外包公司发生矛盾,短时间酒店因无自己的团队,招聘和培养需要假以时日,酒店可能会遭受较大的损失。

(3) 一旦有临时性的加班和突击任务,是很难获得外包员工愿意克服自身困难来帮助的。

(4) 由于楼层主力员工改外聘,房务部的员工企业文化将较难开展。

(5) 外包模式只能降低部分成本,毕竟外包公司还是需要获取利润的,两相对冲,能降多大成本还是要看具体酒店情况。

(6) 请外包公司从事清洁,可以量化的酒店客房清洁一般不会出现争议,但涉及酒店公共区域及无法量化的工作内容,易出现扯皮的情况发生。

酒店业中,任何一种管理模式都有自己的优、劣势,从没有一个放之四海而皆准的真理,关键看我们的管理者去如何取舍。最终必然是:舍鱼,而取熊掌者也!

即测即评

第八章　棉织品及洗衣房管理

棉织品是对酒店经营所需床单、台布等各类布草的总称。棉织品管理主要包括对这类物品的采购、保管和发放等工作。目的是减少浪费，降低酒店经营的成本费用。

对棉织品的管理还包括对员工制服的定做、采购、保管、发放和更新补充等项工作。

此外，大型酒店一般都设有洗衣房，承担着对客衣、布草及员工制服的洗涤任务。洗衣房不仅要按质保量地完成各项洗涤任务，保证酒店经营活动的顺利进行，减少客人投诉，还要厉行节约，降低洗涤费用，实现绿色环保型经营，为社区及旅游业的可持续发展做出贡献。

本章学习目的：

- 了解棉织品的储备标准。
- 掌握棉织品储存与保养的方法。
- 掌握对员工制服的管理方法。
- 了解洗衣房的组织机构及员工的岗位职责。
- 熟悉洗衣房工作程序及质量标准。
- 掌握客衣纠纷的预防与处理技术。

关键术语：棉织品　布草房　洗衣房

Key Terms：Linen，Linen Room，Laundry Room

经理的困惑

——我们只能任“消费者”宰割吗?

为客人提供洗衣服务是酒店洗衣房的主要任务之一,在此过程中经常会发生客房纠纷问题,主要是在洗涤过程发生客人损坏时的赔偿问题。按照行业的惯例,赔偿额不超过该客衣洗涤费用的10倍,这一点在客衣洗涤单中都有明示。可一旦发生纠纷,很多客人对此并不理会,声称自己的衣服价值昂贵,要求“照价赔偿”,否则,就要“向法院起诉”“向媒体曝光”,对此,我们应该怎么办?曾有一次,我们也应诉过,决定与客人奉陪到底,但令人遗憾的是:地方法院并不承认“赔偿额不超过该客衣洗涤费用的10倍”这一国际惯例,认为没有法律依据,属于“店堂告示”,以违反“消费者权益保护法”为由,判我们败诉…难道,我们只能任“消费者”宰割吗?

第一节　棉织品管理

做好对棉织品的控制和管理,是酒店客房管理的主要任务之一。

表8-1所列是一家拥有800间客房的酒店在6年内对客房床单盘存数字的真实记录。

表8-1　拥有800间客房的××酒店客房床单盘存清单

(2001—2006)

单位:张

项目	2011年	2012年	2013年	2014年	2015年	2016年
现有床单	10 500	12 159	15 176	16 006	16 497	18 193
新采购	3 600	3 600	3 600	3 600	4 000	4 000
	14 100	15 759	18 776	19 606	20 497	22 193
损失	−1 941	−583	−2 770	−3 109	−2 304	−1 890
	12 159	15 176	16 006	16 497	18 193	20 303

2011年该酒店开业之初共有10 500条床单。在800间客房里,有床位1 200张,外加存放在楼层棉织品储存室的75张折叠单人床,共有床位1 275张。

该酒店每个床位床单的配备标准是5套,即6 375条床单(1 275床×5)已从储存室拿出来投入使用,剩下的4 125条储存在仓库里。

酒店开业第一年,棉织品的丢失数字高得惊人(1 941条),这主要是由于酒店在开业前招收了许多临时工,而在正常运营前还没有制定管理措施,加上那种蓝色床单质地很好,所以偷窃现象非常严重。

除了偷窃现象以外，棉织品的损坏现象也很普遍，而且常常难以预料，因为管理阶层和部门负责人根本未料想到天气如此反常地潮湿，不知该如何处理。

此外，新的棉织品推车边沿锋利，极易钩破床单。加上缝纫室忙于制作桌布和赶制成百上千套制服，因此那些破床单要等很长时间才能得到缝补。再者，洗衣房棉织品滑槽底下堆放脏棉织品的混凝土地面在人们发现它有碍存放并铺上乙烯基石棉以前，已经使上百条床单遭到腐蚀沾染而过早地报废。加上服务员有时候把垃圾槽与棉织品滑槽搞混了，污染了许多彩色床单，使床单沾上各色斑点而无法处理。

另外，储存室的一角过于潮湿，当发现时，已经有上百条床单发霉。

第二年，酒店采取并加强了许多管理和控制措施，情形大为改观，原先存在的大部分问题得到了解决。缝纫室也赶上来进行缝补。因此这一年的损失减少了一大半，不过也采购了同样数量的新床单。

直到 2013 年，常规的报损因素开始显露出来；大部分每天使用的床单预计仅可坚持 2 至 3 年。酒店客房出租率上升了近 23%，达到 90% 以上，使棉织品得到了最大限度地使用。但由于新来的员工不能正确使用棉织品，使损失又上升到了 2 770 条。

2014 年，第一批使用的 6 375 条床单全部报废，而酒店客房出租率仍然很高。到了 2015 年，高出租率持久不降，由此造成了饭店对 2016 年形势的乐观估计，客房管理人员唯恐床单不足，又订购了 4 000 条。

2016 年，缝纫室负责人辞职，酒店一直找不到像她那样能干的人来接替这一职位，导致破损床单不能及时得到缝补。加上对接待会议业务的乐观估计以及预测棉布和合成纤维织物将出现短缺从而有可能极大地影响床单的供应，客房管理人员又要求酒店有关方面订购了 4 000 条床单。

以上因素使这家酒店的棉织品严重供过于求，虽然，它远比供不应求要好，但在那种潮湿的季节，供应过剩就将导致极大地浪费。

由此可见，客房部作好对酒店棉织品的管理，对于降低客房经营的成本和费用，具有何等重要的意义！遗憾的是，很多酒店往往在付出昂贵的代价之后才会意识到这一点。

一、布草房管理

（一） 布草房的职能

酒店对棉织品的管理，主要由布草房负责。布草房发挥以下职能：

- 发放客房供应物品；
- 处理洗衣业务：发出棉织品的计数，送洗棉织品的清点检查；
- 分发餐饮部棉织品；
- 分发酒店员工制服（以脏换净）。

（二） 棉织品的储备标准

客房部棉织品的储备标准从 3 至 5 套不等，取决于营业状况、客房出租率、洗衣房运转状况、部门预算等因素。一般最低的标准是 3 套：一套在客房使用；一套在洗衣房洗涤；另一套则储存在棉织品仓库备用。但如果预算不是很紧的情况下，更现实一点的需要量则是5套：一套在客房内使用；一套在楼层储物室或工作车上；一套在中心棉织品仓库；一套已经脏了正送往洗衣房；另一套则正在洗衣房处理之中。

（三）棉织品的储存与保养

对于棉织品的储存与保养应注意以下要点：

- 棉织品必须避潮储存，如果棉织品仓库与洗衣房相连，那么相连处的门就必须具有较强的密封性能，而且应尽可能地少打开。
- 棉织品仓库必须保持良好的通风。
- 棉织品仓库的搁板、搁架边沿应光滑，不能锋利突出。
- 棉织品（尤其是混纺床单）在洗涤完并经过烘干机烘干以后，应放在储存架上“休息”一下，而不要直接拿去使用，这样可以延长棉织品的使用寿命。
- 不能将棉织品堆放在混凝土地面上（可放在乙烯基石棉地面上）。
- 撤下的脏布草应得到及时洗涤。
- 破损的床单等应得到及时缝补。

（四）棉织品更新

酒店在经营过程中，会使很多布草因使用时间过长而改变颜色，破旧、甚至破损，还有些布草由于管理不善，操作不当而出现斑斑点点的污迹，如黄色锈斑、黑色油污等，对于这类布草，饭店应及时更换，使其退出服务过程，而不应凑合着用，否则会严重影响服务质量，使饭店的利益遭受损害。

通常，各类棉织品使用到8成左右陈旧程度时就需要更换新棉织品。这时，棉织品的洗涤次数大约为：床单、枕套130~150次；毛巾类100~110次；台布口布120~130次。

布草的退换应由饭店布草使用单位与布草房（洗衣房）共同把关，对于退下来的旧布草、脏布草，饭店采购部门应及时如数予以补充，保证一定的周转量。

（五）棉织品的盘点

布草房对棉织的管理，还应做好盘点工作。对棉织品盘点工作，每月进行一次，参见表8-2。

表8-2 棉织品盘点表

名称	结存	进入	总数	房间	工作间	仓库	布草房	报损	遗失	合计	单价	金额	备注
特大床单													
中床单													
小床单													
枕套													
浴巾													
面巾													

续表

名称	结存	进入	总数	房间	工作间	仓库	布草房	报损	遗失	合计	单价	金额	备注
脚巾													
…													

二、织物修补管理

对于酒店来说,织物的修补总是一项合算的投资,因此,缝纫室的工作对于酒店节约成本费用而言,是相当重要的。

酒店可以根据需要,聘用一名非全日制的缝纫女工,负责改制制服或缝补棉织品织物(参见图 8-1),也可以设立缝纫班组,拥有一班缝纫班组。

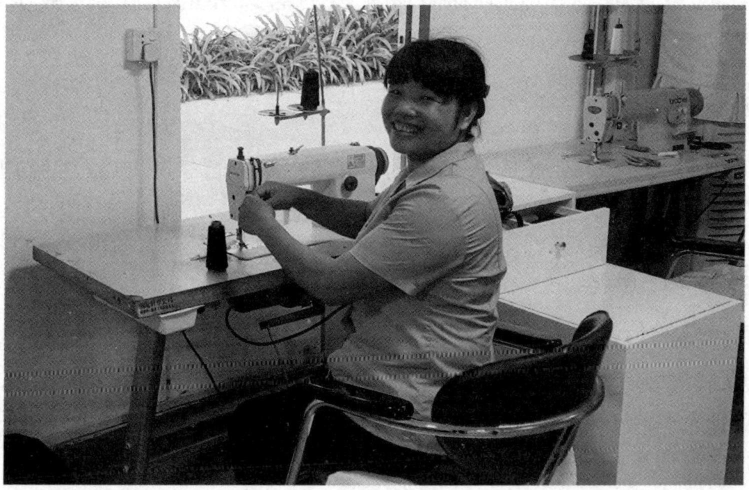

图 8-1　快乐的制服房缝纫女工

缝纫室的主要工作包括:

(1) 改做制服。

(2) 修补台布、床单等。

(3) 缝补窗帘、床罩、沙发套以及任何价格较高而又需稍作修补就能重新使用的物品。

(4) 用报废的餐巾等制作厨师用工作布。

三、制服的管理

(一) 制服的设计和选购

制服是员工工作时穿着的服装,包括:套装、衬衫、领带(结)、厨师制服、厨师帽等。设计良好的制服不仅可以方便员工的工作,而且能够体现酒店的个性、风格和经营特色,因此,员工的制服之于酒店的形象、员工的士气及工作效率具有重要意义。制服设计差会有损于酒店的形象,制服不讲究则会损伤员工的工作干劲,影响员工士气,并最终危及酒店的服务标准。

设计和选购制服时,应考虑以下因素:

- 舒适
- 实用
- 美观
- 耐用
- 易保养

其中,"舒适"、"实用"是设计和选购制服时应考虑的首要因素。酒店应根据部门、各岗位的工作性质和特点来选购和设计员工制服,使员工便于操作。例如,客房服务员要经常弯腰搞清洁工作,因此,其工作服的设计就应宽松一些,不能太紧、太短,以免弯腰时露出身体的某一部分。

除了舒适和实用以外,员工的制服还应美观、耐用和易保养。此外,最好的设计还应使员工不会在家穿着,不应鼓励员工穿着制服从事酒店以外的工作,以减少对制服的过度损耗。

(二) 制服的订购量

一般来说,每位员工三套制服是最起码的订购量,但明智一点的酒店经理会要求额外再加一些,以备更换之用。

(三) 制服的日常送领

制服的收取和发放均在布草房的专用窗口进行。员工每天上下班前,将制服送到布草房,制服管理员收取后,将干净的制服发放给员工(制服管理员在收取制服时,必须检查制服上的编号或姓名有无脱落,以免混淆)。

制服管理员在将收取的脏制服送洗衣房洗涤前要进行登记,洗净后再由制服管理员验收入库。

(四) 制服的入库保管

1. 分类保管

制服应按质料、使用部门等进行分类保管。例如,厨师制服为棉织品,洗涤频率高,应将它们放在最容易拿取的地方;而全毛套服保管要求高,换洗频率则较低,可悬挂在高处,既干燥又不易污染。

2. 制服上架

洗净后的制服经检查和修补后,要用衣架挂起,衣架杆上最好有固定挂钩并标有员工工号或姓名,制服对号入座。工号和姓名可按姓氏的第一个字母顺序排列,以方便存取。

3. 统一修补

制服如出现破损,如开裂、绽线、脱扣等,由缝纫工统一修补。对于无法修补的制服,由主管检查确认后签字,从后备制服中补发。

(五) 制服的更新和补充

1. 建立制服消耗记录卡

对各部门的员工制服做好消耗记录,定期汇总,因破损、丢失而补发的制服,要按部门登记入账,定期将账单交财务部。

2. 制服的更新、补充

对于因洗涤、磨损等自然原因造成的更新需求,要按有关规定和程序,办理有关更新手续。对于损坏、丢失等原因而需要补充的,由部门主管查明原因,由员工本人填写“制服审领单”,经部门经理签字后,由布草房负责报销和补充新制服。

第二节 洗衣房管理

一、洗衣房的任务

酒店洗衣房的主要任务是负责洗涤、熨烫酒店客房部、餐饮部(厨房、餐厅、酒吧等)的布草,保证客房、餐饮部门的清洁卫生,从而确保酒店经营活动的正常进行。

就客房布草而言,国际性旅游饭店,无论大小,一般每天至少清洗一次,也就是说,如果一家酒店有1 000间客房,共计2 000张床位,按每个床上两条床单计算,那么,在客满的情况下,该酒店洗衣房每天就担负着洗涤4 000条床单,4 000只枕套,2 000条洗脸巾、1 000条脚巾和2 000条浴巾的繁重任务,再加上餐饮部撤下的台布、餐巾等,其工作量之大是不言而喻的,不仅如此,洗衣房还要对这些布草进行整理和分类。

洗衣房的第二大任务是负责提供客衣的洗涤、熨烫服务。这既是酒店为客人提供的一项服务内容,同时,也是酒店取得经济收入的一个重要途径。

洗衣房的第三大任务是负责酒店员工制服的洗涤工作。

除了上述三大任务以外,一些大型酒店的洗衣房还对社会开放,接受市民的衣物以及其他小型酒店布草的洗涤要求,从而使洗衣房不仅是酒店的后勤保障部门,而且成为酒店重要的营利部门。

二、洗衣房的组织机构及岗位职责

(一) 洗衣房的组织结构

洗衣房的组织结构如图8-2所示。

还有些酒店的洗衣房分为水洗组、干洗熨烫组、大烫组、客衣组、布巾组、工服组等。其中:

(1) 水洗组。主要负责酒店各类布草以及适合水洗的客衣及员工制服的洗涤工作。

(2) 干洗熨烫组。完成客衣和工服的干洗和熨烫。

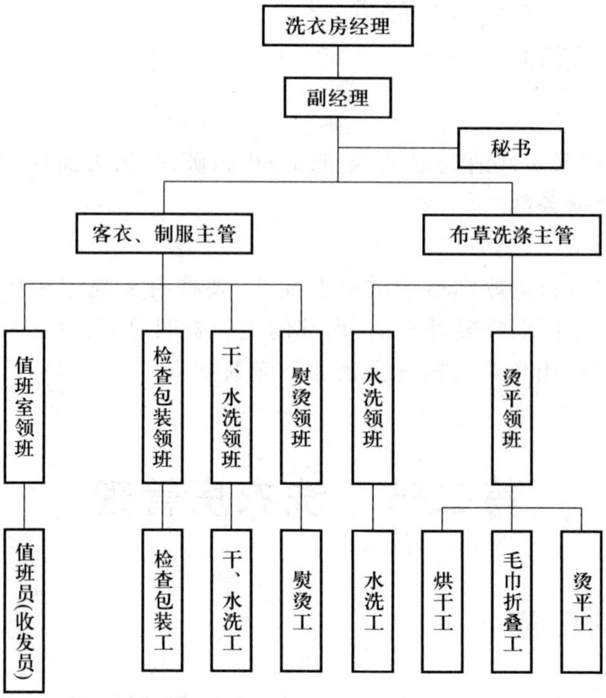

图 8-2 洗衣房的组织结构图

(3) 大烫组。负责经水洗后布草的烫平、烫干工作。

(4) 客衣组。负责客衣的核对、打号、包装和收发业务。

(5) 布巾组。负责布草的收发、分拣工作。

(6) 工服组。负责工服的收发业务。

(二) 洗衣房员工的配备标准

洗衣房的工作是比较繁重的,因而需要配备足够的人员。如果酒店洗衣房不对社会开放,则酒店客房数与洗衣房所需人员之间客观上存在着一定的比例关系,一般来说,这一比例为 1∶0.12 左右,也就是说,拥有 1 000 间客房的饭店,洗衣房所需人员为 120 人左右。而如果酒店洗衣房同时对外开放,则要根据洗衣房的大小和实际业务量的多少,适当增加人员。

(三) 洗衣房员工的基本素质要求

洗衣房员工应具备以下基本素质:

(1) 有一定的工作经验。

(2) 身体健康,能吃苦耐劳。相对于酒店其他部门而言,洗衣房的工作比较辛苦,劳动强度较大,工作环境则较差(温度高、噪声大),因此,要求员工必须具有健康的体魄和能够吃苦耐劳的精神。

(3) 有强烈的工作责任心,工作耐心细致。

(4) 熟悉洗涤设备的使用和保养,熟悉各种布料的洗涤要求和标准,熟悉各种洗涤化学药品的用途。

（四）洗衣房各主要岗位的职责

洗衣房的岗位职责是根据洗衣房设备和洗衣业务范围及其管理体制来制定的。

1. 洗衣房经理

在行政管家（客房部经理或客务总监）的领导下，全权负责洗衣房的日常运行和管理工作。

（1）制定本部门各类规章制度和各项工作程序与标准。

（2）制定本部门消防及生产安全措施，确保员工人身及公共财产安全。

（3）决定员工的奖惩，任免下层管理人员。

（4）督导并检查下属员工的工作及工作质量。

（5）计划并组织全部门员工的培训。

（6）处理客人投诉及各类洗涤差错和损坏赔偿事宜。

（7）选购洗衣原料，保证仓库合理的储备量。

（8）控制洗衣成本及其他开支。

（9）定期与客房、餐饮部门进行沟通，听取他们的意见。及时调整本部门的工作安排和工作程序，以满足他们的要求。

（10）与工程部协作，搞好设备的维修保养，督促工程部及时申购，储存易损设备部件。

（11）定期召开员工会议，做好与员工的沟通工作。

（12）负责做好员工的思想教育工作。

（13）不断地学习和研究国际有关纺织品及时装的洗涤知识，加强与国际上有关行业组织和协会的信息、工艺交流。

（14）根据酒店当年营销计划制定本部门经营指标，在保证酒店任务完成的同时，开拓市场，面向社会为酒店创收。

2. 洗衣房主管（领班）

（1）督促下属员工遵守店规店纪及部门规章制度（包括安全操作制度、机器保养制度、清洁卫生制度等）。

（2）负责本组内员工考勤和工作分配。

（3）督促所属员工安全生产，按时、保质、保量完成当日任务。

（4）指导下属对机器设备的使用，控制原料成本。

（5）填报生产记录。

（6）向经理负责，按时向上报告洗涤用品及消耗量。按月制作各类用品报表交有关部门、定期领取工作用品。

（7）对所属员工进行培训。

（8）对员工工作表现进行定期评估，向经理提出奖惩意见。

（9）与有关班组沟通，搞好工作协作。

（10）下班前检查洗涤熨烫设备，工作场地的环境卫生和安全情况。

3. 洗衣房文员

（1）记录员工每日出勤情况，做好每日生产统计（包括每日客衣收入统计与入账）及其他固定性记录工作，制作月经营报告等各类固定性报表。

（2）负责办公室各类文件的整理及存档。

（3）负责办公室的内务工作，如卫生、接听电话、接待来访客人等。

（4）管理部门财务及日常用品储存库。

（5）完成经理交给的其他工作。

4. 客衣收发员

（1）接听房务中心或楼区电话，迅速收取客衣。

（2）按时与楼区服务员清点客衣，检查待洗客衣情况，按《清点交接单》内容签收。

（3）整理衣物并在所收衣物上打码编号。

（4）衣物洗熨后，在装袋前检查质量、核对件数。洗烫不合格的退回有关组复洗或复烫。

（5）及时将装袋或上架衣物分送楼区服务员签收。

（6）完成上级管理员指派的其他工作。

5. 洗涤工（干洗、水洗）

（1）清点收洗的客衣、布草，分类整理，洗前去污等，并做好洗涤记录。

（2）按程序和注意事项进行干、湿洗涤，并自查质量。

（3）搞好机件保养工作及环境卫生。

6. 熨烫工

（1）鉴定各类不同织物的质地，将未洗净衣物退洗涤组返工，并做好记录。

（2）按规定的工作程序与标准熨烫各类衣物。

（3）做好清洁卫生。

7. 织补工

负责拆、缝衣扣、织补客衣和缝补员工制服。

三、洗衣房的工作标准

（一）棉织品洗涤质量标准

- 毛巾类。洗后的毛巾洁净、蓬松、柔软。
- 床单枕套类。洗后的床单做到清洁、柔软、洁白。
- 台布口布类。洗后的台布、口布做到清洁、柔顺、有挺括感。无任何油迹、污迹。

（二）客衣洗涤质量标准

- 干洗。洗涤后的客衣清净，无任何污迹，汗渍，掉色，脱扣等现象发生。
- 湿洗。湿洗后的客衣干净、完好、不褪色、不染色，无任何污迹。
- 熨烫。整个客衣洗涤做到衣物洁净无污迹、无异味，平整、挺括。折线清晰，裤线无双线。

（三）工服洗涤质量标准

洗衣房将不同种类和布料的工作服分类洗涤。洗后的工作服，做到清洁、美观、无污迹、开线等现象发生。需要补修的工作服，交工服房修好。

四、洗衣房工作流程与管理

（一）收取

布草的收集方法正确与否，将直接影响完整的洗涤过程。为避免在布草上增加不必要的额外污垢，应注意以下几点：

1. 客房布草收集

从客房床上、卫生间中收集的脏布草，应立即投放在布草收集袋内或分设存放容器，决不允许把布草当作抹布使用或堆放在地上。在运输的过程中，要注意把布草包好、装好，防止布草掉落地下被刮坏或擦脏。到洗衣房要分类摆放，并放入专用车内，禁止摆放在地上。

2. 餐厅台布收集

应尽量把方巾、口布、台布上沾染物抖掉，特别是鱼刺、牙签、骨头等硬物，否则会影响台布的洗涤质量，增加洗涤成本。台布上的杂物，会增加洗涤剂的消耗，台布中的鱼刺、骨头、牙签等硬物，在台布洗涤中会刺破或刮坏布草，影响布草的使用寿命。另外，不要把台布、方巾等当抹布使用，这会严重影响洗涤质量，加大洗涤成本，缩短台布的使用寿命。

3. 客衣收取

要查看洗衣单、检查房号、客人姓名、日期，检查实物与客人填写数量是否相符，检查客衣是否有破损、掉色、染色（如果有需要被客人确认后才能洗涤），检查是否有遗留物，检查扣子和衣物上的装饰物是否缺少，检查客人的要求，如：加快、挂起、送还时间、特殊要求等，检查出来的问题应注明在洗衣单上。另外注明衣服上的品牌，以便衣服在洗涤、烘干过程中掉号时好查找。

（二）分拣、分类

在开始除去污垢（污点）前，要先判断污垢是怎样形成的，并要了解污垢附着时间的长短，然后根据这些资料，决定应该使用哪种去污剂，哪种操作方法。

要把握住布草、衣物的洗涤质量，得先按布件污垢分类：油溶性污垢、水溶性污垢、固状性污垢和特殊性污垢；按织物分类：布件纤维种类、织物结构、织物厚薄；按颜色分类：白色、浅色、深色、鲜艳色；客用布草、客人送洗衣物、一抹净抹布应分类清洗；最后是处理方法分类：整烫、烘干、蒸汽熨烫。洗衣房的技工要严格遵守以上几种分拣分类方法，并能习惯地分开油溶性、水溶性或用化学剂或脂肪较少的饮料污点等等。若在污点处喷洒水很容易侵入到纤维，这样的污点是由水溶性物质的污垢而形成的污垢，如果是刚刚形成的污垢的话，只用水就可以除去。一般水溶性污垢可用高级洗涤剂（浓度 2%～3%的水溶液）即可除去。油溶性污垢则必须先用干洗枧油或四氯乙烯涂在污点上，然后再使用污点去污剂。避免直接使用去污剂而造成黄褐色，会留在衣料上，不容易除掉。

（三）全自动洗脱机装载负荷要求

要保持洗脱机在最大限度载荷时的工作效率，装机前必须将衣物称重计算，按照不同洗脱机的负荷重量额度进行装机，洗衣量过多或过少时，洗衣效果会减低，甚至有损伤机器的可能，布草一旦超载（正常装载重量是机器容量 85%～90%，会影响机器的使用寿命，影响布草洗涤质量,降低机械力的作用。因为洗脱机内机械力是由水和布草摩擦、布草和布草摩擦、布草和机械的摩擦,布草超载就没有布草的洗涤空间,只会降低洗脱机内正常机械力。另外洗脱机内的水温、水位非常重要,它不仅对洗涤剂的浓度有影响,对机械力也有很大影响,若水位过高时,则摩擦力效果就低,同时,洗洁剂在较多水量内浓度降低,就不能发挥洗涤的特有效果。

(四) 烘干和熨烫

应根据织物种类进行再次分拣,不同种类织物,所需烘干温度和烘干的时间都不同,所以,尽可能同种织物、同等厚度和相对大小的织物放在一起烘,否则,会影响织物的寿命,又浪费能源。另外,颜色的分类烘干,白色和浅色可以放在一起烘,深色和鲜艳色要单独烘,特别是鲜艳色和深色很容易掉色,所以绝不能和白色、浅色放在一起烘,否则色很容易掉到白色和浅色衣物上,造成衣物染色,甚至无法处理和使用。烘干后的衣物要冷却至 45 度左右,如果烘干后的衣物不冷却,既影响衣物的寿命,又影响衣物平整度,影响美观和质量。因为烘干后衣物基本在 70 度~ 90 度之间,如果不冷却,堆放在一起,它的热量散发不出去,长时间捂着,极易损伤衣物纤维,造成纤维皱褶,而影响衣物寿命、影响熨烫、影响质量、影响美观。烘干后应由洁净处整烫折叠,使用专用运输工具及时运送至储藏间保存。

熨烫床单、被套、台布等大件布草时,要把布草放在烫干机的中间,两人同时拉好布草,保持同一水平,在熨烫中注意边角处,并用手拉平。在熨烫时,发现有脏、坏的布草,应打角做记号,提示接布草人的注意,禁止不合格布草进入前台。在布草的熨烫中,要保证熨烫平整,无皱褶,干净、干燥。

(五) 储存保管

布草分类折叠完工后,对所有洁净的衣物再一次进行分拣堆放,根据不同的种类与规格的织品分开来上货架,如:同类毛巾放为一架,床单类放一架,并将有污迹、破损的布草挑出。储藏室内(布草间)至少要容纳餐厅和客房下一个标准量的织物。洗毕的织物应至少在架上搁置 24 小时,因为多种织物在洗涤后马上投入使用,会缩短使用寿命,易损坏。

(六) 输送服务

三轮车运送布草,首先要把需要运送的布草用包皮布包好、包严,不要让布草漏出包皮布外,禁止碰脏造成二次污染,装载时不要过载,而使布草滑落地面,造成布草被拖拉碾压、践踏,使布草造成污染,而该类布草受污,很可能是永久性、不可洗的污垢,这将严重影响布草的使用寿命,给酒店造成不必要的损失。

(七) 洗涤质量检查

要保证布草的洗涤质量,首先应该明确出品的质量标准。衣物洗涤的出品质量要保证无异味、无串色现象、无明显可洗脱的污垢,无变形、缩水、脱线,无熨烫的双重折痕和不平整现象,无灰尘污染,所有布草洗涤的出品质量洁净无损。要达到洗涤出品的质量,则必须要有严格的操作流程,洗衣房内部分工要明确,对每一出品的洗熨工作都有一整套的工序,每一个工序里又分为多个步骤。必须道道把关、步步控制,既有洗衣房各工种人员的责任心,又有酒店其他相关部门人员参加。洗衣房对洗涤成品质量的检查的主要内容有：

- 布草、衣物的整体洁净度是否足够；
- 布草、衣物上可去掉的污垢有否残留；纯白布草、衣物是否有泛灰或泛黄现象；
- 布草、衣物的整体熨烫质量是否达到标准；有颜色布草、衣物是否有掉色现象；
- 衣物接缝处是否有开线现象或出现线头；
- 衣物上的饰物、纽扣是否完整，拉链是否能使用自如；
- 衣物上靠衣袋的表面是否留有熨烫印痕；
- 深色衣物经熨烫后是否有极光现象，衣物上应有的皱和痕是否在正确位置；
- 布草床单的中心线位置正确否；
- 衣物表面是否有串毛现象。

五、布草的二次污染与预防

（一）二次污染产生的原因

酒店布草管理中较为普遍的问题，是对布草的管理不善，造成布草损坏严重，洗涤成本增加。

二次污染是指布草及毛巾从客房、餐厅撤换下来之后，在收集、送洗过程中形成的新污染。这种污染主要表现在以下几个方面：

（1）布草随意乱扔，服务员不经意地在布草上踩踏，在布草上留下黑鞋印。

（2）用面巾或者浴巾擦卫生间的台面，用口布、面巾擦玻璃转台，擦水龙头上的锈垢，在毛巾上留下黑色污垢和黄色锈渍。

（3）客房服务员在收集布草时，用床单打包，在地上拖，布草与地面摩擦，造成污垢；餐厅服务员用口布、毛巾擦玻璃转台、托盘等。

（4）布草在装卸、运送过程中，随意乱扔乱踩，形成新的脏痕。

（5）布草在运到洗衣房后，不按规定分类堆放，造成客房布草与餐饮桌布交叉污染，或洗涤不及时，产生霉变现象。

二次污染的根本原因是洗衣房缺少严格的管理制度，同时还有员工存在着不正确的认识，认为布草反正是送到洗衣房去洗的，弄脏一点无所谓。因而，造成了二次污染的普遍性，形成了见脏不怪的现象。

（二）二次污染的危害

二次污染给布草带来的损害是很大的。布草从客房撤出时，一般来说，床上用品实行的是一客一换，长住客一周至少换一次，污痕是不明显的。布草基本上不脏，只需轻柔洗就可以达到清洁的要求。但二次污染就不同了，二次污染的污垢都是不容易清洗的顽渍，如锈渍附着在布草上，不容易除去，必须用专用的去锈渍剂才能洗掉。又如布草在地上的拖拉过程中，纤维与地面强力摩擦，污垢已深深嵌入纤维之中，普通的洗涤方法很难洗掉，必须经特殊处理才能洗净。据一些酒店洗衣房的统计，因顽渍没洗净返工重洗的布草中，有近80%是二次污染造成的。洗净二次污染的顽渍，不仅加大了洗衣房人员的工作量，而且由于过多使用去渍剂，容易造成对布草纤维的损伤，增加布草破损报废率，加大客房用品消耗和酒店成本。

（三）二次污染的预防

必须完善布草管理制度以防二次污染。具体可采取以下措施：

(1) 加强对员工的职业道德教育，增强客房、餐厅和洗衣房员工的工作责任心，使他们尽心尽责，爱惜布草。

(2) 制定严格详细的操作规程，每一步操作都有规可循，避免操作中的不文明现象。

(3) 加强日常管理中的检查力度。洗衣部经理要经常对布草情况进行检查，与客房、餐厅、使用部门主动沟通协调布草的洗涤质量问题，保证对客营运服务。

(4) 加大处罚力度，建立二次污染赔偿制度。各部门对造成二次污染的当事人，令其负赔偿的责任。

(5) 改善工作环境与条件。改善工作环境，增加布草车，楼层二级库的布草摆放货架，餐厅和客房增设布草存放容器、布草袋等等，尽可能地配齐设备，解决了布草存放、搬运中的具体困难，减少了二次污染发生的可能性。

六、客衣纠纷的预防与处理

（一）客衣纠纷的预防

对客人衣物的洗涤要求做到干净、整洁、送准、及时、不丢失、无损坏，否则，将可能引发客衣纠纷。

为了预防客衣纠纷的发生，洗衣房管理人员应从以下几方面入手，加强对客衣流通及洗涤各环节的管理：

(1) 收取客衣时，认真细致地检查客人待洗衣物，发现可能洗不净的严重污迹、衣服破旧可能洗坏、口袋内有物品等事先告知客人。

(2) 分类处理。打号时要将客衣按干洗、水洗、熨烫和手洗等几种类型进行分类、登记，同时要严格检查，需要去扣、装袋洗涤、先去油污、机洗、手洗的客衣，严格分开。

(3) 客衣洗涤、熨烫要严格按照操作规程办事。对不同质料的衣服，采用不同的洗涤方法，选用不同的洗涤剂，确保一定的洗涤时间，这样，即可保证洗净衣服，又可避免损坏衣物。

(4) 将洗好的衣物按不同的楼层、客房进行分拣。

(5) 工作细致，质量检查、分号装袋不发生差错。

(6) 为了防止丢失衣物或出现其他差错，明确洗涤责任，客衣在流通过程中要做好交接记录，检查客衣的数量与质量。

(7) 客衣在洗涤速度上可分为快洗和普通洗涤两种类型，无论是哪种类型，都要求洗衣房按时洗涤完毕，及时送还客人。

（二）客衣纠纷处理标准

1. 纠纷原因分析

当客人提出投诉，引起客衣纠纷时，主管首先要认真听取客人意见，态度要诚恳、耐心，接着迅速分析和查明具体原因，以便有针对性地处理。容易引起客衣纠纷的原因主要有：客衣丢失，衣物破损，污迹未洗净，纽扣丢失，客衣染色褪色等。

2. 客衣纠纷的处理

对于客衣纠纷，要在查清原因、掌握事实的基础上区别不同情况进行处理。凡属客衣洗涤过程中由酒店方面的原因引起的客衣丢失、洗坏、染色及熨烫质量差等客衣纠纷，应主动承担责任，该赔偿的赔偿，该修补的修补，该回收的回收，该回烫的回烫。若需赔偿，赔偿费最高不超过洗衣费的10倍，具体数量双方根据具体情况协商解决。凡属客人或客人衣物本身原因引起的洗坏、口袋物品丢失、污迹洗不掉等客衣纠纷，酒店不负赔偿责任。但应耐心解释。整个客衣纠纷处理过程中做到友好协商，事实清楚，原因明确，处理得当，让客人满意。

七、洗衣房与楼层职责的协调

为了保证能将客房布草，尤其是客衣按质保量，及时洗涤，并及时准确地送交客人，必须协调好楼层与洗衣房的职责。

一般来说，客房部可设专职布草取送员，负责取、送客房布草，将当日换下的旧床单、毛巾等布草，及时送交洗衣房洗涤，由洗衣房负责签收，同时，领回相同数量的干净布草，并将其分送各楼层，由楼层当值服务员负责签收。在从洗衣房领取布草时，布草取送员要检查布草是否洗涤干净，无论是床单、枕套还是脸巾、浴巾，有黄色锈斑或其他污迹的一律不得上楼。

客人的待洗衣物由客房服务员取出后置于楼层储物室或房务中心，再由洗衣房专职服务员来楼层（或房务中心）收取，并签收，待衣物洗好后，再由该洗衣房服务员送回房务中心，房务中心服务员则根据洗衣登记表一一核实、签收，填写楼层“客衣洗涤控制表”（见表8-3）

表8-3 楼层客衣洗涤控制表

日期：

编号	房号	客人姓名	件数	收客衣经手人	洗衣房送回点数人	送房人	备注

一般来说，收到洗好的客衣后应立即送还客人，为了便于客人查收，一般应将洗净的衣物置于该客人的床上，切忌将衣物直接放于衣柜内，以免引起不必要的误会与麻烦。

如果服务员送还客衣时，发现客房门上挂有“请勿打扰”牌，应将特制的说明字条，从门下空隙处塞进客房，告诉客人，“衣服已洗好，需要时通知楼层服务员”或为客人电话留言。

需要指出的是，酒店洗衣房的工作是很累很苦的，工作环境、工作条件往往要比饭店其他部门差得多，尤其是在炎炎夏日，洗衣房机器运转嘈杂的声音，驱不散的“暖流”，使得许多职工难以忍受，尤其是跟其他部门相比更觉低人一等，因此往往会产生自卑感，进而消极怠工，致使洗涤任务难以完成，严重的会影响饭店经营活动的正常进行，对此，饭店管理层及洗衣房管理人员必须具有足够的认识，教育员工树立“以店为家”的思想，同时，努力改善他们的工作环境，提高其待遇。此外，还要通过加强考勤，严格管理并采取必要的奖惩措施，使洗衣房管理严格化、正规化和科学化。

八、洗衣房营业报告

洗衣房每天都要制作营业报告表,月底还应制作月营业报告,参见表 8-4,表 8-5。

表 8-4 ××大酒店

每日客衣营业报告表

GUEST LAUNDRY DAILY SALES REPORT

DATE 日期__________

单号 VOUCHER NO.	房号 RM.NO.	房客姓名 NAME	湿洗金额 LAUNDRY CHARGE	干洗金额 D/CLEAN CHARGE	快洗收费 EXP. CHARGE	附加费 SUR-CHARGE	总计 TOTAL	备注 REMARKS
总金额 GRAND TOTAL								

经手人:PREPARED BY

表 8-5 ××大酒店

每月洗衣营业报告

GUEST LAUNDRY MONTHLY SALES REPORT

月份 MONTH:__________

日期 DATE	湿洗金额 LAUNDRY CHARGE	干洗金额 D/CLEAN CHARGE	快洗服务费 EXP.CHARGE	附加费 SURCHARGE	总计 TTL	备注 REMARKS
1						
2						
3						
4						
5						
…						
31						
总金额 GRAND TOTAL						

本章小结

- 酒店棉织品的管理主要是做好各类布草、员工制服等的采购、保管、洗涤和发放工作。此外,住店客人衣物的收取、洗涤和发放也是棉织品管理工作的重要内容。
- 棉织品储备的最低标准是3套:一套在客房使用;一套在洗衣房洗涤;另一套则储存在棉织品仓库备用。但如果预算不是很紧的情况下,更现实一点的需要量则是5套:一套在客房内使用;一套在楼层储物室或工作车上;一套在中心棉织品仓库;一套已经脏了正送往洗衣房;另一套则正在洗衣房处理之中。
- 一般大型酒店都设有自己独立的洗衣房,负责酒店各类布草、员工制服、客衣等的洗涤工作。如果条件允许,还可以对社区开放,为社区提供洗衣服务,从而成为酒店另一赢利点。根据洗衣房的大小,可以将其划归客房部管理,也可以将其视为独立的经营部门。但无论如何,洗衣房要确保对布草,尤其是客衣的洗涤质量,尽量避免或减少客人的投诉。为此,要求洗衣房除了要与楼层做好客衣的交接工作以外,还应严格按照操作规程,认真、负责地做好客衣的洗涤工作。

复习思考题

1. 洗衣房的任务有哪些?
2. 简述洗衣房的组织机构及岗位职责。
3. 如何预防客衣纠纷的发生?

案例分析

“城市客栈”(City Inn)酒店是一家准四星级酒店,为了方便客人,该酒店创新性的在其楼层为客人提供自助洗衣服务,客人只需交15元钱,就可在酒店楼层自助(也可交由服务员洗涤)洗衣一次,每次可装满一桶衣物。

请问:对于这种经营手法和服务项目,您如何评价?

酒店经理人对“经理的困惑”的答复：

Re:酒店洗衣服务对客人的赔偿是无底洞吗？

姜东皓：北京中旅大厦客务部经理（北京客务经理协会理事）

按照国际惯例，酒店因提供洗衣服务对客人衣物造成的损害，其赔偿限额一般不超过该件衣物洗涤费的10倍，如果客人不接受酒店提出的解决方案，酒店就要做好应诉的准备，所以酒店最好有专职的律师或法律顾问至少具有相对稳定的法律咨询渠道。

民事赔偿的原则之一是：谁主张，谁举证。因此客人主张的赔偿额度是要以购置原始发票、专业机构对使用损耗的权威评估作为依据的，不妨在与客人的交涉中提及这些客观事实，把对方拉回到友好协商、协调解决的桌边的。无论怎样不能让客人或者消协误认为只要酒店有了过错就可以任人宰割了。

刘继华：深圳东华假日酒店　客房部经理

这种情况也是比较常见的，解决起来也是非常的棘手，不好处理的。我觉得最好的方法就是我们制定一套完整的检查程序并严格的执行，避免发生类似的事情。我们这里有专业的客衣检查工，专门负责检查客衣是否有问题，如是否破损，脱线，是否会缩水等。一旦有任何可能的隐患和问题出现，我们都会及时和客人取得联系，或返回客衣并给客人留言，征询客人的意见再做处理。这样绝大多数的问题都能第一时间发现和解决。当然客人衣物没有任何问题，而是由于我们的疏忽导致的一些问题的话，就只能怪我们自己没有做好了。当然我们也要及时知会客人，争取主动权，由大堂副理去和客人进行沟通，争取取得双赢的解决办法。

即测即评

第九章　客房部安全管理

因电线老化而使某家酒店付之一炬

安全，是住宿业的大前提，也是客人对酒店的最基本要求。而客房是酒店建筑的主体，酒店的安全问题也主要发生在客房部，因此，做好客房的安全管理对于保护客人生命财产的安全及酒店财产的安全具有极其重要的意义。安全管理是客房管理的主要任务之一。同时，酒店及客房管理人员还应了解酒店对顾客人身和财物安全问题的责任问题，以及酒店与此相关的权利和义务。

本章学习目的：

- 了解客房部主要安全问题及其防范措施。
- 掌握火灾预防、通报和扑救的方法。
- 了解酒店对顾客人身和财物安全问题的责任问题，以及酒店与此相关的权利和义务。

关键术语：安全　偷盗　火灾　权利　义务

Key Terms：Safety，Burglary，Fire，Rights & Obligations

经理的困惑

——有人冒充"房客"盗窃怎么办？

住在我们酒店302房的刘小姐，见到隔壁304房间的客人衣着光鲜穿戴时尚，遂起歹意。当她看到并确认该房客人离开房间、房内无人后，就佯装成304的客人，站在304门口给服务中心打电话，要求楼层服务员送一瓶开水到304房。

服务员很快将水送到304房，见该小姐站在门口，就将水瓶递给她，刘小姐谎称，房卡忘带出来，请服务员开一下门。该服务员见状，立即为该小姐微笑着打开304房间的房门，然后离去。刘小姐进房后，立即将房内客人携带的贵重物品拿走，并马上到总台办理了退房手续。

304房客人回来后，发现自己的贵重物品不见了，便打电话问服务中心，是否有人进他房间，服务中心告知，曾有一位小姐说304房要开水，该客人立即明白他的东西已经被该小姐偷走，严厉要求酒店承担责任。

面对这样的问题，我该如何处理？还有，作为客房管家，我应该采取哪些措施，防止类似事件的发生？

第一节　客房部主要安全问题及其防范

客人对酒店的要求是：提供热情周到的服务，舒适优雅、干净卫生的客房。但这些都是以安全为前提的，安全需要是客人的第一需要，一位日本酒店管理专家曾经指出："酒店经营者应当记住：住宿业的大前提是旅客的生命、财产。安全第一，饭菜、服务、设施第二……如果一名旅客遇难，饭店就会受到致命的打击。"因此，安全管理是酒店，特别是客房管理的主要内容之一。

发生在客房部的安全问题，主要有以下几种类型：

一、各类事故

客房部所发生的各类事故通常因客房设施设备安装或使用不当而引起，经常发生的这类事故有：

（1）浴室冷、热水供应不正常，烫伤客人。

（2）设施设备年久失修或发生故障而引起的各种伤害事故，如天花板等建筑物掉落、倒塌，砸伤客人。

（3）地板太滑，楼梯地毯安置不当以及由于走廊、通道照明不良而使客人摔伤。

对于以上事故,饭店应给予足够的重视,要采取措施,确保浴室冷、热水供应正常,同时经常检查维修饭店的设施设备,消除隐患,如地板太滑可铺设地毯,照明不良可更换灯泡。如由于地毯铺设不当,经常绊倒或摔伤客人,就应考虑对其重新安置、调整。

此外,客房部员工在工作时,还要严格按照操作程序和操作规程进行操作,防止出现各种工伤事故。

二、传染病

传染病会危害客人和员工的健康,它的产生和传播大都与饭店的卫生工作有关,主要是食品卫生和环境卫生,有些饭店食品卫生工作搞得很差,经常发生顾客食物中毒的现象,轻则拉痢、传染,重则因此而丧生,给饭店的财产和声誉都带来不可估量的损失。有些饭店只重视客人餐厅卫生,而不重视员工食堂的卫生,岂不知员工因此而患病后,不但会影响日常的接待服务工作,而且还会将病菌通过客房服务而传染给客人,显然,这种态度是不可取的。

如果说食品卫生是餐饮部的责任的话,那么,环境卫生则主要是由客房部负责的。一般来说,客房部应该从以下几个方面着手搞好环境卫生,防止传染病的发生和传播。

(1) 按预定的清扫频率,组织正常的清扫工作。如果饭店所在地气温较高就应注意潮湿问题,应对潮湿的角落经常检查,并定期或不定期地喷洒杀虫剂。另外,要避免灰尘的堆积,角落、家具的底部时间一长就会成为灰尘集聚的场所,因而要组织系统有效的行动来清除灰尘。

(2) 布草的清洁。无论是客人使用的布草还是员工使用的布草都应保持清洁卫生,无懈可击,对于那些可能感染上病菌的布草应尽可能放在沸水里煮。

(3) 卫生间设施的特别清扫。浴缸、淋浴器、便器以及洗脸池是客人身体直接接触的物体,病菌容易通过这些设施传染给随后租房的客人,因此搞卫生时应特别予以关注,尤其是那些患有传染病的客人使用过的客房,客人离店之后,要对卫生间设施使用消毒剂,进行彻底的清扫。

(4) 消灭害虫。我国很多旅游饭店老鼠成灾,饭店以及上级有关部门经常收到来自国际旅游者在这方面的投诉,他们气愤地说:“我不能与老鼠同住一屋!”有的甚至在回国后有意无意地写文章,投书新闻界,诉说他们在这方面的“经历”,对我国旅游饭店业的声誉造成不良的影响。

事实上,像蟑螂、蚊子、苍蝇以及老鼠、蚂蚁、蜘蛛、跳蚤等害虫,不但影响环境卫生,而且往往也是各种病毒的传播者,因此,稍一露头就要进行控制,在害虫容易出没的地方经常喷洒杀虫剂和毒药。在此,做好客房的计划卫生具有重要意义。

此外,为了防止传染病的蔓延,保障住店客人的安全与健康,饭店方面有权拒绝患有传染病的顾客留宿。

经典案例

长水痘的客人

我曾经处理过一个 CASE,是一个外国客人长水痘的,让店医看了后,店医让去医院,他死活不肯去。好话说了一箩筐。他觉得这是他的事，it is not your business！酒店当局很重视这事，立场是怎么样都得让他去看病。我登门拜访了他三次（他住的是酒店公寓）。他烦了，我也腻了。他说自己打电话问过澳大利亚的医生，这种症状会在几天后消失。但这怎么能让酒店放心。酒店情愿出钱让他去医院，他也不理。说让医生来给他看，他也拒绝。后来想出个折中的办法，通知防疫站。防疫站很重视这件事，几乎全体出动，还来了个刚从澳大利亚做访问学者回来的博士。在对他晓之以理，动之以情后，他终于肯让这名医生看病。医生说没事，让他别出去吹风，但他用过的寝具要严格消毒。

三、偷盗及其他刑事案件

（一）偷盗的类型

偷盗现象在酒店里时有发生，在管理不善的酒店更是如此，它是令酒店管理者非常头疼的一个问题。失窃物小到一包香烟，大到一颗戒指、上万元巨款。偷盗的对象既有住店客人，又有店方本身。一些酒店成箱的名酒、成套餐具、成包的卫生用品等经常不翼而飞。

从窃贼的构成上看，发生在酒店的偷盗现象一般有以下三种类型：

1. 外部偷盗

即社会上的不法分子混进酒店进行盗窃，这些人往往装扮成顾客蒙骗店方，盗取住店客人及酒店的财物。防止这种类型的盗窃行为发生，酒店只有靠加强管理，提高警惕性。

2. 内部偷盗

指酒店员工利用工作之便盗取客人及酒店的财物，这种类型的偷盗在整个偷盗事件中占很大比例，酒品、餐具以及卫生用品的盗窃大都是酒店内部员工所为，由于他们对于酒店内部的管理情况、活动规律以及地理位置了如指掌，因此作案也最容易。一般来说，酒店如发生失窃现象应先从内部入手进行侦破查找。

经典案例

用假身份证应聘入职五星酒店，偷走客人6 500美金

据深圳晚报报道，深圳市某五星级酒店的客房部日前发生一起离奇窃案，一名外国客商放在房间保险箱内的6 500美元被盗，房间内的保险箱、房门没有被撬痕迹，监控录像也显示没有陌生人进入该房间。7月3日，黄贝派出所民警经追踪两个余月、辗转数千公里，终于在河南将嫌疑人孙某抓获。

经侦查，去年10月，孙某使用名叫郭哲的假身份到该五星级酒店应聘服务员，隐瞒了盗窃前科，并编造工作经历，加之酒店对其身份未核实清楚，很快顺利进入酒店担任客房服务员。入职后，孙某开始寻找机会作案。4月14日，孙某在清扫客房时，发现外国客商房内的保险箱未锁，且里面有大量美元，便支开一同打扫卫生的另一服务员，盗走了6 500美元。随后，孙某开始潜逃。

经审查，孙某此前曾在深圳、南京等地多次以假身份入职高级酒店，盗窃得手后便离职，继续寻找下一目标。

3. 内外勾结

这种类型的盗窃，一般是由酒店内部的员工向社会上的同伙提供“情报”及各种方便，由其同伙作案、销赃，这种作案方式手段“高明”，容易成功，给酒店造成较大的威胁。

（二）偷盗及其他刑事案件的防范

除过偷盗行为以外，客房部有时还会发生以谋财害命为主要特征的抢劫、凶杀案件，有效地防止盗窃及其他刑事案件的发生，是客房安全管理的主要任务。

客房部盗窃及其他刑事案件的防范可从以下几方面入手：

1. 加强对员工的职业道德教育

针对内部偷盗现象，客房部首先应做好员工的思想工作，对员工进行职业道德教育。其次，还应采取各种有效的办法、手段（如合理排班、加强员工出入的管制检查以及设置检举控告箱等）杜绝管理漏洞，严格管理制度，不给作案者以可乘之机，同时，一旦发现有人偷窃，应予以严厉打击，严肃处理，轻则留店察看，重则开除，直至诉诸法律。

为了使酒店具有良好的店风、店纪，酒店在对外招工时也要注意把那些流里流气、不三不四或有犯罪前科的应招者拒之门外。

2. 做好客房钥匙管理

酒店的钥匙通常有以下几种：

- 住客用钥匙（Guest Key）。只能开启该号房门，供客人使用。
- 通用钥匙（Pass Key）。供客房服务员打扫房间使用，可开启十几个房门。
- 楼层总钥匙（Floor Master Key）。供楼层领班使用，可开启该楼层所有房间。
- 总钥匙（Housekeeper Master Key）。可开启各楼层及公共区所有房门，专供客房部及工程部经理使用。
- 紧急万能钥匙（House Emergency Key Or Great Grand Master Key）。只供总经理使用，也称饭店总钥匙。
- 楼层储藏室钥匙（Floor Pantry Key）。供楼层服务员使用。
- 公共区总钥匙（Cleaning Master Key）。供公共区领班使用。

酒店的钥匙是关系到客人生命财产以及酒店本身安全的一个重要因素。钥匙管理是楼层安全管理的一个重要环节。一般应采取以下几个措施：

（1）做好钥匙的交接记录。

（2）因公需用钥匙时必须随身携带，不得随处摆放。

（3）禁止随便为陌生人开启房门，其他部门员工如需要进入房间工作（例如行李员收取行李，餐饮服务员收集餐具，工程部员工维修房间设施设备等），均须客房服务员开启房间。

3. 做好对“双锁房”的管理

（1）有下列情况需双锁门。

- 长住客暂离外出，要求双锁门。
- 宾客遗失房间钥匙事宜尚在处理之中，为宾客物品安全，酒店将门双锁。
- 宾客账单额度超过酒店规定且不与饭店合作时，酒店将门双锁。
- 因宾客房内物品、家具、地毯、设备等被破坏，与宾客联系不上时，酒店将门双锁。

（2）对双锁门的管理。

● 接到宾客要求双锁门或开双锁门报告时，要到现场了解原因根据实际情况提供相应服务。

● 如果宾客要求打开酒店双锁门，在与宾客接触前，要查清双锁原因，然后与宾客接触，根据酒店政策妥善处理。

● 因酒店处理客务，需要双锁宾客房间门时，值班经理要给宾客留下书面通知，与宾客预约时间。

● 凡双锁门开锁，都要在登记本上作记录，备查。

● 将处理过程详细记录在值班经理工作日记上备查。

4. 从来访客人和住店客人身上发现疑点

在日常工作中，应注意从来访客人和住店客人身上发现疑点，参见表9-1。

表9-1　不法住客和访客常见疑点

从审查证件中注意	● 证件上照片与面貌不符。 ● 印章模糊不清或有涂改迹象。 ● 证件已过时失效。
从言谈中注意	● 交谈中神态不正常，吞吞吐吐，含糊其词。 ● 谈话内容、方式与身份不相符合。 ● 口音与籍贯不一致。 ● 说话自相矛盾，或说东道西，夸夸其谈。
从举止打扮中注意	● 进出频繁，神情异常，行动鬼祟。 ● 服装式样、质量与职业身份不符。 ● 用小恩小惠拉拢腐蚀服务员。 ● 经常走窜其他客人房间。 ● 打探馆内其他客人情况。 ● 携带麻醉剂、凶器等危险品。
从日常生活中注意	● 住宿旅客客房内有凶器或麻醉剂之类的物品。 ● 只登记一人住宿的房间住了两个人。 ● 住宿中的旅客没有行李或行李极少时。 ● 外来客人进出过多的客房。 ● 在走廊或其他地方发现可疑的人或物（如行李）时。 ● 与不相识的人乱拉关系。 ● 用钱挥霍。 ● 起居不正常。 ● 终日闭门不出，神态不自然。 ● 匆匆离馆，原因不明。

遇有上述情况，服务员应向管理人员报告。但以上仅是可疑之点，客房服务及管理人员只能对有以上特征的人提高警惕，注意观察，而不能主观臆断，以此定罪，以免得罪、冤枉好人，而给坏人造成可乘之机，使我们的工作处于被动状态。

5. 抓好"三个重点、三个控制、六个落实"

除过在日常服务中对住店客人进行以上观察以外，客房保安管理和内部防范还要抓好三个重点（重点部位、重点时间、重点对象）、三个控制（楼面的控制、电梯的控制、通道的控制）、六个落实（开房验证；住宿登记；来访登记；跟房——客人退房离去或来访者走后要入房安全检查；掌握客情；行李保管）。此外，还要加强对门卫及大堂保卫工作的管理，保卫人员应密切注意大堂内客人的动态，发现可疑的人或事应主动上前盘问、处理，及时消除各种隐患。

最后，酒店一旦发生不安全事件，作为客房员工，要在报告领导及保卫部门的同时，注意保护好现场，不准无关人员无故进入现场，更不许触动任何物件，这对调查分析、追踪破案极为重要。此外，发案后，在真像未明的情况下，不能向不相干的宾客等外人传播，如有宾客打听，应有礼貌地说："对不起，我不清楚"。

6. 提高客房服务员的安全意识和防范意识

客房安全管理中的一个常见问题是服务员经常会用服务意识代替安全意识，从而给高智能犯罪分子以可乘之机。

我们看下面的案例：事情发生在某星级酒店，一天早上 8:30，客房服务员正在做房，有两名男子嘱咐其给 1303 房间加两条浴巾，这两个人并未进房，而是告知服务员他们要去餐厅用早餐，与服务员擦身而过。服务员则遵照其指示，到 1303 房间为其增配两条浴巾，并顺手清理床上零乱的东西，这时两位男子又忽然返回，看见服务员正在清理，忙对服务员说："不用麻烦你了，我们自己整理就行了。"服务员看他们已在收拾自己的物品了，就暂时退出。

这两名男子 3 分钟后从房间走出，刚离去不一会儿，又来了两名男子，自己持 IC 卡进入房间后，发现房间被盗，他们损失了大量财物，原来前两个人是小偷，后两位才是真正的客人。

犯罪分子相当熟悉和了解酒店的运作流程，他们知道，如果直接要求服务员为其打开房门，服务员势必要求他们出示房卡，并会询问他们的姓名，以便和总台核对，因而采用这种方式进入房间，使服务员失去判别的警惕性，从而达到偷盗的目的。

作为服务员来讲，对于一般的犯罪行为都比较警惕，但如果犯罪分子利用服务人员的服务意识，采用一些常规的行为，服务员就很难判别了。犯罪分子利用心理上这种"合乎常理"的惯性思维，对服务员产生误导，并认为对方就是此房间的客人，没有对其进行身份核实，从而给了犯罪分子入室盗窃的机会。针对这种情况，酒店管理人员一定要加强对服务员的安全意识培训，提高服务员的防范意识，防止服务员以服务意识冲淡和代替安全意识。遇到此类情况，服务员必须礼貌地请客人出示证件，不能想当然地认为他们就是客人。

（三）发生偷盗现象时的处理程序

一天，两位美国人找到大堂经理，满脸怒气地说："我放在房间茶几上的 300 美元不见了，请立即给我查清，赔还给我。"大堂经理向客人表示："此事我们要先调查一下，进出客房是两位服务员同进同出，并有时间记录。"同时委婉地提醒客人再仔细查找一下，并且是否需要报案。

发生任何偷盗现象均需首先报酒店保卫部。接到通知后，同保安人员赶到现场，若发生在房间，则同时通知客房部的管理人员一同前往，请保卫部通知监控室注意店内有关区域是否有可疑人员。查询被盗物品的客人是否有客人来访的有关资料，并做记录。询问专业问题最好由保卫人员询问，大堂经理做好翻译。要视客人要求由客人决定是否向公安机关报案。

发生偷盗事件后，最好由保卫部与大堂经理同时出面与客人交涉。

基于酒店作业规则，若客人有物品遗失，酒店不应轻言赔偿，在饭店的住房手册及客人签字确认的登记卡上，都有明确说明，“请将您的贵重物品保存在房间或前台的保险箱内，否则遗失饭店恕不赔偿。”

通常情况下，酒店不开据遗失证明，若客人信用卡遗失，可由大堂经理代为联络银行支付。

经典案例

“门外有不明人士敲门”

晚上8点钟，某酒店值班经理接到总机话务员报，1608房间客人李先生称门外有一不明人士敲其房门。值班经理接报后，立即与客人联系并了解当时的情况。

据李先生陈述，有一不明男子自称管家部服务员，以送水为由敲门，要求进入房间。此人着黑色夹克衫，身高约170厘米。李先生从房门猫眼望出去看到他未穿制服，手上也没有水瓶，便打电话通知总机。听完李先生的陈述后，值班经理觉得事出蹊跷，马上与保安部主管，管家部主管上16楼巡查，并通知其他部门留意是否出现同一特征男子。在楼层展开巡查的同时，继续询问李先生具体细节。

当问到不明男子在入房未遂的情况后朝哪个方向行进时，李先生指出是向右边。值班经理仔细分析地形，左边是电梯出口，如果该男子是向左边行进的话可能已经离开本楼层。右边是客房，如果向右边行进的话，则此男子还停留在本楼层，并且可能伺机再向其他客房下手。值班经理将搜索范围缩小，目标锁定16楼，同时通知前台接待处停售此楼层。

16楼共25间客房，其中2/3客房已经售出。如果一间间房查，不但会给住客带来影响，而且可能打草惊蛇。值班经理请李先生再回忆一下是否还有其他可疑的事情，李先生提起他曾经听到过隔壁1606房间有奇怪的声音传出，但分辨不出是什么声音。李先生所说的情况立即引起了值班经理的警觉，经查，1606房间住客为王先生。值班经理与保安主管交换意见后，决定以烟感报警为由致电1606房间。电话长时间响铃后，终于有一位男子接听，回应已经入睡，不需要检查。值班经理分析当时才晚上8点多，不可能这么早睡觉。而且，检查烟感是为了防患火灾，客人一般都会予以配合。这时，1606房门突然“吱”一声打开，一名男子走出来，保安部主管随即上前去与客人对话，该男子称他现在要外出，没有他的许可不得进入其房间。

值班经理仔细观察该男子说话时的反应，发现其额头冒出细密的汗珠，并且身着黑色夹克衫，身高也与李先生的描述相符。此人快步朝电梯走去。值班经理记下其所乘电梯之号码后，马上进1606房间查看，只见1606房间的客人被反绑在椅子上，嘴里塞着一团毛巾，手机及5 000元现金被抢。值班经理马上通知保安部抓人并报警。1606房间客人因惊吓过度，全身发抖，值班经理指派一名管家部服务员陪伴客人到楼层工作间暂时休息，并封锁现场。

布置完毕后，值班经理随即冲下楼层协助保安部抓人。当此男子乘电梯到大堂时，大堂岗保安员已收到拦截此人的通知。而此人却强行向门口冲去并跳上门口一部候客的计程车，企图离开酒店。大堂岗保安员迅速通知车场岗保安员再次拦截。保安部领班奋不顾身地冲到已经启动的的士前拦车，要求乘客下车。该男子见乘车离店无望，即拉开车门向外逃窜,外围岗保安员火速赶来增援飞起一脚,正中其腰间,一把手枪跌落在地。其他保安员飞奔而来将其擒住。此时大批警察也赶至。值班经理在协助录完口供后,将疑犯转交警方处理,安排1606房间客人转入套房并送上水果篮。事后经警方证实,案犯携带的是假枪,但其抢劫的性质与携带真枪一样。警方在现场取证调查后,于23:00收队离开。

第二节 火灾的预防、通报及扑救

“我带队在验收优秀旅游城市时,去饭店重点检查了安全,总共查了几十家饭店,80%的泡沫灭火器都是过期的;接着问员工怎么使用,员工说不上来;我们在房间里对着报警器吹烟,把它吹亮了,但是没有一个消防员工能够按时到达;有的响了10来分钟了还没有人来,或者是赤手空拳的上来了,惊慌得不知道是怎么回事……”参见图9-1。

图9-1 酒店的烟感报警器

除了上节所述客房部几种安全问题以外,客房部还有一种安全问题:火灾!实际上,火灾是客房部的头号安全问题。客房部员工应该具有火灾的防范意识,掌握火灾的预防、通报和扑救知识。

一、火灾的危害

如前所述,火灾是酒店的头号安全问题。现代旅游酒店设备先进、设施豪华,投资额巨大,小的投资上千万,大的往往上亿元,一场大火旦夕之间就会使这些巨额财产化为灰烬。无情的大火不但会烧毁饭店建筑物,而且还直接威胁着人们的生命。2000年,12月25日,河南洛阳市东都商厦因违章电焊引起火灾,造成309人死亡;2003年2月2日,位于我国东北城市哈尔滨的天潭酒店因服务员违规使用煤油炉发生火灾,导致33人死亡;2011年5月1日,吉林省通化市"如家快捷酒店"发生火灾,造成10人死亡,35人受伤……

因此,一位饭店总经理曾经深有感触地说:"作为饭店老总,我最为关心的,而且常常使我坐卧不宁的就是'防火',客人的财物丢失,我可以经营利润照价赔偿,可是一旦发生火灾,建筑物付之一炬,客人被烧死,那么,我坐监狱是小事,国家将遭受难以估量的巨大损失"。

二、火灾发生的原因

火灾发生的直接原因很多,据美国有关方面对487起饭店的火灾原因分析:因吸烟点火不慎者占33%;因电器事故占21%;因取暖、炊事用具占10%;因火炉上的食物和烟道的油占6%;因碎屑类着火占3%;自燃占2%;煤气泄气占1%;纵火占17%;其他占7%。

由此可见,饭店火灾主要发生在客房。其中,吸烟和电器事故不仅是引起客房部火灾的主要原因,而且也是整个饭店火灾事故的主要诱因。国外火灾多发生在深夜到黎明这一段时间,其原因就是国外旅客大都习惯夜生活,在酒醉和疲劳时,深夜卧床吸烟,容易引燃被褥、床单等物,或者乱扔烟头火柴,使地毯、纸篓等起火。北京有一家饭店,一位日本外宾因饮酒过量,又有睡觉前躺着吸烟的习惯,结果,人睡着了,小小的烟蒂致使这位客人丧生。

另外,电器和煤气也是饭店火灾的重要原因。

- 2008年2月15日,在浙江义乌一家酒店共度"情人节"的一对青年男女连同其他9位住客因酒店起火而丧命,据调查,火灾原因是酒店总服务台电脑电线老化造成的(参见本章开章导图)。
- 2005年6月10日发生在广东汕头市华南宾馆,造成31人死亡、21人受伤的特大火灾事故就是因为电线短路故障引起的。
- 1986年12月31日15点30分美国波多黎各杜蓬大饭店地下锅炉爆炸,火势凶猛,使这座21层豪华饭店变成一片火海。

近年来,很多饭店在客房内放置电热水器,因热水器使用不当,也成了客房火灾的诱因之一,个别酒店因客人热水器使用不当,已经引起重大火灾和伤亡事故。

此外,饭店在建筑和大修时也常发生火灾,这主要是由于使用电气焊而引起的。

发生火灾的直接原因虽然很多,但更重要的是酒店经营者对消防工作重视不够。消防意识不浓,思想麻痹,存在侥幸心理,总认为火灾只是偶尔发生的,一般不会出现,即使出现,"倒霉"的也不会是自己的饭店,因而在日常经营和管理中,措施不力,结果导致"引火烧身"。

三、火灾的预防

火灾的预防可从以下几方面入手:

1. 在酒店的设计建设中,安装必要的防火设施与设备

为了防止火灾的发生,饭店在建设时就应选用适当的建筑材料,设计安装必要的防火设施、设备,如自动喷水灭火装置及排烟设备等。像太平门、安全通道在一般酒店都是必不可少的,需要强调指出的是,在紧要关头,设置在楼房外面的露天楼梯往往会起特别的作用,可以想

象,饭店的封闭式楼梯在这种情况是起不了多大作用的,尤其是假如酒店自己发电的强制排烟设备失效,封闭式楼梯就更显得力不从心,无济于事。除了安全通道以外,大酒店还应在客房部安装急用电梯,并在客房内安装烟感报警器(Smoke Detector)。因为客房中被褥等物起火时,开始多产生大量浓烟,旅客往往在熟睡中就中毒昏迷,这时,烟感报警器就会发挥作用。

针对电器设备起火这一现象,酒店在各种电路系统中应设保险装置,并安装防灾报警装置。

2. 搞好职工培训,增强防火意识

酒店建成开业后,要对新上岗的员工进行安全培训,增强他们的防火意识,教会他们如何使用消防设施与设备,并使他们懂得在火灾发生的非常时刻,自己的职责是什么,同时,组织消防知识竞赛,必要时,还可利用淡季组织消防演习,参见图 9-2。

图 9-2 酒店全体员工进行消防演习

当然,为了搞好这项工作,酒店经营者本身必须统一思想,提高认识,这样才能给防火工作以足够的重视。否则,将会出现本节开头时描述的现象。

3. 在日常经营中采取必要的管理措施

(1) 新落成的大型酒店一律设立防灾中心,整日执行警戒任务。

(2) 制订并贯彻执行消防安全制度、防火岗位责任制度。

(3) 专职消防和群众性的消防组织相结合,对于重点部位和隐患要定期检查评比。

(4) 经常检查、维修线路,防止因漏电而引起火灾。

(5) 经常检查各种报警装置是否正常。

(6) 定期检查消防设施是否良好,如消防用具、烟雾感应器等失效者要及时更换。

(7) 针对客人躺在床上吸烟这一习惯,应在床头柜上放置“请勿在床上吸烟”的卡片,提醒客人务必将未熄的火柴或烟头扔进烟灰缸。

(8) 对于因酗酒过度而醉的客人以及烟瘾大的客人所住房间要经常检查。

(9) 注意观察客人所携带的行李物品，如发现有易燃易爆等危险品，要立即向上级或总服务台报告。

(10) 服务员打扫房间时，注意不要把未熄灭的烟头扔进纸篓。

(11) 统计资料表明，饭店火灾多发生在夜间，因此，夜间值班员应切实负起责任，加强夜间巡逻。

(12) 对维修人员因工带进的喷灯、焊接灯、汽油以及作业产生的火花等要充分注意，并要对工作人员加以提醒。

(13) 发现客人在房内使用电热器时，要及时向总服务台报告。

(14) 太平门不能加锁，如发现太平门、急用电梯等处堆有障碍物，应及时排除。

以上是关于火灾的预防。为了把火灾所造成的伤亡减少到最低限度，客房部还应利用时机，通过适当的方式向客人宣传安全常识，并向他们指出在非常情况下紧急疏散的路线等等（一般饭店都有印制好的紧急疏散图，见图 9-3，有的贴在客房门内侧，有的则放在写字台上的文件夹内）。

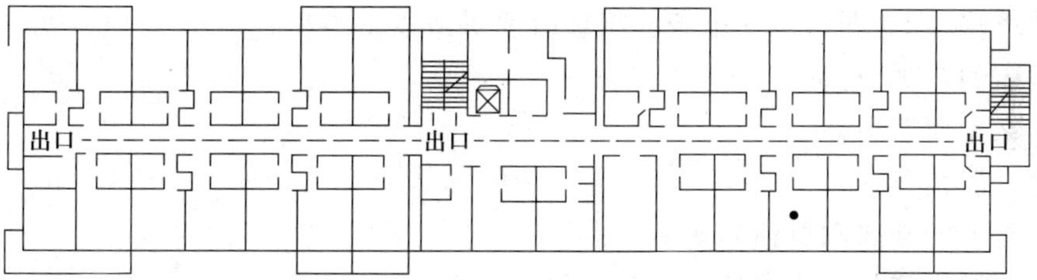

房号

• 你现在的位置

紧急疏散方案

您的安全对我们是很重要的，请化一分钟时间读完下面的安全建议：

1.请您一定要熟悉放置在写字台的《旅客须知》内的紧急疏散方案。

2.熟悉您客房内的窗户。

3.请将您的钥匙放置在您容易找到的位置，离开房间时要随身携带，因为烟火阻碍您的出口时，您可能需要您的钥匙回到您的房间。

4.当起火或有紧急情况时请按下面进行。

- 找到您房间的钥匙并随身携带。
- 在开门前试一试客房门是否烫手。
- 到达最近的可用的出口楼梯，并立即下到底楼。

（注意：不要使用电梯）

- 如您不能平安到达出口楼梯口，应回到您的房间，立即拨“0”通知电话员。
- 在等待援助时，按您的最佳判断来操作窗户。
- 放置一块湿毛巾在客房门底部。
- 设法吸引楼房外面人们的注意。

图 9-3 紧急疏散图

四、火灾的通报

（一）酒店内部通报

发生火灾时，酒店有关部门（如防灾中心）应立即向消防部门报警，同时，要向客人发出通报，要求客人迅速撤离客房，但考虑到在这种情况下人们特殊的心理状态，因此通报应采用一定的艺术方法和步骤，以免因大恐慌而造成更多的伤亡。一般来说，火灾发生时，最好能够按以下步骤进行通报：

（1）一次通报。应由酒店保卫人员及服务员对各客房逐个通知。为了使疏散工作顺利进行，通报应按步骤进行：首先向起火层报警；再向其上一、二层报警；然后通报上面其他楼层；最后通报起火层以下各层。

（2）二次通报。鸣警铃，进行全楼报警。

（二）报警

如火情严重，应立即打 119 报警。报警时要讲清以下事项：

（1）酒店的名称、地址。

（2）什么东西着火。

（3）哪一层楼着火。

（4）报警人的姓名和电话号码。

报警后应派人到门口或路口等候并引导消防车。

五、火灾发生时客房员工的职责

火灾发生后，酒店员工的职责是：

（1）向酒店防灾中心报警（如火势大，应同时向消防部门报警）。

（2）按顺序向客人发出通报。

（3）提醒客人有关注意事项，包括：

* 要求客人保持镇定，防止火未烧身人已跳楼身亡，或由于恐慌、拥挤而造成其他意外伤亡事故。
* 提醒客人穿好衣服或睡袍，勿将身体直接暴露在火焰之中，以免烧伤。
* 提醒客人随身携带房门钥匙，以便在无法从安全通道出去时返回房间，等待救援或采取其他措施。
* 最好能将一件针织衫用水浸湿，蒙在头上，当作“防毒面具”使用。
* 如整个通道已被浓烟弥漫，可提醒客人匍匐前进。在火灾中，浓烟比烈火更危险，而浓烟较轻，所以一般先上升后下降，因而爬行有利逃生。
* 提醒客人不要乘坐电梯，以免突然停电、电梯失控而被堵在电梯内。

（4）向客人指示安全通道，疏散客人，引导客人迅速撤离现场。

（5）协助消防人员灭火，力争将酒店财产损失减少到最低限度。

六、灭火的方法

（一）火灾的种类

依照国家标准，火灾分为四大类：

（1）普通物品火灾（A类）。由木材、纸张、棉布、塑胶等固体所引起的火灾。

（2）易燃液体火灾（B类）。由汽油、酒精等引起的火灾。

（3）可燃气体火灾（C类）。如由液化石油气、煤气、乙炔等引起的火灾。

（4）金属火灾（D类）。由钾、钠、镁、锂等物质引起的火灾。

以上不同类型的火灾，应用不同类型的灭火方法和灭火器材进行灭火。客房部的火灾通常属于A类，即普通物品火灾。

（二）常用的灭火方法

常用的灭火方法有以下几种：

（1）冷却法。即通过使用灭火剂吸收燃烧物的热量，使其降到燃点以下，达到灭火的目的，常用的这类灭火剂是水和二氧化碳。

（2）窒息法。即通过阻止空气与可燃物接触，使燃烧因缺氧而窒息，常用的这类灭火剂有泡沫和二氧化碳等，也可采用石棉布、浸水棉被来覆盖燃烧物。

（3）化学法。即通过使灭火剂参与燃烧过程而起到灭火的作用，这类灭火剂有易安龙灭火剂、惰性气体灭火剂等。

（4）隔离法。即将火源附近的可燃物隔离或移开，以此中断燃烧。

灭火的方法很多，但具体采用的哪种方法，要视当时的实际情况、条件而论。

（三）灭火器种类及使用方法

常用灭火器种类及使用方法如表9-2所示。

表9-2　灭火器种类及使用方法

类别	适用范围	使用方法
酸碱灭火器	扑灭一般固体物质火灾	1. 将灭火器倒置 2. 将水与气喷向燃物。
泡沫灭火器	用于油类和一般固体物质及可燃液体火灾（注意：不可使用于C类火灾。另外，由于容易造成污染，现已逐步淘汰）	1. 将灭火器倒置 2. 将泡沫液体喷向火源。
二氧化碳灭火器	用于低压电气火灾和贵重物品（精密设备、重要文件）；易燃液体和可燃气体（注意：不适用于A类火灾）	1. 拔去保险锁或铅封 2. 压手柄或开阀门 3. 对准燃烧物由外圈向中间喷射

续表

类别	适用范围	使用方法
干粉灭火器	与二氧化碳灭火器适用范围相同,但不宜用于贵重物品的灭火	1. 拔去保险锁 2. 按下手柄 3. 将干粉喷向燃烧物

(四) 火灾现场的急救

灭火时,如身上衣服着火,要立即躺倒打滚,使火熄灭,不可惊慌奔跑,如有人受烟熏窒息,或发生头昏、恶心、呕吐、失去知觉等症,应立即将其抬到空气新鲜的地方,解开上衣,在胸前脸上稍喷冷水,如仍不清醒,应做人工呼吸,或急送医院抢救。

经典案例

用智慧赢回生命

——吉林中百商厦特大火灾逃生记

第三节　顾客人身和财物安全的责任问题及饭店的权利和义务

酒店管理人员必须学会依法管理,依法经营,在保障顾客的利益的同时,依法保护饭店的权益。

本节重点论述饭店在其经营活动中有关顾客的人身和财物安全的责任问题及饭店的权利和义务,这是饭店房务管理人员所必须了解和掌握的知识。

一、适用于饭店业的“饭店规章”

早在四、五百年以前,英国就有了世界上最早的饭店法。之后,一些西方国家也先后制定了饭店法。由于旅游活动是一项国际性的活动,因此,需要一个全世界统一的法律来协调饭店与客人之间有关接待、服务、人身及财物安全等方面的权利义务关系。

目前,比较权威的、在国际上用于处理顾客和饭店之间纠纷的法律主要有两个。一个是1981年国际饭店协会于尼泊尔的加德满都批准的《国际饭店规章》(International Hotel Regulations)。在这一法规的绪言中,明确指出:"国际饭店规章是在国际上得到一致承认的、有关旅馆住宿契约方面的法规……,这个法规可作为各国有关饭店住宿契约的辅助条款。如果有关国家立法无具体的关于饭店住宿契约方面的条款,就应履行国际饭店规章中的规定。"

另一个在国际上具有广泛影响和权威的用于规范饭店业权利和义务关系的法规,是总部设在罗马的"国际私法统一协会"①于1978年10月31日拟定的《关于饭店合同的协定草案》。

在我国目前的法律体系中,还没有专门的《饭店法》。在实践中用来调整饭店和其他法律主体的权利义务关系的法律主要是适用我国的民法、经济法和国际协定以及国际惯例。此外,一些地方性旅游法规和条例中的相关内容也可用来指导、协调和处理饭店与客人之间的权利和义务关系。

二、酒店的权利

根据国际酒店协会制定的《国际酒店规章》和国际私法统一协会制定的《关于酒店合同的协定草案》等相关法规,酒店通常享有以下权利:

1. 在合理的情况下,酒店有拒绝顾客和驱赶不法顾客的权利

具体的情况有:

(1) 因客满无客房时。

(2) 因不可抗拒原因而无法接待时。

(3) 为了保障住客的安全,对有犯罪嫌疑、从事卖淫的妓女或嫖客,以及从事盗窃、诈骗、流氓活动的犯罪分子有拒绝接受和驱赶的权利。

(4) 当顾客行为举止不当,如酗酒滋事或闯入店内滋事,大声喧哗影响他人和私自留客、转让床位时,店方有权制止,不听劝告的可令其离店。

(5) 顾客将酒店不能接受的东西带入店内,如饲养的动物、爆炸品等危险物品。

(6) 对拒绝支付酒店合法收费的顾客,酒店有权令其离店。

(7) 发现住店顾客患有传染病和精神病的,店方有权令顾客离店。

2. 酒店有权要求顾客预先支付全部或部分预款

《国际酒店规章》第一部分,第七条款对此做了规定。

3. 酒店有权利要求顾客赔偿因其预订后不使用客房或者提前离店给酒店造成的实际损失

对此,《关于酒店合同的协定草案》的第六条做了具体规定。

(1) 酒店应采取一切合理措施来减轻上述损失。

(2) 顾客根据本条之规定向酒店赔偿的金额将不超过:

- 对于预订住宿期的头2天,合同约定之客房价格及相应服务费用的75%。

---

① "国际私法统一协会"是一个各国政府间的联合组织,成立于1926年。

- 对于其后的 5 天,合同约定之客房价格及相应服务费用的 40%。

(3) 顾客如在下列时间以前向酒店表示终止住宿、提前离店,则可不支付赔偿金。

- 不超过两天的预订,在约定使用住宿设备的当天中午;
- 3~7 天的预订,在约定使用住宿设备的前两天;
- 超过 7 天的预订,在约定使用住宿设备的前 7 天。

(4) 顾客如在下列时间以前向酒店表示终止住宿、提前离店,则可不支付赔偿金。

- 合同剩余时间不超过 2 天者,在离店的当天中午;
- 合同剩余时间在 3~7 天之间者,离店前 2 天;
- 合同剩余时间超过 7 天者,离店前 7 天。

以上规定也适用于酒店与顾客之外的另一方所订立的住宿合同,但合同双方当事人另有约定时除外。

如果顾客在预订客房时已交付定金,顾客违约,定金不予返回,但酒店不得另外要求其他赔偿。这种情况下,定金被视为一揽子赔偿费。如酒店违约,应加倍返还定金。

另外,按照国际惯例,客人预订后到约定用房的当天 18:00(有些国家规定为 20:00)无人来住者,预约即告自动解除。为避免引起住房纠纷,国内酒店可以规定一个具体时限,并告知顾客。

4. 当顾客损坏了酒店的设施和设备时,酒店有权要求其赔偿损失

不论顾客是故意还是因过失损坏了酒店的财物,酒店都有权要求顾客恢复原状或者照价赔偿,酒店如果因此遭受其他重大损失,有权要求顾客赔偿损失。但酒店在损坏出现时应采取一切合理措施,防止损失扩大。《中华人民共和国民法通则》第 114 条第一款规定:当事人因一方违反合同受到损失的,应当及时采取措施防止损失的扩大。没有及时采取措施致使损失扩大的,则无权就扩大的损失要求赔偿。

5. 顾客应遵守酒店所订并已告知顾客的各种合理的规章

否则,酒店有权不加通知,立即终止合同,并可保留其要求顾客赔偿由此而带来的损失的权利。

但是,酒店履行这一权利的前提是:酒店所定的并以某一方式告知顾客的规定,其内容是合理、合法的,不能违背现行有关法律的原则和规定。否则,这一规定将是无效的。

6. 酒店有在合同期满时,驱赶顾客的权利

住宿合同期满时,酒店有驱赶顾客的权利。比如夏威夷把顾客擅自延长逗留期视同非法入侵。尽管酒店有这样的权利,但在酒店管理实践中,考虑到酒店的形象以及与顾客的关系,实际上酒店很少这样做。

7. 酒店对顾客有商业价值的财物有留置权

酒店有要求顾客支付住宿费和其他各种合法费用的权利。顾客如无力或拒绝支付所欠酒店的费用,酒店有权扣留顾客随身携带的财物,来抵付所欠的费用。但酒店行使这一权利时,要注意被扣财物的价值只能相当于顾客所欠的费用。《中华人民共和国民法通则》第 89 条第 4 款规定:按照合同约定,一方占有对方的财产,对方不按照合同给付款项超过约定期限的,占有人有权留置该财产,依照法律的规定以留置财产折价或变卖该财产的价款优先得到偿还。对此,《国际酒店规章》也有明确规定。留置权在顾客付清欠款时才终止,但酒店可以规定一定的期限。还应该特别注意的是,这种留置权仅限于财物,酒店不得以任何理由对

顾客本人进行扣押。

《关于酒店合同的协定草案》第10条对酒店的留置权是这样规定的：

(1) 除应由顾客以外的一方向酒店支付费用外，为了确保顾客支付已提供的住宿设备和服务费用，酒店有权扣留顾客带往酒店的任何有商业价值的财物。

(2) 但如顾客对上述款已提供足够的担保，或已将同等金额存放在双方都同意的第三方手里或存放在官方机构里，则酒店不能再扣留客人的上述财物。

(3) 酒店在向顾客发出合适的和有一定期限的通知后，将所扣留的顾客财物出售，但所售出的部分应以能抵偿欠款为限。上述被扣留财物的出售应按酒店所在地法律规定的条件和程序进行。

(4) 酒店扣留顾客财物和出售财物的权利，以及财物出售后的收益，是否影响到第三者的权利，应由酒店所在地的法律来决定。

三、酒店的义务

1. 酒店有义务礼貌待客，不加以歧视的接待所有顾客

自古以来酒店就是顾客的自由聚集地，只要顾客要求住宿时能支付足够的费用，举止适当，且酒店有接待条件，酒店就无权拒绝接受顾客。不能以种族、信仰、肤色、民族、血统等原因拒绝顾客，或者在接待和服务时有高低贵贱之分。任何等级的酒店对顾客的态度都应该是热情而有礼貌的，酒店收费的差别在于所提供的服务项目和设施的标准不同，在服务上应一视同仁。

2. 酒店有保护顾客人身安全的义务

保证顾客的住宿安全是一项法律义务而非合同义务，酒店法自产生之日起就规定酒店有保护顾客安全的责任。顾客在酒店中可能受到人身伤害的原因很多，诸如爆炸、火灾、酒店内部设备故障、建筑物倒塌、服务员的过失、管理不当、不法分子的犯罪行为、其他顾客的过失行为等。

目前我国尚未出台酒店法，对在酒店内顾客遭受人身伤害的处理尚无统一规定。但根据我国民法，如果是由于酒店的责任而造成顾客人身伤害，应视为民事侵权，承担相应的民事责任。

世界各国关于顾客在酒店内所受人身伤害问题有不同的法律规定，为此，国际私法统一协会在《关于酒店合同的协定草案》中作了统一的规定。第11条规定：

(1) 由于发生在酒店内或者在酒店控制下的其他任何地方之事故而造成顾客受伤、死亡时，酒店应承担损害赔偿责任。但如果对造成损害的事故，酒店根据当时情况已采取谨慎合理的措施仍不能避免其后果，也不可能防止其发生时，酒店则不承担责任。(根据该草案的起草人之一，美国康乃尔大学酒店管理学院谢里教授的解释：本条并不是说必须完全没有疏忽大意才能免除责任，实际上只要酒店的疏忽大意与造成受伤的原因无关或仅是远因，酒店就能免除责任。)

(2) 根据本条规定酒店应负责任之情况，如顾客所受损害系由其本人之过错造成者，酒店应相应减轻其赔偿责任。

(3) 根据本条规定酒店应负责任之情况，如顾客所受损害部分系由于顾客以外的另一

方之过错引起者,酒店应负全部赔偿责任。

(4) 本条规定不妨碍酒店向顾客以外的另一方行使追偿权。

根据以上法规,酒店对于以下三种情况造成的顾客人身伤害负有法律责任:

(1) 在酒店内由于顾客之间的斗殴或由于酒店以外的人进入酒店加害于顾客而造成的伤害,对此酒店仍应负全部赔偿责任,但酒店也可向顾客以外的另一方行使追索权。

(2) 对于酒店的建筑物、设备缺陷对顾客造成的损害。顾客在酒店内遭受的这类损害时有发生。对于这类损害,酒店是无法预知的,因为对于交工的建筑物或所购设备包含了默示的质量保证,店方没有理由怀疑建筑物或所购设备的质量。从这个意义上说,酒店并没有责任。但酒店是住宿合同的一方,顾客与建筑公司或设备生产厂家并无直接联系,因此在这种情况下酒店应承担全部责任。同样,酒店可再进一步向负有直接责任的建筑公司和设备生产厂家行使追索权。

(3) 顾客受到的伤害是由于顾客自身的原因造成的,但酒店方面没有给予合理的照料。

经典案例

一位顾客在美国某地希尔顿酒店住房内匆忙穿衣时,一足在短裤内缠住,仰天跌倒,头部撞在墙上,肿起一大块。与他同室的人当天晚上找酒店方面报告:顾客脑后有一大肿块,正在呕吐。酒店做出的反应是派一名妇女去帮助护理,该妇女自称是有执照和实际经验的护士,但她实际上并无执照。她并未诊断为重伤,而该顾客实际上已患脑脊膜血肿。结果,当该顾客最后找医生诊治时,已为时太晚,必须动大手术,并且脑部永久损伤。据说如果当时做出正确诊断并立即治疗,是可以避免的。

最后酒店被认定应向该顾客及其妻赔偿25万美元,法院认为:依照法律,酒店在这种情况下并无医治的责任,但如果酒店已去医治,就必须在医治时实施合理的照料。酒店自愿前去医治,但未提供能胜任的人员去医治。

3. 酒店对顾客行李物品的责任

一般来说,酒店对顾客的行李物品负有保管义务。酒店在承担此项义务的同时,也可谋求一些权利,减少自己的责任。比如,要求顾客将贵重物品交酒店保存,只对这部分财物负绝对责任,对其他财物则负相对责任。酒店也可明文规定最高赔偿限额,即使对顾客交酒店保存的财物,也是有规定赔偿限额的。

在《国际酒店规章》中有明确的规定:

(1) 酒店对属于顾客的财物的责任是有限的,但如酒店或其雇员有严重过错者除外。

(2) 关于接受顾客贵重物品之寄存,酒店的义务应依其自身的等级与规模而定。(但国际私法统一协会《关于酒店合同的规定草案》对此则有不同的规定:酒店有责任接受证券、现金和贵重物品的寄存保管;只有对危险品和笨重物品才可以不接受。)

(3) 酒店对所寄存的贵重物品的责任,如及时告知顾客,可以进行合理的限制。

(4) 酒店的责任不涉及顾客的汽车及车上物品。

关于酒店赔偿顾客店内损失财物的限额,店方有义务口头或书面告知客人,这是法律规定酒店必须履行的义务。最好采用书面形式,文字应简明、易懂,不致使人产生误解。告示必须放在顾客看得见的地方,这样酒店在赔偿时就可适用赔偿限额。

《关于酒店合同的协定草案》对赔偿限额作了具体规定:

(1) 酒店在接受物品寄存时,对于寄存物品所发生的任何损失,其赔偿额将不超过酒店所收房费(指顾客所住客房一天的最高房费——不包括税金、服务费和其他附加费)的500~1 000倍。

另外,对于应由酒店保管的财物而酒店拒绝寄存保管时,酒店不能限制其损害赔偿责任,此时应付绝对责任。

(2) 对于未交酒店寄存保管的物品,酒店对每一损害事件的赔偿额将不超过所收房费的100倍。

第(2)条的特点在于将最高赔偿额与客人所支付的房价水平挂钩。豪华酒店收费高,经济型酒店收费低,两者的赔偿限额就不同。在豪华酒店下榻的顾客所带财物的价值一般较高,酒店所负责任也应高于经济型酒店,而经济型酒店收费低,即使寄存的大量贵重物品遭受丢失或损坏,酒店也不致因赔偿而破产。因此,这一规定既顾及了顾客的利益,也照顾了酒店的利益。

(3) 如果旅客财物的损坏或丢失,是由于酒店主人或其工作人员的疏忽大意或故意行为或不法行为,酒店就不能仅负有限责任。

(4) 在下列情况下,酒店可免除对顾客财物损失的责任。

- 由于顾客本人,或随同顾客的人,或顾客所雇用的人,或前来探望他的任何人的过失或故意行为或不当行为;
- 顾客财物的损失、损害是由于不可抗力造成的;
- 由于物品本身的性质。

(5) 旅客应在其财物受损伤、毁坏、灭失而受到损害后,在适当和可能的时间内立即通知酒店。如未立即告诉酒店,则只有在其财物损伤、毁坏、丢失出自酒店或酒店负责的任何人的过失或故意行为或不行为时,旅客才有权要求酒店赔偿。

4. 酒店有保护顾客隐私权的义务

客房一旦出租,其使用权即属于顾客,酒店工作人员无正当理由不得随意进入已出租的客房。因工作需要进入客房,须征得客人的同意,无明显理由闯入顾客的房间是一种侵权行为。我国一些酒店在夜间突然查房,闯入房内用手电筒乱照、大声喧哗;还有个别酒店将本来用于保护客人安全的房门上的"猫眼"(窥镜)反装,并作为"经验"向同行推广,这些都是严重的侵权行为。

5. 因超额预订而使顾客不能入住时,酒店应承担法律责任

酒店有义务对顾客预订的客房在租用期内提供约定的规格和服务。由于超额预订而使一些顾客住不上客房时,便构成酒店对顾客的违约,酒店应因此承担法律责任。

四、饭店和顾客之间权利义务关系的产生和终止

饭店和顾客之间权利义务关系的产生始于住宿合同的成立。所谓住宿合同,是指饭店和顾客以及与其他任何一方就有关提供住宿设施、饮食服务和附加服务而达成的协议。确定从什么时候起,合同才算成立,对确定当事人的权利、义务有重要意义。

当顾客被饭店所接受,应履行住宿登记手续,饭店将客房钥匙交给顾客,表示双方合同关系正式确立。另一种情况是顾客向饭店预订客房,从预订协议(口头或局面的)签订之日起,《草案》第三条规定,"旅馆合同在一方提出的要约时即告成立",它"不一定要以书面形式证明,也无须在合同形式上加以规定",在合同内规定的住宿日期为双方权利和义务的产生时间。

饭店提出账单,顾客付清房费表示双方合同关系终止,相互权利义务结束。

根据国际饭店规章的规定:合同可以确定或不确定有效期。如果合同只规定一般大约的期限,最短的期限应视为合同的有效期限。如果客人不要求住宿一天以上,住宿合同在客人抵达后的一天的中午 12 点即告终止。没有规定具体期限的合同被认为是为期一天的合同。在这种情况下,双方都有权在第二天中午 12 点提出通知终止合同。饭店法同时还规定:"若无另行规定,客人预订的客房必须在下午 2 点以前准备完毕,离店的客人必须在 12 点以前腾出客房。"①

另外,根据《草案》第八条规定:

如由于不可避免或不可抗拒的事件,而使饭店无从提供住宿设施,而且,这类事件也不能归咎于提出要求的一方,则饭店合同可以在顾客住宿前或住宿期间终止,双方均不承担赔偿责任。但如根据本条规定提出要求的一方未采取一切合理的步骤通知另一方终止合同,则应对另一方因此遭受的损失负赔偿责任。

以上介绍了顾客在饭店人身和财物安全的责任问题及饭店的权利和义务,需要指出的是,尽管饭店前厅和客房管理人员可以用上述规章指导其管理实践,但上述法规中的许多条款大都属于"国际饭店协会"和"国际私法统一协会"制定的,这些法规只能对我国相关法律起辅助和补充作用,因而,对于饭店及司法部门处理我国饭店与顾客之间的纠纷只有指导和参考作用,而没有强制作用。

五、饭店与客人之间责任纠纷的处理原则

在处理客人投诉尤其是涉及酒店与客人双方利益的责任问题时,酒店管理人员要谨慎,说话要留有余地,在未彻底调查了解整个事件之前不可轻率地代表酒店承担责任,要站在酒店立场上根据问题产生的原因分清责任大小和归属,避免使酒店陷于被动局面,从而导致酒店利益的损失。管理人员要在保证酒店利益最大限度不受损害的同时,也要兼顾到客人的利益,为客人争取其应有的权利,以便建立良好的宾客关系,赢得客人对酒店的信赖。

例如,客房服务员私下与住客进行非法的外汇兑换活动,在不知情的情况下向客人提供假钞,客人发现后要求酒店对其损失做出赔偿,理由是该服务员是酒店的员工。但酒店对住客承担责任的范围仅限于工作人员执行职务行为造成的损害,该员工所作所为与其工作无关,因此造成的损失只能由当事人负责。如,PA 在清洗地面时未处理干净地面上的积水,做清洁时未摆放"清洁进行中,小心路滑"的警示牌,导致来往的客人因路滑摔倒受伤;服务员

① 国际私法统一协会"关于饭店合同的协定草案"则规定:如果饭店合同或饭店规章均未具体载明合同终止时间,顾客一般可占用住宿设施至下午 2 点止。

不小心将客人的行李损坏等情况,酒店对工作人员在服务过程中造成的客人人身或财物损害应承担责任。酒店在承担了对客人的赔偿责任后并不因此免除有过错工作人员的责任,酒店有权在内部对有过错员工做出处理,包括经济上的追偿。对于工作人员与工作无关的行为造成客人人身或财物损害的,客人可在酒店的协助下向公安机关报案处理。

有些责任是双方共同的过失造成的,如酒店要求客人晚间睡觉时锁上房门,一客人因忘记锁门而导致夜间被盗取财物,客人于是要求酒店赔偿损失,客人的理由是:自己的财物是在客房内丢失的(酒店服务员也承认失窃前一天晚上在客房内确实见过该物)应由酒店负责。但是酒店方面已明确提醒住客入睡前锁上房门,尽到了合理照顾责任,客人财物之所以被盗是因为住客未按酒店的提醒要求做而导致。双方均虽有一定的理由,但都不充分。酒店一方并未尽到合理照顾责任,夜间巡逻保安员工作不到位,使得盗贼得以进入房间行窃,而夜间巡逻的楼层服务员也未能消除隐患,他看到客人房门未锁应替客人锁上。而住客的责任在于未遵守酒店规定。因此双方都有过失,严格意义上讲,应由双方根据责任大小分担损失。

另外一些责任并非由酒店本身的行为造成,但与酒店又有密切关系。如客人在正确使用酒店客梯的过程中因电梯运行突然出现故障而被夹伤;住客在使用客房浴缸过程中因浴缸质量问题而被划伤,客人要求酒店予以赔偿等等,这类因建筑物、设备本身结构不合理或质量低劣,非因年久失修或客人使用不当而造成第三方损害的,产品的生产者、经营者在法律上要负连带责任,受害方可起诉产品的生产者,也可起诉经营者,要求赔偿。如客人向酒店提出赔偿要求,酒店在承担了赔偿责任之后有权进一步向有直接责任的生产者或经营者提出追偿。

除此之外,酒店未能有效制止客人在酒店范围内的斗殴,造成客人财物受损,而且酒店在自身制止能力不足的情况下不请求警方协助,对此视而不见,听之任之甚至有意纵容,则酒店要承担一定责任。

酒店与住客之间的关系可以说是合同性质的关系,这种关系从法律上规定了双方的权利与义务。作为合同一方的酒店有义务采取措施保证客人的安全。这也是客人对酒店最基本的要求。所以,努力创造一个安全舒适的环境是酒店应有的职责,只有在保证了安全舒适的环境的基础上才可以谈得上为客人提供优质服务。

本章小结

- 客房部的安全问题主要涉及因客房设施设备的安装和使用而引起的各类工伤事故和对客人造成的伤害;各类传染病;偷盗及其他刑事案件;火灾等。客房员工要有安全意识,针对不同的安全问题,采取不同的防范措施。客房管理人员不仅要教育员工洁身自好,还要防止店外犯罪分子入室盗窃和伺机作案,要教育员工做好客房钥匙的保管和管理工作,制定客房安全管理制度,并教育员工严格执行。对重点区域重点防范,对可疑人员严格盘查和重点关注,不给其造成可乘之机。
- 火灾是饭店最严重的安全问题,直接危及客人的生命和财产,因而也是客房管理人员最需要重视的。客房员工不仅要在平时做好火灾的防范工作,而且要在火灾的消防方面训练有素,一旦火灾发生,能够正确履行自己的职责,迅速灭火。

➢ 另外,客房管理人员还应具备一定的法律知识,了解顾客人身和财物安全的责任问题以及饭店的相关权利和义务,保护顾客和饭店双方的利益。目前,有关饭店权利和义务的法规主要包括:国际饭店业普遍承认的、由国际饭店协会执委会于 1981 年 11 月 2 日在尼泊尔的加德满都通过的《国际饭店规章》(International Hotel Regulations);由公安部发布的《旅馆业治安管理办法》以及我国《消费者权益保护法》和《合同法》等。

复习思考题

1. 解释下列概念:
   C 类火灾　窒息灭火法　“国际饭店规章”
2. 客房部主要安全问题有哪些? 如何防范?
3. 饭店火灾发生的原因有哪些? 如何防范?
4. 饭店的权利和义务有哪些?

案例分析

客房失窃后……①

案例

来自温州的陶先生于上半夜乘自驾车住进了福州市的某一家酒店。进房后,疲惫不堪的他洗完澡很快就进入了梦乡。等到第二天醒来,陶先生发现穿来的仅有的一套西装不见踪影,衣服口袋里尚有两百多元现金也一并被盗,一个已拉开拉链的公文皮包被扔到了地上。好在他办理入住手续时已将大额钞票在总台寄存。虽然一套西装价值不高(据客人称约值 500 元),损失现金也不多,但没有另外衣服可穿,好不狼狈! 他马上打电话到总台反映情况,总台立即通知了值班经理,这时天已大亮。昨晚值班的是该酒店大堂副理小陈。陈副理匆匆赶到陶先生所住的 505 房间。经查看,发现窗户大开,而窗台外面正是裙楼的屋顶,可以想见,小偷进出十分“方便”。

按照该酒店保安部规定,5 楼的几个窗户朝着裙楼屋顶的房间,必须将推拉式窗户开启作限位设置,即只允许开启 18 厘米,目的是为了防止小偷爬入。然而,陶先生所住房间的窗户不知何因竟没有这样处理。再者,客房部还规定在做好房间卫生后,即使是 OK 房也必须将窗户关“死”。而据陶先生回忆;他进入房间后窗帘是关闭的,他没有在意窗户是否关严。当陈副理就此询问昨天当班房务员时,房务员只是支支吾吾,表示记不清是否有将窗户关紧。陈副理与保安部值班人员在客房外围查看,发现从主楼 5 楼过道通向裙楼屋顶的门也被打开。而该门口却不在电子探头的视野之内。

调查至此已十分明显,酒店因安全防范措施不力而导致客人财物被盗,假如客人报案并要求赔偿,酒店一方难以推脱责任。于是陈副理马上答应陶先生的请求,决定由酒店出钱并

① 陈文生.中国旅游报,2007-4-18.

立即派人到服装店购买一套普通西装,先让陶先生穿上。但当陈副理电话请示该酒店总经理时,总经理却责怪他擅自答应赔偿西装要求,并认为要等公安部门介入破案后再议。陈副理随即将总经理的决定向陶先生转达,陶先生气得浑身发抖。他只好穿着内衣内裤到总台领取存款,托陈副理上街买来新西装。然后立即结账,连早餐都不吃,开着自驾车离开了酒店。陶先生临走时,对陈副理的帮助表示了感谢,但同时也留下一句话,“我今后绝不会再住你们酒店了。你们酒店的声誉不及我一套普通西装的价值!”陈副理听后心里着实不是滋味。

【评析】

该案的发生,责任明显在酒店一方。客人现金可以寄存,但客人身上所穿衣服不可能要求寄存。尽管是否对客人赔偿可以等待公安部门介入调查后以事实判断,但断然不可让客人现在无“衣”见人。依本案情况看,酒店无论如何应当先掏钱为其买一套外衣穿上。如果连这一起码的人情味都没有,还谈何优质服务?客人虽然最终放弃报案和索赔,但不等于酒店一方没有损失。酒店损失了什么?损失了多少?难道不能从客人留下的那句话中掂量出来吗?

该酒店至少需要整改的地方有二:一是窗户面对裙楼屋顶的客房必须在窗户上加强防盗处理。例如加设防盗网或按当地公安部门要求将推拉式窗户作限位设置。(就本案而言,窗台朝裙楼屋顶的5楼客房,可以改作其他用途,如改为会议室、棋牌式之类)。二是加强执行客房卫生整理过后窗户紧闭的制度。针对以上两条,除了保安部作不定期的检查外,还应要求客房部加强日常检查管理。

此外,从本案还可看出该酒店值班经理或大堂副理对客人问题处置权限的缺乏,这一问题值得管理者深思。

补充与提高

如何做好安全服务

安全是客人的最低层次的需求,酒店服务员必须保障客人的人身和财产安全,尽一切可能使客人获得安全感。那么,服务员如何才能做好“安全服务”工作呢?服务员至少应做到以下几点。

(一)为客人保密

如果住店客人不愿将自己的情况告诉别人,酒店员工就要为他保密,不要轻易地将他的房号等告诉外来人员。一个冬日的夜晚,北京某酒店总服务台的电话响了,外来电话要求查询一位住店的美籍华人。这位客人事先已经提出为其保密的要求,而值班的接待人员由于大意,未加思索就告诉对方那位客人的房间号。之后不久,总服务台又接到这位“美籍华人”由外面打来的电话,称他的一位老友的儿子要来酒店探望他,由于他因故不能马上赶回,请接待人员将房间钥匙交给这位老友的儿子,以便他在房间等候。不多时,一位青年来到酒店,未遇任何周折便顺利拿到了美籍华人所住房间的钥匙。结果,美籍华人放在房间内的数千美元连同高级密码箱一并丢失。原来,接待人员所接的两个电话都是这个青年人一人所为,他利用接待人员的疏忽,钻了空手,实施了盗窃。

（二）及时发现安全隐患

比如，应注意饮酒过量和吸烟的客人；打扫卫生时注意检查房内的电器、电线和插头等，查看有无短路、漏电、超负荷用电、线头裸露等现象；在客人用餐时，随时注意客人未熄灭的烟头是否掉在烟缸外面。某酒店客房部楼层值班员夜班在岗巡视时，在楼道尽头突然嗅到一股烟味，其中还夹杂着煳味，虽然许多客房内并无异常现象，但他并未放松警惕，继续仔细查找烟煳味的来源。当走到一间客房门口时，烟煳味明显增强，于是他便按门铃、敲门，却均无声响。他立即通知客房部其他人员，并用备用钥匙打开房门，发现住宿的一位欧洲客人仍在呼呼大睡，而他身旁的毛毯、床单、枕头等床上用品大部分引燃，情况十分危险。服务人员一面尽力呼唤摇醒客人，一面和闻讯赶来的客房部、安保部人员一起采取果断措施将火源扑灭。

（三）正确进行服务操作

比如，在日常打扫客房卫生时，要把烟灰缸内没有熄灭的烟头用水浸湿，然后再倒入垃圾筐内，不能将未熄灭的烟头直接倒入垃圾筐内；餐厅服务员在收台布时，注意不要把未熄的烟头卷入台布内。对于电器、酒精点火的设备，同样需要按照规程谨慎操作。

（四）提防可疑分子混入酒店

20 世纪 80 年代以前，酒店是封闭式的，外来无关人员一律不得入内。现在的酒店则是开放性的，敞开大门欢迎客人进入。不可否认的是，犯罪分子很容易混入酒店，服务员必须多个心眼。一个日本观光团下榻于广东韶关市某大酒店。某日晚上，独自外出的观光团成员宫本携一名打扮妖艳的女子来到酒店，后进入宫本的房间，这一切均未引起服务员注意。第二天凌晨，宫本一觉醒来，发现自己价值 75 万日元的劳力士手表和裤袋里的 25 万日元现金不翼而飞。

（五）谨防被不法分子蒙骗

服务员如果没有很强的警惕性，很容易被不法分子蒙骗。多次行窃的两名盗贼来到北京某酒店，在入住 442 房间后，打电话给隔壁的 443 房间。响过片刻却无人接，证明该房间无人。他们随即给宾客服务中心拨通了电话："请给 443 房间送杯茶来。"当服务员端着茶水来到 443 房间门口，正要按门铃时，442 房间的一名盗贼蹑手蹑脚地来到服务员身后，带着歉意说："对不起，我不小心，将门给锁上了。"服务员说："没关系，我帮你开。"接着就用总钥匙打开了房间门。二名盗贼进入 443 房间后大肆盗窃，又一次得手。

酒店经理人对"经理的困惑"的答复：

Re：有人冒充"房客"盗窃怎么办？

邓红华：深圳华侨城洲际大酒店　行政副总经理

Doris Deng　Executive Assistant Manager i/c Rooms

InterContinental Shenzhen

安全管理问题一直都是酒店管理层非常重视的问题,尽管我们的标准操作程序已经很明确的告知我们应该如何预防此类事件发生,但真正操作起来时就难免被不法之徒钻了空子。因此我认为,首先,除了在原有的员工安全知识培训基础上加强力度外,还应经常与客人分享相关案例,包括发生在业内其他酒店的案例。其次,应鼓励员工在安全管理问题上严格按照标准操作程序执行,不要担心得罪客人而放松了警惕,尤其在应对部分客人的无礼、呵斥、甚至是辱骂时都应坚持原则,告知客人这是出于对他的人身以及财物安全考虑,管理方也必须承诺因此而引发的客人投诉不会给员工带来太大的影响。再次,加强客房钥匙程序的妥善管理,尤其是钥匙丢失后的处理程序,鼓励员工及时报告并采取及时有效的补救措施,尽量降低酒店及客人的损失。

Grace Yu:大连香格里拉大酒店　前厅经理

以上案例完全是员工没有接受酒店正规的培训,或是部门管理程序不严谨。作为客房管家面对此类问题首先应冷静配合保安部或公安机关调查,尽快破案,以减少客人损失;其次了解此事为员工个人失误还是部门管理、培训的问题,相信酒店对于给客人开门一定有相关严谨的程序(在任何情况下都必须核对清楚客人身份才可以开门);今后应针对此事加强对员工的培训,加强内部检查管理力度。

即测即评

第十章　客房部人力资源管理

提高服务质量首先要提高员工的素质，包括服务意识的培养、职业道德教育、企业文化的熏陶、管理制度的灌输、专业知识以及技能技巧的培训等。客房部管理人员必须对员工进行多种形式的、长期的、系统的培训。对员工进行培训，不仅是管理人员实现管理目标的重要手段，同时，也是帮助员工获得发展的重要途径，是管理者应尽的义务。客房部管理人员不仅要配合酒店人力资源部做好员工的培训工作，而且要善于发现问题，发现各种培训需求，针对部门中存在的各种服务和管理问题，及时提供各种针对性培训。

除了培训以外，本章还将讲述客房部定员以及员工绩效评估与激励问题。员工激励是客房人力资源管理的重要内容，做好员工激励工作能够提高员工的积极性，发挥员工潜能，改善工作态度，增强工作热情，提高工作数量和工作质量。

本章学习目的：

- 掌握客房部员工定员的方法。
- 了解培训的内容和类型。
- 学会制定培训计划。
- 学会对新员工进行入职指导。

- 掌握培训的方法和艺术，成为合格的培训者。
- 掌握对员工工作进行评估的依据、内容、程序和方法。
- 掌握员工激励的方法。

关键术语：定员　培训　考核　工作评估　激励

Key Terms: Staffing, Training, Routine Checks, Performance Evaluation, Motivation

经理的困惑

——如何管理好"90 后"员工？

现在 90 后的大学生已经开始走入社会，因他们所处年代的不同，所以养成了年轻一代的特性，在我所接触到的 90 后中表现出桀骜不驯、自负等，酒店也即将开启聘用 90 后工作者的时期，作为 60 后或者 70 后、80 后的管理者，我们如何准备和 90 后员工沟通、管理，是我们所头疼的问题。

第一节　客房定员

一、客房定员的概念

客房定员（Staffing）就是在确立客房组织架构的前提下，确定各部门、各岗位工作人员的数量。

客房定员是客房部建立组织机构的重要内容，同时也是影响客房部工作效率、服务质量以及管理费用的重要环节。客房定员不科学，势必导致两个结果：一是机构臃肿，人浮于事，工作效率低，人力资源成本增大；二是职能空缺，员工工作量超负荷，工作压力过大，积极性下降，服务质量下降。因此，客房定员必须科学、合理。

二、工作定额

要进行客房定员，首先要确定各工作岗位的工作定额，国内外酒店的经验表明，客房部主要工作岗位的工作定额如下：

1. 领班（Floor Captain）

一个领班可以有效管理的客房数为：

早班（A.M.Shift）：约 80 间（±5 间）

中班(P.M.Shift):约 160 间(±10 间)

2. 服务员(Floor Attendant)

一个客房服务员可以清洁的房间数为:

早班(A.M.Shift):约 15 间(±3 间)

中班(P.M.Shift):约 60 间(±5 间)

以上工作定额主要是针对星级酒店而言的,一般来说,酒店定员人数与星级成反比。酒店星级越高,服务和卫生标准要求也越高,因此,员工可以有效清洁的客房数也会减少,工作定额也会随之减少,反之亦然。

三、客房定员的方法

客房部的人员配备通常按照岗位设置和班次,分区域进行。

首先,根据客房部的工作范围将各职能区域分开,参见图 1-15:大中型酒店的客房部组织架构图。

其次,确定本工作区域所有岗位或工种设置。

再次,明确各工作岗位的班次划分。

最后,根据工作量和工作定额,计算该班次所需要的人数。计算公式是:

$$岗位定员=\frac{工作量}{工作定额}\div 有效开工率$$

其中,

$$有效开工率=\frac{员工一年中实际可工作天数}{365}\times 100\%$$

$$=\frac{365-周末-固定假日-年假日-病事假}{365}\times 100\%$$

按照组织机构图将以上工作逐一完成之后,就可求出客房部各岗位、各班次所需要的人数。然后将其加总,就可得出整个客房部所需要的人员配备额,即客房定员总数。

经典案例

某酒店有 960 间客房(均折成标准房计)。客房清扫服务员的定额为:早班 15 间,中班 60 间。领班的工作定额为:早班 80 间,中班 160 间。假定酒店年均开房率为 80%,员工每天工作 8 小时,实行每周 5 天工作制,且每年除可享受法定节、假日 11 天("清明节"1 天,"端午节"1 天,"五一"1 天,"中秋节"1 天,"十一"3 天,元旦 1 天,春节 3 天)以外,还可享受年假 5 天。另外,估计每位员工一年中可能有 5 天病事假。试问,该酒店客房楼层服务员和领班的定员总数应为多少?

解:根据题意可知

员工年实际工作天数=365-周末-固定假日-年假日-病事假

$$=365-365\div7\times2-11-5-5$$
$$=240(\text{天})$$

因此，有效开工率 $=\frac{240}{365}\times100\%\approx66\%$

（一）服务员人数

1. 早班清扫服务员 $=\frac{\text{工作量}}{\text{工作定额}}\div\text{有效开工率}$

$$=\frac{960\times80\%}{15}\div0.66$$
$$=78(\text{人})$$

2. 中班清扫服务员 $=\frac{\text{工作量}}{\text{工作定额}}\div\text{有效开工率}$

$$=\frac{960\times80\%}{60}\div0.66$$
$$=19(\text{人})$$

所需服务员总数：78+19=97（人）

（二）领班人数

1. 早班领班 $=\frac{\text{工作量}}{\text{工作定额}}\div\text{有效开工率}$

$$=\frac{960\times80\%}{80}\div0.66$$
$$=15(\text{人})$$

2. 中班领班 $=\frac{\text{工作量}}{\text{工作定额}}\div\text{有效开工率}$

$$=\frac{960\times80\%}{160}\div0.66$$
$$=7(\text{人})$$

需领班总数：15+7=22（人）

因此，该酒店客房部共需楼层服务员97人，领班22人。

需要说明的是，本例中计算“有效开工率”的各项假设条件是比较符合中国国情及国内酒店的实际情况的，因而，所计算的有效开工率值，即“0.66”具有广泛的参考价值，各酒店在定员时，可以直接使用这一参数。

四、采用灵活的客房定员方法

需要指出的是，上述定员方法仅供客房管理人员参考，实际定员时，还应考虑各酒店楼层的结构、劳动力市场的供求状况等客观情况。如果劳动力供给状况良好，那么在制定编制时，不妨稍紧一些，以免造成人力资源的浪费以及在开房率较低时造成窝工而影响工作气氛,因为在旺季时,可以征招一些季节性的临时工来缓解一下矛盾。反之,则要将编制做得充分些,以免影响正常的接待服务工作,造成服务质量的下降。

经典案例

客房服务的社会化:上海的尝试

近两年,上海一些高星级酒店开始采用社会化的劳务,尤其是一些国际品牌酒店,如四季、威士汀等。

这些酒店的做法是:在酒店内部某些使用简单劳动的部门,按照最低限度的劳务需求测算社会化劳务的起用线(如威士汀是按出租率60%时清扫客房所需的劳务来测算);起用线内的劳务需求折算成员工职数,配置正式员工;起用线以上超出部分向社会采购。与之相适应,社会上出现了几家酒店劳务的服务公司(如客房清洁公司、宴会服务公司等)。作为酒店劳务的承包商或者说酒店劳务产品的供应商,它们招聘、培训和管理劳务人员,负责劳务人员的工资和保险。在酒店需要的时候使用这些人员承包酒店的劳务,并根据不同劳务的特点按照或长或短的时段与酒店结算费用(如公共区域的清扫是按月结,客房清扫是按天结)。每家公司都与多家酒店签订合同。根据签约酒店的需求预报来决定劳务人员在酒店之间的调配或确定招聘与训练新劳务人员的计划。

一、积极作用

从实施的情况看,劳务的社会化使用使酒店的人力资源管理显得更有效率。主要表现在三个方面:

1. 社会化劳务的使用直接减少了酒店的人力资源成本开支

以某家饭店为例,养一个客房服务员,基本工资1 500元,加上50%的各类保险、年终双月奖和其他福利,每人每年要近5万元,如果分摊上广告费、面试费、体检费等招聘管理费就更多。使用社会化劳务后,不但省去了招聘管理费,支付给劳务公司的费用平均下来只相当于原来的70%多,节省的幅度为20%-30%。如果员工的基本工资更高(1 800元),节省的幅度也更大,达到1/3。

2. 社会化劳务人员比较稳定,避免了人员频繁流动对员工情绪的负面影响

劳务公司提供的劳务人员一般固定到人,情绪也比较稳定,不存在跳槽的问题。即使有人员变动,也是劳务公司的内部调配所致,与酒店无关,有利于酒店稳定自己的员工队伍。

3. 高素质复杂人才的薪酬变得较有吸引力

成功使用社会化劳务的酒店节省了简单劳动的成本,有可能将较多的资金用于激励高素质骨干人才,提高了酒店的吸引力和凝聚力。从实际情况看,上述酒店的中、高层人员相对比较稳定,人才流动保持着顺差。

二、需注意的问题

酒店劳务社会化的前提是酒店业比较发达或者酒店存在一定程度的集聚,而这是与所在地经济发展到一定阶段相联系的;酒店劳务社会化也不可能靠单个酒店的活动来实现,而是有赖于社会上的酒店群体与劳务产品供应商的协作互动。这样的前提和条件并不是所有

地方都具备的。因而我们这里介绍酒店劳务社会化只是给具备条件的地区和酒店提供一条思路。酒店是否采取劳务社会化的方法来改进用工形式、用工结构和人力资源管理，则应从实际出发，视具体情况而定。

1. 专业的酒店劳务供应商是实现酒店劳务社会化的关键

酒店劳务供应商应该具备三个条件：一是专业化，如上海客房清扫承包商某清洁公司的经营者都是从原华亭喜来登出来的。只有熟悉酒店相关部门的业务和流程，才能有效承接和组织实施酒店业务；二是规模化。一家公司只有同时经营多家酒店的业务，才能从营运和管理中产生效益，降低成本；三是角色化。劳务供应商在劳务社会化使用的关系中是酒店所需劳务产品的供应商，而不是酒店所需劳动的中介商。这一点至关重要。劳务供应商只有坚持这个角色才能继续发展业务。否则转变为劳动力中介商，劳务社会化的关系就不复存在了。

2. 对社会化劳务的使用要把握好“度”

劳务社会化可以在一定程度上降低人力成本，但并不是酒店中所有的劳动力都可以用社会化劳务来替代；此外，从质量保险系数看，社会化劳务似乎要略逊于酒店自有员工。因此，在决定使用社会化劳务的时候，应从全面出发，既要考虑带约成本的因素，又要根据人力资源储备；质量监控要求等具体情况把握好使用的范围和程度。

以威士汀饭店客房部安排使用社会化劳务为例：考虑到社会化劳务的熟练程度略逊于本店员工，同时考虑到在需要打扫的客房中，留住的房间状况复杂，客人可能随时在房间出现，一旦有差错难以弥补，而结账退出的房间清理比较简单，后面的新客不会马上入住，做完后发现有缺陷还可弥补。酒店决定：客人留住的房间由员工打扫，当天结账退出的房间由社会化劳务来做。

3. 对社会化劳务的培训应恰当分责

由于酒店之间存在差异，对劳务产品的要求也不尽相同，劳务供应商难以按不同酒店的不同具体要求分别对劳务人员进行不同的培训。因此，酒店有必要进行补训。但是酒店要与供应商双方就各自负责培训的内容作明确界定。否则，酒店承担的培训内容过多，起不到使用社会化劳务降低人力成本的作用；承担的培训内容过少，劳务产品又不能符合自己的要求。在实践中，上述酒店是这样与对方分责的：劳务产品的供应商负责有关酒店业务的基本培训；酒店方则根据自己需要的内容进行入店培训或岗前培训。双方各司其职，便可避免培训交叉或培训不到位的现象。

第二节 客房员工的素质要求与工作准则

经典案例

一天晚上，住在某酒店的一位美国老太太觉得房间内温度太低，有些冷，就叫来客房服务员，希望能给她加一条“Blanket”(毛毯)。

“OK,OK!”服务员连声说。

过了一会儿,这位服务员拿了一瓶法国“白兰地”(Brandy)进房来。客人一见,哭笑不得,只好说:

“OK,‘白兰地’能解决我一时的温暖问题,可不能解决我一晚上的温暖问题啊!”

……

一、客房员工的素质要求

因为工作性质所定,客房部员工需具备以下素质,在客房部员工招聘和培训时,应加以考察和培养:

1. 身体健康,没有腰部疾病

客房部的工作大都属于体力活,因此,员工必须具有健康的体魄,无论是站立值台服务还是弯腰搞卫生,都要求服务员不能有腰部疾病。

2. 不怕脏,不怕累,能吃苦耐劳

客房部的工作主要是清洁卫生工作,包括客房卫生、公共卫生以及洗衣房客衣、布草的洗涤等,因此,要求在客房部工作的员工必须具有不怕脏,不怕累,能吃苦耐劳的精神。

3. 有较强的卫生意识和服务意识

如前所述,客房部的工作主要是搞清洁卫生,要做好这项工作,服务员必须具有强烈的卫生意识和服务意识。否则,就不可能做好客房部的工作。

4. 有良好的职业道德和思想品质

因工作需要,客房部服务员,特别是楼层服务员每天都要进出客房,因而,有机会接触客人的行李物品,特别是贵重物品和钱物等,因此,客房部服务员必须具有良好的职业道德和思想品质,以免发生利用工作之便偷盗客人钱物等事件。

5. 掌握基本的设施设备维修保养知识

酒店客房内有很多设施设备,如各种灯具、空调、电视、音响、窗帘、地毯、写字台等,这些设施设备的维修通常由酒店的工程人员负责,但对其保养则由客房部负责,客房服务员要利用每天进房搞卫生的机会,做好对这些设施设备的保养工作。另外,一些小项目的“维修”,诸如换灯泡、插电源插座、换保险丝等,也应该由客房部负责,因此,客房部服务员必须有基本的设施设备的维修常识。

6. 有一定的外语水平,能够用英语接待客人,为客人提供服务

有人认为,酒店的前台员工需要学英语,餐厅员工需要学英语,而客房员工不必要学英语。其实不然,客房部的员工有时也需要面对面为客人提供服务,因此,作为涉外星级饭店的客房服务员,也必须有一定的外语水平,能够用英语为客人提供服务,否则,不仅会影响服务质量,还可能闹出很多笑话,本节开头所引述案例很好地说明了这一问题。

二、客房员工的工作准则

除具备以上素质以外,客房管理人员还要教育和提醒客房服务员在工作中注意以下事项:

(1) 上下班及工作时,只能乘员工专用电梯,不得乘客用电梯。

(2) 注意服务的礼貌、礼节,遇客要微笑致意。客房管理人员要使服务员意识到服务的礼貌、礼节是客房服务质量的重要组成部分,为客人提供礼貌的服务属于自己的本职工作,是分内之事。

(3) 接听电话时,先通报“Housekeeping, Can I help you?”(这里是客房服务,可以帮您吗?)。与客人通话时,要注意措辞、语气。如有要事,应适当记录,并复述一遍。

(4) 因工作需要进入客房时,必须先敲门,得到许可后方可进入。敲门时,还应通报自己是客房服务员“Housekeeping”,如果三次以后仍没有回答,方可用钥匙轻轻地打开房门。

(5) 退出房间时,要站在门边向客人微笑点头致意,出房后轻轻把门关上。

(6) 尊重客人的隐私权(Privacy)。与客人私生活有关的事情(包括客人的姓名),不得向外人透露,尤其是不能泄露各界要人等易于成为评论对象的客人的秘密。另外,不得随意打听客人的年龄、职务、工资等私事,也不要轻易询问宾客所带物品,如服装及金银饰品的价格、产地等,以免引起误会。

(7) 要与客人保持应有的距离,不可过分随便。不得与客人开过分的玩笑,打逗,不要表示过分亲热,严格掌握好分寸,尤其是对于常住客人,绝不能因为熟悉而过分亲热、随便。

(8) 在客房内,即使客人让坐也不能坐下。

(9) 应保持楼层的绝对安静。不可在楼层或其他工作场所大声喧哗,聚众开玩笑,哼歌曲。应客人招呼时不要高声回答,如距离较远,可点头或打手势示意领会意思;如逢宾客开会、座谈、会见时须接听电话,应到客人身边轻声呼叫或请其出场,伸手指示电话所在处。

(10) 在岗位工作时,不准吃口香糖,也不允许因工作劳累而靠墙休息。

(11) 注意保管好客房钥匙。客房钥匙要随身携带,切勿随处摆放,领取或交钥匙时,要做好交接记录。

(12) 不能随便接受客人的礼品。假如收到客人礼品,而又无法拒绝,必须附有客人留言来证明是客人送的,客人礼品留言要有他的姓名和房间号码。

(13) 掌握说“不”的艺术。在客房服务工作中,很多情况下,需要对客人说“NO”,但客房服务员不能简单地对客人说“NO”,生硬地将客人回绝,而应根据实际情况,用委婉的语言进行表达,必要时,要向客人解释,取得客人的谅解。

(14) 在工作中不能失态。要有涵养,有耐心,善于控制自己,决不能随客人情绪的波动而波动,不能与客人争吵。

资料

员工应树立的12种观念

一、服从

饭店是半军事化管理的组织结构体系,层层负责、逐级管理。管理人员和服务人员必须以服务为天职,以工作指令为行动准绳。服从观念的树立是做好饭店服务工作,以及优秀服务人员应具备的首要条件。

二、纪律

饭店服务人员要有严谨踏实的工作作风，同时更需要树立严格且严肃的组织纪律观念。饭店企业像一部大型机器，要保证其正常运转，生产优质、合格的产品，就要树立强烈的遵章守纪观念，以严格的劳动纪律、规章制度、奖罚条例来约束行为。

三、自律

饭店服务人员还应具备高度的自律观念，在日常员工服务工作中，做到自觉、自愿、自律地做好服务工作、守纪工作。做到管理人员在场和不在场一个样，服务质量、工作质量督导和不督导一个样，检查与不检查一个样。服务人员的自律行为，主要表现在以下方面：行为规范的自律，仪容仪表的自律、言谈举止的自律、工作及生活小节的自律，工作质量、劳动纪律的自律。

四、礼貌

作为饭店行业的从业人员，礼貌是其待人接物、文化素养、行为规范、服务优劣、管理水平高低的一面镜子。服务人员见到客人微笑、问好、谦让、彬彬有礼，客人会感到有回家的温馨感。礼貌是一个服务人员是否合格和职业水准高低的体现。

五、技能

饭店工作看似简单，但要做好、成为一名优秀服务人员，还必须练就一身过硬的本领，熟悉自己的工作职责、工作程序、优质服务标准。良好的职业技能是给客人提供优质服务、高效服务、周到服务的基础。

六、团队

饭店企业是一个需要各部门相互配合、协调，讲究群体合作、部门协作的现代企业，虽然各部分工不同，每个员工的职责不同、岗位不同、任务不同，但饭店企业有两大核心任务是要全体员工从上到下、从内到外齐心协力才能够完成的。一是营造100%的顾客满意度和优质服务；二是创造良好的经济效益和社会效益。所以，饭店中每个员工树立高度的团队观念、集体观念、协作配合观念是十分重要和必要的一项工作。

七、吃苦

饭店许多部门（如前厅部、客房部）的工作是十分辛苦的，所以优秀员工要树立吃苦的观念。

八、学习

文化知识是21世纪饭店核心竞争的基础，作为一名新世纪的饭店员工，必须树立强烈的学习观念，唯有学习、学习、再学习，提高、提高、再提高，才能做好本职工作，提高业务技能和服务水准。

九、诚信

诚信是饭店企业长远发展的根本，也是服务人员能赢得宾客尊敬，建立友好客户关系，培养忠诚客源的基础。作为一名服务人员应自觉树立良好的诚信观念。对客的承诺一定要守信，给客人代办的服务一定要认真、可靠，给客人提供的服务一定要准确、及时。

十、节约

饭店服务人员一定要注意节约一滴水、一度电、一方气、一张纸，努力把自己培养成懂得环保、节能、节约，设备设施维护保养的新型饭店服务人才。

十一、创新

创新是企业发展的灵魂。饭店服务人员除了扎实地掌握好服务的规范化、标准化以外，还要因人、因时、因地地做好个性化服务、特殊服务、超值服务。在工作中创新意识不能死搬教条和书本知识,创新是延伸服务和发展服务的生命。

十二、安全

没有安全就没有饭店业,安全是饭店服务与管理工作的生命线,是饭店企业最大的效益。饭店的服务人员要做好日常工作中的“防火、防盗、防抢劫、防食物中毒、防诈骗、防工程设备事故、防客人意外受伤、防个人工伤”等项工作。

第三节 先进的服务理念和服务意识

丽思卡尔顿酒店集团区域副总裁兼上海浦东丽思卡尔顿酒店总经理 Raniner J.Burkle 先生在谈到丽思卡尔顿酒店员工的服务意识时说道:“我常跟员工们分享的一个小故事:当有顾客推门进入酒店的瞬间,这个时候刚好我们酒店的工程人员爬上一个梯子准备换灯泡,而恰在此时门童因故不在。那么请问,这个工程人员是马上放下手中的工作,去接待进门的顾客,还是继续自己手头换灯泡的工作?我们想通过这个小故事教导员工,在此类情况下,我们首要任务是要照顾好我们的客人,换灯泡这些工作可以等服务完客人之后再进行……”

由此可见,要为客人提供优质的服务,酒店员工必须树立先进的服务理念,具有良好的服务意识。

一、先进的酒店服务理念

客房员工要树立以下先进的酒店服务理念。

(一)我们是为绅士和淑女们提供服务的“绅士和淑女”

We are ladies and gentlemen serving “ladies and gentlemen.”(我们是为绅士和淑女们提供服务的“绅士和淑女”),这是世界顶级酒店品牌——丽思卡尔顿酒店集团公司的座右铭,也是很多国际酒店管理公司所倡导的服务理念。树立这样的服务理念,不仅可以提升员工的地位和工作自豪感,无形中约束自己的言行举止,提高服务质量,还会使酒店客人得到更高层次的尊重。

(二)“客人总是对的”

在酒店业乃至整个服务业流传着一句格言:客人总是对的。这句话对服务业产生了巨大的影响,对服务质量的提高起到了不可估量的促进作用。但在酒店中,下至普通服务员,上至总经理,很多人并不真正理解这句话:难道客人偷东西也是对的?客人打人也是对的?客人逃账也是对的?对这句话,如果管理人员不理解,就无法说服服务员;服务员不理解,就无法以此指导自己的工作,于是便出现了与客人论“是”与“非”,争“对”与“错”,甚至打架的现象。

那么,应该如何理解“客人总是对的”这句话呢?

1.“客人总是对的”强调的是一种无条件为客人服务的思想

“客人总是对的”这句话是由被誉为“酒店管理之父”的斯坦特勒(Ellsworth Milton Statler)

先生首先提出来的，而后得到酒店业同行乃至旅游业和整个服务业的普遍认可。用它来指导服务工作，强调的是一种无条件地、全心全意为客人服务的思想，而不能教条地理解，否则，便会出现类似“客人偷东西也是对的？客人打人也是对的？客人逃账也是对的？”这样的问题。

2. “客人总是对的”是指一般情况下，客人总是对的，无理取闹者很少

客人离家在外，一般不愿惹是生非，找不愉快，一旦客人提意见，或前来投诉，就说明我们的服务或管理出了故障，重要的是赶快帮客人解决，而非争论孰对孰错。

3. “客人总是对的”，因为客人就是我们的“衣食父母”

必须承认，在服务业中，员工与客人之间，虽然在人格上是平等的，但在地位上是不平等的。对于包括酒店在内的任何企业来讲，其生产经营活动都是围绕顾客进行的，顾客是否满意，决定了企业能否生存和发展。企业的利润，乃至员工的工资都来自顾客的腰包，因此，顾客就是企业的衣食父母。

然而，“客人总是对的”并不意味着“员工总是错的”，而是要求员工“把对让给客人”。为此，要求员工必须宽宏大量，有时甚至要忍气吞声，无条件尊重客人，不要与客人争论“对与错”的问题。比如，在餐厅，常常有客人投诉某个菜做得不好，“不正宗”。其实，客观地讲，这道菜恰好可能是该酒店著名特级厨师做得最好、最正宗的菜，只是客人不懂或不合客人的口味而已。但无论是厨师本人，还是餐厅服务员或是餐厅经理都不能（也不必）与客人争论这道菜到底是否“正宗”，你所要做的就是尽快为客人换一盘菜，或按客人的要求重新烹调。正如一位餐厅经理所言：“在餐厅，客人‘指鹿为马’，你就‘认鹿为马’！”。

另外，“客人总是对的”还意味着管理人员必须尊重员工，理解员工。既然，“客人总是对的”并不意味着“员工总是错的”，而是要求员工“把对让给客人”，那么，管理人员就必须尊重员工，理解员工，为员工理气。否则，将会极大地挫伤员工对客服务的积极性，也无法使员工为客人提供真诚的微笑服务。

总之，能否正确理解“客人总是对的”这句话，对于搞好酒店经营管理和对客服务工作具有重要意义，是改善服务质量，提高管理水平的重要前提之一。只有正确理解了“客人总是对的”，服务员才能全心全意为客人服务，管理人员才能灵活、妥善地处理各种有关客人和员工的问题。

二、良好的服务意识

很多酒店服务质量差，在很大程度上就是由于员工素质差，缺乏服务意识造成的。因此，要提高服务质量，必须首先培养员工的服务意识。

服务的英文是“SERVICE”。其中的“S”、“E”、“R”、“V”、“I”、“C”、“E”，可以分别理解为英文的“Smile”（微笑）、“Efficiency”（效率）、“Receptiveness”（诚恳）、“Vitality”（活力）、“Interest”（兴趣）、“Courtesy”（礼貌）和“Equality”（平等），参见表 10-1。

表 10-1 “SERVICE”（服务）的含义

S	Smile	微笑
E	Efficiency	效率
R	Receptiveness	诚恳

续表

V	Vitality	活力
I	Interest	兴趣
C	Courtesy	礼貌
E	Equality	平等

为了便于记忆，香港半岛酒店管理集团将其编成一段顺口溜，对员工进行培训，取得了良好的效果。

服　务

微笑服务效率高，
诚恳接待精神好；
敬业乐业有干劲，
一视同仁齐高兴。

因此，要求员工具有服务意识，就是要求员工在“客人总是对的”“客人就是我们的衣食父母”的理念指导下，无条件的、全心全意地为客人提供主动、热情、周到、耐心、细致、礼貌的服务。

（1）主动。就是要求服务员对客人的服务要积极、主动，见到客人要主动打招呼，主动问候；想客人之所想，急客人之所急，甚至想客人之未想。客人想到的早已想到，客人还没有考虑到的，服务人员也替他考虑到，做到在客人未提出服务要求之前就服务到位。丽思卡尔顿酒店提出的优质服务三步骤中，第二条就是：“提前预见每位客人的需求并积极满足”，要求每位员工能够“敏锐察觉客人明示和内心的愿望及需求，并迅速做出反应”。

经典案例

对不起，我把您的电脑键盘擦洗并消毒了

2017 年 10 月 18 日，本书作者在广州从化碧水湾度假村参加第九次“碧水湾现象研讨会”，讲完课回到房间，发现写字台上放着这张来自服务员的留言卡（参见图 10-1），虽然字体稚嫩，但服务员的用心服务却深深地感动了刘教授……

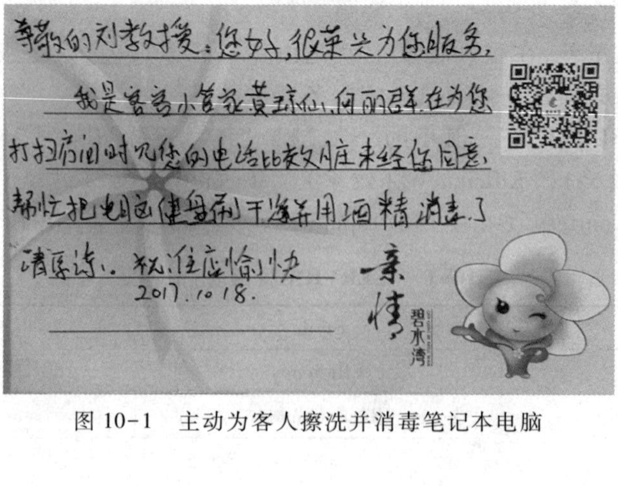

图 10-1　主动为客人擦洗并消毒笔记本电脑

（2）热情。就是服务要发自内心，要真心诚意，面带笑容，并注意礼貌用语。

（3）周到。就是全面、体贴，要能够满足客人的一切合理要求，并力图把工作做到前面。

（4）耐心。即不厌其烦，要求服务人员在服务过程中要善于控制自己的情绪，站在客人的角度，理解客人，主动为客人解答各种疑问。

（5）细致。就是要求服务工作一丝不苟，尽善尽美。

（6）礼貌。要求服务员把为客人提供热情、礼貌的服务，当作自己工作的一部分和自己应尽的职责。服务工作必须热情礼貌，否则，就是半成品，而不是完整的服务产品。有些客房服务员错误地认为，自己的工作是清扫和整理客房，而不是为客人提供服务，所以，见到客人不理不睬，缺乏基本的礼貌礼节，这是缺乏服务意识的表现。

总之，服务意识是指能够正确把握服务工作的内涵，时刻准备为客人提供主动、热情、周到、耐心、细致的服务的一系列思想和行为方式。有服务意识的酒店员工一进入工作状态，便能自然地产生一种强烈的为客人提供优质服务的欲望，并能主动为客人提供各种恰到好处的服务。就房务部员工而言，每当踏入工作区域的时候，就像走上了舞台，客人是主角，而自己则是配角，时刻关注客人的需求，以满足客人的需要为自己神圣的职责和最大的快乐。

第四节　客房部员工培训

培训首先要选对人，也就是要“聘用态度好的员工，给予技术的培训”，这样培训才是有意义的，否则就极有可能是“对牛弹琴”。一个视酒店服务为“低三下四伺候人的工作”的人，你再和他讲“我们是绅士和淑女，我们为绅士和淑女服务”，都是白费劲。

我们不能培训员工微笑，我们只是找到会微笑的人（We cannot train the people to smile, we just find the people who can smile.）

——迪士尼人力资源总监

一、培训的意义与原则

（一）培训的重要性

一个新员工的入职培训，应该花三天还是十天？在丽思卡尔顿酒店，这个过程是 21 天，他们有一个特定的称谓，叫“D21”。在最初的几天，都是培训酒店的服务哲学——服务黄金准则，以及如何成为“为绅士和女士服务的绅士和淑女”。不过，“D21”并非全部，一位新员工在丽思卡尔顿工作的第一年，通常接受的培训不会少于 250 个小时。

要想让员工的工作达到既定的规格水准，严格的培训是一种必需而有效的手段。培训的意义表现在以下几个方面：

1. 能够提高员工的个人素质

培训是员工获得发展的重要途径，通过培训，可以使员工增强服务意识，提高外语水平，获得专业知识，掌握服务技能和技巧，从而使员工的个人素质得到全面提高。

2. 提高服务质量，减少出错率

酒店员工，尤其是新员工，在工作中经常出错，这就是缺乏培训的表现。没人告诉员工该怎么做？服务质量的标准是什么？遇到一些特殊情况应该怎样处理？因而“错误”百出，客人投诉不断。

3. 提高工作效率

培训中所讲授或示范的工作方法和要领，都是经过多次的实践总结出来的，通过培训，掌握服务的技能技巧和科学的工作程序，不但能够提高服务质量，还可以节省时间和体力，提高工作效率，起到事半功倍的作用。

4. 降低营业成本

员工掌握正确的工作方法，能够减少用品的浪费，降低物件磨损，从而降低营业费用和成本支出。

5. 提供安全保障

培训可以提高员工的安全意识，掌握正确的操作方法，从而减少各种工伤等安全事故。

6. 减少管理人员的工作量

如果员工素质低下，工作中将不断出错，管理人员将被迫“四处灭火”，永无宁日。通过培训，将使员工素质得以提高，使房务部的工作有条不紊地进行，从而可以大大减少管理人员的工作量，也使管理者的管理工作变得轻松、愉快。

7. 改善人际关系

通过培训，使员工和管理层之间能够相互了解，建立起良好的人际关系。

8. 使酒店管理工作走向正规化

一家酒店设不设培训部，或一个部门是否组织培训工作，在很大程度上反映了该酒店或部门的管理工作是否正规。通过培训，可以使房务部的工作走向正规化、规范化，也可以增强房务部员工的服务质量意识。

值得说明的是，培训的作用是潜移默化的，它对员工和酒店的影响是长期的，可谓“润物细无声”，那种鼠目寸光，急功近利，要求培训取得立竿见影的效果的思想是不对的，也是不现实的。对此，房务部管理人员应该有个清醒的认识。

（二） 培训的原则

培训工作应坚持以下原则：

1. 长期性

酒店业员工的流动性比较大，再加上酒店业也是在不断发展的，客人对酒店的要求也越来越高，科学技术在酒店的应用也层出不穷，因此，对员工的培训不是一朝一夕的事，必须长期坚持。

2. 系统性

培训工作的系统性表现在以下几个方面：

（1）培训组织的系统性。对员工的培训，不仅是人事培训部的事，也是各个部门的重要工作。系统思想就是根据酒店的管理目标，把酒店的统一培训和部门自行培训结合起来，形成一个相互联系，相互促进的培训网络。部门培训与酒店人事培训部培训的内容和侧重点有所不同，房务部应该加强与酒店培训部的沟通、合作与协调。

（2）培训参加者的全员性。客房部员工，下至服务员，上至部门经理都必须参加培训，避免出现服务员经过培训而部门经理却是个“门外汉”，结果造成“外行管内行”的混乱局面。

（3）培训内容的系统性。每次培训活动应该是酒店及部门长、中、短期整体培训计划的一个组成部分，培训的内容应该与前一次及下次培训的内容相互衔接，避免培训工作的盲目性、随意性，以及培训内容上的相互冲突和不必要的重复。因此，客房管理人员应该建立培训档案，做好培训记录。

3. 层次性

虽然客房部所有员工都必须参加培训，但由于岗位不同、级别不同、工作内容和要求不同，因此，培训工作要分层次进行。比如，服务员培训，督导人员培训，经理培训等，以便取得良好的培训效果。

4. 实效性

培训工作是提高员工素质和服务质量的重要保障，酒店为此需要投入可观的人力、物力、财力，因此，培训工作不能走形式，必须注重培训效果，客房部管理者必须认真组织，严格训练，严格考核。对于考核不合格的员工不允许上岗，不达要求决不放行。培训的内容要针对部门服务和管理中存在的问题和薄弱环节加以确定，达到缺啥补啥的目的。

5. 科学性

要按照制定的岗位责任书的内容，利用科学的方法、手段进行培训，不能图省事，采取“师傅带徒弟”的简单、陈旧的方式。

二、培训的内容与类型

（一）培训的内容

客房部员工的培训通常包括以下内容：

（1）酒店及部门规章制度；

（2）服务意识；

（3）职业道德；

（4）仪表仪容与礼貌礼节；

（5）服务程序、规范与技能技巧；

（6）英语；

（7）安全知识；

（8）管理人员的管理技能。

链接

日本服务员的表情训练

在日本，各宾馆、饭店招收服务员，都要对其进行专业训练。其中一个比较重要的训练项目，是表情训练。

表情训练分两类:微笑和鞠躬。微笑就是让服务员在接待顾客时面带微笑。它要求笑得甜美、自然、大方,绝不能皮笑肉不笑。训练方法是,负责训练的经理讲述各种顾客的心理,让受训的服务员观察各种明星彩照,然后成对练或自己对着镜子练,最后举行一次小小的微笑游行,由经理带队,专门到闹市、公园等公众聚集地区向群众微笑致意。

鞠躬练习的要求是:头部和上身自然,标准鞠躬,弯度有15度、30度、45度三种,超过度数,都不合要求。过去训练鞠躬,是由教练人员用肉眼来衡量标准。现在是用一种特别的鞠躬器来衡量。鞠躬器形似体重器,上端装有度盘和指针,指针随着人的鞠躬向下转动,表明弯曲度数。鞠躬器还附有一个红外线设施,使教练员通过荧光屏能看到训练情况。受训人员如此反复练习,直到能达到一次鞠躬即合标准度数的要求为止。

(二) 培训的类型

1. 岗前培训

岗前培训包括对新员工的入职指导(Job Orientation)和岗位工作所需要的操作程序、服务规范以及基本的服务技能技巧的训练。酒店必须贯彻“先培训,后上岗”的原则。

2. 日常训练

即针对工作中发现的问题随时进行培训。它可以在不影响日常工作的情况下,穿插进行一些个别指导,也可利用各种机会对一定范围内的员工进行指导。其目的在于逐步强化员工良好的工作习惯,提高其工作水准,使部门工作趋向规范化和协调化。酒店的日常训练是一项长期的、无止境的工作,班前班后的会议、部门例会和工作检查等都应与此联系起来。

3. 离岗培训

对于上岗后,在业务、技术、职业道德等方面不称职的员工,应要求离岗培训,经严格考核合格后方能上岗。对于经两次离岗培训后,考核仍达不到要求的,则应考虑调离其岗位。

4. 专题培训

专题培训是对员工就某个专项课题进行的培训。随着工作要求的逐步提高,有必要对员工进行有计划的单项训练,以扩大员工的知识面,进一步提高员工的专业素质。

专题培训的方式和内容可以是灵活多样的,包括:

(1) 业务竞赛。涉及的内容可以是知识性的,也可以是操作性的。业务竞赛是激发员工自觉学习、训练和交流的好方法。

(2) 专题讲座。可根据工作需要,选一个主题(如:接听电话的技巧、处理客人投诉的方法、督导人员管理技巧等),由本部门员工或聘请其他专业人员来讲授或示范。

(3) 系列教程。如通过举办初、中、高级英语学习班,来满足不同员工学习英语的需求,提高员工的外语水平。

5. 管理培训(Management Trainee)

又称为“晋升培训”或“发展培训”。是一种针对有潜力的服务员和管理人员在晋升高一级的管理职位之前所设计的培训项目。以便使其能够有机会了解其他部门或岗位的工作内容、性质、特点,掌握必要的管理技能、技巧,以适应未来管理工作的需要。因此,管理培训实际上是员工在晋升前的热身运动。

三、新员工的入职指导

对新员工的入职指导(Job Orientation)是新员工岗前培训的重要组成部分。

新员工在刚步入单位或岗位时,总会有一种紧张和焦躁不安的感觉。因为对他而言,新单位在很多地方是个充满未知数的“黑箱”:这家酒店有发展前途吗?酒店的福利待遇如何?经理和督导人员很凶吗?我的工作职责是什么?我能和其他员工友好相处吗……。这种感觉必定会影响到新员工对付新工作的能力,妨碍他有效地投入工作,尤其是不能和周围的同事、管理人员、甚至顾客打成一片。在这种情况下,对工作很难具有信心,而没有信心是不大可能把工作干得出色的。此时,管理人员的职责就是向新员工表示欢迎,帮助他们了解酒店、所在的部门、工作岗位及所要从事的工作,使他们消除疑虑,树立信心。

新员工的入职指导通常包括两方面的内容:即酒店介绍(General Property Orientation)和具体工作指导(Specific Job Orientation)。

(一) 酒店介绍(General Property Orientation)

“酒店介绍”帮助新员工了解整个酒店的管理机构,并为树立酒店的价值观和经营哲学打下良好的基础。同时,它也帮助新员工了解他所从事的工作对整个酒店的重要性,使员工热爱自己的工作。这部分工作是由酒店人力资源部组织实施的,他们会召集一次新员工会议。通常包括如下内容:

- 酒店总经理(或副总经理)致欢迎辞;
- 有关部门经理致欢迎辞;
- 播放有关酒店的录像或幻灯,发放有关酒店管理哲学的资料。帮助员工了解他们所扮演的角色对实现酒店管理任务和目标的重要性;
- 发放员工手册和其他有关资料;
- 讲述酒店有关方针政策和规章制度;
- 讨论酒店工作的好处;
- 讨论客人与员工的关系;
- 填写有关个人表格;
- 参观酒店。

除上述内容以外,入职指导中的“酒店介绍”还包括对酒店价值观、管理理念和管理哲学等方面内容的培训。例如,法国雅高集团在对新员工进行入职指导与培训时,就向他们灌输“Getting Pleasure by Giving Pleasure”(要自己快乐,首先要让别人快乐)的服务理念和管理哲学。并告诉员工,体现热情待客需要五个步骤:欢迎他们、称呼他们的名字、照顾他们的需要、感谢他们,最后请他们再次光临。另外,热情待客需要:smile(微笑)、ear(耳朵)、calm(镇静)、recognition(认知)、enthusiasm(热情)、tolerance(容忍)、service(服务),每个单词的首个字母合起来就是“SECRETS”。

(二) 具体工作指导(Specific Job Orientation)

具体工作指导是由员工所在部门的督导人员执行的。作为客房督导人员,应该认真做好具体工作指导的准备工作,为新员工提供充分的资料和信息,使他们对自己的工作充满信心,并让他们知道,您欢迎他们加入您所在的班组或部门。

具体工作指导的内容通常包括:

- 与新员工讨论员工手册的有关内容(包括奖励制度,酒店政策,工作程序以及何时休息?何时拿到工资单?当班时应该穿什么样的衣服等);
- 让新员工了解他在酒店及客房部组织机构中扮演的角色;
- 向新员工发放一本有关他所从事工作的"工作说明书"(Job description),并与他一起讨论有关内容;
- 强调新员工将要从事的工作对整个酒店的重要性;
- 讨论新员工将要接受的培训;
- 向新员工发放"工作评估表"(Performance Evaluation Form);
- 向新员工介绍酒店晋升机会(举在酒店内得到晋升的成功者的例子);
- 带领新员工参观本部门(切记,在新员工参观的前一天,要通知老员工新员工何时将开始上班。在参观过程中,要向新员工介绍所有工作区和即将与他们一起工作的员工)。

为了重视对新员工的入职指导,使这项工作走向规范化,客房部管理人员或酒店可以设计一种"新员工入职指导检查表"(New Employee Orientation Checklist),发放给每一位新员工和负责进行入职指导的管理人员,以便确保完成所有入职指导是活动(指导结束后,新员工和指导者都必须在表上签字),参见表 10-2。

表 10-2 New Employee Orientation Checklist

新员工入职指导检查表

New Employee Orientation Checklist

新员工入职指导检查表

Name of Employee________ 新员工姓名	Position________ 工作岗位
Department________ 部门	Supervisor________ 督导

请在表中方框内打"√",并在方框右边的短线上注明完成日期

PART Ⅰ:Introduction 介绍	**PART Ⅱ:Discussion of daily procedures 讨论日常工作程序**
□________Welcome to new position (give your name, find out what name the employee prefers to be called, etc.) 欢迎到新的工作岗位(做自我介绍;问新员工如何称呼?)	□________Beginning/ending of work shift 每一班的上下班时间
□________Tour of property 参观酒店	□________Break and meal periods 工间休息和用餐时间
□________Tour of department work area 参观部门工作区域	□________Uniforms 介绍工作服
□________Introduction to fellow employees 向老员工介绍新员工	□________Assignment of locker 安排更衣柜
	□________Employee meals(if any) 介绍工作餐情况

续表

□________Parking requirements
员工车辆停放要求
□________First aid and accident reporting procedures
急救及事故报告程序
□________Time clock or "sign - in log" requirements
上班打卡及签到制度
□________Other
其他

PART Ⅲ: Information about salary/wages
工资及奖金政策
□________Rate of pay
工资
□________Deductions
扣减情况
□________Pay day
工资发放日期
□________Overtime policies
加班政策
□________Other
其他

PART Ⅳ: Review of policies and rules
讲解酒店有关政策规定
□________Safety, fires, accidents
酒店安全/火灾/事故
□________Maintenance and use of equipment
设备的使用和维修
□________Punctuality
准时上班
□________Absenteeism
旷工的处理
□________Illness
病假政策
□________Emergencies
紧急情况的处理
□________Use of telephone
电话的使用
□________Leaving work station
脱离工作岗位

□________Smoking/eating/drinking
工作时间抽烟/吃东西/喝饮料
□________Packages
酒店福利政策
□________Vacations
休假制度
□________Other
其他

PART Ⅴ: Employee Handbook/Related Information
员工手册及有关资料
□________Received and reviewed
收到且已看过
□________Review of employee appraisal process
讲述员工作评估过程
□________Review of organization chart
介绍酒店组织机构
□________Review of job description
讲述工作说明书
□________Review of department's responsibilities
介绍部门工作职责
□________Review of all benefit plans
介绍奖励计划
□________Discuss performance standards/expectations
讨论工作要求和标准
□________Discuss career path possibilities
讨论工作前途

PART Ⅵ: Miscellaneous Orientation Procedures
其他项目
____
____

I certify that all the above activities were completed on the date indicated.
兹证明上述项目均已在指定日期完成。

Employee________ Date________
员工 日期
Supervisor________ Date________
督导 日期

（三） 入职指导日程安排

对新员工的入职指导，一般可在 4 天内完成。下表是某国际酒店集团对新员工入职指导的日程安排，参见表 10-3。

表 10-3 新员工入职指导的日程安排

日期	培训内容	培训工具（方式）	培训目的（标）
第一天	1. 总经理向新员工致欢迎辞； 2. 介绍集团（酒店）的发展历史； 3. 介绍集团（酒店）的管理领导； 4. 介绍集团（酒店）的经营之道、待客原则、企业文化； 5. 介绍酒店的组织结构图； 6. 介绍酒店的远景和战略规划； 7. 大的部门的总监或经理到场，向新员工讲话，并介绍本部门职能。	播放集团资料片	1. 使员工有受欢迎的感觉； 2. 培训员工的自豪感； 3. 让员工了解酒店的历史、企业文化、价值观以及发展前景等； 4. 使新员工了解酒店主要的管理人员。
第二天	1. 向新员工介绍酒店知识； 2. 讲授酒店服务意识； 3. 带领新员工参观整个酒店。	讲授、参观	1. 使新员工对酒店产品及酒店行业有全面的了解； 2. 使员工对本酒店有直观的认识。
第三天	1. 向新员工介绍酒店各项规章制度（包括安全程序、防火措施、个人的仪表卫生等）； 2. 向新员工发放员工手册。	讲授	使新员工了解酒店各项规章制度
第四天	1. 介绍酒店接电话的统一标准和技巧。 2. 安排对新员工的酒店知识和服务意识测试。 3. 把各自部门的培训者介绍给新员工。 4. 各部门的新员工由各部门的培训者带入各自的部门。	模拟、测试	1. 掌握酒店接听电话的标准和技巧； 2. 掌握培训内容，确保培训效果； 3. 做好部门培训的准备。

需要指出的是，4 天的时间在整个新员工的职业生涯中只是短暂的片刻，但起到的作用可能会影响员工的终身。入职培训的总的目标是使新员工有家的感觉。有家的感觉的员工，会在日后的岗位工作中，通过他们的工作，为来自四方的顾客，营造家的感觉。能够在酒店这个家得到关心和爱的员工，一定能给予顾客所有的关心和爱。

资料

上海华亭宾馆客房清扫员的入职培训

上海华亭宾馆原为“喜来登”集团管理，近十年来由锦江管理集团接管，但目前还能够看到"喜来登"的影子。

(1) 华亭宾馆的清扫员由指定的主管进行专职培训,一般培训时间为一周或 10 天,然后直接单独上岗,不再安排其和老师傅跟班学习,这样可以确保各项操作的标准。

(2) 新人第一天单独上岗的工作量为 4 间,然后每 3 天递增 1 间,直到达到 15 间量为止。

(3) 由于新人在短时间内上岗会出现各种各样问题,所以华亭各级管理人员和职能部门都能用宽容的态度,用教育和提醒的方式不断督促新人适应各项管理要求。在没能胜任 15 间的工作量之前,只是对领班提要求,并没有将员工出现的问题责任归咎到管理不到位的问题上来,所以在相对"宽松"的环境下,更有利于新人达到一定的培训效果,也能够留得住新人。

(4) 华亭宾馆客房部每天都有 15 分钟的培训,也是按以上培训的方式拟定出来的,培训内容主要围绕基础性的、务实性的业务技能确定。

(5) 华亭宾馆客房部清扫员同样存在大批实习生的问题。虽然按照正式职工的要求必须达到 15 间的工作量,实习生的工资也不高,每月以 450 元为基础,但是实习生的队伍还比较稳定,其原因是华亭宾馆人事部与学校配合非常默契,如果实习生不能够按照饭店的要求工作,学校则不发给学生相应的毕业证书,这就给部门在实习生的管理上带来方便。

四、培训计划的制定

(一) 发现培训需求

前台与客房管理人员通过分析工作中带有普遍性的问题和根据酒店或部门制定的工作目标与现状之间的差距来确定是否需要培训、何时实施培训和怎样进行培训。

在下列情况下通常需要培训:

(1) 酒店开业时;

(2) 新的设备、工作程序和管理制度投入使用时;

(3) 当员工从事一项新工作时(无论是新员工,还是老员工改变工作);

(4) 当管理者想帮助员工在事业上得到发展时;

(5) 工作效率降低;

(6) 工作中不断出现差错;

(7) 各岗位之间经常产生摩擦;

(8) 顾客投诉较多,或员工工作不符合酒店的质量和数量要求时(在这种情况下,可能需要培训,但也可能不需要培训,因为有些问题并不是因为缺乏培训引起的。比如,对某个员工的工作安排不当或设备出现故障等都可能导致员工工作不符合酒店的质量标准和数量要求);

(9) 酒店或部门制定的工作目标与现状之间有较大的差距。

(二) 制定培训计划

确定培训需求以后,就要制定培训计划。一个完整的培训计划应该包括以下内容。

1. 培训目标（Objectives）

即通过培训，受训者应该达到的要求。培训的目标要着眼于提高员工的实际工作能力。目标不能是笼统的，应该有具体、明确的要求，规定经过培训必须学会做哪些工作和达到什么要求。

2. 培训时间（When）

培训的时间应尽量安排在淡季进行，以不影响或少影响工作为原则。在培训计划中，应明确说明培训的开始日期、结束日期及每日培训的准确时间，以便部门或班组据此安排好工作。

3. 培训地点（Where）

培训地点可以在店外，也可以在店内；可以在培训课室，也可以在受训者的实际工作岗位。但一定要在不受人或物干扰的场所进行。

4. 培训内容（What）

培训内容应根据前台及客房部工作的实际需要、酒店的要求和员工的自身特点、能力确定。

5. 接受培训者及对受训者的要求（Trainee）

说明接受培训的对象（Trainee）及对受训者在受训期间的要求。以确保培训工作取得良好的效果。

6. 培训者（Trainer）

根据培训的对象、培训的内容等实际情况，培训者可以由本部门或本酒店的优秀员工担任，也可聘请店外专业人士担任。

选择合适的人员来担任培训者，是保证培训效果和质量的关键环节之一。并非所有有能力、有技术专长的人都能担当此任。作为培训者，除了要具有自己熟知的所要传授的知识和技能外，还应具有培训他人的特殊素质和才能，具有一定的教学方法和技巧，明确对接受培训者的要求，善于发现受训者存在的问题，并进行及时分析，循循善诱，有计划、有准备，循序渐进地进行指导。此外，作为酒店的培训者，除了专业知识和高超的工作技能以外，还必须对部门和酒店的工作有一股热情，是员工学习的榜样。

7. 培训方式（How）

培训的方式通常有以下几种：

（1）部门（酒店）内部培训或委托培训；

（2）“请进来”或“送出去”培训；

（3）岗位培训或脱产培训；

（4）课堂讲授或操作示范。

8. 培训所需要的设备、器材（Equipment & Materials）

根据培训的内容，培训工作可能需要幻灯机、录像机、电视机、电脑等电器设备和“白板”、笔等教学器材以及书、笔记本等教学资料。这些均需在培训计划中一一列明，以便做好培训的准备工作。

9. 培训组织（Organization）

说明负责实施培训计划的机构和人员。

五、如何增强培训效果

培训计划制定好以后，就要按计划的内容和要求，用选定的培训方式来组织实施。

培训计划的实施关键是要增强培训效果。培训工作能否取得成效，取决于酒店领导及有关方面和人员的大力支持，取决于培训组织者的精心策划，取决于培训者的业务水平和培训艺术，同时也取决于受训者的合作。要使培训工作卓有成效，必须做到以下几点：

（一）有关人员能够正确认识培训的重要意义

要搞好培训，有关人员（包括部门管理人员、酒店领导及接受培训的员工）必须对培训的重要性和重要意义有充分的认识。这是做好培训工作的思想基础。

（二）部门及酒店领导重视培训，并能给予大力支持

部门及酒店领导不但要认识到培训的重要性，要亲自抓培训，而且必须在人、财、物、时间、道义等方面给予大力支持，这是培训工作得以顺利进行的前提条件和物质保障。好的酒店通常会拿出员工薪水总开支的2%的预算，作为培训费用。

（三）培训要有层次性

酒店场面越大、参与人数越多的培训，往往越没有实用价值——因为越没有针对性。有些酒店请来了一个著名教授或行业专家，支付了不菲的讲课费，为了让钱花得更值，就举行“大课”，只要酒店不上班的员工和管理人员，都要求来听。就像把小学生、初中生和高中生集中在一起，听一位老师讲授古典文学或几何学一样，这样的培训是起不到很好作用的。

（四）要使培训工作长期化、制度化

培训工作要长期化、制度化，长年坚持不懈，将其作为酒店发展战略之一。不能随心所欲，想培训了就培训，不想培训就不培训，上面抓了，就应付一下，上面不抓，就放一边。其结果，势必造成员工对培训工作的偏见，使培训的组织更难，培训也起不到应有的效果。

（五）要做好本部门的年度、季度和月度培训计划

各部门要做好培训的计划、组织和管理工作。要根据本部门的工作内容、工作特点，员工的实际情况，配合酒店人力资源部，制定本部门的年度、季度和月度培训工作计划。培训的组织和管理者要切实负起责任，认真制定培训计划，选择不受干扰的地点、最佳的培训时间，挑选高素质的、合格的培训者，确定恰当的培训方式和能够满足实际需要的培训内容。这是使培训取得实效的有力保证。

（六）运用培训的艺术

要使培训取得良好的效果，培训者（Trainer）必须具有较高的专业素质和培训技能。除了认真准备和讲授以外，还要讲究培训的艺术性。

1. 频繁而短暂的授课，要比偶尔的、为时甚长的授课效果好

2. 所选用的学习材料的数量和类型都要适合于受训者的需要和水平

3. 尽量使用有助于教学的教具

人的各种感官在学习时能起到的作用是不同的。据美国视听工联合会(Industrial Audio-visual Association)的一项研究资料:

(1) 通过"味觉",可学到1%;

(2) 通过"触觉",可学到1·5%;

(3) 通过"嗅觉",可学到3·5%;

(4) 通过"听觉",可学到11%;

(5) 通过"视觉",可学到33%。

因此,当人的感官功能充分运用时,学习的效果就会好得多。所以,培训者在任何时候均应尽可能多地使用足以调动学员感官作用的教学用具(如黑板、幻灯机、投影机、录音机等)来辅助他的教学。以提高学员的兴趣,加深印象,增强学习效果。

4. 注意培养学员的学习兴趣

一个人的学习效果,在很大程度上取决于对所学知识或事物的兴趣。提高学习效果的捷径在于激发和培养这种兴趣。为此,培训者必须了解学员的学习动机和内心想法,强调培训对于学员工作及个人发展的重要性。另外,对于受训者在培训中的良好表现,要不断给予正面表扬和支持,这不仅可以激发受训者的学习兴趣,而且有助于他们记住所学的东西,并鼓励他们在工作中加以运用。

5. 增强学员的信心

由于学员的程度和知识背景及工作经验不同,各人掌握培训内容的难易程度就有所不同,有时会遇到挫折,这时,作为培训导师应给予理解和帮助,帮助学员树立信心。批评和失去耐心只能降低信心,延缓学习速度,甚至失去学习的兴趣。

6. 掌握授课的技巧

(1) 做好讲课的"开场白"。"开场白"的目的主要是引发学员学习兴趣和自觉性。它能够密切培训导师与受训者之间的关系;消除受训者的紧张感和受训者心中的某些疑问(如培训者是谁? 培训要持续多久? 培训包括哪些项目? 培训后要达到什么水平? 等等)。如果开场白组织得不好,则以后的讲授也很难被受培训者所接受。

在组织开场白时,培训者可以采用一种行之有效的"INTRO"方法:

I—启发兴趣(Interest)。比如,讲一个笑话;援引一个有关的事件;援引(或编造)一个令人感兴趣的"亲身经历"的事件;向受训者提问;操作示范或展示有关物品等。

N—讲清培训的必要性(Need)。强调为何要开设培训课程和受训后对酒店及个人有什么好处。

T—阐明授课的主题(Title)。

R—说明授课的范围(Range)。

O—讲清培训的目标(Objective)。

虽然开场白应包括上述五个部分,培训者往往非常巧妙地把这五点结合在一起,用几句话即可以交代清楚。

(2) 在开始授课之前,先复述一下听课者已经学过的内容。一是起复习和巩固所学内容的作用,二是可以使所学内容连贯起来,便于理解新的培训内容。

(3) 每一小节教学内容应该是“三明治”式的。即:一部分激励学员学习兴趣的材料,一部分激励学员运用已学知识的材料,中间夹一层佳肴——知识或技能的精华。

(4) 善于运用提问技巧。提问有三种类型。适时、适当的提问,对于增强培训效果具有重要作用。

测试性提问:用来考察学员已达到的知识水平。

启发式提问:用来激励学员“自行思考”。

传递性提问:用来使所有学员在小组中互相问答,交换资料,增强相互了解。

提问不仅要求学员回答“是”或“否”,而且要回答“何故”(Why)、“何处”(Where)、“何时”(When)、“何物”(What)、“何人”(Who)及“如何做”(How)。提问的重点应该放在所培训内容的“关键点”和“难点”上。

(5) 有幽默感,善于运用幽默生动的语言进行培训。幽默的授课语言对于提高学员的学习兴趣和培训效果会起到意想不到的好作用。

(6) 一一列举或复述所有关键点,使学员得到再次巩固已学知识或技能的机会。

附:有效的培训者(参见表 10-4)。

表 10-4 有效的培训者

有效的培训者
• 有自信心; • 向员工表示自己喜欢培训工作; • 鼓励员工思考如何将培训内容运用于其工作之中; • 鼓励员工为自己树立培训目标(set goals in training); • 鼓励员工提问题; • 鼓励员工寻找完成工作的更好的方法; • 认真听取员工的意见; • 对员工所取得的即使是很小的进步都予以赞扬; • 把自己所取得的经验,甚至犯过的错误都拿来与员工交流; • 要有幽默感,并将幽默作为一种培训工具。

(七) 尽量增加实践课程,鼓励学员自己动手

为了增强培训效果,要尽量增加实践课程,鼓励学员自己动手,自己体验。研究表明:

- 通过阅读,可记住 10%;
- 通过听课,可记住 20%;
- 又看又听,可记住 50%;
- 自己复述一遍,可记住 80%;
- 一面复述,一面动手做,可记住 90%。

通过体验式培训,既可以提高学员的学习兴趣,又可以使学员体会深刻,起到很好的培训效果。

经典案例

法国雅高集团的体验式培训

在对新员工进行入职培训时,法国雅高集团进行了体验式培训。

"培训的第一天,参训的所有人用一种独特的方式——以问答的形式介绍自己,让彼此陌生的关系拉近了距离。为什么以这样的形式介绍自己呢?其实这也是待客的基本原则。

随后我们进行了一次有意思的外出活动——虚拟购物,就是所有的人到附近的商场自己扮演一次购物的客人,感受自己成为顾客的时候,柜台的售货员是如何对待自己的。回来后大家一起分享了自己购物时的感受:有的售货员热情、礼貌、认真、专业,有的售货员不理不睬、毫不关注我们。很明显我们要学习前者的工作态度,热情待客就是服务与关注相结合的产物。在接下来的一天半中,我们共同探讨学习了关于热情待客、语言规则、处理投诉方面的知识。"

(八) 做好培训的考核和评估

培训结束后,还应通过笔试、口试或实际操作测试等方式对受训者进行考核,以确定是否达到了培训的目标,同时征求参加培训员工的意见,收集他们对培训的看法,并从培训的内容、方式、组织管理和培训效果等方面进行评估,总结经验和教训,参见表 10-5。

表 10-5 培训课程评估表

培训课程评估表

请将你所接受的这期培训作一评估,你诚恳的意见将会帮助我们改进今后的培训工作,谢谢!

1. 目标:课程是否达到了目标

达到□ 部分达到□ 未达到□

2. 教材:教材是否适用

适用□ 一般□ 不适用□

3. 教学方式:教学方法是否满意

满意□ 比较满意□ 不满意□

4. 培训内容:培训内容是否于工作有利

是□ 一般□ 否□

5. 评论:

1) 你感兴趣的内容

2) 你不感兴趣的内容

3) 其他

向员工提的问题可包括下列内容:

- 本次培训对您的工作有所帮助吗?
- 教材是否适用?
- 教学方法是否满意?
- 培训者是否鼓励你提问题?

- 你感兴趣的内容和不感兴趣的内容？
- 你对改进培训计划(课程)的意见？
- 您是否已有信心独立工作？
- 在您的工作岗位上,您感到紧张吗？

（九） 做好培训的激励

为了增强培训效果,还应做好培训的激励工作：

(1) 做好培训的考勤工作。对于出勤情况好,听课认真的员工予以表扬,而对于迟到、早退,甚至无故不参加培训者,予以批评或惩罚。

(2) 将培训同使用相结合。根据每个员工的具体条件、个人愿望和工作需要,实行定向培养,定向使用,并把培训成绩作为使用的依据之一。

(3) 将培训同晋升相结合。对于积极参加培训,且培训成绩优异的员工,在晋升时,优先予以考虑。

经典案例

客房部的班前会

——凯宾斯基一道亮丽的风景

每天清晨,在凯宾斯基饭店客房部办公室外走廊的一角,一定会传出清脆、悦耳、整齐的朗读英语的声音,这就是客房部楼层服务员的每日班前会。

班前会的第一项内容即:教员工英语。随着饭店业竞争的日益激烈,员工提高英语会话能力势在必行,“每日两句”早已成为客房部班前会的开场白。每个月底还要进行一次英语考核,目的就是要尽快提高员工的英语水平,更好地为客人服务。

英语朗读过后,员工大姐被轮流叫到队列的前面,让大家去点评。原来这是班前会的第二项内容,检查员工每日的仪容仪表。其用意在于树立员工对仪容仪表的重视,将良好的精神面貌展现在客人面前,让客人看到的永远是最美最好的。

第三项内容是在客房部行政副管家倡议和指导下,开展“每日教一项”的活动,即每日在班前会上培训一项对客服务的技巧,或是一项处理问题的方法。客房部的每日班前会,既交接安排了各项工作,又成为一个开放的课堂,大家从中学到了很多知识,积累了许多经验。随着时间一天天过去,每日班前会已融入了客房部员工的工作与生活,成为人们感情沟通的桥梁、信息来源的渠道、学习知识的园地和展现英姿的舞台,它还是我们全体员工的凝聚力所在。

第五节　客房部员工的考核与工作评估

为了提高服务质量和工作质量,必须实施并加强对员工的日常考核和定期评估工作。

否则,将会出现有令不行,工作涣散,服务质量恶化的状况。

一、日常考核

客房部各级管理人员平时应做好对属下员工工作表现的观察与考核记录。这不仅是提高服务质量和工作质量的重要手段和途径,同时也是对员工进行客观、公正评估的基础。

考核应该逐级进行,涉及部门内包括管理人员在内的每一位员工。领班对服务员进行考核,主管对领班进行考核,而部门经理则对主管进行考核。如果服务员工作质量出现问题,领班没有发现,或没有处理,或没有在考评表中予以反映,就是领班的失职,主管发现后就要对领班进行扣分,而如果主管没有发现,或没有处理,则部门经理发现后,要对主管扣分和处理,其结果除了对当事人进行批评教育以外,还将在每月业绩奖中予以体现。当然,管理者任何时候都应明白,考核、评估只是手段而已,提高服务质量和工作质量才是最终目的!

考核的内容可以因考核对象的不同而不同,对服务员的考核包括员工的出勤情况、仪容仪表、服务态度、客人投诉情况、工作差错情况、违反店规店纪情况、与其他员工的合作程度、对管理人员的服从性以及工作的责任心与自觉性等。而对管理人员的考核则还应增加现场督导和管理情况、财产管理情况及考评工作执行情况等。

为了增强考核工作的客观、公正性,考评员还应在考评表的背面注明扣分的理由和出现的问题,使被考评者心服口服,而且,也是日后对员工工作进行评估的客观依据。

二、工作评估

对员工的工作评估,就是按照一定的程序和方法,根据管理者预先确定的内容和标准,对员工的德、才表现和工作业绩进行的考察和评价。员工的工作评估可以定期进行,也可以不定期进行。

(一) 评估的作用

1. 能够激励员工更好地工作

通过工作表现评估,能充分肯定员工的工作成绩及良好表现,这是对员工所做工作的肯定,能够激发员工的进取心。

2. 有助于发现员工工作中的缺点和不足,以便采取相应的管理措施

如果属于员工工作态度不端正、努力程度不够,应分析原因,解决问题,帮助员工端正,改进工作。如属于缺乏专业知识或技能技巧不熟练的问题,则应确定进一步培训的需要,并纳入下一步的培训计划。

3. 为今后员工的使用安排提供了依据

评估可发现各方面表现突出,并有发展潜力的员工。可对这类员工制定发展计划,提出更高的要求,为今后提升职务或担任更多更重要岗位的工作打好基础。通过评估,也可发现不称职、不合格的员工,为保证工作质量和服务质量,应调动或解聘其工作或职务。

4. 有助于改善员工和管理人员的关系

评估能够加强员工与管理者之间的双向沟通,促进他们的相互了解。认真、客观、公正

的评估,能够对员工起到激励作用。但上级管理人员对下属带有偏见的、不够客观公正的评估,也会恶化员工和其上级管理者之间的关系,对于日后工作的开展造成不利的影响。

(二) 评估的依据和内容

对员工评估的依据是酒店"岗位责任制"或"工作说明书"中对该岗位员工的基本要求(包括工作职责、标准、任务等)以及员工对岗位职责的履行情况。

评估的内容包括被评估者的基本素质、工作业绩、工作态度等:

- 专业知识
- 理解能力
- 语言能力
- 进取精神
- 责任感
- 工作的自觉性
- 工作数量
- 工作质量
- 服务态度(有无微笑服务)
- 礼节礼貌
- 仪容仪表
- 与上司之关系
- 与同事之关系
- 个人品德
- 考勤及守时
- 合作性
- 服从性
- 工作能力
- 其他

对于上述内容,在考核时,可以根据其重要性的不同,给予不同的权数,进行打分,以全面、客观地反映该员工的整体素质。

(三) 评估的程序和方法

1. 填写评估表

对员工的评估通常为每年一次,评估的表格一般由酒店统一设计和印制(参见表 10-6)。为了为年度评估提供依据,使年度评估更为准确,同时也为了进一步激励员工努力工作,客房部也可以对员工进行月度评估,月度评估的形式和内容以简单为宜。

为了使评估更加客观、准确,可以采用定性和定量相结合的方法。比如,可对上述评估表中的每个项目确定权重,对 A、B、C、D、E 不同档次,确定不同的分值,最后加总,就可得到该员工的整体评估分。再按照总评分的多少划分为不同的档次,作为月度或年度奖励的依据。

表 10-6 员工工作表现评估表

EMPLOYEE PERFORMANCE EVALUATION REPORT

员工表现评估报告

To be completed two months after the employee's starting date, transfer date or promotion date. 由部门经理在员工上任、调转或升职两个月后完成 Name of Employee 员工姓名： Employee Number 员工号： Position 职位： Department 部门： Hire Date(New Employee)聘用日期(新员工)： Promotion/Transfer Date 提升/调转日期：

1. INDUCTION AND TRAINING 入职培训

1.1	Outline the efforts which have been made to induct and train the employee in this new position.	简述对新员工入职所做的引导及培训	
1.2	Outline the employee's response to the training given.	简述员工对所做培训的反应	

2. WORK PERFORMANCE 工作表现

2.1	Job Knowledge Does this employee understand and recognize the specific duties	业务知识 该员工是否懂得工作的具体任务和责任？	
2.2	Job Interests How much enthusiasm has this employee shown in the job?	工作兴趣 该员工对工作表现出多少热情？	
2.3	Job Performance Is the quality and quantity of work up to the standard expected	工作表现 该员工的工作质量和数量是否达到所期望的标准？	
2.4	Job Attitude Is this employee responsive to suggestions and instructions? Does he/she cooperate willingly and work well with others as a team?	工作态度 该员工对建议和指示是否做出反应？是否愿意同别人在工作中合作？	
2.5	Ability To Learn How fast does this employee understand and follow instructions within a given time period?	学习能力 在指定的时间里，该员工理解和执行指示有多快？	
2.6	Adaptability Is this employee able to meet changed conditions with ease and accept them willingly?	适应能力 该员工是否能轻松地适应变化了的情况并愿意接受变动？	
2.7	Personal Grooming/Appearance	仪容和仪表	
2.8	Attendance&Punctuality	考勤及守时	
2.9	Conduct	品行	

续表

3. SUITABILITY 适用度

3.1	Comment on the suitability of the employee for this job and for the Department.	对员工是否胜任工作及所在部门进行评估。	
3.2	If you consider the employee suitable for passing probation explain why:	如果您认为此员工可以通过试用期，请阐明原因。	
3.3	If you consider the employee unsuitable for the position what	对您认为不称职的员工您如何打算?	

4. GENERAL COMMENTS 全面评估

In addition to the remarks you have made, list areas for performance improvement which have been discussed with and agreed to by the employee. 请您在对员工所做评估之外，通过与员工讨论并争得员工同意，列出该员工需要在哪些方面进行改进。	

5. PROBATION RECOMMENDATION——New Employee Only 试用期意见——只用于新员工

I recommend that this employee's employment, as discussed above,

□ be terminated prior to the expiry of the probationary period as he/she does not meet our minimum requirements;

□ be extended for a further__________days to allow us to more full evaluate him/her;

□ be ratified, and he/she be confirmed as a permanent employee of the Shangri-La;

如上述，我建议对此员工的聘用

□ 由于其不符合我们的最低要求应在试用期满之前终止合同。

□ 再延期__________日再做评估。

□ 批准正式为香格里拉的雇员。

6. THE EMPLOYEE'S COMMENTS 员工意见

____

Signature 员工签字

7. AUTHORIZATION 批准

Immediate Supervisor's signature__________	Division Head Approval__________
直属督导签字	部门经理批准
Date__________	Date__________
日期	日期

Please return to the Human Resources Department no later than 14 days before the expiry of a new employee's Probationary period.

请在新员工试用期满前 14 天将此表交还人力资源部。

2. 评估面谈

评估表填写好以后,评估者(部门经理或主管)要与被评估者进行见面,就评分表上的各个项目及评分情况逐条向被评估的员工解释说明。被评估者可以在面谈时对他的评估意见提出不同的看法,并与评估者进行深入的讨论。如不能取得一致意见时,可由人事部约见该员工,听取其意见,并做适当的处理。

另外,为了取得良好的面谈效果,评估者应当掌握一些面谈的方法和技巧:

(1) 批评应注意对事不对人,切不可进行人身攻击。

(2) 尽量不要涉及其他员工,尤其不要在面谈的员工面前批评其他员工,以免人为地制造矛盾和员工之间的不团结。

(3) 面谈时要集中思想,注意聆听职工的谈话,以便建立起双方相互信任的沟通渠道。面谈时心不在焉,会使员工对评估者的诚意产生怀疑,继而失去信任。

(4) 谈话的用词要合适,尤其是在对职工进行批评时,必须注意选用恰当的词汇。切忌在被评估者情绪激动时,对其提出对抗性的指责,以免双方情绪对立而使面谈无法进行。

(5) 评估应该实事求是,当被评估者对评估结果感到不满意时,应向职工解释清楚。如属必要,可以修改评估结论并再作讨论。

(6) 面谈过程中,要强调职工的长处,即使是表现欠佳的职工在结束面谈时也应该用积极的话语加以鼓励。但是,对于职工的不足之处,也应该严肃地向他指出。

(7) 评估者应该极力创造轻松和谐的面谈气氛,以利于双方的自由沟通。

(四) 评估注意事项

1. 评估必须客观、公正

评估者对评估工作必须严肃认真、客观公正,以日常考核和员工的工作表现为依据,决不能主观臆断,凭印象或个人好恶进行。

2. 注意选择面谈的地点

与被评估者进行面谈时,选择的地点要安静,不受其他人或各种噪声的干扰。

3. 鼓励对话

评估过程本身就是为酒店经营管理活动提供反馈信息的途径和上、下级之间的沟通渠道。单向性的评估容易引起职工的不满,最终使员工的工作情绪与评估的宗旨背道而驰。因此,与被评估者面谈时,应当鼓励被评估者提不同意见或看法,而不能压制。

4. 不能有报复思想

评估的目的是向被评估者实事求是地指出缺点,提出改进的方法和努力的方向,热情地肯定优点,提出发展要求和希望。切忌将评估当成整人的“秋后算账”。有些管理者平时对员工工作中出现的缺点和毛病,不及时指出和提出善意的批评,而是积累起来,在评估时进行“秋后算总账”,这样做是极其错误的,难以实现评估的目的,无法对员工起激励作用。

第六节　客房部员工激励

“阳光不能照在每一个人的身上,要让员工知道他们只要努力工作,领导就会看到,阳光就会照在他身上。如果不努力,那就只能看阳光照在别人身上。”

——某酒店集团总经理

客房有些员工具有较高的文化水平和外语水平,掌握较好的服务技能和技巧,但在工作中就是不表现出来,工作缺乏积极性、主动性,服从性、合作性差,工作质量低,这就是缺少激励的表现。为了充分发挥员工的潜能,调动员工的积极性,客房管理人员必须学会激励员工,掌握有效激励员工的方法。

一、客房部员工激励的方法

(一) 实行计件工资制

即按照楼层服务员每日打扫的客房数量计发工资。客房产品比较单一,适宜于采用计件工资制计发工资。如果客房部员工缺乏工作积极性,可以按照多劳多得的分配原则,采用这一激励方案。

(二) 实行等级工资制度

打破工资一成不变的状况,启用工资等级制度,将员工按工作技能、知识及工作表现分为初、中、高级,通过考核拉开员工工资差距。从而激励员工不断进步。

(三) 实行免检制度

这是一种角色激励法。即通过给予表现较好的员工及具有一定资质的员工自做、自查、自检、自报完成一间客房的清洁、查房的权利,来达到节约人力成本、激励员工的目的。该制度首先可由符合条件的员工自己申报,部门进行审核,完成提名工作,同时给予被提名的人员进行为期一周的系统培训,培训后安排在特定的楼层独立上岗。对于一个月内抽查结果优良的,部门申请奖励。实施这一制度,由于事先需给员工进行系统的培训,因此员工的进步较大,同时由于给予员工充分的信任,员工得到一定程度的尊重,积极性被充分调动起来。

实施免检房激励制度时,酒店要注意为具有“免检房资格”的员工合理地规划好未来的职业发展。这也是企业培养员工、为员工职业生涯做一个长远规划的负责任的行为。被评为“免检服务员”的员工应享有与众不同的荣誉、薪资、福利、地位、奖励和优先的晋级机会。

另外,员工获得免检房资格,并不代表永久性的拥有免检房资格和待遇优先资格。主管、经理要不定期、不定时地对其清洁后的合格房进行抽查,并设定免检率的底限,发现有超过一定百分比的房达不到免检标准时,应取消服务员的免检房资格和待遇。以保证服务员“免检资格”真实有效的“圣洁”性。

（四） 高质奖励方案

具体做法如下：通过领班每天查房，当场视员工所清洁的房间状况，根据评定标准评出A/优、B/良、C/中、D/差。登录在黑板上以直观的形式告知员工当天的工作情况；并且当月统计，与员工的出勤天数以及每天平均的做房量相结合，在当月住房不低于80%的基础上对于符合做房总量在前10位，优良率在85%以上，平均每天做房在10间以上的员工，分别给予一定的奖励，对于当月做房效率最低的给予处罚。为了避免领班在评估时出现偏差的现象，可制定一系列保障措施，例如：各班组一个月内有三次评估出入太大的，则取消本班组员工的评定资格，同时给予领班甲类过失处罚，与此同时，主管、助理、经理不定期抽查，酒店质检人员每日抽查等有效地促进领班的工作。由于激励范围的扩大，保障制度的完善，可以有效地调动楼层服务员的工作积极性，确保楼层工作效率和卫生质量。

（五） 评选“先进班组”

正如本节开始一位酒店集团总经理所言：阳光不能照在每一个人的身上，要让员工知道他们只要努力工作，领导就会看到，阳光就会照在他身上。如果不努力，那就只能看阳光照在别人身上。评选“先进班组”是一种集体激励方案。通过对班组的出勤率、仪容仪表、卫生质量、服务质量、班组纪律、成本控制、培训学习等内容的评定，员工当月的表现及班组的整体表现既作为评选先进班组唯一条件，又作为对员工及领班半年的评定参考条件。这样将各区域的员工与领班有效捆绑起来，荣辱与共，共同品尝成功的喜悦、失败的苦恼。

（六） 实施“好人好事举荐制度”

一些著名酒店实施好人好事举荐制度，对于被举荐者和举荐者本人都不失为一种很好的激励手段和制度，参见表10-7。

表10-7 好事推荐表

香格里拉饭店

Shangri-La hotel

“GOOD THINGS I HEAR”NOMINATION FORM

“我听说的好事推荐表”

NAME OF NOMINEE

被推荐人的姓名：________________

DEPARTMENT

部门　　　　：________________

DATE OF EVENT/INCIDENT

事情发生时间　：________________

GOOD THINGS HTAT I HEAR

我听说的好事

____

____

续表

____
____
____
____
____
____
IF YOU NEED ASSISTANCE IN COMPLETING THIS FORM, PLEASE CONTACT HUMAN RESOURCES DEPARTMENT 如果您需要帮助，请到人力资源部
YOUR NAME 您的姓名：______________________
DEPARTMENT 部门　　：______________________

（七）竞争激励

竞争激励实际上也是荣誉激励。得到他人承认、荣誉感、成就感、受到别人尊重，是著名心理学家马斯洛需求层次中的高级需求。客房部服务人员中主要是青年人，他们争强好胜，上进心强，对荣誉有强烈的需求，这是开展竞赛活动的心理基础。根据房务部的特点，可以开展一些英语口语竞赛、服务知识竞赛、服务态度竞赛和服务技能技巧竞赛等。通过组织这些竞赛，不仅可以调动员工的积极性，而且，还可以提高员工的素质。

（八）情感激励

在一个部门里，如果大家情投意合，互相关心，互相爱护，互相帮助，就一定会形成一个强有力的战斗集体，从而为客人提供良好的服务。因此，客房管理人员必须重视“感情投资”。

在运用情感激励这一规律时，管理人员要注意做好以下两方面的工作：

（1）注意启发和诱导职工创造一个互相团结、互相帮助的环境。

（2）以身作则，对员工热情关怀、信任、体贴。对他们做出的成绩，要及时给予肯定；对他们的缺点，诚恳地帮助改正；对他们工作中遇到的困难，要尽力帮助解决。特别是当员工家庭或个人生活遇到什么不幸或困难时，要给予同情、关怀，以至于在经济上予以支持和帮助，员工对此会铭记在心，感恩戴德，从而起到极大的激励作用。在关键时刻，对员工伸出同情与援助之手，比平时说上一千句，一万句激励的话要管用得多！

（九）晋升与调职激励

人人都有上进心理，所谓“不想当元帅的士兵不是好士兵！”。利用人们的上进心理，给予员工职位的晋升，无疑是一种极为有效的激励方法。

除了对工作表现好的员工晋升以外，还可以通过在部门内部调换员工的工作岗位来激励员工。通常有两种情况:一是个别管理者与职工之间由于下意识的偏见、古怪习性或意外事故的发生而引起尖锐的矛盾,如通过协调或其他方式仍无法解决,可将该职工调离本班组(岗位),以调动矛盾双方的工作积极性;二是员工与管理者之间虽然不存在矛盾,但目前的工作岗位不适合他本人,不能充分发挥其个人专长和才干,通过调换工作岗位,不仅可以充分利用人力资源,还可以激励员工,极大地调动员工的工作积极性。

(十) 示范激励

"没有良将就没有精兵"客房部管理人员要以身作则,以自己的工作热情、干劲去影响和激励下属员工。

"榜样的作用是无穷的",一个组织的士气和精神面貌很大程度上取决于其领导成员。有什么样的管理者,就有什么样的下属员工。没有一流的管理人员,就不可能有一流的酒店和一流的服务员,因此要造就一流的员工,客房管理人员首先应该从各方面严格要求和提高自己,把自己塑造成为一流的管理者。

(十一)"打赏"激励

酒店可以引入先进的酒店客房管理软件,鼓励住店客人扫描客户端,并通过客户端提出服务需求,同时对表现好的、为客人提供了个性化服务、令客人满意的客房服务员,通过手机直接表扬,并可进行"打赏"(参见图 10-2)。这是现代酒店管理中一种新的员工激励方法。

图 10-2 酒店管理系统中的"打赏"功能

二、员工激励应注意的问题

在员工激励中,客房部各级管理人员要特别注意以下问题。

(一) 要尊重、理解和关心职工

对员工在工作上要严格要求,但在生活上则要关心员工、尊重员工,以"情"动人。所谓尊重员工,就是要尊重员工在酒店的主人翁地位;理解员工,就是要理解职工的精神追求和物质追求;关心员工,就是要心系员工,尽可能解决员工的实际困难。只有员工真正意识到自己受到了尊重,真正是酒店的主人,他们才会以主人翁的精神积极工作。

案例:北京建国饭店的总经理连续两个钟头站在职工食堂门口,一次又一次地拉开大门,向来参加春节联欢会的职工点头致意,说:"您辛苦了!",中外方经理们头戴白帽,腰系围裙,一溜站在自助餐台后,微笑着为职工们盛菜打饭,使职工心里涌起阵阵暖流,使员工的心与企业贴得更紧。被誉为超五星级的福建悦华酒店规定:管理者见到员工时必须首先向员工打招呼或问好,从总经理到部门经理概莫能外,总经理数十年如一日,几乎每天早晨坚持在酒店门口迎候员工上班,送去清晨最美好的祝愿,"悦华给了员工一个家的氛围和环境,员工也把悦华当成了家"。

(二) 要经常为职工"理气",使职工"气顺"

有些员工之所以缺乏工作热情,主要是因为"气不顺",一怨分配不公;二怨有些管理者搞特殊化;三怨官僚主义令干群关系疏远。对此,管理者应根据实际情况,认真分析,采取改进措施,为职工"理气"。

(三) 多一些培训、指导与实干,少一些指责、惩罚与埋怨

常常听到一些客房管理者埋怨服务员没有清理好房间,引起客人的投诉;埋怨设备维修差,以致经常出现问题;埋怨某处卫生差,从而影响了酒店形象;埋怨服务员素质不高,从而使酒店软件管理跟不上……如此种种,好像我们的管理人员有许多理由"横挑鼻子竖挑眼",于是,埋怨、指责与惩罚便成了家常便饭。殊不知苦口并非都是良药,埋怨、指责与惩罚只能在管理者与员工之间竖起一道墙壁。正如一位酒店员工所言:

"试想,我们背井离乡、千里南下,以极大的热情投身酒店行业,哪一个不想将工作干得出色、圆满?哪一个不想得到领导和宾客的认可与赞扬?又有哪一个不想让自己的青春年华闪耀光芒?出现问题、客人投诉,服务人员本已在自责愧疚之中,若我们的管理人员不问青红皂白,劈头盖脸地埋怨、指责,岂不使其乱了方寸,增加精神包袱,产生逆反心理?"

因此,工作中出现问题,房务部管理者首先应进行自查、自纠,对自己的管理工作进行反省,问问自己到底给予员工多少培训、多少指导?管理中还有哪些失误?哪些漏洞?而不是一味地去埋怨、指责与惩罚员工。

虽说惩罚是一种"负强化"激励手段,在一定条件下能够起到一定的积极作用,但管理者要记住:惩罚只是一种手段,而非目的,不能滥用,否则,不仅起不到激励作用,反而会引起对抗情绪,不利于团队精神的形成。有些客房管理人员工作方法简单粗暴,不管三七二十一,

动不动就使用手中"惩罚"的大棒,结果使部门(班组)内一片怨声载道。因此,管理者在管理实践中应该遵循的原则是:在正强化能解决问题的情况下,尽量少用或不用惩罚手段。

(四) 激励要遵循公平性原则

房务部管理人员在对员工进行物质激励时,一定要注意公平原则,否则,不但起不到激励作用,反而会挫伤员工的积极性,甚至造成矛盾,影响团结。事实证明,下属对领导者的能力和工作水平低大都可以原谅,而对领导者不能一视同仁,处理问题不公平,则往往表现出不能容忍的态度。

(五) 激励要有针对性

员工激励要有针对性,即针对不同的情况,采取不同的激励方法。如:有些员工原本确有认真努力去工作的想法,但由于工作在一种松散的环境氛围之中,久而久之养成了懒散的工作习惯,管理者一旦发现这种趋势,就必须加强劳动纪律,严格工作制度。又如,有的员工原本工作热情很高,但因承受不了同事的冷眼与讥笑,工作热情渐渐冷却。这时,管理者就要考虑通过各种方法,营造良好的、积极向上的企业文化氛围。

三、客房部员工的过失行为与纪律处分

针对员工工作中的过失,给予一定的纪律处分,也是员工激励的方法和组成部分。一方面,客房部员工应该按照酒店的规定,严格要求自己,避免工作中出现过失。另一方面,客房部管理人员也可以运用酒店赋予的管理权限,根据酒店的规定,给予过失员工一定的纪律处分,对员工进行"负激励",以消除或减少工作中的各种过失。

客房部员工在工作中的过失,根据其严重程度的不同和所造成危害的大小,分为"轻微过失"、"严重过失"和"极端过失",可分别给予"口头警告"、"书面警告"、"辞退或开除"等不同的纪律处分。

客房部员工列入"轻微过失"、"严重过失"和"极端过失"的过失行为可参见表 10-8:

表 10-8 客房部员工的过失行为与纪律处分

轻微过失:口头警告	● 当值时,不保持仪表的整洁及制服整齐 ● 当班期间聚堆聊天、打闹、高声喧哗或发出不必要之声浪 ● 工作时间看报纸、吸烟 ● 在员工食堂以外进餐 ● 不使用酒店指定之员工通道 ● 搭乘客用电梯 ● 下班后,无故逗留在酒店内 ● 不遵守更衣室或值班宿舍的规定 ● 当班时吃东西 ● 工作散漫,粗心大意 ● 当班时,办理私人事务,打私人电话 ● 随地吐痰或乱丢杂物 ● 对客人无礼(视严重程度可列为严重过失) ● 迟到或早退

续表

轻微过失：口头警告	● 未按规定佩戴员工证 ● 上下班不打卡 ● 违反规定携带私人物品上岗 ● 偷带酒店物品出店 ● 拒绝酒店授权之有关人员检查手袋等 ● 在酒店范围内粗言秽语 ● 因疏忽或过失损坏酒店财物程度较轻 ● 违反酒店有关制服管理的规定，穿酒店制服上街或回家 ● 挑拨打架事件情节较轻 ● 提供假情报、假资料或隐瞒事实，情节较轻 ● 擅自标贴、涂改酒店各类通告及指示 ● 未经许可，擅自将酒店物品搬往别处 ● 酒后当班，带有醉态 ● 散布虚假或诽谤言论，影响酒店、客人或其他员工声誉 ● 擅取酒店物品自用
严重过失：书面警告	● 旷工 ● 擅自脱岗 ● 当班时打瞌睡 ● 对上司不礼貌，违背或不服从主管或上司合理的工作安排或指令 ● 因疏忽搞坏酒店或客人财物，罚款 1~10 倍 ● 擅自使用专供客人使用的设备及物品 ● 对客人粗暴或不礼貌，与客人争辩 ● 向客人索取小费或其他报酬 ● 偷食酒店及客人之食物 ● 委托他人或代他人打钟卡 ● 拾遗不报 ● 在酒店内赌博或变相赌博
极端过失：即时辞退或开除	● 贪污、盗窃、索贿、受贿、行贿 ● 侮辱、谩骂、恐吓、威胁他人，与客人吵架 ● 私换外汇 ● 利用或参加黑社会组织 ● 组织、参加或煽动罢工、斗殴聚众闹事 ● 使用毒品、麻醉剂或兴奋剂 ● 蓄意损坏酒店及客人财物 ● 玩忽职守，违反操作规程，造成严重损失 ● 经常违反酒店规定，屡教不改 ● 连续旷工三天或一个月内累计旷工二次 ● 触犯国家法律，造成刑事责任

对于犯有“轻微过失”的员工，可给予口头警告。员工若第二次出现轻微过失，则应由部门主管或领班向过失员工签发“过失单”，并记录在案。

对于犯有严重过失者，可由房务部经理向过失员工签发“警告通知书”，如再次出现严重过失，则向其发出“最后警告”。对于犯有严重过失的员工（三次以上的轻微过失，将被视作严重过失），可视情节轻重分别给予临时停职、降职、降薪、记过、留店察看、劝退或辞退处理。

房务部员工的严重过失由部门经理签批后，报酒店人事部备案。

房务部员工如犯有极端过失，将被酒店立即辞退或开除。另外，如员工被“最后警告”后，再次出现严重过失，也将视为极端过失。对员工的辞退、除名由酒店人事部签批后，报总经理批准；开除则由总经理批准后报职代会通过。

本章小结

- 客房员工应该具备一定的素质要求，并遵守特定的工作准则。
- 培训是提高客房部员工素质的根本途径，进而，也是提高客房服务质量的主要方法之一。培训的意义表现在于：能够提高员工的个人素质；提高服务质量，减少出错率；提高工作效率；降低营业成本；提供安全保障；减少管理人员的工作量；使酒店管理工作走向正规化。客房部员工培训的内容包括员工的服务意识；职业道德；仪表仪容与礼貌礼节；服务程序、规范与技能技巧；英语；安全知识；管理人员的管理技能以及酒店和部门规章制度等。
- 为了使培训工作取得成效，客房部培训工作应该支持长期性、系统性、层次性、实效性和科学性的原则，同时要做好培训的考核和评估工作。
- 客房部管理人员还应特别重视并做好新员工的入职培训工作。入职培训通常包括两方面的内容，即：酒店介绍（General Property Orientation）和具体工作指导（Specific Job Orientation）。
- 为了提高服务质量和工作质量，客房部管理人员还必须实施并加强对员工的日常考核和定期评估工作。否则，将会出现有令不行，工作涣散，服务质量恶化的状况。
- 员工激励是提高客房工作数量和工作质量的重要手段。客房员工的激励与其他部门员工的激励有共性，也有其特殊性，客房管理人员应该探索有效的客房员工的激励方法。

复习思考题

1. 解释下列概念：

   服务意识　入职指导
2. 如何进行客房定员？
3. 客房员工应具备哪些素质？
4. 浅谈客房员工的工作准则。
5. 如何培养员工的服务意识？
6. 对客房部员工进行培训的意义表现在哪些方面？
7. 简述对客房部员工进行培训的内容与类型。
8. 如何对新员工进行入职指导？
9. 如何制定培训计划？客房部员工工作评估的依据和内容有哪些？
10. 试述客房部员工工作评估的程序和方法。
11. 如何对客房员工进行激励？

案例分析

在管家部员工大会上的讲话……[1]

——××酒店客房管家

（20××年3月2日员工大会）

这个月开房率很高，客房取得了较好的收益，同时说明管家部各位员工辛苦了，我们有近半年没有开大会，有很多的知识和部门规程需要重新回顾和温习。

我讲过了开大会是一件严肃的事情，在会人员不得交头接耳、不得接听电话，必须聚精会神，因为大会的内容是平时的制度程序没有落实出现问题的总结，也是部门最高层直接指示，如果你忽视的话可能就会犯下不可弥补的错误。

我先总结自20××年9月到20××年3月工作失误和工作不足。

（一）自20××年10月起我们改换了班次、早班分AB班

实施近半年来，效果如何？当时我提醒大家，既然是各位自发性建议就应该自主自觉遵守规则，不要我过多的批评。现在看看，沟通矛盾、协调的矛盾、推诿扯皮；B班拖A班的时间，早前树立的团队观念哪去了？你知道什么是小人吗？易反易复就是小人！这种没有团队精神的人整天受集体的谴责难道就一点内疚都没有。

领班带几个人？督导效果哪去了？这种无效的督导时间一久，反过来就责问部门经理，虚报工作督导程序，没有按规程去做而说是按规程作了；然后把没有效果成绩的责任往上推，这就是平时所讲的玩小聪明。

各位兄弟姐妹，我们参加工作是求财、是希望改善我们的生活环境、充实自己的人生旅程、获得广阔的人缘关系，不是要与有缘在一起的同事扯皮闹矛盾，刻意去制造命运不顺的阴影。

（二）酒水物品投诉长期不减

这已成了一个严重问题，说得不好听就是部分员工脸皮厚的问题；卢小英扣安全月奖金被辞退就是长期出酒水物品问题所导致的，经常赔酒水，然后就想多报酒水来弥补，又经常不看交班、不带工作表查房，现在也有个别这样的员工到了危险期。

杜绝酒水出问题先要按程序做好以下几个事情：

（1）在当班规定的时间内补齐房间酒水物品，早班下午四点前，续住房也要务必补齐。

（2）因缺货而无法补进的酒水物品要写清交班报告，以便上司及时处理。

（3）交班时准确转抄有关事项到工作表对应的房号备注栏、特殊事项栏、物品借入借出栏、维修栏（房间事宜写在对应的房号备注栏，楼层三间通道事宜写在下边特殊事项栏、物品借入借出、维修栏）。

（4）查退房时坚决带工作表入房边查边登记，遇有疑问的地方，要先报前台说清楚尚需时间细看、以免前台误会查房超出时间。

（5）下午四点后早班领班坚持全检每间消耗过酒水的房间，核实酒水物品补入情况，中班领班全检每一间空房的酒水物品情况。

---

① http://www.cntmu.com/Article/Class32/Class37/200508/5402.html.

(6) 物品易损坏未换、未补而致投诉的多数是衣架、杯具、水壶、四巾。

(三) 16F客房的问题也同样严重

常识上来讲,房间开到十六楼一般是客房开满,所以房价也随之提高,按道理房间应该舒适过平常;可是偏偏却让人心寒,我们员工根本就没有考虑到酒店和部门的利益,只顾自身的工作轻松,只顾自己的工资有没有按时发、所付出的服务却是百分之百的不足、百分之百的投诉,连一点小小的整理都不愿做,客人投诉不是易耗品没有,就是四巾不全,枕头不放,纸巾不补,或者是客房臭熏熏的。可以看出上夜班时的自觉性有多差?自我管理的能力有多差?

因此要求,没有搞好呈空房状态不可以转电脑空房,服务中心要认真记录,报了空房到服务中心,责任在楼层员工;没有报空房到服务中心而服务中心转了空房,由服务中心负责;没有转空房,没有报空房,房间开出去由前厅接待负责;有投诉坚决处分,决不留情、房间不卖是小事,卖出去有问题影响声誉赶走客人是大事。

借此,我奉劝各位兄弟姐妹,不要有缺少监督任我欲为的心态,没有领班、管理人员监督检查,工作就没有标准,质量就不保证;想做就做,不想做就不做?

俗话讲:能自我完善的叫贵气,要人监督鞭策的叫贱格,虽然这是每个人的缺点,但我希望大家包括我自己贵气多点,贱格少一点,命运自然就好些。

(四) 自我完善什么呢?

我不是叫你们只知道念经,不懂得实践,嘴上天天念你好,对不起,可是心里却念要你坏,才对得起,好像又满肚子怨气没地方发?于是工作当中撞坏东西(布草房的布草柜变成什么样了?通道的墙纸变什么样了?劳动工具吸尘器成什么样了?工作车推不动也不懂调整报修、吸尘器没有吸力也不去清理或疏通管道,电线都快断了还在玩猴一样,百货件物品乱堆乱放?洗手间垃圾臭死人也不倒?这些所有的小问题,用得着我们去讲吗?)毕竟大家不是三岁的小孩?工作职责、程序、教材里都教了,天天要做的事情逃避不如面对。

(五) 客人遗留物品和小费上缴的落实情况

这是两个不同性质的问题,遗留物品小到一叠文件,大到几千、几万元现金,容不得我们半点的忽视,有些员工把客人放在房间的钱物当小费索取,我告诉大家,法律上是可以当盗窃行为处理的。

什么叫小费?所谓的小费是客人以当面的行式赠予的作为酬谢的小额现金。不能证明是客人当面所给的就是盗窃行为,所以在去年十一月份强烈要求各位员工自认为的小费,必须全部上缴,(退房时第一时间报到前厅再报服务中心,等到下班报或不报者查到一次即时开除;除住房客人当面给并有领班证实,否则不得索取动用,而且对客人外露的现金、贵重物品必须要登记在工作本上,提示客人保管好,同时报告上级。)上缴一个月后确实无客人反映、确实是小费则退回上缴人员,只有形成了上缴的习惯,你才能过得了安全测试关,工作起来才能心安无愧。

(六) 做房要善于区分酒店物品和客人的物品

防止把客人自带的毛巾、牙刷、梳子、须刨等,当酒店一次性用品扔掉,客人的用品与酒店用品是有很大区别的,酒店的物品多数都有酒店标志,请大家留意看看。不要再出现上次日本客人自带的牙刷、梳子给服务员当垃圾收走了,我们在培训课里面也有比喻:比如客人放在小盒里的隐形眼镜、放在杯里的假牙,客人自己泡的茶、酒、奶之类的都要注意区分,不能动,也不要倒;特别像上次1402的茶壶人家养了十几年(价值无法估量),却给你毁了,连一声招呼都没有打过。

客人自带的茶壶你不要去动，也不用你去清洗和倒渣，还有客人的一些纪念品，有些东西我们可能看起来很平常，但有可能是客人的朋友送给他很有纪念价值的物品，比如说一些画框、玻璃、陶瓷、艺术品，这些都是很容易损坏的，所以我们要特别留意和小心。

（七）上下班的例会内容要检查

每天上班或者下班例会的时候都要抽查前一天或前一次例会的主要内容，如果一点印象都没有或者回答不出来，我们会要求你下班以后在办公室抄写几十遍以提高你的记忆力和责任心。

（八）正确看待公平问题

有些员工看到其他人员请假而自身的假期得不到批准时就说不公平，或者人家得到好处而自身没有得到时也说不公平。

我们共有一个地球，共同拥有一个太阳，看起来是很公平的，可是也有盲人终生看不到太阳，太阳普照的时候地球上也有潮湿阴暗的角落。在一个旧社会家庭里面，姐姐经常穿新衣服，妹妹只有穿她的旧衣服，姐姐以前想读书也没有书读，而到了现在我们有书读也不去读；爸爸妈妈以前连咸菜都没得吃，而我们现在有猪肉也吃不下；这些事情很公平吗？所谓的公平是由条件和环境制约的。

在我们管家部淡季的时候，员工的假期要提前休，而在旺季的时候员工的假期却要推迟休，如果说每一个员工都按照自己的意愿去做事，那我们的企业还能生存吗？我们还能像现在一样幸福地拥有一份工作吗？我们平时所学的职业道德还用讲吗？

总之经常犯的小问题，我在以上八个主题中都讲到了，希望大家好好理解并改正自身的不足，做一个有成绩，能获得良好口碑的员工！

管家部 20××-3-2（农历二〇〇×年 2 月 12 日）

讨论：

1. 你如何评价客房管家的这篇讲话？

2. 针对讲话中提出的问题，你将采取哪些培训或管理措施？

补充与提高

一种行之有效的高科技激励法①

桔子酒店即将要上一套系统，客人在客房输入房间号与密码上网之后，会出现一个桔子酒店的页面，上面除了一些城市信息外，还会有相关服务人员的照片与点评。比如会出现吴海的照片，旁边是一行字“您好！刚才是我为您做的前台接待，您还满意吗？”字下方会有满意与否的评价以及原因等项，还会有哪位服务员铺的床单，打扫的卫生等详细信息，同时会配有服务员的照片和评价。酒店总经理吴海对于这样的系统很有信心，“因为客人是在网上给服务员做评价，所以一般不会有心理压力，这样的评价才是最客观的。而公司的员工也会在第一时间看到客人的评价，这样的做法会提高他们做事的效率与质量。如果出现问题，管

① 周太平.“面子刺激法”，提高执行力.饭店世界，2010，(6).

理人员也会在第一时间督促下属去解决，执行力自然就提高了。”

酒店经理人对“经理的困惑”的答复：

R：如何管理好“90后”员工？

张立 山东东方儒家酒店集团总经理

让90后员工拍摄培训“大片”

酒店长期的培训实践告诉我们，针对80后、90后的培训比以往更加困难，他们不仅是学历高（与60后、70后相比），思维活跃，而且世界观与价值观也非常的现实和前卫，他们更喜欢参与和表现，传统的照本宣科式的培训只能使他们昏昏欲睡，无论酒店费多大的功夫，也很难取得理想的培训效果。因此，只有采取适合他们特点的培训才能充分调动员工学习的热情和参与的激情。

针对80后、90后的特点，我们酒店采取的方法是模拟场景培训，即按照饭店运营质量的标准要求，分门别类（按部门不同、岗位不同）进行场景DV拍摄，让员工成为表演服务规范的“明星”，来对照其岗位的服务规范“演绎”自己的服务“大片”。一时间，饭店各部门积极组织，认真备战，导演、编剧、摄影、男女主角、男女配角等“群英荟萃”，群策群力，认真演绎起自己的服务“大片”来。拍摄大片的过程本身就是学习的过程，如果对服务规范不了解，怎能拍好自己的服务“大片”？为了让自己的“大片”拍摄效果最佳，成为饭店评比中最佳的男女主角，员工们根据自己的影像行为来对照服务规范一遍遍找不足，“对照、修正、再对照、再修正”，连续三次的服务场景拍摄，达到了意想不到的效果，员工的服务规范达到了饭店运营质量的要求。原因是我们的员工都有“自尊、自强、自爱、自我”的特点！

随后，我们将饭店独有的服务项目的“大片”作为《饭店岗位服务规范》的标准培训版本，刻录成光盘下发到各部门，要求各部门、各岗进行班前（后）培训学习。推行班前“观看30分”，进行岗位视频培训，推行班后“自评10分钟”，反思工作中在服务规范上存在的不足，交流处理非正常事件（宾客的特殊要求、宾客的过失、员工的过失、个性化服务等）的心得。在保持饭店运营质量方面和服务规范方面，员工通过事前“大片”的观看和事后心得的交流，变得成熟了，也变得更加自觉了，因为不能破坏“偶”在“观众”心目中的高大形象，也不能对不起自己的“粉丝”。

拍摄精美大片，酒店员工人人开心参与；针对80后、90后员工选择快乐培训，酒店运营质量有效提升，因此，只有适宜的培训才是最好的培训！

吕爱英：浙江永康明珠大酒店

从近两年招聘情况来看，90后年轻人已越来越多，他们思想活跃、兴趣爱好广泛，尤其对网络知识或信息接受很快，与人沟通有自己的方式，追求新、奇、特等特点，所以，在平时的管理过程中，如果还用简单的招聘、培训、上岗工作的方法来管理他们，已很难“俘获”他们的心。在新时期,管理者也应随"新"而动,针对现今新员工的特点采取新的管理方法。

1. 建立所辖员工 QQ 群

在新员工入职的第一天,详细了解他们的爱好、特长、愿望,掌握具体的家庭、亲戚朋友等信息,基于此建立员工档案很重要。尤其要让他加入你的 QQ 群,这样做的好处有三:一是第一时间让他感受到你也爱电脑,减少认识上的代沟;二是加入你的 QQ,说明你们已成为好友,能很快拉近彼此的距离;三是最关键也是最重要的,你可以在 QQ 里捕捉到员工的思想、情绪、工作上变化的蛛丝马迹。对积极的,可以及时给予肯定、表扬和鼓励,你的员工会因此在心里把你视作真正的朋友和可信赖的上司,和你无话不谈。对消极的,可以第一时间与其交流,了解情况,疏导情绪,化解心结,引导他们更好地融入企业。管理者可把 QQ 群当作一个无声胜有声的课堂,用心去经营,密切关心每一个员工的动态,在每一个节日通过 QQ 给予他们真诚的问候或祝福。细语润无声,只要用心做,团队的凝聚力、忠诚度一定会不断提高。

2. 学会读懂员工

帮助员工成长是每个管理者责无旁贷的工作。现代年轻人大多由于家庭成长环境良好,从小备受长辈的宠爱,多少都有些任性,甚至情绪化。对工作中出现的问题,如果一味用简单的行政管理或处罚手段来处理,效果将不会理想,因此,管理者在工作时间应加强走动,善于观察员工工作时的状态,在他们的一言一行中捕捉点滴信息,适时地给予帮助,就会赢得员工的心。

酒店服务中,我们始终把读懂每一位客人作为要求灌输给员工。然而作为管理者,则要把读懂每一位员工作为自己的责任,无论是工作上还是生活上的都要全心全意、耐心、真诚、无私地帮助员工,允许员工犯错,而不是一味地指责、批评、苛求,这样我们管理和服务的品质,特别是团队建设都会达到事半功倍的效果。

3. 学习流行新知识

现代员工需要现代的管理者,但现实中往往担任管理职务者和员工之间因年龄、文化等不同,会存在爱好、兴趣、习惯、认识方面的差异。如何合作融洽,很值得去研究和学习的。

比如,管理者要知道最新的网络流行语言,当你的员工在休息时间叫你一声"亲"时,你不仅能和他会心一笑,更要从内心接受或理解,而不是排斥;还有对新近发生的新闻事件,特别是网络最先报道的新闻,也要了解一二,可以互相交流,发表意见,甚至正确引导,而不是一问三不知,两耳不闻窗外事,否则,你会让员工觉得你们彼此只是工作上的上下级关系,而缺乏其他共同语言。

总之,要想成为有效的管理者,就必须获得员工的信任,而要想成为让新生代员工信任、信服的管理者,就必须不断地与时俱进,像对待宾客一样真诚地去对待你的员工,做员工工作上的贴心人和生活上的知心者。其结果一定是员工的离职率大大降低,而你也必将成为一名优秀的管理者。

即 测 即 评

第十一章　客房管理发展趋势

免查房会成为未来酒店管理的发展趋势吗？

随着社会的发展和科学技术的进步，21 世纪酒店客房的经营管理和服务将发生一些重大的变化，及时准确地预测和把握这些变化趋势，对于指导并搞好酒店客房部的经营管理工作具有重要意义。

本章学习目的：

- 把握 21 世纪客房经营管理的发展趋势。
- 了解酒店客房绿色经营管理的趋势和内容。

关键术语：发展趋势　绿色管理

Key Terms: Development Trends, Green Management

经理的困惑

——客房“六小件”到底撤不撤?

近年来,北京、上海、广州等城市的一些酒店、宾馆纷纷喊出了要撤销提供“六小件”,要与国际接轨的口号。可当一些酒店取消后,又收到很多人投诉,认为酒店这样做是“偷工减料”,也给客人带来不便。我们真不知道如何是好?要不要撤掉“六小件”,我们陷入了两难。

第一节　客房经营管理的发展趋势

进入21世纪,酒店客房的经营管理和服务将发生如下变化。

一、酒店客房多媒体化,“数字客房”大行其道

进入21世纪,高科技在酒店客房服务与管理中将得到广泛的应用。入住酒店的客人在打开电视时,首先映入眼帘的是写有其名字的酒店真诚、热情的欢迎词,可以看到酒店特制的开机欢迎画面,酒店服务、设施和信息化服务内容可一览无遗。客人在客房内可以无线上网,所需要的一切服务只要在手机或电视屏幕上按键选择即可(如点播电影、查询留言、账单等),更可坐在屏幕前与异地商家进行可视的面对面会议或洽谈,从而可真正使客人“运筹帷幄之中,决胜千里之外”;房内拥有可视电话,电动按摩床、椅,使客人真正体会到方便和舒适。客房内的设施设备也将完全由电脑控制,出现智能型客房:客人在客房内可以随心所欲地变换四季景色,也可以将“窗户”按照自己的意愿通过遥控器转变为美丽的沙滩,或是绿色的草原;客房叫醒钟将由叫醒光代替;甚至连席梦思床都可以由客人遥控弹性和硬度……客房空调将由总台控制。当客人办好入住手续后,总台可通过电子遥控开启客房内的空调,以方便客人入住,为客人带来舒适的入住体验。

21世纪客房服务和经营管理的数字化和高科技化还将表现在以下几个方面:

(1) 客房空调将由总台控制。当客人办好入住手续后,总台可通过电子遥控开启客房内的空调,以方便客人入住,为客人带来舒适的入住体验。

(2) 楼层电梯将自动识别客人身份。为了防止闲杂人员进入客房楼层,以保持楼层安静和住客的安全,越来越多的酒店,将采用电脑控制的客房电梯自动识别系统。只有持房卡的客人才能开启通往住客楼层的电梯,参见图11-1。

(3) 客房内将安装MP3扩音器,与房内音响系统相连(参见图11-2)。为了满足客人的娱乐需求,同时为客人提供个性化服务,酒店将在设计、装修和改造中,安装MP3扩音器,

图 11-1 酒店楼层电梯通过房卡识别住店客人的身份

与房内音响系统相连。这将大大提高客人对酒店的满意度。正如 NBA 球员雄鹿队的“北京男孩”亚历山大对所下榻的广州丽思卡尔顿酒店的感受:“这里的每个房间里都有一个苹果 MP3 的座式扩音器,这个细节安排很受球员欢迎,因为你知道,我们几乎是人手一部苹果 MP3,一般情况下我们都是戴着耳机听歌的,在这家酒店里,我们可以开大音响来听了。”

图 11-2 广州丽思卡尔顿酒店客房的 iPod 扩音设备与客房音响相连

(4) 客房内将安装电子识别器,并在服务台安装电子屏幕,当客人外出时,信息可及时传达至服务台电子屏幕上。如何判断客人是否客房,以便在不打扰客人的情况下,提供客房清扫服务,一直是困扰很多酒店的难题。未来,越来越多的酒店将在客房内安装电子识别器,并在服务台安装电子屏幕,这样,当客人外出时,信息可及时传达至服务台电子屏幕上,从而大大方便服务员的整理打扫,同时也避免了打扰客人休息的情况(客房清扫员不用去推敲客人是否出门,现在打扫是否合适,也不用因进入时间不当而受到客人抱怨),让客人在不知不觉中体会到酒店无微不至的服务。除了自动显示客人进出客房外,酒店还可运用这套系统通过与住宿单的对比,控制排房错误的情况发生。

二、客房布置“家居化”

未来酒店客房的布置将越来越呈家居化趋势。以上海威斯汀大饭店为例，其行政楼的客房设施豪华，采用现代清新风格设计，典雅舒适。每间客房里均有大小各异、雅致的中国艺术品摆设。再以浦东香格里拉大酒店为例，在客房的布置上，浦东香格里拉大酒店采用传统的中式花纹床罩，衣橱内除了配备手电筒、鞋拔等家庭生活用具以外，还配备了熨衣板、雨伞，在客房写字台的抽屉里，还有一张有套带的储卡袋，专为晨练客人装门卡准备的。另外，在卫生间内，还有束发圈，极大地方便了长发女士洗浴。这些酒店经营者所表现出来的“细节”给我们一种信号：家居化将是酒店客房的未来趋势。

三、客房枕头菜单化

为了满足客人的个性化需求，很多酒店为客人提供“枕头菜单”（参见图 11-3），摆放在宾客的床头柜上，客人可以根据自己的需要，从酒店提供的荞麦枕头、菊花枕头、玫瑰花枕头、茶叶枕头等十几种枕头中选择，更好地满足了不同宾客的差异性需求。还有的酒店将过

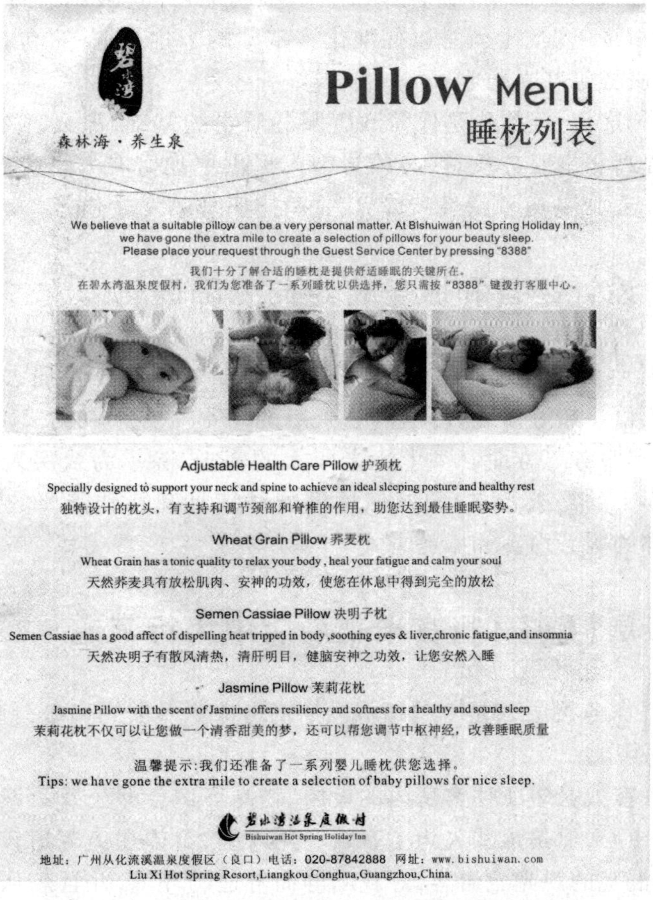

图 11-3　房务中心可供客人选择的多种类型的枕头

去的软枕头改换成一面为类似杜邦面的软面材质,另一面为荞麦的硬面材质,可以让宾客根据自己的喜好使用。

四、客房服务社会化

越来越多的酒店客房清洁卫生工作将由社会上的专业清洁公司或家政公司承担,以提高工作效率,降低成本。

五、客房服务将更加突出人情味和个性化

服务产品是无形的,服务质量最终是由客人评价的,客人评价旅游服务质量优劣的标准是能否满足客人的需求。而客人的需求又是千差万别的,既有共性的部分又有个性化的部分,因此要使服务质量上一个台阶,必须满足客人的个性化需求,为客人提供个性化服务(Personalized Service OR Individualized Service)。与此相适应,二十一世纪酒店客房服务模式将从“标准化”走向“定制化”。

标准化的特征是:酒店生产什么,客人消费什么,以一种模式面对所有客人。而定制化的特征是根据每个客人的不同情况和需求,生产不同的产品,强调:你需要什么,我就做什么。因此,“定制化服务”实质上就是以标准化为基础的个性化服务,包括针对服务、灵活服务、超常服务、心理服务等基本内容。

如果说服务的标准化、规范化是保障酒店服务质量的基础,那么,“个性化”服务就是服务质量的灵魂,要提高客房服务质量,必须为客人提供更加富有人情味的、突破标准与规范的“个性化”服务,这是服务质量的最高境界,是酒店服务的发展趋势。

六、客房的设计经营和服务将走向无障碍化

21 世纪,人类社会将进入老龄化社会。据国际老龄协会第十六届大会预测,到 21 世纪中叶,中国的老年人口将超过 4 亿,占全国总人口的 1/4 左右。因此,21 世纪的酒店客房在其建设、经营、管理和服务等方面必须考虑老年人的需求,除了为残疾人提供无障碍服务以外,将充分考虑老年人的需求特点,向他们提供能够满足其特殊需要的服务设施和服务项目,同时调整客房部的服务内容和服务方式。

七、行政楼层(EFL)将在未来酒店中大行其道

行政楼层也叫“商务楼层”,是专门接待酒店商务客人及公司高级行政管理人员,并为他们提供特殊服务的楼层。

一般来说,商务客人希望所住客房内的设施、物品等适合办公及洽谈。虽然各酒店都为商务客人设有商务中心,但是这些人为了有效利用时间,希望在离客房较近的地方办公。并且也很想避开那些混乱的观光旅游客,寻找幽静而舒适的环境,并且想从内心感觉一下自己与普通游客不一样的心理。为满足他们的要求,酒店要努力做好以下几方面的工作:第一,

为 EFL 客人提供与众不同特殊服务(如为客人提供受过专门训练的秘书服务、私人管家服务、委托代办服务以及免费早餐、下午茶、健身等);第二,为他们提供更好、更便利的生活以及办公用设施设备和物品等。

行政楼层通常设在四星级以上之高档酒店。

八、客房服务和管理中将更加注重客人的人身安全和健康问题

在 21 世纪,旅游者将更加注重自身的安全与健康,因此,客房服务和管理中将充分考虑客人的这一需求,采取各种有效的措施和手段,防止恐怖活动、各类犯罪分子、艾滋病以及各种新、旧类型传染病等对客人的袭击,确保客人在酒店住宿期间的安全与健康。尽管很多酒店客房恭桶盖上披有一条写着“已消毒请放心使用”的纸条,但仍有多少客人能真正放心呢?针对很多客人选择撕几段卫生纸自制成坐垫铺在圈上以防不测的情况,一些酒店选择在客房卫生间为客人提供恭桶的一次性坐垫。高级的当然要算那种通过特制设备,可自动撤走已用过又能将新的纸垫移动到位的,使用起来十分方便。

针对越来越多的客人开始关注健康问题,厦门国际会展中心酒店在客房为客人提供“休闲健身专案”,内容如图 11-4 所示。

九、对“单人房”和“钟点房”的需求将大幅增加

进入 21 世纪,随着经济的发展,商务旅游者人数空前增加,商务旅游在旅游业中所占的比重将大幅提高。商务旅游者更喜欢住具有更强私密性和安全感的单人房。因此,在建设和改造中,应大量增加单人房的数量和比例。

我国酒店业是在 1978 年改革开放后才真正开始发展起来的,当时,为了接待潮水般涌入的外国旅游者,修建了一批旅游饭店,其中 90%以上的房间都是双人房,这对于接待观光旅游者还是比较适合的,但是,近年来,随着经济的发展和国内外商务客人的增多,这种房间结构已越来越不适应市场需求的特点,满足不了市场需要。国内很多酒店都是双人房大量闲置,而客人所需要的单人房却总是供不应求,尽管客人也可以将双人房“包”下来,作为单人房使用,但是,感觉总是没有住单人房好,缺乏私密性,有一种住集体宿舍的感觉。

在对单人房的需求增加的同时,在快节奏的现代社会,人们对以按小时收费的“钟点房”的需求也在不断增加,这是一种新的客房经营模式,它以其灵活性和便利性受到客人的欢迎,这种经营模式尤其适用于中、低档酒店和位于机场、车站、市中心等流动人口较多地方的酒店。随着社会的开放,酒店钟点房也成了都市情侣们所中意的房间。另外,每年参加高考的城市高考生也是钟点客房的一大市场,全国各地饭店及时推出了以小时计价的“考生房”。

十、客房市场将进一步走向细分化

21 世纪,客人对酒店服务的要求将越来越高,这将迫使酒店市场细分化,以最大限度地满足不同类型客人的不同需求。传统的一家饭店以一种模式接待所有客人的时代将一去不

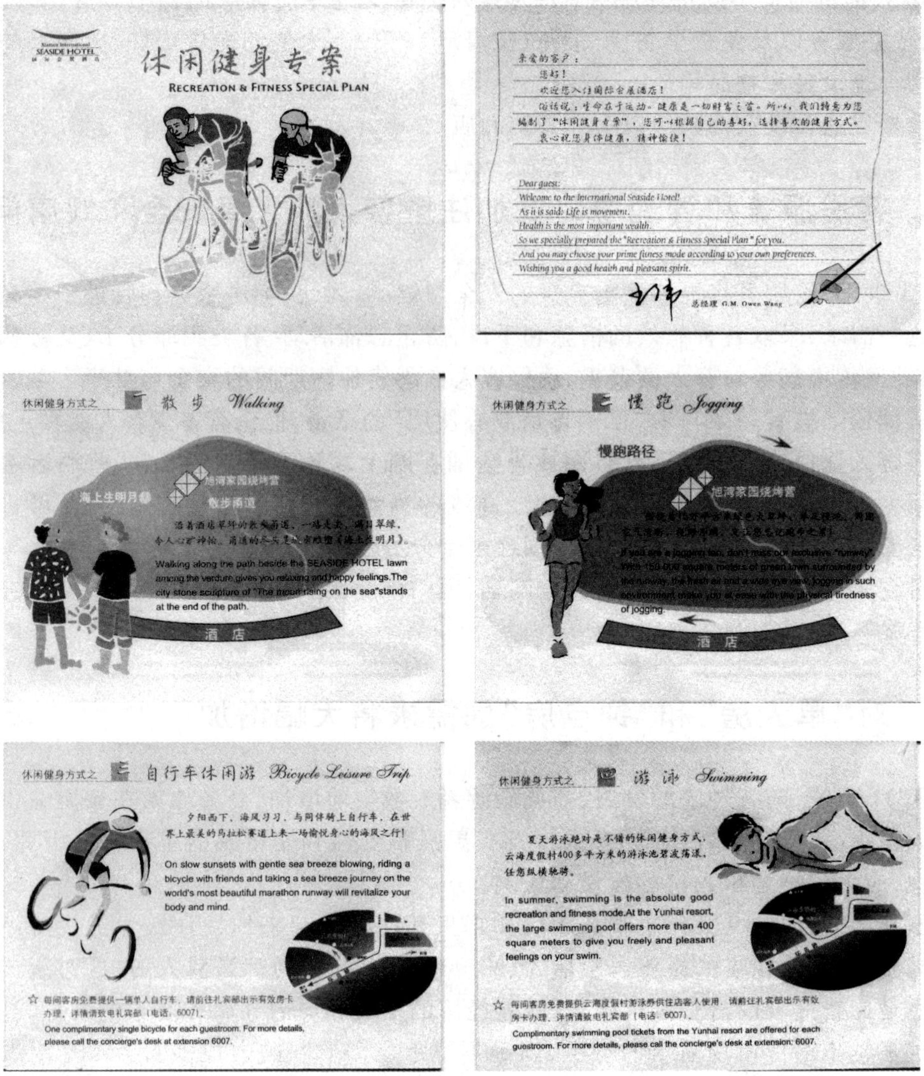

图 11-4 休闲健身专案

复返，酒店市场将被分割为商务酒店、旅游观光酒店、度假酒店、青年旅馆、经济型酒店、豪华酒店、精品酒店、特色酒店等多种类型，不仅如此，同一家酒店和客房还会被划分为商务楼层、行政楼层、女性楼层以及儿童客房、长者客房等。不仅客房的硬件会发生变化，而且服务的内容和方式也会发生重大变化。

经典案例

温馨的酒店——女性客房与女式服务

在一个寒冷的冬日下午，乔小姐提着沉重的行李箱来到了公司为她预订的蓝天酒店，坐了几个小时飞机的她真的快累坏了，全身更是冷得直打战。一想到要在这陌生的酒店里度过一个星期的时间，她的眉头就皱了起来。她是多么渴望家的温暖呀！

怀着沮丧的心情，乔小姐跨进了蓝天酒店的大门。这时。一个甜美的嗓音传入耳膜，“您好，欢迎您来到蓝天酒店，请问您是否预订了房间？”乔小姐转过头，只见一位面带天使般笑容的女孩迎上前来，她一脸和煦灿烂的笑容让乔小姐仿佛感到了春天的气息。

乔小姐点了点头。

“请您随我到这边来登记一下好吗？我想您一定累了吧，我们会尽快带您到客房休息的。行李很重吧？我替您提吧。”女孩轻声询问着。

“好的，麻烦你了。”乔小姐忽然间觉得也许在这里待上几天不会太糟吧。

办完登记手续之后，当她还在吃惊于服务员办理登记手续效率之高时，她已经被服务员带到了自己的房间。

房门一打开，她在心里忍不住要惊叹：鹅黄色的厚重落地窗帘阻隔了外面的严寒，同一色系的地毯从门口延伸到整个房间，宽大柔软的杏仁色丝绒床褥，衬上床上那几个柔软舒适的抱枕，给整个房间带来了一种温馨如家的氛围，房间的灯光十分柔和。房间茶几上摆放的那几盆绿意盎然的小巧盆栽，一看就知道是经过了精心搭配，让整个房间充满春天般的气息。还有床头旁边那精致的粉红色梳妆台上摆满了各种女性保养品及整套的化妆品，让乔小姐感到自己走进了一个纯女性化的世界。台面上的一个粉红色的信封上写着：欢迎小姐您来到本酒店，这是我们送给您的小小礼物，希望您在本酒店过上愉快的一周生活！

“小姐，请问您现在需不需要用晚餐呢？我们可以为您送到房间来。”服务员带着亲切的笑容询问着。

“哦，好的。但我想先看一下你们酒店的菜谱可以吗？”乔小姐说。

“哦，当然可以。”服务员立刻把菜谱递给乔小姐。

“嗯，我就要这份套餐吧。请你们八点钟的时候再送来吧，因为我想好好洗个热水澡。”乔小姐面对服务员的亲切态度，语气也不自觉地放缓了。

“好的，那我不打扰您了。如果有什么需要的话可以随时找我们，我们很乐意为您服务。”服务员接着就退出了房间。

乔小姐拿着换洗衣物随后走进了浴室。按下电源开关，整个浴室顿时被笼罩在一片柔和的粉红色灯光之中。当她调好水温，躺进浴缸时，她惊喜地发现，原来浴盆还安装了一套自动按摩仪器。她把按摩仪固定在肩膀上，接着按摩仪就自动地按摩她的肩膀和脖子。按摩仪按摩的力度适中，让她感到自己的全身神经都得到了放松，差点就想美美地在浴室里睡上一觉了。

在浴缸里泡了半个钟后，她披上柔软的浴巾精神焕发地走出了房间。她赤脚踏着柔软的地毯走到了浴室门口，换上摆放在门口旁边的毛茸茸的可爱拖鞋，忽然之间觉得自己又仿佛回到了纯真的少女时代。

“叮咚——”门铃声在八点钟准时响起。打开房门，美味的菜香扑鼻而来。乔小姐的肚子开始不争气地响了。她不禁不好意思地对这位有着亲切笑容的服务员笑了笑。

“没事，这是自然反应嘛。看来您真的饿了，请快点用餐吧。一个人出门在外，可别饿坏了自己哦。”服务员对乔小姐微笑地说。

“嗯，谢谢你们！”听着关切的话语，看着亲切的面容，乔小姐不禁觉得心头一暖。她心里暗暗想着，下次一定要继续光临这家充满人情味的酒店。她开始期待着将在这里住上一周的酒店生活。

十一、饭店客房将营造成为人们的“家外之家”

为提高收益,美国的饭店经营者们想出了许多方法来吸引住客,如提供望远镜、配备娱乐器具、安装休闲设施、赠送奶酪食品等,使客房越来越贴近顾客的生活需求,而不是个除了“靠着枕头、躺在床上”外便无所事事的地方。

针对越来越多的健身爱好者,Colarossi 公司为其所管理的饭店客房内配备了橡皮绳和伴奏用的 CD 音响,以供客人在房内做健身操用。

而华盛顿特区 Rouge 饭店则推出了多种房型供不同的顾客选择。该饭店原是个公寓,每个房间都有一个宽约 3 米用做厨房的区域,经营者们即对此进行了改造:有的房间里安装了自行车健身器;有的房间里铺设了瑜伽练功毯并配套了可调灯光系统和瑜伽音乐伴奏;有的房间则成了办公室,有宽大的办公桌、宽带接口和传真机;当然还有的房间保留了厨房,但更新了设备。尽管这类客房的价格较贵,但出租率却明显增长。

本着“家外之家”的想法,有一些饭店则加强了娱乐设施的配备。如在客房内增添了带闹钟的 CD 音响,古典音乐或爵士乐的 CD 等。

房间内供客人阅读的杂志也发生了明显变化。以往,客房桌子上放置的都是一些介绍饭店所在地的旅游宣传杂志,而现在都变成了像《时尚》、《旅游与休闲》等引导社会潮流的时尚刊物。在中央公园的丽嘉酒店(The Ritz-Carlton),房间里配备的书籍和杂志可以铺满 4 个桌面,另外还提供获奖电影的 DVD、带夹子的阅读灯等等。最别出心裁的是,该酒店还在其面向中央公园的 92 个客房内放置了公园的鸟瞰图和黄铜制作的望远镜,以供住客观赏公园时使用。

要想让客人留下深刻的印象,就必须要有特别的东西。对于现代的旅行者尤其是商务旅行者来讲,每天总要留一段时间放松一下自己。

Aveda 集团在其所管理的 150 家饭店中,除了护肤护发用品外,还在浴室里提供柔软光滑的擦身用具,并在客房里添置了安神的香茶,安装了蜡烛形的灯具。当蜡烛亮起,房间内便充满了温馨与宁静。

芝加哥的一家饭店则更绝。通过与一位草药师的合作,该店推出了一批据说能让人做不同美梦的用纯天然草药制作的香袋。客人只需简单地看一下目录,电话通知前台,一袋能让他享受特别梦乡的草药香袋便会送到客人房间。

因为考虑身体,睡前吃巧克力的习惯已渐渐被人忘却了。可要是能有像巧克力一样可口而又低热量的产品呢?

凤凰城度假村正同它的比利时巧克力供应商研究,开发一种新的睡前食品。

据该度假村发言人介绍,这种新食品将是一种特制的奶酪,可以帮助人们睡眠,因为经过一天的忙碌,人们最需要的就是睡眠。

十二、手机移动端技术在客房经营管理中将得到广泛应用

希尔顿酒店集团宣布将在 2018 年推出 Connected Room,即用手机等移动设备就可以控

制的酒店房间。

通过希尔顿酒店发布的 Hilton Honors 应用程序,Connected Room 中的客人将能够在移动端应用上调节空调温度,室内照明,电视和窗帘,选择电视节目和直播内容。

旅客们不仅可以在手机端调节房间内的各种设置,还可以将自己的作品或者照片上传到房间内的自动显示器上。不仅如此,旅客们还可以通过 Hilton Honors 来设置自己的个人偏好,在旅客入住房间前,Connected Room 会根据他们的设置进行相应的调整。

Hilton Honors 已经提供了酒店房间选择、入住登记以及电子钥匙的功能。希尔顿表示,电子钥匙只需要 1.5 秒就能打开门。

第二节　酒店客房的绿色管理

美国著名管理大师乔格 · 温特在其《企业与环境》一书中指出:“总经理可以不理会环境的时代已经过去了,将来公司必须善于管理生态环境才能赚钱。”

的确,企业经营不仅要追求经营效益,而且要追求环境效益和社会效益,要为环境负责,为社会负责,实现社会、经济的可持续发展。

一、酒店实行绿色管理势在必行

近年来,绿色管理已“风靡”全球酒店业,犹如一股势不可挡的世纪浪潮,席卷世界各地。国内外不少酒店纷纷实施绿色管理战略,成效显著。跨入新世纪,绿色管理不再仅仅是一种时尚选择,而是酒店为取得竞争优势,赢得顾客、占领市场所必须采取的一项管理战略。

此外,政府为了保护环境,走可持续发展道路,制定了一系列法规政策,限制了企业为单纯追求经济效益而忽视环境效益的种种做法,使得酒店必须调整管理战略,重视环境管理,实施能实现长期利润最大化的绿色管理战略。

最后,绿色消费的兴起,使得旅游消费者对“绿色”情有独钟。消费者的绿色偏好对酒店来说,既是市场压力,又是市场卖点,酒店实施绿色战略既迎合现代顾客的“绿色”需求,又可为酒店创造经济效益。

因此,从环境成本和风险、政府法规、市场力量、公众压力等外部因素分析,酒店实施绿色管理战略势在必行。世界旅游组织“可持续发展委员会”已在全世界酒店行业推广“持久旅游证书”(又称“绿色图章”),规定“酒店必须在周围环境、硬件设施、服务质量等各方面都符合保护环境和生物多样化的要求之后才能获得这个证书。一旦获得此证书,酒店的等级和名望将得到更好的认可”。

二、酒店客房绿色管理的基本内容

(一) 客房的绿色管理

绿色客房主要表现在以下几个方面:

（1）选择那些同意将其产品废弃物减少到最小程度的供应商，或者坚持生产厂商将非必要的包装减少到最少或重新利用。

（2）注意回收旧报纸、易拉罐和玻璃瓶等，并将有机物垃圾专门堆放在一起。

（3）合理安装各种设施设备，减少能源浪费现象。

（4）在客房中注意使用各种节能设施设备及节能新技术。如节能灯以及各种自动化控制的节能设施和技术。

（5）节约用水。严格控制客房淋浴喷头、洗脸盆龙头以及马桶抽水每分钟的出水量。在酒店建设、客房装修和改造时，注意选用节水型卫生洁具。

（6）鼓励住宿超过一天的客人，继续使用原有的毛巾，或不更换床单，以减少清洗所需的水和洗涤剂用量。为此，可向旅游者推出“能源节约卡”，告诉客人：“本酒店是世界环保计划的支持者。为响应‘节约能源，保护环境’之倡导，我们希望尽可能减少床上卧具的洗涤次数，以节约水电消耗和减少排污量。如果您认为您床上卧具无须更换，请于早上将此卡置于枕头上。对此，我们酒店全体员工将十分感激您的举动。”（参见图 11-5）

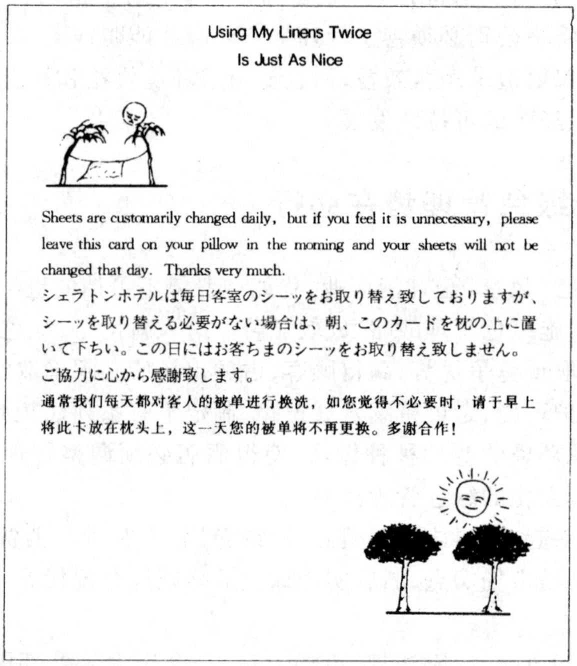

图 11-5 环保卡

（7）减少客房整理次数。国内一些酒店为了体现档次和“服务质量”，盲目地要求服务员每日多次进房进行无谓的整理，结果不仅增加了服务成本，造成资源的浪费，而且还常常引起客人投诉（妨碍和影响了客人的工作和休息）。其实，每天整理一次客房，就足够了。国外有些酒店只在客人招呼整理时，服务员才进房整理。这些酒店或在床头柜上明显处立牌告示，或在服务指南中予以说明。大致内容是：为了不打扰您的休息，我们尽量减少服务人员的进房次数，您需要我们服务人员派人整理房间时请将门后“请进房整理”的牌子挂在门外的门把手上（或电话通知或请按床头柜控制板上的呼叫键）。其实，不少客人住几天时间，不仅床单、枕套以及卫生间浴巾等不必天天更换，香皂、牙具、梳子等用品也根本没有必要天天丢弃换新。

(8) 对于预计当天离店的客人所住的房间,要求当班服务员在客人离店后整理。特别是有的客人下午离店,如果上午整理好,换上新床单及易耗品,午休后即成了走客房,还得再清扫一次,并更换有关物品,造成不必要的浪费,而客人也不会"领情"。

(9) 减少使用含氯氟烃的产品、含氯漂白剂和漂白过的布草。

(10) 尽可能使用有利于环境保护的商品和可再生利用的产品。如将客房放置的洗衣袋从塑料制品改为纸制品,或用可多次使用的竹篮或布袋代替。

(11) 改变客房卫生用品的供应方式。传统酒店的卫生间每天都要为客人配备肥皂、罐装浴液、洗发液等卫生清洁用品,凡客人用剩的都要扔掉,既浪费了资源,又污染了环境。未来酒店应将客房内惯用的肥皂和沐浴液小罐子,改为可添加的固定容器,既可减少浪费,也能避免丢弃用剩的肥皂,以减少资源浪费。

(二) 洗衣房的绿色管理

洗衣房实施绿色管理可从以下几方面入手:

- 节约洗涤用水。酒店是用水大户,洗衣房更是酒店的用水大户,因此,洗衣房作好节约用水工作对于酒店实施绿色经营具有重要意义。
- 在洗衣房安装水回收器,对废水回收处理,重复使用。
- 对洗涤剂的使用量加以控制。
- 尽可能减少含氯漂白剂的使用。

第三节 客房服务与管理的智能化与网络化

随着互联网技术的飞速发展,酒店房务经营管理和服务将发生重大变化,数字化、智能化将成为显著的发展趋势。

一、"数字客房"大行其道

进入21世纪,高科技在酒店客房服务与管理中将得到广泛的应用。入住酒店的客人在打开电视时,首先映入眼帘的是写有其名字的酒店真诚、热情的欢迎词,可以看到酒店特制的开机欢迎画面,酒店服务、设施和信息化服务内容可一览无遗。所需要的一切服务只要在电脑或电视屏幕上按键选择即可(如点播电影、查询留言、账单等),更可坐在屏幕前与异地商家进行可视的面对面会议或洽谈,从而可真正使客人"运筹帷幄之中,决胜千里之外";房内拥有可视电话,电动按摩床、椅,使客人真正体会到方便和舒适。客房内的设施设备也将完全由电脑控制:客人在客房内可以随心所欲地变换四季景色,也可以将"窗户"按照自己的意愿通过遥控器转变为美丽的沙滩,或是绿色的草原;客房叫醒钟将由叫醒光代替;甚至连席梦思床都可以由客人遥控弹性和硬度……客房空调将由总台控制。当客人办好入住手续后,总台可通过电子遥控开启客房内的空调,以方便客人入住,为客人带来舒适的入住体验。

根据世界最负盛名的旅游院校之一，美国休斯敦大学酒店和餐饮管理学院的专家们的研究成果，“21世纪的酒店客房”将具有如下特征：

(1) 光线唤醒。由于许多人习惯根据光线而不是闹钟来调整起床时间，新的唤醒系统将会在客人设定的唤醒时间前半小时逐渐增强房间内的灯光，直到唤醒时刻时灯光亮得如同白昼。

(2) 无匙门锁系统。客房将以指纹或视网膜鉴定客人身份。

(3) 虚拟现实的窗户。提供由客人自己选择的窗外风景：他看到的将不再是千篇一律的停车场或是没有任何特色的城市街道，而可能是自家的小院，森林草地，绿色的田野，迷人的沙滩或其他任何能够使他感到宁静舒适、赏心悦目的风景。

(4) 自动感应系统。光线、声音和温度都可以根据每个客人的喜好来自动调节。

(5) “白色噪音”。客人可选择能使自己感到最舒服的背景音响。

(6) 客房内虚拟娱乐中心。客人可在房间内参加高尔夫球、篮球等任何自己喜爱的娱乐活动。

(7) 客房内健身设备。供喜爱单独锻炼的客人使用。

(8) 电子控制的床垫。客人可根据自己的喜好随意调整床垫的硬度。

二、服务和管理智能化

科学技术不断提高，各种现代化、智能化设施设备管理技术越来越多地应用在酒店的经营当中，为酒店开展人性化、个性化的服务提供了完善周到、可靠先进的技术支持。新建酒店或老酒店改造时，要注意以下智能技术在酒店中的应用。

（一）智能门锁系统

就门锁系统而言，将发生很多革命性的变化，出现智能门锁。很多新概念门锁将相继出台。我国常州科新永安公司推出一种“会说话的门锁”，不仅完全保留了传统IC卡门锁所有的保安和管理功能，而且增加了服务的功能：可以针对不同的情形用中英文进行提示和问候。例如，当客人初次开门时，会向客人表示“欢迎光临”；当客人插卡方向错误时，提示“您插入卡片的方向错误”，当客人在晚上7:00~12:00开锁进房，会提示“请您反锁房门”；当房门虚掩时，提示“请关好门”。

为防止客人开锁后忘记拔卡，智能门锁等卡拔出后才开启。一旦转动把手后立即锁上，防止有人跟踪进门。如果客人未关好房门，门锁会自动报警提示，同时智能门锁可与酒店管理系统接口使用，以实现酒店信息资源统一化、网络化管理。现在酒店内常用的智能门锁主要有IC/磁卡门锁、TM卡门锁和射频门锁，同时智能门锁卡还可以一卡多用，可以开门锁、保险箱、取电、付费、乘电梯，具备安全、方便、易管理的特点。

（二）智能保险箱

智能保险箱将智能卡技术、微电子技术、电磁技术和机械制造技术有机地融为一体，是高科技的结晶。有密码、IC卡、TM卡、液晶显示等多种规格，其钥匙都采用与开门卡统一的智能卡，安全性高、管理方便，而且可以与房间智能控制器、门锁一起联网到中央监控系统，一旦遭到非法侵犯会自动报警。客人退房时，前台甚至可以看到保险箱开关状态，提醒客人以免造成遗漏,真正体现"影子"服务,参见图 11-6。

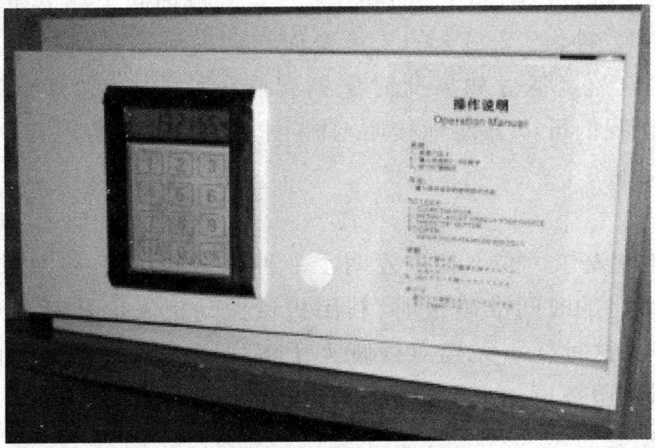

图 11-6 客房智能保险箱

(三) 智能客房中心

智能客房中心(IGC)由智能门锁、智能卡、智能身份识别器、门磁开关、联网组件(网络控制器、转接器等)、智能管理软件系统组成(包括能源管理系统、服务管理系统、安全管理系统和互动平台等)。通过智能客房中心,酒店可以提升服务细节品质,提供"贴身侍从"般的服务。例如客人到前台登记入住时,前台员工可以通过远程控制系统,打开房间灯光和空调;打开电视,带有客人姓氏的问候语映入眼帘,使客人有宾至如归之感,当客人不在房间时,检测系统会及时提醒中心控制人员,及时通知服务人员进行清洁,退房预告功能可以将客人下楼结款的时间减到最短;特别是当白天房间无人时,如果房门一直处于打开状态或客人晚上入住后门未锁好,智能客房中心会自动提醒服务人员对该房间进行检查,大大提高了安全性能。由于管理系统控制中心界面上包括了正在维修、清洁请求、呼叫请求、V/D 房、V/R 房、维修房、正在清洁、房门打开/关闭、保险箱开/关、客史档案自动弹出、温度显示等二十多项状态显示并可实时查看,使得对客人的多种需求的关注程度大大提高,真正体现以客人为中心的关注焦点。

(四) 智能数码电视

万豪国际集团宣布,旗下酒店在其客房及酒廊安装纯平数码高清晰度电视机(HDTV)。这批电视机有一个独特设计,就是它带有一个连接面板,置于桌面可以令客人有足够的电线和其手提电脑、个人数字助理(PDA)、DVD 播放机、MP3 播放机、摄像机及电脑游戏连接至电视机。客人只需插入设备,连接面板就会自动进行系统设置程序,无论商务或休闲旅客,都可以享受数码科技带来的便利和乐趣。

(五) 智能枕头

1. 蓝牙枕头

随着蓝牙技术的不断进步与普及,宾客已经使用了人性化的蓝牙作品。而蓝牙枕头毫无疑问是这些产品中最生活化,同时也是最舒适的一个。

让我们试想一下,当宾客劳累了一天回到酒店中,躺倒在床上或是蜷缩于沙发中,忽然距离自己很遥远处的手机铃声响起……不接,万一是老板询问工作的事情怎么办?接,如果是闲来无趣的朋友找你“神侃”又多么的无可奈何?到底应该如何是好,内心犹豫不决的挣扎一定是种很痛苦的煎熬。不过如果此时您拥有蓝牙枕头,一切烦恼全都可以抛于脑后。通过枕头上的功能键,我们可以方便地接听/挂断电话,而对方的声音会通过两侧的扬声器传出,提供双声道的效果。

2. 闹钟枕头

28 岁的埃及青年欧麦尔·易卜拉欣发明了一种奇特的枕头,此枕头通过与普通时钟无线连接的方式,能在预定的时间准确报时,利用机械振动把人们从睡梦中唤醒,不会发出普通闹钟的干扰吵闹声。这种枕头无疑对聋哑人士解决了无法声音叫醒的难题,同时对于住两人标准间宾客的叫醒服务更加人性化。

3. 内置 LED 灯枕头

在客房看书,既不影响别人有不损害眼睛,配备一个内置 LED 灯的枕头是一个不错的选择。这种 LED 灯既环保又时尚,受到很多年轻宾客的热捧。

4. 防止打鼾的枕头

同住一室,对方鼾声大作,对于宾客来讲是个不小的折磨。有的酒店曾出现过宾客因无法承受同室宾客的鼾声拿着枕头、被子睡在客房走廊的“惨剧”。如果酒店能够提供防止打鼾的枕头,对宾客双方都是一个解脱。

5. 音乐枕头

2005 年音乐枕头问世了,然而这种枕头最早不是出现在商场上,而是出现在战场。2005 年 10 月,丹麦驻伊拉克和科索沃的维和士兵收到了这份礼物。目的是让他们缓解士兵的压力和紧张情绪,使得他们在执勤之余能得到充分的休息。音乐枕头的外形与普通枕头并无二致,不过内容要丰富得多:内部安装有扬声器、MP3 播放器,MP3 的硬盘里储存有各类轻音乐以及诸如流水声、鸟鸣声等天籁之音,尽可能地为维和士兵在战火未息的动荡之地创造片刻宁静。如果这样的枕头给入睡困难的宾客配备,肯定会有所帮助减轻思想压力,迅速入睡。

三、服务质量评价——网络化

随着网上预订酒店逐渐成为潮流,越来越多的客人习惯参考网上的酒店点评信息来选择酒店。根据携程网进行的调查,网络订房在酒店订房量中所占比例越来越高,有近八成的客人表示在预订酒店前会参考酒店点评信息。事实上,对于网络订房者而言,其他住客的体验评价将成为他们是否入住的重要参考。房间大不大,是否通风,是否整洁,有没有特色,服务质量好与坏,看一下网络上大多数人的评价便一目了然。而且,同成熟的网购点评(“网评”)一样,客人在选择酒店时就如同网上购物一样不仅单单参考一家网站的点评。

目前,旅游网络在线平台日渐成熟,“网评”,已悄然成为继“价格”、“位置”之后,当今人们选择酒店的又一重要参考因素。再加上相对于传统的在酒店客房放置“征求客人意见表”的方式而言,网评的影响更为广泛、其内容也更为客观(点评无论好坏,只要已经发表,网站一般不作删除,以维护酒店网络点评的真实性和客观性),正因如此,酒店管理者对于网评这一新的服务质量评价形式更为重视,不敢怠慢(尽管在不良的信用环境下,网络环境也绝非一方净土，一些网站也可能因与酒店有一些利益关系，而使其评价体系变得更多为利益所操控），越来越多的酒店将其作为提高服务质量和改善经营管理的抓手。

当然，一则点评，往往说明不了问题，但多则点评，尤其是某个时间段内多家网站的多则点评，则能揭示酒店服务质量的真实面貌。面对各种各样的网评信息，酒店管理人员既不能抱怨视之，也不能麻木不仁，而是要积极地、理性地进行分析和反思，找出服务质量的差距所在。

由于网评信息能较实在地反映酒店服务质量的症结所在。酒店一线部门负责人应定期召集各班组管理人员和员工共同讨论每期网评中具有代表性的宾客意见，并把网评信息作为日常培训的教材。例如可以每月或每季度专人收集网评信息资料，统计整理后公布，并将网络点评案例作为培训教材，做到有的放矢地培训，让所有员工切实了解客人的真实评价，并解决好存在的问题。酒店管理人员充分重视网评信息，利用网评作为检查自己酒店服务质量的一面镜子，这无疑是当今加强酒店服务质量管理的重要举措之一。

本章小结

21世纪客房经营管理的发展趋势是：服务和管理智能化和高科技化；客房服务个性化；商务楼层在酒店设计和经营中将更为普遍；客房装修和布置将更加突出特色，注重文化品位；与可持续发展和节约型社会相适应的“绿色客房”将大受欢迎。

复习思考题

1. 解释下列概念：

   绿色管理　“一步到位”服务

2. 酒店客房绿色管理的基本内容有哪些？
3. 论21世纪酒店客房经营管理的发展趋势。

案例分析

蓝豆云酒店客房智慧管理系统实现了酒店客房管理模式的革命！

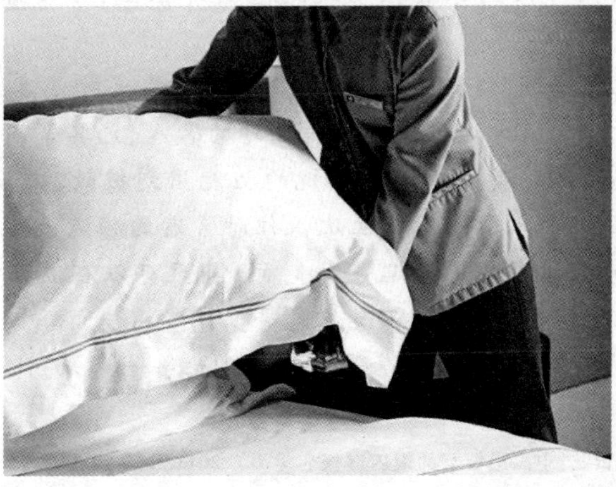

问题:如何评价蓝豆云酒店客房管理系统?

补充与提高

杭州黄龙饭店:全球第一家智慧饭店①

杭州黄龙饭店是一家有着二十余年历史的酒店,杭州旅游集团耗资10亿元对其进行升级改造。改造后的黄龙饭店成为全球第一家智慧酒店,更重要的是在其改造实践中走出一条从智能系统到智慧酒店的创新之路,实现了内部管理、对客交互和顾客体验三个层面的智能化系统升级,成为名副其实的"聪明"酒店。

何为智慧酒店?智慧酒店至少要在以下三个层面实现高度智能化。

1. 顾客体验智能化

酒店首先是为顾客提供服务的载体,因此顾客体验的智能化是智慧酒店的第一要义。伴随信息科技的日新月异,顾客对酒店体验的智能化有着越来越高的要求。在十年前,客房的网线配备还不曾普及。而今再看,无线网络基本上成为高星级酒店的必备。顾客,尤其是高星级酒店的客人,对现代科技有着高出常人的接受能力和热爱程度。酒店设备如果不能与时俱进,顾客只能压抑自己的需求。一旦酒店能够提供这种需求,顾客对其消费的热情将得以充分释放。更有甚者,顾客体验具有消费的"棘轮效应",简单地说就是"由俭入奢易,由奢入俭难"。一旦体验到最新的科技,次新的体验将不再具有吸引力。

黄龙饭店给顾客多重智能体验,第一次住店往往令客人耳目一新,再次住店则得心应手,对其智能体验欲罢不能。这就是黄龙饭店的核心竞争力:我所提供的体验是最高端的,是唯一的!

(1) 客房智慧导航系统。所有入住黄龙饭店的客人都可以拿到一张独一无二的房卡,进电梯只需刷卡即到达所住楼层,出电梯后系统会自动感应客人的房卡信息,走廊内三道指示牌指引直至自己的房间。这轻松解决了客人在酒店里找不到房间的困境。

(2) VIP快速通道。VIP客人开车入车库的同时完成登记入住和房卡制作,非常便于保护高端客人的隐私。

(3) 全世界第一套电视门禁系统。大多酒店门禁就是猫眼,黄龙饭店则有巨大改进。门铃一响,不必看猫眼,门外的图像会主动跳到电视屏幕上,方便客人判断以什么形象去开门。

(4) 客房智能手机。每间客房配备一台智能手机,号码就是客房电话,可实现全球漫游,免费拨打,免费接听。这极大地方便了出差在外的客人,尤其是国外客人。

(5) 互动服务电视系统。黄龙饭店将电视的功能用到极致,内设八国语言系统会自动选择以母语欢迎客人入住,自动弹出客人上次入住时常看的频道;能显示客人祖国气候及杭州气候;显示机场航班动态方便客人合理安排时间,甚至可以在酒店商务中心打印登机牌;为客人提供点餐服务;为客人提供杭州各类信息等。

(6) 苹果IPAD点菜系统。黄龙饭店是全球酒店业第一家采用IPAD用作点菜的酒店,

---

① 摘编自:郑世卿,杭州黄龙:中国最智慧的饭店,《饭店世界》,2011.3.

并且自己研发出一套点菜系统 I-MENU,所有菜品均可清晰显示,除了形象的画面,各种食物的成分也清楚标示,方便搭配。

诸多创新体验令客人目不暇接,流连忘返。新奇的体验,舒适的住宿,黄龙饭店用全方位的智能系统"俘虏"了一批又一批客人的芳心。系统化的智能体验客房完全超越数字客房的狭隘范畴,实现顾客体验的全面覆盖,为酒店在高端客源市场开辟出前景光明的蓝海之路。

2. 对客交互智能化

现代酒店服务涉及的信息稍纵即逝,服务环节增多更会导致信息传递过程中的损失,进而直接导致服务失败。因此对客交互的智能化是提升服务品质的关键,但是很少有成功的案例。黄龙饭店则很好地破解了这一难题,利用智能系统实现对客交互的智能化,极大地提升服务品质。下面以酒店常见服务作为切入点阐述对客交互的智能化。

(1) 客人识别。服务员见到客人要问好,但是存在的问题是酒店客房规模大,再好的服务员也难以记清楚每位客人的姓名,叫错了姓名更是尴尬。如果对客人不加区别地问好,客人也会因为不被尊重而心生反感。在黄龙饭店这种情况不会发生,因为每位客人都有一张独一无二的房卡,当客人走进黄龙饭店,这张房卡就会被感应,服务员就能收到相关信息,上前问好并提供服务。

(2) 对客服务。客人住店期间有服务需求,这种信息在很多饭店往往经过多次传递而无法及时完成,甚至因此而招来投诉。在黄龙饭店这种情况不会发生,因为每个当班员工都配备一台 HTC 手机。客人将服务需求信息告知服务中心,服务中心立即将服务信息发给当班员工。如果员工有时间有能力完成则确认,有事难以抽身则可以转给其他员工。服务完成后员工会向服务中心确认完成,而服务中心则会征询客人意见。这样的一个服务过程不存在信息损耗,可以说实现了顾客——信息中心——职能部门之间的完美对接。

(3) 点菜系统。客人用 IPAD 点菜,服务员则用 I-TOUCH 确认。客人的需求通过信息系统直接传到厨房间,厨师与服务员实现无缝对接。

(4) 会议系统。会议自动签到系统无须与会的宾客一一签到就能统计已到和未到的人数,还能分析各类数据,并能将参会人员的具体信息汇总成报表,让每次会议的结果均可见可查。例如智能会议管理系统会自动统计客人在不同的展区停留的时间、每个展区参观的人次等,展会主办方就能轻松地分析出哪些产品更加有市场吸引力。

如此种种,基于智能系统的对客交互实现了服务的高效率,实现了传统人力所不能达到的新型服务,这也是黄龙酒店核心竞争力的重要方面。

3. 内部管理智能化

管理智能化是提升管理绩效的有效手段,也是智慧酒店的重要方面。目前大多数酒店采用的智能化系统主要针对物流和资金流,用于成本控制,对于员工服务的考核管理仍主要靠逐级负责人考核的办法,其中人的主观因素占了很大比重。酒店经营得好则所有人都忙于接待服务,管理力度就下来了,长此以往就形成了"经营和管理不能兼得"的悖论。而服务是服务员对客人的不可储存的劳动,很难精准计件计量,忙起来就是一笔糊涂账。在黄龙饭店不会发生这种情况,员工的付出有着精确的统计,因此才能真正有效地激励员工。

(1) 员工管理。当班员工的制服内有专业专用标签,在各个分区都有读写器,显示员工定位。员工通过随身携带的 HTC 手机接收任务并汇报完成情况,所有的服务都会在中央系统留下"痕迹",便于统计员工的工作量。

(2)资产管理。在贵重物品上粘贴专用标签,当资产非法移动,系统自动报警,这直接解决了酒店贵重物品的资产管理难题。

(3)流程管理。无论是客房服务还是餐饮服务,整个流程都是无纸化办公,所有的流程都经过中央系统,流程控制一目了然,信息通畅,管理高效。

正是由于采用智能化管理,酒店员工考核成为激励的有效工具,有凭有据的奖惩让员工心服,激励员工以更大的热情投入工作。

酒店经理人对"经理的困惑"的答复:

Re:客房"六小件"到底撤不撤?

刘继华:深圳东华假日酒店　客房部经理

首先,需要弄明白的是:"六小件"究竟会在多大程度上影响环保?酒店是服务行业,对高品质服务的追求是每一个酒店,尤其是星级酒店不懈努力的目标。因此,与取消"六小件"给客人带来的不便相比,其环保上的意义似乎就大打折扣了。在我看来,要更好地达到环保、节约的目标,与其硬邦邦地取消"六小件",还不如温馨地提示客人,不要让热水无所事事地流着,不要让电灯一刻不息地亮着。

其次,需要弄明白的是:酒店在取消"六小件"之后,有没有担当起告知消费者、教育消费者的责任?很多事情决定起来是容易的,执行起来却是困难的。我丝毫不怀疑酒店当初取消"六小件"的初衷是好的,问题是,它有没有让消费者也认同并实践这个行动。换句话说,虽然酒店取消"六小件"的政策出来了,但它相应的配套措施是不是也跟进了。因此,当很多消费者对五星级酒店没有牙刷表示很不理解时,这不能怪消费者在环保理念上的"无知"和

"落后",只能怪酒店在告知、教育消费者上做得还不够到位。

最后,需要弄明白的是:酒店取消"六小件"是不是借"环保、节约"之名行"跟风、作秀"之实?当今提倡节约、讲究环保的确是刻不容缓,但我们追求的应该是科学的理性的节约观和环保观,既要实事求是,还要具体问题具体分析,而不是简单地做些表面文章,更不是哗众取宠地抛几个噱头。事实上,不经过可行性分析,不经过缜密思考,就匆匆"问世"的政策、措施,往往是经不起现实的考验而不得不"夭折"的。

姜东皓:北京中旅大厦客务部经理(北京客务经理协会理事)

既然行业协会有明确要求那么还是要执行,况且这是绿色环保等级评定中重要的一项,房间都换成三合一的大包装,但是行政楼层和套间可以考虑摆放高档一些的非一次性个人卫具,最好不要带酒店的标志,这样客人可以拿走继续使用,肯定可以赢得客人的好感;对于普通房间的住客还是要备有一些一次性的用具,当客人提出要求时无偿提供,这一点可以通过服务指南、欢迎信、节能提示牌等方式告知客人,时间长了也就习惯成自然了。

即测即评

附录

附录1 客房部常用管理表格

1-1 **FLOOR TEAM LEADER'S REPORT**

（楼层主管/领班工作报告）

Floor:________ Team Leader:________ Date:________ Shift:________

Room Attendant	In Charge Of	Room Attendant	In Charge of

VIP Arrivals:

Room NO.							
Arrival Time							
Remark							
Room NO.							
Arrival Time							
Remark							

In House:

Room							
Time to check							
Room							
Time to check							
Room							
Time to check							

续表

Long Stay Guest：

Room NO.								
Time to check								

Long Stay Guest preference：

____

____

____

____

Trace/instruction/special assignments to follow up：

Follow up	YES/NO	Follow up	YES/NO	Out Of Order Room	YES/NO

Things need next shift to follow up：

Things need next shift to follow up	Transfor to PM TL

Total Check Vacant Room：

1-2

Weekly Training Forecast

每周培训计划

Department/Section 部门/分部门:　　　　　　　　　　Week Period 周期:

DATE 日期	TIME 时间	TOPIC 主题	TRAINER 培训员	NO. OF TRAINEES 学员人数	VENUE 地点

Please submit to Training Dept. ________请于________缴至培训部

Prepared by 填表人:________

Approved by Division/Dept. Head 部门总监/经理核准:__________

1-3

VIP RECEPTION:STANDARDS & PROCEDURE

VIP 客人接待:标准与程序

OBJECTIVE 目的:

为此程序制定清晰方针的目的在于确保酒店对客服务保持一致性;

为酒店的贵宾赠品配送提供统一规范的标准。

PROCEDURE 程序:

1. VIP 根据客人的重要程度,分为 A、B、C 三类

1.1　A 级标准:政府官员,大集团总经理级以上,协议价行政套房;

1.2　B 级标准:经理,媒介,演艺界明星,市政府,酒店同行,协议价套房;

1.3　C 级标准:回头客,长住客,大型活动的协调人。

2. VIP 赠品等级需总经理、副总、部门总监及经理签字方可赠送

2.1　需总经理签字;

2.2　需副总经理、销售总监或房务总监签字;

2.3　需销售经理或前厅部经理签字。

3. 控制成本

4. 接待 VIP 客人

4.1　A 级由总经理,副总经理,销售总监,房务总监在前台接待做房间 Check-in 时;

4.2　B 级由总监级以下的部门经理在房间做 Check-in 时;

4.3　C 级由大堂副理在房间做 Check-in 时。

5. 所有 VIP 房间每日都加《××日报》。

1-4

GENERAL CLEANING SCHEDULE

月度客房计划卫生安排表

FEB-2004

FLOOR	01	02	03	04	05	06	07	08	09	10	11	12	13	14	15	16	17	18	19	20	21	22	23	24	25	26	27	28	Remark
1.FURNITURE SPOT																													
所有家具去黑印																													
2. CLEANING IF CARPET EDGES & WOODEN SKIRTING																													
清洁所有地毯边和墙裙边																													
3.VACUUMING OF BEHINDE & UNDER THE FURNITURES																													
家具下和后面清洁																													
4. DUSTING TOP OF DOORS & ALL WOODEN FRAMES																													
大门及卫生间门顶,多余门框擦尘																													
5.BED BOARD CLEANING																													
床头板皮面清洁																													
6.CLEANING OF TELEPHONE CORDS																													
清洁电话螺旋连线																													
7.SHOWER STALL GLASS CLEANING																													
淋浴间玻璃底边清洁皂渍																													

续表

FLOOR	01	02	03	04	05	06	C7	08	09	10	11	12	13	14	15	16	17	18	19	20	21	22	23	24	25	26	27	28	Remark
8.SHOWER STALL WALL CLEANING																													
淋浴间墙面清洁																													
9.RUBBER MAD CLEANING																													
防滑垫清洁																													
10. DEEP CLEANING THE PIPES UNDER THE VANITY COUNTER																													
面台下水管擦尘																													
11.DEEP CLEANING WATER TAP FIL-TER																													
水龙头底部的清洁																													

1-5

GUEST ROOM GENERAL CLEANING RECORD(YEARLY)

年度客房计划卫生

ltem	Description																											Remarks
	Floor Number	楼层																										
	Room Number	01	02	03	04	05	06	07	08	09	10	11	12	13	14	15	16	17	18	19	20	21	22	23	24	25	26	
	ITEM(Bed Room)																											
1	Dusting Surface Top Of Doors & All Wooden Frames 大门及卫生间门顶,门框及门面去渍																											
2	Wardrobe & Luggage Bench cleaning 壁柜及行李柜面清洁																											
3	AC Vents in corridor cleaning 走廊空调清洁																											
4	Writing Desk drawer cleaning 写字台面及抽屉清洁																											
5	Telephone Cords cleaning 电话螺线清洁																											
6	All of the lamp shade cleaning 所有的灯伞清洁																											
7	Dusting under the TV stand spot clean wooden surface 电视架下擦尘,木面去渍																											
8	Mini-Bar Fridge Cleaning 冰箱内外清洁																											
9	Cleaning of Back & under the all furnitures 电视柜床头柜及所有家具下清洁																											

续表

ltem	Description																											Remarks
	Floor Number	楼层																										
	Room Number	01	02	03	04	05	06	07	08	09	10	11	12	13	14	15	16	17	18	19	20	21	22	23	24	25	26	
	ITEM(Bed Room)																											
10	Cleaning all of the sofa and sofa mattress 清洗所有的沙发及沙发靠垫																											
11	Strip sheer curtains and send laundry 清洗所有的窗帘																											
12	Cleaning of inside window galss and window sill 清洁内窗玻璃及窗台窗框																											
13	Strip bed skirtings and send laundry to spot clean & press 清洗熨烫床裙																											
14	Vacuum carpet under the beds 床下地毯吸尘																											
15	Place back beds and cleaning bed legs 放床清洁床腿																											
16	Wash the wall paper 壁纸清洁																											
17	Clean ceiling light 清洁卧室天花灯																											
18	Cleaning of carpet edges & wall skirting 清洁所有地毯边和墙裙板																											
19	A/C Vent cleaning 空调清洁																											
20	Carpet shampooing 清洗地毯																											

1–6

Housekeeping department

PM shift working schedule

公共区域卫生月度计划(中班)

Month ____________ Made by ____________ Checked by ____________

DATE		01	02	03	04	05	06	07	08	09	10	11	12	13	14	15	16	17	18	19	20	21	22	23	24	25	26	27	28	29	30	31	BY
每天清洁计划																																	
1. 清洁1、2号楼梯,扶手擦尘	每天																																
2. 墙纸去渍,所有木框擦尘	每天																																
3. 楼道挂画擦尘	每天																																
4. 消防柜灭火器擦尘	每天																																
5. 客梯门及呼叫板擦尘	每天																																
6. 清除客梯烟灰筒垃圾,清洁白沙	每天																																
7. 清洁客梯间电话、电话线	每天																																
8. 楼道警铃及报警器擦尘	每天																																
每周两次清洁计划																																	
1. 清洁楼层地脚板	每周两次																																
2. 客梯烟灰盘更换白沙	每周两次																																
3. 清洁楼道墙裙板及所有木器擦尘	每周两次																																

续表

DATE		01	02	03	04	05	06	07	08	09	10	11	12	13	14	15	16	17	18	19	20	21	22	23	24	25	26	27	28	29	30	31	BY
每周清洁计划																																	
1. 豪华阁大清洁	每周一次																																
2. 清洁壁灯	每周一次																																
每月一次清洁计划																																	
1. 清洁所有铜牌、铜片	每月一次																																
2. 清洁 1、2 号楼梯空调口	每月一次																																
3. 清洁前区所有管道井	每月一次																																
4. 清洁客梯轨道	每月一次																																
5. 清洁服务区出口木门	每月一次																																

1-7

GUEST FLOOR LINEN INVENTORY

（楼层布草盘存）

盘点人：

Room No. / Room type		5	6	7	8	9	10	11	12	13	14	15	16	17	18	19	20	21	22	23	24	25	26	27	28	Item	In-room	Trolly	Total
																										布草种类	房间数	工作间	总数
Bed sheet-K	大床单																									大床单			
Bed sheet-D	小床单																									小床单			
Duvet cover-K	大被套																									大被套			
Duvet cover-D	小被套																									小被套			
Pillowcase	枕袋																									枕袋			
Pillow-feather	羽绒枕																									羽绒枕			
Pillow-foam	抗过敏枕																									抗过敏枕			
Bed Spread(K)	大床罩																									大床罩			
Bed Spread(D)	小床罩																									小床罩			
Bed-pad(K)	大衬垫																									大衬垫			
Bed-pad(D)	小衬垫																									小衬垫			
Bed-skirt(K)	大床裙																									大床裙			
Bed-skirt(D)	小床裙																									小床裙			
Duvet feather(K)	大羽绒被																									大羽绒被			
Duvet feather(D)	小羽绒被																									小羽绒被			
Blanket(K)	大毛毯																									大毛毯			
Blanket(D)	小毛毯																									小毛毯			
Towel Bath	浴巾																									浴巾			

续表

Room No. / Room type		5	6	7	8	9	10	11	12	13	14	15	16	17	18	19	20	21	22	23	24	25	26	27	28	Item	In-room	Trolly	Total
																										布草种类	房间数	工作间	总数
Towel Hand	中巾																									中巾			
Towel Face	方巾																									方巾			
Towel Bidet	垫巾																									垫巾			
Bath mat	地巾																									地巾			
Towel Shaving	剃须巾																									剃须巾			
Bath rug	厚毛垫																									厚毛垫			
Bathrobe	浴袍																									浴袍			
Foot Mat	夜床脚巾																									夜床脚巾			
Yukata	日式浴袍																									日式浴袍			
Cotton Quilt Bag	塑料被袋																									塑料被袋			
Extra linen in room:多加布草的房间																													
Remarks:备注																													

1-8

员工考勤表

ATTENDANCE RECORD

部门:＿＿＿＿＿＿ 月份:＿＿＿＿ 至＿＿＿＿ 年:＿＿＿＿

																																	天数			次数	时数	
员工号码	姓名	21	22	23	24	25	26	27	28	29	30	31	1	2	3	4	5	6	7	8	9	10	11	12	13	14	15	16	17	18	19	20	旷工	事假	病假	迟到	加班	备注

1.当月 21 号至下月 20 号为一个考勤月,各部门须将填妥的考勤表在核对刷卡记录后于每月 21 号前送交人力资源部。

2.代号:

V-In Attendance	(上班)	DO-Day Off	(公休)	AL-Annual Leave	(年假)	S-Sick Leave	(病假)
C-Compensated Leave	(补假)	E-Excused	(事假)	L-Late	(迟到)	X-Absent W/O Notice	(旷工)
T-Training	(培训)	B-Business Trip	(出差)	AC-Accident On Duty	(工伤)	CO-Compassionate Leave	(丧假)
ML-Marriage Leave	(婚假)	MN-Maternity Leave	(产假)	Others please specify(其他,请在备注中说明)			

正本:人力资源部 粉红色:财务部 黄色:部门 制表人 日期 部门主管 日期

审 核 人＿＿＿＿ 日期＿＿＿＿

人事经理＿＿＿＿ 日期＿＿＿＿

1-9

员工违纪通知书
STAFF MISCONDUCT NOTICE

员工姓名
Staff Name____________________
部门
Department____________________
员工证号码
Staff No.____________________
职位
Position____________________
日期
Date____________________

犯规类别
Grading of Misconduct　　A □ 甲类过失　　B □ 乙类过失　　C □ 丙类过失

违纪详情
Misconduct Description：

____
____
____
____

员工本人意见
Staff 's Comments：

____
____

部门意见
Department Comments：

____
____

人力资源部意见
Human Resources Comments：

____
____
____

签名
Signature

__________	__________	__________	__________
员工 Staff	部门 Department Head	人力资源部 HR Manager	总经理 General Manager

正本：	Original	个人档案	Personal File
副本一：	Duplicate	部门主管	Dept Head
副本二：	Triplicate	员工	Staff

附录2 客房部常用英语

（一）酒店各部门、各岗位名称英汉对照

董事总经理	Managing Director
总经理	General Manager
副总经理	Deputy General Manager
驻店经理	Resident Manager
总经理行政助理	Executive Assistant Manager
总经理秘书	Executive Secretary
总经理室	Executive Office
机要秘书	Secretary
接待文员	Clerk
人力资源开发部	Human Resources Division
人事部	Personnel Department
培训部	Training Department
督导部	Quality Inspection Department
计财部	Finance and Accounting Division
财务部	Accounting Department
成本部	Cost-control Department
采购部	Purchasing Department
电脑部	E. D. P.
市场营销部	Sales & Marketing Division
销售部	Sales Department
公关部	Public Relation Department
预订部	Reservation Department
客务部	Rooms Division
前厅部	Front Office Department
管家部	Housekeeping Department
餐饮部	Food & Beverage Department
康乐部	Recreation and Entertainment Department

工程部	Engineering Department
保安部	Security Department
行政部	Rear-Service Department
商场部	Shopping Arcade
人力资源开发总监	Director of Human Resources
人事部经理	Personnel Manager
培训部经理	Training Manager
督导部经理	Quality Inspector
人事主任	Personnel Officer
培训主任	Training Officer
财务总监	Financial Controller
财务部经理	Chief Accountant
成本部经理	Cost Controller
采购部经理	Purchasing Manager
采购部主管	Purchasing Officer
电脑部经理	EDP Manager
总出纳	Chief Cashier
市场营销总监	Director of Sales and Marketing
销售部经理	Director of Sales
宴会销售经理	Banquet Sales Manager
销售经理	Sales Manager
宴会销售主任	Banquet Sales Officer
销售主任	Sales Officer
客务总监	Rooms Division Director
前厅部经理	Front Office Manager
前厅部副经理	Asst. Front Office Manager
大堂副理	Assistant Manager
礼宾主管	Chief Concierge
客务主任	Guest Relation Officer
接待主管	Chief Receptionist
接待员	Receptionist
车队主管	Chief Driver
出租车订车员	Taxi Service Clerk
行政管家	Executive Housekeeper

行政副管家	Assistant Executive Housekeeper
办公室文员	Order Taker
客房高级主管	Senior Supervisor
楼层主管	Floor Supervisor
楼层领班	Floor Captain
客房服务员	Room Attendant
洗衣房经理	Laundry Manager
餐饮总监	F & B Director
餐饮部经理	F & B Manager
西餐厅经理	Western Restaurant Manager
中餐厅经理	Chinese Restaurant Manager
咖啡厅经理	Coffee Shop Manager
餐饮部秘书	F&B Secretary
领班	Captain
迎宾员	Hostess
服务员	Waiter, waitress
传菜	Bus Boy, Bus Girl
行政总厨	Executive chef
中厨师长	Sous Chef(Chinese Kitchen)
厨师长	Sous Chef(Western Kitchen)
西饼主管	Chief Baker
工程总监	Chief Engineer
工程部经理	Engineering Manager
值班工程师	Duty Engineer
保安部经理	Security Manager
保安部副经理	Asst. Security Manager
保安部主任	Security Officer
保安员	Security Guard
商场部经理	Shop Manager
商场营业员	Shop Assistant

（二）房务部常用术语

A

相邻房	adjoining room

插座	adapter
预付定金	advanced deposit
多功能清洁剂	all-purpose cleaner
抵达时间	arrival time
空调	air conditioner
烟灰缸	ash tray
客房服务员	attendant
平均房价	average room rate

B

照看婴儿服务	baby sitting service
浴缸	bath tub
脚巾	bath mat
浴袍	bath robe
卫生间	bath room
洗脸盆	basin
床头板	bed board
床褥	bed pad
床架	bedstead
床罩	bedspread
床头柜	bed-side table
床头灯	bed-side lamp
行李员	bell boy
红茶	black tea
厚窗帘	blackout drapes
毛毯	blanket
预定	booking
小册子	brochure
灯泡	bulb
商务中心	business center

C

取消预定	cancellation
领班	captain
地毯	carpet
收银员	cashier
入住登记	check-in
结账离店	check-out

化纤服装	chemical fabrics
清洁桶	cleaning bucket
衣帽间	cloak room
衣架	clothes hangers
梳子	comb
投诉	complain
商务房价	commercial rate
连通房	connecting room
确认类预定	confirmed reservation
棉布服装	cotton cloth
票证	coupon

D

非全天用房	day use
国内直拨电话	DDD(Domestic Direct Dial)
离店时间	departure time
餐厅	dining room
请勿打扰	DND(Do Not Disturb)
双人房	double room
两张双人床的房间	double-double room
豪华套房	deluxe suite
双锁房	double locked(DL)
干洗	dry cleaning
台灯	desk lamp

E

电动剃须刀	electric shaver
行政(商务)楼层	executive floor
鸭绒被	eiderdown

F

不褪色的	fadeless
散客	FIT
前厅部	Front Office
总台	Front Desk
房间客满	full house

G

团队	group
保证类预定	guaranteed reservation
客历档案	guest history record

H

吹风机	hair dryer
手绢	handkerchief
赊账限额	house credit limit
酒店内部用房	house use

I

国际直拨电话	IDD(International Direct Dial)
熨斗	iron
熨衣板	ironing board

J

茉莉花茶	jasmine tea
工作说明书	job description

L

灯罩	lamp shade
洗衣服务	laundry service
洗衣袋	laundry bag
洗衣单	laundry list
逾时离店	late check-out
大堂	lobby
工作日记	log book
常住客	long staying guest(LSG)
休息室	lounge

M

客房清扫工作车	maid's cart

请速打扫房	MUR(make up room)
留言	message
拖把	mop
床垫	mattress

N

夜审	night audit
床头柜	night table
没有预先取消又无预期抵店的订房	no show

O

住客房	occupied(Occ.)
待维修房	Out of Order (OOO)
超额预订	over-booked

P

包价服务	package
接车服务	pick up service
枕套	pillow case
插头	plug
总统间	presidential suite
熨烫	pressing

Q

被子	quilt

R

客房牌价	rack rate
剃刀	razor
住店登记	registration
住房预测	room forecast
团体分房名单	rooming list
折叠床	rollaway bed
客房服务员	room attendant

房间状态	room status
换房	room change
洗地机	rotary floor scrubber
防护手套	rubber glovers

S

针线包	sewing kit
服务指南	service directory
纱窗帘	sheer curtain
床单	sheet
衬衫	shirt
擦鞋纸	shoe shine paper
擦鞋服务	shoe polishing
淋浴帘	shower curtain
淋浴喷头	shower head
缩水的	shrinkable
丝绸织品	silk fabrics
逃账者	skipper
裙子	skirts
外宿客人	sleep out
拖鞋	slippers
单人间	single room
袜子	socks
插座	socket
脏布草	soiled linen
花洒	sprinkler
污迹	stain
文具夹	stationery folder
西服	suit
主管	supervisor
毛衣	sweater
开关	switch

T

水龙头	tap
房价单	tariff
茶几	tea table

领带 tie
毛巾架 towel rail
双张单人床的双人房 twin room
变压器 transformer
三人房 triple room

U

不缩水的 unshrinkable
内裤 underpants

V

未清扫之空房 vacant dirty
吸尘器 vacuums
贵宾 VIP(very important person)

W

叫醒电话 wake-up call
壁灯 wall lamp
吸水机 wet vacuums
毛料织品 woolen fabrics

参考文献和网站

一、主要参考文献

1. 刘伟.酒店管理(第二版).北京:中国人民大学出版社,2018

2. 刘伟.现代饭店前厅运营与管理.北京:中国旅游出版社,2017

3. 刘伟.现代饭店房务运营与管理(第二版).北京:中国旅游出版社,2009

4. 刘伟.现代饭店前厅运营与管理(第二版).北京:中国旅游出版社,2009

5. 刘伟.前厅与客房管理(第三版).北京:高等教育出版社,2012

6. 刘伟.前厅管理(第二版).北京:高等教育出版社,2012

7. 刘伟.客房管理(第二版).北京:高等教育出版社,2012

8. 刘伟.前厅与客房管理(第二版).北京:高等教育出版社,2007

9. 冯少辉.酒店客房如何实现平稳提价.酒店培训与服务,2010,(6)

10. 候兴起.如何挖掘酒店前厅服务潜力.中国旅游报,2011-9-21

11. 庄周."网评"是提高服务质量的一面镜子.饭店世界,2015

12.【美】Michael L. Kasavana, Richard M. Brooks.前厅部的运转与管理(第六版).包伟英,译.中国旅游出版社,2002

13.【美】Georgina Tucker,等.旅游饭店客房管理.浙江摄影出版社,1992

14.【美】James A.Bardi.饭店前厅管理(第5版).曾国军,赵永秋,等译.中国人民大学出版社,2014

15.【美】David K. Hayes, Jack D. Ninemeier.饭店经营管理(第2版).中国人民大学出版社,2013

16. James A. Bardi. Hotel Front Office Management. 5rd ed. New York: John Wiley & Sons, Inc., 2011

17. David K. Hayes, Jack D. Ninemeier. Hotel Operations Mananagement. 2nd Edition, Pearson Education, Inc.

18. Michael L. Kasavana, Richard M. Brooks. Managing Front Office Operations. 7th Edition. the Educational Institute of the American Hotel & Lodging Association, 2005

19. Margaret Kappa, CHHE, Alita Nitschke, CHA, and Patricia Schappert. Managing Housekeeping Operations - Second Edition. the Educational Institute of the American Hotel & Motel Association, 1997

二、参考网站

1. http://www.LiuweiHotel.com
2. http://www.ei-ahla.org
3. http://www.airbnb.com
4. http: / /www.bestwestern.com (Best Western International)
5. http://www.hyatt.com (Hyatt Hotels & Resorts)
6. http://www.interconti.com (Inter-Continental Hotels & Resorts)
7. http: / /www.marriotthotels.com(Marriott Hotels, Resorts, & Suites)
8. http://www.ritzcarlton.com(Ritz-Carlton Hotels)

图 1　北京瑞海姆田园度假村大堂

（本书作者与大堂迎宾小天使）

图 2　由 40 吨黄金打造、被誉为“八星级”的阿布扎比酋长宫殿酒店客房

图 3　珠海长隆国际海洋度假区的企鹅酒店主题客房

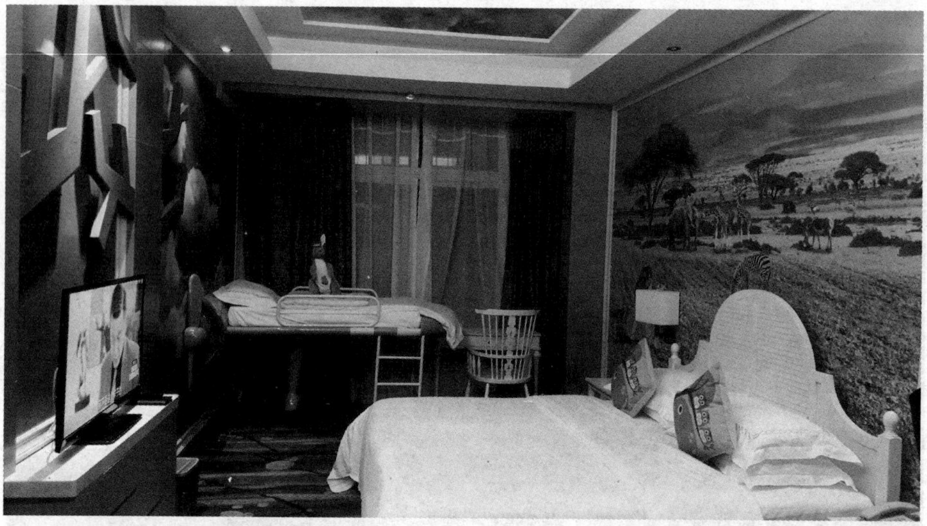

图 4　广州从化碧水湾温泉度假村专为儿童们打造的客房